W0012203

Edgard Haider

WIEN 1918

Agonie der Kaiserstadt

BÖHLAU VERLAG WIEN KÖLN WEIMAR | 2018

Veröffentlicht mit der Unterstützung der MA 7, Kulturabteilung der Stadt Wien

Bibliografische Information der Deutschen Nationalbibliothek:
Die Deutsche Nationalbibliothek verzeichnet diese Publikation in der
Deutschen Nationalbibliografie; detaillierte bibliografische Daten sind
im Internet über http://dnb.d-nb.de abrufbar.

Coverabbildung:
Sicht auf die Wiener Innenstadt, aufgenommen am 9. August 1918
von einem italienischen Flugzeug aus, das gerade Propagandaflugzettel abwirft.
Das interessante Blatt vom 26.09.1918, S. 7

© 2018 by Böhlau Verlag GmbH & Co. KG, Wien Köln Weimar
Wiesingerstraße 1, A-1010 Wien, www.boehlau-verlag.com

Korrektorat: Ute Wielandt, Baar-Ebenhausen
Einbandgestaltung: Peter Frommann, Köln
Satz: Michael Rauscher, Wien
Druck und Bindung: Hubert & Co., Göttingen
Gedruckt auf chlor- und säurefreiem Papier
Printed in the EU

ISBN 978-3-205-20486-2

Inhalt

5

Prolog

Wien durchlebt 1918 das vierte und beginnende fünfte Jahr des Weltkrieges. Wer hätte sich das je gedacht in der kriegslüsternen Euphorie des Sommers 1914, nach jenem »Blitzschlag in unsere aufgeschreckte Welt. Auf den Gassen jauchzte die Menge und die geistigen Führer, die Dichter, die Professoren, die Künstler, jauchzten mit ihnen ...« erinnert sich Stefan Zweig zur Jahreswende 1917/18 und resümiert: »O Schuld, unendliche Schuld von uns allen, grausam gerächt bis ins siebente Glied ... Noch immer klagen wir nicht genug unsere Schuld an, ahnungslos gewesen zu sein. Noch immer danken wir noch nicht jenen genug, die es nicht gewesen sind.«[1] Der Wind, damals in leichtfertiger Blindheit gesät, droht nun, bereits zum Sturm entfacht, alles Bestehende mit sich fortzureißen und in ein Trümmerfeld zu verwandeln. Die einst glanzvolle Kaiserstadt ist zu einer Metropole am Bettelstab herabgesunken, verwahrlost und verkommen, sie gleicht einer belagerten Festung, die durch Aushungern sturmreif gemacht werden soll. Es herrscht bitterste Not, wohin man schaut. Verwalteter Mangel mit zahllosen Geboten und Verboten macht das Leben zur Qual, Anstellen um Lebensmittel und die Jagd nach dem Notwendigsten sind längst Kräfte verzehrender Alltag. Mitten in dem Meer von Elend Heerscharen von Kindern, jeglicher Unbeschwertheit beraubt, durch Unterernährung und Krankheit gezeichnet. Wann wird dieser Albtraum enden?: das ist die jeden bewegende Frage im Jahr 1918. Massenstreiks und Meuterei bei der Flotte sind Menetekel des drohenden Sturzes der alten Ordnung. Immer stärker werden die Geburtswehen einer neuen Zeit fühlbar, ohne dass man noch annähernd weiß, wie sie aussehen wird. Bisher als unumstößlich geltende Werte werden in ihrer ganzen Hohlheit offenbart, zwingen zu einem Umdenken, ob es die Stellung der Frau in der Gesellschaft, die Sozialpolitik oder großbürgerliches Repräsentationsbedürfnis betrifft. An der Spitze des bröckelnden Reiches steht ein junger Kaiser, redlich bemüht, einen Krieg zu beenden, den er nicht verursacht hat. Sein Scheitern bei der inneren Reform des Reiches und in der Sixtusaffäre sowie das Ausbluten der Armee machen die Agonie der Kaiserstadt und der Monarchie als Ganzes unausweichlich. Im November 1918 ist die letzte Stunde des alten Reiches gekommen. Die Erschütterungen eines apokalyptischen Zeitalters entthronen die Kaiserstadt.

Hinweise an den Leser

Im Text kommen gelegentlich zeitgebundene Begriffe vor, die Anfang des 20. Jahrhunderts üblich waren, aber heutzutage nicht mehr; oder typisch wienerische bzw. österreichische Ausdrücke. Solche Begriffe sind im Text mit einem besonderen Format gekennzeichnet und werden am Ende des Buchs in einem Glossar erklärt.

Das historische Datenmaterial bringt es mit sich, dass die Bildqualität nicht immer allen Ansprüchen genügt. Aufgrund ihres Aussagewertes halte ich die Abbildungen aber für unabdingbar.

Literaturverweise kommen im Text nur in Kurzform vor, am Buchende ist ein Literaturverzeichnis mit allen bibliographischen Daten zu finden. Diese Verfahrensweise dient der leichteren Lesbarkeit.

Auch ein Personenregister am Buchende soll den Lesern die Orientierung erleichtern.

Unfassbar, aber wahr:
das vierte Neujahr im Krieg

Montag, 31. Dezember 1917, Silvestertag. Wien hat einen der schnee-reichsten Dezember seit vielen Jahren hinter sich. Auf märchenhaft weiße Weihnachten folgte allerdings ein Schneesturm, der den öffentlichen Verkehr schwer beeinträchtigte. Viele Straßenbahnen fielen aus, um Plätze in den spärlich verkehrenden Zügen fanden regelrechte Kämpfe statt. Mitfahren auf den Waggonpuffern war durchaus üblich und endete für manchen, wenn es glimpflich ablief, mit einem Beinbruch im Spital. Knapp vor Neujahr setzt kurz-fristig Tauwetter ein. Schmutzlachen und überhängende Dachlawinen machen das Gehen auf der Straße zu einer fast akrobatischen Herausforderung. Schon drohen die Straßen im Morast zu versinken, da kehrt der Frost zurück und ver-wandelt Straßen und Gehsteige in spiegelglatte Eisflächen. Die Tiefstwerte in der Inneren Stadt betragen am Silvestertag −3,5 Grad, am Rande des Wiener-waldes −6,4 Grad. »Für die nächste Zeit ist in unseren Gegenden noch trübes, zu zeitweisen Schneefällen geneigtes mäßiges Frostwetter bei schwachen Win-den zu erwarten. Wie groß die letzten Schneeverwehungen waren, kann man in nächster Nähe der Stadt bei einem Spaziergang von Nußdorf nach Grinzing erkennen. Der Grinzinger Steig ist derart verweht, daß man buchstäblich bis zur Leibesmitte sich durch den Schnee zur natürlich eingestellten Zahnradbahn hinaufarbeiten muß.«[2]

Die Weihnachtfeiertage haben die meisten mehr schlecht als recht verbracht, so still waren sie noch nie gewesen. Man war froh, doch noch ein kleines Ge-schenk für die Kinder unter den Christbaum legen zu können − falls man ei-nen solchen überhaupt ergattert hatte. Ein halbwegs akzeptables Essen auf den Tisch zu bringen, hatte für die meisten den höchsten Wert an Feiertagen, die seit Jahren schon jeglicher echter Weihnachtsstimmung entbehrten. In man-chen Haushalten aß man auch von jenem Reis aus italienischen Beutebestän-den, die Kaiser Karl den Wienern als Weihnachtsgabe beschert hatte. Und nun ist es zum vierten Mal seit Ausbruch des Krieges, dass ein neues Jahr beginnt. Friedenssehnsucht füllt die Kirchen Wiens zu den Silvestergottesdiensten. Der Andrang ist so groß, dass in manchen Gotteshäusern Hunderte Gläubige keinen Einlass finden. »Ueberall wurde in den Predigten in patriotischer Weise von den Erfolgen unserer Waffen im verflossenen Kriegsjahr und von den Friedens-hoffnungen des kommenden Jahres 1918 gesprochen. Besonders erhebend war, wie alljährlich, die Abendfeier im Dom zu St. Stefan. Mit dem eucharistischen Segen, mit Sammlungen für die Armen und für die Kriegsfürsorge, mit der

Verrichtung des päpstlichen Friedensgebetes schlossen diese ›Altjahrs‹-Gottesdienste der Wiener Kirchen.«[3]

Wie wird man das Jahr 1918 begrüßen, lohnt es sich, ins Kaffeehaus zu gehen? Geöffnet haben die Cafés mit amtlicher Bewilligung sogar bis ein Uhr Nacht.»Allerdings stehen die Feiern im Zeichen des Krieges, d. h. im Zeichen des E r s a t z e s. Die allergewöhnlichsten Kaffeehaus-Getränke sind entweder verboten oder führen nur noch den Namen. Alles, was die Erfrischungen würzt – ist Ersatz oder soll mitgebracht werden. Die Bowlen, Punsche usw. sind – bis auf wenige Ausnahmen – nur so benannt und der Kluge frage lieber nicht, woraus das alles gemacht ist, sondern trinke dazu das einzig echte, unverfälschte Wasser, bringe selbst Rauchbares mit, werfe eigenen Zucker zur Versüßung des neuen Jahres in den Kaffee, vergesse daheim auf keinen Fall den Humor, zu dem er noch keinen Bezugsschein braucht ...«[4] Immerhin, einen Vorteil hat der Besuch im Kaffeehaus:»Freut euch des Lebens wenigstens in dieser einen Nacht, in der man erst nach ein Uhr ins kalte Zimmer heimzukehren braucht, während immerhin die Hoffnung begründet ist, daß es wegen der voraussichtlichen Ueberfüllung der Kaffeehäuser daselbst erträglich warm sein wird.«[5] Und wenn ich schon ausgehe, wie komme ich nach Hause, überlegt mancher Feierlaunige? Mit der Straßenbahn geht das nicht, denn auch an diesem Tag fahren die letzten Züge um acht Uhr Abend in die Remisen.»Wir glauben schon, daß es vielleicht möglich gewesen wäre, auch einmal ausnahmsweise den Straßenbahnverkehr über die Krähwinkelstunde hinaus auszudehnen«, meint dazu die *Wiener Allgemeine Zeitung.*[6] Außerdem bereitet den Gas- und Elektrizitätswerken die stockende Kohlezufuhr nach Wien große Sorgen. Es ist also ein besonderer Gunsterweis, dass für den Silvestertag die polizeilichen Sperrvorschriften aufgehoben werden. Silvester ist dank der Beharrlichkeit des Publikums und der Gast- und Kaffeehausbesitzer gerettet! Das Angebot an Silvesterfeiern ist angesichts der widrigen Umstände überraschend groß. Aber so richtige Feierlaune will nicht aufkommen:»Die Trottoirs voller Schnee, der immer zerging und den Aufenthalt im Freien wenig gemütlich machte. Dazu das gewiß nicht fröhliche Stimmung verbreitende Dunkel. Nur da und dort wurde es von dem Lichtschimmer durchbrochen, der aus den Kaffeehäusern drang, in die sich die gedämpfte Geselligkeit geflüchtet hatte. In vielen Kaffeehäusern gab es Konzert, in manchen traten auch Sänger und Sängerinnen auf. Vor einzelnen Lokalen, besonders vor dem Grabencafé, war schon lang vor Mitternacht ein Posten aufgestellt, der den Eintritt verwehrte: ›Ueberfüllt‹. Von dem traditionellen Rummel am Korso war diesmal fast nichts zu sehen. Vor Mitternacht sah man fast nur Wachleute und Polizeioffiziere, nur da und dort ›wandelte‹ ein Paar durch die Kärntnerstraße oder über den Graben. Die Polizei hatte überflüssigste Energie aufgewendet. Ein Kordon schloß die Kärntnerstraße gegen den Graben ab, um

Zuzug fernzuhalten, der jedoch nicht kam. Jede Lust, jedes Animo schien ausgestorben. Keine Juxartikel, kein Jodler und Schnalzer und vor allem kein Kuß an die schöne Nachbarin – alles in allem ein recht kriegsmäßiger Silvester.«[7] Wer hat schon Lust sich anzustellen, um das Springen der Turmuhr des Stephansdomes auf Mitternacht abzuwarten? Anstellen hat jeden Reiz verloren, seitdem es zur Alltagsqual geworden ist, um Essbares zu ergattern. Auch den übermütigen Burschen ist die Lust auf's »Anrempeln« und Belästigen von Frauen – weil halt Silvester ist – vergangen. »Alles in allem war der Silvesterabend bis 1913 etwa eine Massenentfaltung, der sich der Geschmack nicht ungern abwandte. Wenn die vier Kriegssilvester diese abstoßenden Ulks vertrieben haben, so kann sich Wien nur freuen.«[8]

Ist der Silvesterrummel auf den Straßen weitgehend ausgeblieben, tut sich umso mehr in Wiens Theatern. Unterhaltung ist angesagt, der einen für wenige Stunden die trüben Lebensumstände vergessen lässt. Wer sich nicht rechtzeitig Karten gesichert hat, hat wenig Chancen, doch noch im letzten Augenblick einen Sitz- oder Stehplatz zu ergattern. Ins Kino zu gehen, ist sehr gefragt, gerade an Feiertagen. Die Karten sind relativ günstig, und Wien hat jede Menge an Lichtspieltheatern, manche davon sind ausgesprochen luxuriös ausgestattet. Man gibt sich dem Genuss der schwarz-weiß flimmernden Bilder hin. Freilich bewegen die Schauspieler nur ihre Lippen, was sie sagen, ist auf eingeschalteten Texten abzulesen. Vor der Leinwand greift ein Pianist gefühlvoll oder aufbrausend in die Tasten seines Klaviers, je nachdem, wie es die Handlung erfordert. Es wäre hoch an der Zeit, dass es endlich den »sprechenden Film« gäbe, allein die Technik ist noch nicht so weit. T.A. Edison wollte mit seinem Kinetophon das gesprochene oder gesungene Wort in Einklang mit der Bildabfolge bringen. In der Praxis hat sich seine Erfindung aber nicht bewährt. Kinounternehmer in allen Ländern sind davon wieder abgegangen.

Man hat keinen Grund, dem Jahr 1917 nachzutrauern. Wieder ein Jahr länger Weltkrieg, aber nun zeigt sich ein Silberstreif am Horizont: Waffenstillstand mit Russland und Aufnahme von Friedensverhandlungen mit dem einst so gefürchteten Gegner in Brest-Litowsk knapp vor Weihnachten 1917. Man lässt also vielfach die Gläser klingen, dass das neue Jahr den ersehnten Frieden bringen möge; ex oriente lux – aus dem Osten kommt das Licht des Friedens! Ein Wermutstropfen bleibt den Hoffnungsfrohen allerdings nicht erspart: Die Westmächte haben bereits klar gemacht, dass sie sich diesem anstehenden Friedensschluss in Osteuropa nicht anschließen werden. Ein Friede in Etappen womöglich, aber immerhin, ein Anfang ist gemacht. Dies drücken die Telegraphisten in ihrem zur Tradition gewordenen Neujahrsgedicht aus:

13

Schon schweigen die Kanonen
An uns'rer Front im Ost und Nord
Und kleine weiße Fahnen
Gebieten Halt dem Menschenmord.

Der Alp, der uns seit Jahren
Gedrücket hat so schwer,
Er ist von uns genommen,
Er quält uns nimmermehr.

Wenn heut auch die Entente
Vom Frieden nichts will wissen,
Auf's Knie von uns gezwungen
Wird sie drum bitten müssen.

Bald kehrt in seine Heimat
Der Krieger froh zurück,
Im Kreise seiner Lieben
blüht ihm ein neues Glück.

Im Kreise seiner Lieben
Vergißt er all die Wunden,
Die ihm der Krieg geschlagen
In schwarzen, schweren Stunden.

Auch wir vom Telegraphen
Viel Bitt'res haben durchgemacht,
Bei karger, schlechter Nahrung
So manche Nacht durchwacht.

Doch wollen wir durchhalten
Bis an des Grabes Rand,
Für unsern lieben Kaiser,
Für's teure Vaterland.

Heil euch, ihr Kameraden
Zum heut'gen Jahresschluß,
Ein kräftig herzlich Prosit
Und treuen deutschen Gruß.[9]

14

Der Neujahrs-Morgen 1918 beginnt in Wien höchst unerfreulich, die Zeitungen berichten von »beispiellosen Skandalszenen«. Schon vor längerem war bekannt geworden, dass in der Großmarkthalle auf der Landstraße serbisches Schweinefleisch zum relativ günstigen Preis von sieben Kronen das Kilogramm verkauft wird. Schon vor Mitternacht, als andere Silvester feiern, sammelt sich eine größere Menschenmenge an, die von Stunde zu Stunde größer wird und gegen Neujahrsmorgen bis zum Heumarkt und schließlich bis zur Johannesgasse reicht. Die Polizei schätzt die Zahl der Wartenden auf etwa 20.000. Als um 5 Uhr Früh dann die Tore der Großmarkthalle geöffnet werden, entsteht ein lebensbedrohliches Gedränge. Jeder will der Erste sein. Vergeblich mahnen Polizisten die aufgeregten Menschen, nicht derart rücksichtslos zu drängen. Frauen und Kinder schreien in Panik aus Angst, erdrückt zu werden. Auch in der Halle setzen sich die Rempeleien fort, so manchem werden die Kleider zerfetzt, einige Frauen fallen in Ohnmacht. Nichts ist gewonnen durch die Drängelei, denn das Fleisch wird erst von 7 Uhr Früh an abgegeben. Das Quantum zwei Kilogramm pro Person wird ob des Ansturms auf ein Kilogramm reduziert. Trotzdem gehen viele leer aus. Alle Strapazen umsonst! Manchen der zu kurz Gekommenen gehen da die Nerven durch. Tobsuchtsanfälle, Verwünschungen und Weinkrämpfe ändern freilich nichts am Misserfolg. Erst nach 10 Uhr Vormittag beruhigt sich die Lage rund um die Großmarkthalle.

Jeden Glanzes entbehrt der Neujahrstag 1918, in Wien seit urdenklichen Zeiten aufwendig zelebriert. War das 1914 noch eine glänzende Wagenauffahrt zur Hofburg! Minister, Hofwürdenträger, Generale, die hohe Geistlichkeit und die beim Kaiser akkreditierten ausländischen Diplomaten fuhren vor, schritten in ihren reich bestickten, bunten Uniformen die Botschafterstiege im Schweizer Hof hinauf, um ihre Gratulationsadressen an den Kaiser abzugeben, die gar nicht er selbst, sondern der Obersthofmeister entgegennahm. Für Gratulationen der Damen war die diensthabende Obersthofmeisterin zuständig. Bei dieser Gelegenheit konnte man sie alle sehen, auch die Botschafter der Großmächte. Doch keiner von ihnen ist mehr in Wien. Mit allen, vom deutschen und osmanischen Verbündeten abgesehen, befindet sich Österreich-Ungarn im Kriegszustand. Zuletzt hat der Botschafter der Vereinigten Staaten von Amerika seine Koffer gepackt, nachdem er die Kriegserklärung seiner Regierung vom 7. Dezember 1917 am Ballhausplatz überreicht hatte. Nur die Botschafter der wenigen neutral gebliebenen Staaten sind noch in Wien präsent: die von Spanien, der Schweiz, den Niederlanden, von Dänemark und Schweden. Nun liegt im Radetzkyappartement in der Hofburg ein Buch auf, in das die Hofwürdenträger, die Geheimen Räte und Kämmerer, die aktiven Generale, Admirale, der Apostolische Feldvikar, die Generalauditore, Generalstabsärzte etc. ihre Namen persönlich eintragen. Manche Kaisertreue lassen es sich trotz des schlechten

Wetters nicht nehmen, wie gewohnt ihre Neujahrsgratulationen für Mitglieder des Kaiserhauses in deren jeweiligen Wiener Residenzen abzugeben: für die Erzherzoginnen Maria Therese (Stiefmutter des ermordeten Thronfolgers Franz Ferdinand) und Maria Annunziata im Palais Karl Ludwig, Favoritenstraße Nr. 7, für Kaiserinmutter Maria Josefa im Augartenpalais, für den Kaiserbruder Maximilian und Erzherzogin Franziska im Oberen Belvedere. Erzherzog Leopold Salvator und Erzherzogin Blanka – sie bewohnen Schloss Wilhelminenberg – nehmen schriftliche Gratulationen im Generalartillerie-Inspektorat entgegen. Für Erzherzog Franz Salvator und seine Frau Marie Valerie (jüngste Tochter Kaiser Franz Josephs) ist die Hofburg die zuständige Adresse, für Erzherzog Friedrich und Erzherzogin Isabella das Obere Palais an der Bastei (heute Albertina). In der Liste erzherzoglicher Residenzen in Wien scheinen noch das ehemalige Palais Erzherzog Rainer, Wiedner Hauptstraße Nr. 61 – nunmehr bewohnt von Erzherzog Karl Stefan und seiner Familie – und das Deutschmeisterpalais am Kaiser-Wilhelm-Ring (heute Parkring) als Sitz Erzherzog Eugens als Hochmeister des Deutschen Ritterordens auf.

Kaiser Karl hält sich in Schloss Laxenburg südlich von Wien auf, wo er zunächst die Glückwünsche der obersten Vertreter der beiden Hofstaaten – des österreichischen und des ungarischen – entgegennimmt und dann sämtliche in Wien weilenden Familienmitglieder zur Gratulationscour empfängt. Möge das neue Jahr den so heiß ersehnten ehrenvollen Frieden bringen, ist der Tenor aller Wünsche. Diese Hoffnung drückt der Kaiser auch in einem »herzlichen« Neujahrsgruß an Armee und Flotte aus: »Alle Meine braven Kriegsleute sind wohl überzeugt, wie innig väterlich Ich mit ihnen fühle, wie sehr Mich ihre Heldentaten erfreuen, wie schmerzlich Ich ihre Leiden und Mühsale empfinde. Für sie alle erflehen Ich und die Kaiserin und Königin des Allmächtigen reichsten Segen im kommenden Jahre und in aller weiterer Zukunft. Sie alle mögen vertrauensvoll zu Mir stehen und – jeder auf seinem Posten – mit Mir zusammenarbeiten an der glücklichen Beendigung des uns aufgezwungenen Kampfes und an der Kräftigung und gedeihlichen Entwicklung des geliebten Vaterlandes.«[10]

Zur Erlangung des Sieges braucht die k.u.k. Armee, die bereits hunderttausende Tote zu beklagen hat, neue Kräfte. Die Angehörigen des Geburtsjahrganges 1900 werden zur Musterung einberufen, »zwecks Feststellung ihrer Eignung zum Landsturmdienste mit der Waffe«, heißt es in der amtlichen Kundmachung zu Neujahr. Die Betroffenen müssen sich bis spätestens 9. Jänner 1918 im zuständigen Gemeindeamt ihres Aufenthaltsortes melden. Das gilt auch für die jungen Männer in Bosnien-Herzegowina, das seit 1908 Bestandteil der Monarchie ist. Die Unterlassung der Meldung wird streng bestraft. Wie mag da den Betroffenen und ihren Familien zumute sein? Längst ist der Zauber der Montur verflogen, vom Stolz auf das »Mi haben's behalt'n« nichts mehr geblieben, seit man zweifelsfrei weiß, dass man an der Front in eine Knochenmühle gerät, die dem so hoch gepriesenen Kämpfer für »Gott, Kaiser und Vaterland« das Leben unter schrecklichsten Qualen kosten kann.

Außer Soldaten ist ausreichend Geld für den Krieg notwendig. Am 15. Dezember 1917 endete die Zeichnungsfrist für die nunmehr 7. Kriegsanleihe. Ergebnis: 6.044.182.800 Kronen (siehe Taf. 01). Auch dafür richtet Kaiser Karl seinen Dank an die »Bevölkerung Oesterreichs, die Meinem Rufe gefolgt ist und ihre stets bewährte Treue gegen Kaiser und Vaterland aufs neue bewies. Der Erfolg der 7. Kriegsanleihe bedeutet einen gewaltigen Schritt vorwärts auf dem Wege zum Frieden, den Ich vom Allmächtigen für meine Völker erflehe.«[11] Das beeindruckende Ergebnis, das jenes der 6. Kriegsanleihe übertrifft, wird, wie es in einem Zeitungskommentar heißt, »hoffentlich unseren Feinden die Augen öffnen und ihnen zum Verständnis bringen, daß mit der militärischen Macht auch die wirtschaftliche Kraft der österreichischen Monarchie gleichen Schritt hält.«[12] Gerade in Zeiten schwerster Bedrängung gilt es, Traditionen der Armee hochzuhalten, dazu gehört auch das Mut machende Soldatenlied. Im großen Konzerthaussaal ist für 12. Jänner 1918 ein »historisches Konzert großen Stiles« angesagt, unter der Patronanz des Kaiserpaares zugunsten der Witwen und Waisen gefallener Soldaten der k.u.k. Armee. Die künstlerische Leitung haben Bernhard Paumgartner für Österreich und Béla Bartók für Ungarn übernommen. Namhafte Künstler der Hofoper und des Hofburgtheater sowie der Wiener Männergesangsverein haben ihre Mitwirkung zugesagt.

Blumen für die Damen – diesem schönen Brauch am Neujahrstag hat der Krieg ein unschönes Ende bereitet. Es gibt so gut wie keine Schnittblumen mehr zu kaufen, die Treibhäuser können mangels Heizmaterial nichts liefern, Importe aus Italien und Frankreich sind schon seit Jahren nicht möglich. Einzig Zyklamen und Maiglöckchen sind hie und da im Angebot – zu meist unerschwinglichen Preisen. Wer seine Geldbörse schonen will, der bleibt zu Neujahr am besten zu Hause. Denn jetzt ist die hohe Zeit der Hausmeister, Rauchfangkehrer, Dienstmänner, Laternenanzünder etc., die buckelnd mit einem Schuss gekünstelter Untertänigkeit – die rechte Hand bereits leicht geöffnet – auf ihr Neujahrsgeld hoffen. »Zu Neujahr ist die Menschheit so scharf wie sonst nie in zwei ungleiche Hälften gespalten: die Wünschenden und die Verwünschenden, die Nehmer mit so empfänglichem Gemüt und stets offenen Händen und die Geber, die an solchen Tagen weniger denn je geneigt sind, das Leben von der heiteren Seite zu betrachten, besonders, wenn das ›I wintsch a gliklis neiz Joar!‹ (Ich wünsche ein glückliches neues Jahr) gar kein Ende nehmen will und die Fülle der Wünsche zur Leere unseres Geldbeutels in gar keine erträgliche Beziehung zu bringen ist.«[13]

17

Was wäre ein Neujahrstag ohne Konzert der Wiener Philharmoniker? Am Dirigentenpult steht diesmal der Niederländer Willem Mengelberg, einst Freund des früh verstorbenen Gustav Mahler. Ihm zu Ehren wird im Musikverein seine vierte Sinfonie gespielt, das Sopransolo gesungen von Kammersängerin Gertrude Foerstel. Es folgt »Ein Heldenleben« von Richard Strauss. Mengelberg, »dieser Holländer, der unter den Kristallustern des Musikvereinssaales wie eine Salonausgabe seines nicht ganz unbekannten Landsmannes Beethoven aussah«[14], ist es ein besonderes Anliegen, Mahler in Wien, das diesem einst so viel Widerstand und beißenden Spott entgegengesetzt hatte, besonders zu ehren. Den Applaus des Wiener Publikums nimmt er »als pompöse Abschlagzahlung auf die Dankbarkeit entgegen, die man dem lebendigen Gustav Mahler schuldig geblieben ist.«[15] Die Zeiten haben sich auch in der Musikwelt geändert. Wegen der starken Kartennachfrage wird das Publikum zur Hauptprobe am Silvestertag im Musikvereinssaal zugelassen. Und auch ein zweites Konzert, bei dem Mahlers »Lied von der Erde« zur Aufführung gelangt, ist ein voller Erfolg.

»Gedenket der Hungernden und Frierenden! Infolge des reichlichen Schneefalles und großen Kälte ist die Zahl der Besucher der sechs Wärmestuben des Wiener Wärmestuben- und Wohltätigkeitsvereins blitzartig hinaufgeschnellt. Tausende von Männern und Frauen, insbesondere von Kindern, suchen in den Wärmestuben Schutz vor den Unbilden der Witterung und sind unendlich dankbar für die Schale warmer Suppe und das Stück Brot, das ihnen dort verabreicht wird. Die Besucherzahl hat jene des Vorjahres um fast 100.000 schon übertroffen. Die Auslagen des Vereines sind dadurch ins Ungeheure gesteigert worden. Jeder, der auch nur eine Kleinigkeit spendet, hilft Not und Elend zu lindern.«[16]

Bei aller Not der Menschen gilt es auch das Tierleid nicht aus den Augen zu verlieren, mahnt der 1846 gegründete Wiener Tierschutzverein: »Herrenlose Hunde! Aermste der armen Geschöpfe! Müde, vor Hunger und Durst entkräftet, schleichen sie durch die Gassen, ängstlich sich duckend, weil sie die Fußtritte erbarmungsloser Menschen fürchten. Den Rinnstein durchsuchen sie mit gierig nervöser Hast, aber sie finden nichts. Ein schimmeliges hartes Stückchen Brot wäre für sie ein willkommenes Mahl, ein abgenagter Knochen ein seltener Leckerbissen. Doch ihr Suchen ist vergeblich – selbst der Fraß der Hunde ist menschliche Nahrung geworden.«[17] Durch die Erhöhung der Hundesteuer sind viele Tiere in Gefahr, verstoßen zu werden und in Eiseskälte elend zugrunde zu gehen. Deshalb appelliert der Tierschutzverein an das »goldene Wiener Herz« und bittet um Spenden, um armen Hundebesitzern einen Zuschuss zur Steuer geben zu können.

Mord im Gaswerk Simmering: Zum Jahreswechsel 1917/18 verzeichnet die Chronik einen der grässlichsten Kriminalfälle seit Langem, der zugleich ein grelles Licht auf die dort herrschenden sozialen Zustände wirft. Im sogenannten Ofenhaus ist ein 15-jähriger Hilfsarbeiter tot aufgefunden worden, der Schädel zertrümmert mit einer Eisenstange, die in der Nähe des Tatortes gefunden wird. Das Makabre an dem Fall: Dem Opfer wurde ein längliches Stück Fleisch aus dem Oberschenkel des linken Beins geschnitten. Der Verbleib des fehlenden Fleischstückes ist ungeklärt, man muss annehmen, dass es der Täter zum Verzehr mitgenommen hat. Raubmord ist auszuschließen, da bei dem Opfer Geld gefunden wurde. Der Bursche hatte sich, obwohl er am Tag der Tat keinen Nachtdienst hatte und regulär bei seiner Schwester wohnte, im Ofenhaus eine Schlafstätte aus Chamotte- und Ziegelsteinen hergerichtet. Das ist vielfach üblich, denn hier ist es warm. In die Ermittlungen wird auch die Militärpolizei eingeschaltet, da im Gaswerk Simmering außer 400 Zivilarbeitern auch 745 Kriegsgefangene beschäftigt sind – 577 von ihnen sind Russen, der Rest Italiener. Zahlenmäßig sind die Kriegsgefangenen also deutlich in der Überzahl. Wenig später werden zwei russische Kriegsgefangene als Tatverdächtige in Haft genommen.

Voll Grauen wendet sich der Zeitungsleser ab und sucht Trost bei den Sportnachrichten.

Leider hat das österreichische Fußballteam in Zürich das Spiel gegen die Schweiz 2:3 verloren, nachdem das Erstspiel in Basel knapp vor Weihnachten den Österreichern einen 1:0-Sieg beschert hatte. Das schmerzt, denn die Österreicher waren aus Sicht der Experten die eindeutig besseren Spieler. »Sie legten aber in erster Linie Wert darauf, dem Schweizer Publikum und auch ihren Gegnern ihr reichhaltiges Programm an technischen und taktischen Fertigkeiten vorzuführen, und erst in zweiter Linie wurde an die Erzielung von Treffern gedacht ...,« berichtet das *Illustrierte Österreichische Sportblatt*.[18] Bei dieser Prioritätensetzung darf es nicht wundern, wenn man letztendlich eine Niederlage einfährt. Trotzdem gibt es Anlass zu Freude: »Allgemeines Entzücken herrschte sowohl bei den österreichischen Spielern wie auch bei ihren Begleitern über die Gastfreundschaft und den prächtigen Empfang durch die Schweizer Verbandsleitung und durch das Publikum. Volles Lob wurde auch den Schiedsrichtern gespendet.«[19]

An diesem trübseligen Jahreswechsel gibt es auch etwas Positives aus dem Staatswesen zu vermelden: Mit Jahresbeginn nehmen die Geschworenengerichte wieder ihre Tätigkeit auf. Bei Kriegsausbruch 1914 sistiert, können nun wieder Laienrichter bei großen Prozessen mitwirken. Neben der Wiedereinberufung des Parlaments 1917 ist das der zweite große Schritt zur Wiederherstellung des Rechtsstaates. Allein die Umstände, unter denen die Arbeit wiederaufgenommen wird, spotten jeder Beschreibung. In manchen Gerichtssälen werden Temperaturen um sieben Grad Celsius gemessen. Es gibt kriegsbedingt nicht ausreichend Heizmaterial. Und so sitzen Richter und Parteien samt ihren Vertretern dick vermummt auf ihren Plätzen. Der Schriftführer – nun immer öfter eine Frau – notiert mit klammen Fingern die Aussagen. Ob es nicht besser wäre, den Frühling abzuwarten und dann erst weiter zu verhandeln? In manchen Fällen wäre eine Zeitverzögerung aber nachteilig, und so beißen die Beteiligten die Zähne zusammen und fügen sich ins Unvermeidliche. Die Zustände bei Gericht reizen natürlich auch Witzblätter wie *Kikeriki:* »Notschrei! Arme Frau, blind und an Frostballen leidend, bittet mitleidige Kriegsmillionäre um einen Kübel Kohle gegen ewige Dankbarkeit. Themis, Wien, I., Justizpalast.«[20] Einfacher hat es die Universität Wien, in deren Hörsälen man ebenfalls den Hauch des Atems in der Kälte sieht. Hier verfügt der Rektor die Verlängerung der Kälteferien bis Anfang Februar 1918.

Es ist allerhöchste Zeit, dass diese lebensfeindlichen Zustände ein Ende finden und mit dem Frieden Schritt für Schritt wieder Normalität in alle Lebensbereiche einkehrt!

Heißer denn je ersehnt: der Friede

So wie 1914 das Wort Krieg einen magischen, die Massen betörenden Zauber ausübte, hat nun zu Beginn des Jahres 1918 das Wort Friede einen nahezu geheiligten Klang. Jetzt, nach dreieinhalb Jahren bitterster Erfahrungen, ist es ins allgemeine Bewusstsein gedrungen, wie kostbar dieser leichtfertig dahin gegebene Schatz war, wie gut es gewesen wäre, dem Ruf »Die Waffen nieder!« (Anm.: Titel eines Romans von Bertha von Suttner) zu folgen. Tagtäglich die Gefallenen- und Vermisstenlisten, Massen von Kriegsinvaliden, der aufreibende Kampf ums tägliche Brot, die unterernährten Kinder, chronischer Mangel an simpelsten Dingen: all das hat der totale Krieg im technischen Zeitalter mit sich gebracht. Das Hinterland und speziell Großstädte wie Wien trifft diese Not mit voller Härte. Darum wird der allgemeine Friede heißer denn je ersehnt, und zu Beginn des Jahres 1918 fragt man sich, ob es diese Sehnsucht erfüllen wird. Doch welcher Art wird dieser Friede sein? Einen *Siegfrieden* durch erzwungene Kapitulation des Gegners – das streben die Kriegsbefürworter auf beiden Seiten nach wie vor an. Jetzt, nach so ungeheuren Opfern, aufzugeben, das kommt für sie nicht in Frage! Gerade diese verbissene Haltung ist der Grund des nicht enden wollenden Schreckens. Immer mehr Menschen wollen nicht länger durchhalten müssen, denn das Maß des Erträglichen ist voll. Bleibt also ein *ehrenvoller Friede,* wie ihn Kaiser Karl bei seiner Thronbesteigung im November 1916 versprochen hat. Doch wo ist die Grenze dieses »Ehrenvollen« anzusetzen? Offenbar ist damit gemeint, dass man trotz unvermeidbarer Verluste immer noch sein Gesicht wahren, den Gesamtbestand der Monarchie sichern kann. Dazu wäre ein *Verhandlungsfriede* nötig, der auf einem Kompromiss zwischen allen Kriegsparteien beruht.

Zieht man Bilanz, so geht mit 1917 ein Jahr zu Ende, in dessen Fokus Russland und die Vereinigten Staaten von Amerika stehen. Was dort geschehen ist, wird den Gang der Geschichte im 20. Jahrhundert nachhaltig verändern. Erste Zäsur: die russische Revolution. Zar Nikolaus II. wurde von einer bürgerlich-liberalen Regierung, und dann diese durch die Bolschewiken unter ihrem Führer Wladimir Iljitsch Uljanov, genannt Lenin, gestürzt. Das Zarentum der Romanows ist Geschichte, die »Diktatur des Proletariats« hat sich etabliert. Zweite Zäsur: der Kriegseintritt der Vereinigten Staaten von Amerika, ausgelöst durch den von Deutschland proklamierten uneingeschränkten U-Boot-Krieg. Seit dem 7. Dezember 1917 befindet sich auch Österreich-Ungarn im Krieg mit den

„Frieden auf Erden und den Menschen, die guten Willens sind."

Abb. 1

Amerikanern. Acht Monate hat man in Washington seit der Kriegserklärung an Deutschland zugewartet, um der Monarchie die Chance zu wahren, sich aus dem Bündnis mit den Deutschen lösen – vergeblich. Präsident Thomas Woodrow Wilson bezeichnet in einer Rede vor dem Kongress die Kriegserklärung auch an die Verbündeten Deutschlands als unausweichlich: »Oesterreich-Ungarn ist augenblicklich nicht sein eigener Herr, sondern einfach Vasall der deutschen Regierung, und wir müssen die Tatsachen nehmen, wie sie sind, und ohne Gefühlsschwäche danach handeln. Die österreichisch-ungarische Regierung handelt nicht nach ihrem eigenen Willen oder entsprechend den Wünschen und Gefühlen ihres eigenen Volkes, sondern als Werkzeug einer anderen Nation. Wir müssen Oesterreich-Ungarns Kriegsmacht mit der unsrigen entgegentreten

22

Abb. 2: Verbrüderung nach dem Waffenstillstand an der Ostfront

und die Mittelmächte als Einheit ansehen. Anders kann der Krieg nicht erfolgreich durchgeführt werden.«[21] Das sieht man nicht nur im fernen Washington
so, sondern das ist auch in den Augen kritischer Zeitgenossen in Wien das
Problem: »Mit Bahr (Anm.: dem Dichter Hermann Bahr) sprach ich auch viel
über die Situation, in der wir uns als willensschwache Anhängsel der Berliner
Kriegsraserei befinden ...«,[22] vermerkt der spätere Finanzminister Josef Redlich
am 11. Dezember 1917 in sein Tagebuch, ohne die Kriegserklärung der USA
auch nur mit einem Wort zu erwähnen.

In Wien setzt man weiterhin auf das Bündnis mit den Deutschen. Ende 1917
herrscht Waffenstillstand an der Ostfront. Soldaten, die vor Kurzem noch aufeinander schossen, feiern jetzt das Ende der Kämpfe mit demonstrativen Ver-
brüderungsritualen.

Die nun beginnenden Friedensverhandlungen in Brest-Litowsk räumen Österreich-Ungarn einen Platz am Tisch der Sieger ein. Die Kriegserklärung der
USA erscheint vor diesem Hintergrund zweitrangig, was auch in der Pressebe-
richterstattung zum Ausdruck kommt. Ach, Amerika ist fern, die Amerikaner
ohne Detailkenntnisse über die Lage in Mitteleuropa. Und wie wollen sie in

Europa überhaupt militärisch eingreifen, »lassen sich doch Millionenarmeen nicht von Amerika nach Europa werfen, es würden fünf Jahre hiezu nötig sein«, spekuliert das *Neuigkeits-Weltblatt* in Unkenntnis der Stärke und Möglichkeiten der USA.[23] Noch immer glaubt man an den Erfolg der U-Boot-Waffe. So viele gegnerische Schiffe würden im Atlantik versenkt, dass es den Amerikanern schier unmöglich sei, ihre Soldaten, Kanonen, Flugzeuge und andere Kriegsausrüstung in nennenswerter Größe nach Europa zu überstellen – so lautet die Kriegspropaganda. In einigen Geschäftsauslagen in Wien sind große, aus Berlin zugesandte Plakate zu sehen, die das »Wunder« der U-Boot-Waffe demonstrieren sollen. So viele Stellen erfolgreich torpedierter Schiffe – als Lichtpunkte eingezeichnet – sind darauf zu sehen, dass das Blau des Ozeans auf der Karte in den Hintergrund tritt. Und fast täglich meldet die Presse, wie viele tausende Bruttoregistertonnen feindlichen Schiffsraumes zuletzt versenkt worden sind. Doch wo bleibt die versprochene Wirkung? Von einer Kapitulationsbereitschaft des mächtigen Bündnisses der Westmächte ist nichts zu bemerken.

Mit 1917 ist »Ein Jahr der Erfolge, das militärisch im Zeichen einer bedeutungsvollen und entscheidenden Entlastung der Mittelmächtezu Ende gegangen«, zieht die *Reichspost* Bilanz.[24] Innenpolitisch war es ein »Jahr der Gärung«. Die Rückkehr zu verfassungsmäßigen Zuständen durch Wiedereinberufung des noch vor Kriegsausbruch 1914 sistierten Reichsrates »brachte alle Konfliktstoffe an die Oberfläche, die sich in den drei Kriegsjahren angesammelt hatten. Die revolutionären Instinkte fühlten sich von dem russischen Beispiele angeregt, die separatistischen Neigungen der Slaven glaubten in den Schwierigkeiten der Kriegszeit eine Unterstützung zu finden … die Slaven erwarten Hilfe von unseren auswärtigen Feinden; diese Aeußerungen wurden vorerst von den slavischen Führern abgeleugnet, ist (!) seither aber Gemeingut ihrer Reden geworden und haben sich sogar zum Verlangen nach staatlicher Souveränität verdichtet. Diesen Umtrieben wirksam entgegenzutreten, war weder die Regierung stark genug, noch das Haus, das der Mangel an Führung und Parteidisziplin in den wichtigsten Fragen schwächte … Die Ereignisse sind im Flusse und dem Prozesse der inneren Umwertung anheimgegeben.«[25]

Eines ist aber jetzt schon sicher: Wie auch immer der allgemeine Friede aussehen mag, die Welt von gestern wird es nie mehr geben. Sie hat sich durch die Auslösung eines Krieges, wie ihn die Welt in dieser Dimension noch nie gesehen hat, ihr eigenes Grab geschaufelt. Das macht die *Arbeiterzeitung* zum Thema ihrer Prognose für 1918: »Die Gewalt ist die Geburtshelferin jeder alten Gesellschaftsordnung, die mit einer neuen schwanger geht. Nur in Wehen werden neue Welten geboren. So will's das unerbittliche Gesetz der Geschichte … Seit dreieinhalb Jahren haben alle Völker Europas Opfer ohnegleichen gebracht. Millionen Männer sind auf den Schlachtfeldern verblutet. Millionen Männer,

Frauen und Kinder siechen in beispiellosem Elend dahin. Einer ganzen Generation wurden Gesundheit und Lebensfreude geraubt. Was Jahrzehnte an Gütern geschaffen haben, haben die Granaten in ein paar Tagen zerstört. Kulturschätze, die der Genius des Künstlers und der Fleiß der Werkleute aufgebaut zum Nutzen, zur Freude, zum Stolze der Menschen, sind vernichtet. Die sittlichen Güter, die die Menschheit in jahrhundertelanger Kulturarbeit errungen, sind verwahrlost und verwildert im verwildernden Kriege. Aber auch diesmal wächst aus all dem blutigen Geschehen eine neue Welt. Die Herrschenden wissen es sehr wohl, daß es aus so ungeheuerlicher Weltumwälzung keinen Rückweg mehr gibt in die Ordnung vor dem Kriege. Aber noch glauben sie, sich mit dem Regenschirm gegen den rasenden Sturm schützen, mit Wassereimern den ausbrechenden Vulkan löschen zu können … Jeder einzelne hat in diesen dreieinhalb Jahren so Gewaltiges, so Furchtbares erlebt, daß er sich nicht wieder einordnen kann in die Ordnung von einst. Mit elendem Flickwerk am Alten ist die aufgewühlte Menschheit nicht mehr zu befriedigen. Ein neuer Geist geht durch die Völker, eine neue Zeit will werden.«[26]

»Erste Strahlen der Friedenssonne«: die Waffenruhe im Osten

Die Spekulation der deutschen Heeresleitung, Lenin und seine Kampfgenossen aus dem Schweizer Exil über deutsches Hoheitsgebiet im berühmt gewordenen plombierten Zug in seine Heimat zu bringen, um dort durch Revolution den Kriegsgegner Russland auszuschalten, ist aufgegangen. Jetzt werden dort erstmals in der Geschichte die Theorien von Karl Marx in die Praxis umgesetzt. Dazu bedarf es des Friedens und damit auch einer grundlegenden Neuorientierung der russischen Außenpolitik. Sowjetrussland ist zur Streckung der Waffen und zum Frieden mit den Mittelmächten bereit. Sieg im Osten, Siegfriede! »Ein neues Jahr! Noch immer ein Kriegsjahr und doch, wie ganz anders begrüßen wir es, mit freudigem Herzen und hoffnungsvollen Blicken in die Zukunft … Zu diesem langersehnten Augenblick läuten die Sylvesterglocken und künden ein Jahr des Friedens an, dem kein Krieg mehr folgen soll und wird. Mag auch im Westen und Süden der Unverstand der Gegner noch beharren in allen Schrecken weiteren Blutvergießens – bald wird der Tag kommen, wo auch hier die bessere Einsicht oder die Kraft unserer Waffen dem (!) allgemeinen Frieden den Weg bahnen und die ganze Menschheit daran mitwirken wird, die langen Jahre der Verirrung gutzumachen. In diesem Sinne begrüßen wir das Jahr 1918 als das Friedensjahr, dessen Beginn uns die ersten Strahlen der Friedenssonne bringen soll, der die Morgenröte einer segensreichen Zukunft für uns und unsere Völker folgen wird …«[27]

25

Voller Erwartung richtet man in Wien den Blick ostwärts. »Ein Sonder-
friede mit Rußland und vielleicht auch mit Rumänien müßte auf die Entente
eine starke Wirkung haben, und so heftig noch die Widerstände sind, auch
der allgemeine Weltkrieg nähert sich dem Ende … Auf dem Schlachtfeld liegen das Großrussentum, das Großserbentum, das Großrumänentum und das
Großitalienertum …«[28], folgert die *Neue Freie Presse*. Tatsächlich scheint der
Traum Italiens, der Monarchie nicht nur Südtirol und Triest, sondern auch die
dalmatinische Küste zu entreißen, endgültig gescheitert zu sein, errang doch die
k. u. k. Armee mit wirkungsvoller deutscher Unterstützung im Oktober 1917 in
der 12. Isonzoschlacht einen lang ersehnten Sieg (von Flitsch-Tolmein). Der
Feind bis an die Piave zurückgeworfen, die Frontlinie bedeutend verkürzt, riesig
war die Menge an Beutewaffen und Kriegsgefangenen. Panik in Rom, wo das
Schlimmste – ein Vorstoß in die Hauptstadt – befürchtet wurde. Doch dazu
kam es nicht, die deutschen Truppen wurden von diesem aus ihrer Sicht »Ne-
benkriegsschauplatz« wieder abgezogen. Zum Jahreswechsel hat sich die Lage
der Italiener mit Hilfe ihrer Verbündeten bereits konsolidiert. Ein Ende des
Krieges an der Südwestfront ist somit noch immer nicht in Sicht.

Noch ist Habsburg nicht verloren: Wilsons 14 Punkte

Vom kommenden Frieden hat einer der Mächtigen der Welt bereits ganz konkrete Vorstellungen: Thomas Woodrow Wilson.

Der Sohn eines presbyterianischen Pfarrers mit irisch-schottischen Wurzeln,
Universitätsprofessor für Geschichte, Rechtsgeschichte und Politikwissenschaft,
hatte sich relativ spät politisch engagiert, um Reformen in Wirtschaft und Finanzen durchzusetzen. Für die Demokratische Partei gewann er 1912 die Prä-
sidentenwahl. 1916 wurde er wiedergewählt, nicht zuletzt mit dem Versprechen,
die USA weiterhin vom Krieg in Europa fernzuhalten. Mit der Proklamation
des uneingeschränkten U-Boot-Krieges durch die deutsche Heeresleitung und
den enthüllten Versuchen der Deutschen, Mexiko zum Krieg gegen die Amerikaner anzustacheln, war dieses Versprechen obsolet geworden. Seit 6. April 1917
befinden sich die USA an der Seite der Entente im Krieg gegen Deutschland
und vor Jahresende auch mit dessen Verbündeten.

Was Wilson vorschwebt, ist eine dauerhafter Friede auf der Basis der Gerechtigkeit, zu dem ein Selbstbestimmungsrecht der Völker ebenso gehört wie ein
Völkerbund als Weltorganisation zur Beilegung von Streitigkeiten und zur Wahrung des Friedens. Am 8. Jänner 1918 stellt Wilson dem amerikanischen Kongress seinen 14 Punkte umfassenden Plan vor. Zwei Punkte betreffen das Habsburgerreich: Punkt 9: »Die Berichtigung der Grenzen Italiens soll nach klar

Abb. 3: Der amerikanische Präsident
Thomas Woodrow Wilson

erkennbaren nationalen Linien vorgenommen werden.« und Punkt 10: »Den Völkern Oesterreich-Ungarns, deren Platz unter den Nationen wir geschützt und gesichert zu sehen wünschen, soll die erste Gelegenheit zu autonomer Entwicklung gewährt werden.« Es ist damit klar, dass die Monarchie zumindest um eine Abtretung des italienischsprachigen Trentino (Welschtirol genannt) nicht herumkommen wird; ebenso wenig um einen inneren Umbau. Den durch die Struktur des Ausgleichs von 1867 benachteiligten Völkern – Slawen wie Rumänen – soll damit eine eigenbestimmte Entwicklung ermöglicht werden. Der Begriff autonom ist freilich schwammig. In der Regel bedeutet er beschränkte Rechte für ein Volk oder eine Region innerhalb der Grenzen eines bestehenden Staates. Von Loslösung aus dem Staatsganzen, von Unabhängigkeit ist in Wilsons Programm keine Rede.

Wilsons Vorschläge werden hierzulande in den Kommentaren der bürgerlichen Presse kritisch bewertet: Nach Ansicht der *Neuen Freien Presse* ist es »ein meisterhaftes Blendwerk, das durch Halbwahrheiten viele Unwahrheiten verhüllt … wie der Präsident mit hohepriesterlicher Würde vor seinem Volke steht, Grundsätze verkündigt, die jedem ans Herz gehen, das Wohl der Menschheit verteidigt und die kleinen Nationen zur Gleichberechtigung erhebt, eine solche Rede muß die Amerikaner glauben machen, daß ihr Krieg das edelmütigste Unternehmen sei, daß ihre Soldaten wegen der selbstlosen Verteidigung des Rechts ins Feld ziehen und daß die vierzehn Friedensbedingungen der Vereinigten

Staaten niemandem ein Leid zufügen, auch nicht der Monarchie und Deutschland.«[29] Was hat es mit dem Selbstbestimmungsrecht der Völker auf sich? Sind es nicht die USA gewesen, die nach dem siegreichen Krieg gegen Spanien 1898 dessen Kolonien Philippinen, Kuba und Puerto Rico ihrer Herrschaft unterworfen haben? Wird diesen Völkern das Recht auf Selbstbestimmung zugestanden? »Die Unwahrhaftigkeit von Grundsätzen, die nicht für das eigene Land und nur für andere gelten sollen, ist vielleicht auch Hochmut, der im Deutschen und Oesterreicher untergeordnete Wesen sieht.«[30] Und was würde das für die Monarchie konkret bedeuten? »Die Italiener hätten auch nach dem Durchbruche am Isonzo, was sie glaubten, durch Siege ertrotzen zu können. Galizien müßten wir an ein von der Entente gesalbtes Polen hergeben, vielleicht auch Teile von Schlesien (Anm.: österr. Schlesien) und der Bukowina … Die innere Verfassung müßten wir vom Kapitol oder vom Weißen Hause in Washington beziehen.«[31] Besonders scharf fällt die Beurteilung im *Fremdenblatt* aus, dem ein guter Draht zum Außenministerium nachgesagt wird: Wilsons Programm »ist darauf angelegt, nach dem Diktat der Ententemachthaber die Staaten des Vierbundes zu amputieren; die angestrebte äußere und innere Schwächung der Vierbundstaaten soll damit erreicht, eigener Gewinn eingeheimst und für die Mietstaaten der Preis herausgeschlagen werden, welcher diese nicht so sehr für ihre Mittätigkeit belohnen, als sie in der Hörigkeit gegenüber der Entente erhalten soll.«[32]

Eine andere Sichtweise vertreten die Sozialdemokraten. Was könne man einwenden gegen die Gründung eines allgemeinen Völkerbundes, um künftig Kriege zu verhindern und alle Konflikte zwischen den Völkern durch Schiedsgerichte zu schlichten? Was auch gegen die Ächtung der Geheimdiplomatie oder gegen die Abrüstung aller Heere? Welcher Segen wäre die freie Schifffahrt auf allen Weltmeeren, um künftig alle Wirtschaftskriege in Form von Seeblockaden zu vermeiden, meint die *Arbeiterzeitung:* »Wenn die Regierungen Deutschlands und Oesterreichs den Frieden wollen, dann ist die Mißdeutung der Botschaft Wilsons eine unverantwortliche Torheit. Wenn sie den Frieden wollen, dann müssen sie öffentlich erklären, daß sie die vierzehn Punkte Wilsons, ohne natürlich jeden einzelnen von ihnen ohneweiters (!) anzunehmen, als eine geeignete Grundlage für Friedensverhandlungen betrachten und bereit sind, unverzüglich in Verhandlungen auf dieser Grundlage einzutreten. Tun die Regierungen der Mittelmächte dies nicht, so nähren sie selbst das Mißtrauen gegen ihre Absichten.«[33]

Tatsächlich wäre jetzt die Gelegenheit, das Habsburgerreich in seinem Bestand zu sichern. Seine Aufteilung gehört auch nach der Kriegserklärung vom Dezember 1917 nicht zu den Kriegszielen Wilsons, der in diesem Punkt auf seinen wichtigsten außenpolitischen Ratgeber, Edward Mandell House, genannt Colonel House, hört. Würde das Ende Österreich-Ungarns nicht zu einer »Balkanisierung« Mitteleuropas führen, und wie überlebensfähig wären dann die kleinen Nachfolgestaaten, besonders in wirtschaftlicher Hinsicht? Allein schon als Gegengewicht zu Deutschland wäre die Erhaltung der Monarchie von eminenter Bedeutung. Die Exilkomitees der Tschechen und der Slowaken in den USA haben zu Jahresbeginn 1918 nicht das Ohr des Präsidenten. Ebenso wenig Erfolg haben bei ihm Bestrebungen, einen südslawischen Staat der Serben, Kroaten und Slowenen unter der serbischen Dynastie der Karadjordjević zu bilden. Das sieht der »Vertrag von Korfu« vor, den der serbische Ministerpräsident Nicola Pašić und der Anführer der kroatischen Irredenta-Bewegung und Emigrant Dr. Anton Trumbić im Mai 1917 vereinbart haben. Lediglich die Wiederherstellung des von den Mittelmächten unterworfenen Serbien gehört zu den unverrückbaren Zielen in Wilsons Friedensprogramm. Die Gebietserweiterungen, die die europäischen Verbündeten vor dem Kriegseintritt der USA Italien, Serbien und Rumänien versprochen haben, sind für Wilson nicht bindend. Lediglich das polnische Komitee, das sich die Wiederherstellung Polens als Staat nach dessen völliger Aufteilung 1795 zum Ziel gesetzt hat, wird von ihm anerkannt. Für die Lösung der Nationalitätenfrage in der Doppelmonarchie im Rahmen der Nachkriegsordnung hat Wilson einen eigenen Ausschuss eingesetzt, der auch einen Plan für die föderative Umgestaltung Österreich-Ungarns unter der Federführung des Mitteleuropa-Experten Charles Seymour entwickelt.[34]

Der britische Premierminister David Lloyd George und sein Außenminister Arthur Balfour zeigen zum Jahreswechsel 1917/18 ebenfalls keine Absicht, die österreichisch-ungarische Monarchie zu zerschlagen. Drei Tage vor Verkündung von Wilsons 14-Punkte-Programm erklärt Lloyd George vor dem Gewerkschaftskongress wörtlich: »Obwohl wir uns darin mit Präsident Wilson einig sind, dass die Zerstörung der Doppelmonarchie nicht zu unseren Kriegszielen gehört, sind wir der Ansicht, dass man den Unruheherd in diesem Teil Europas beseitigen könnte, indem man den Nationalitäten Österreich-Ungarns die von ihnen seit langer Zeit angestrebte echte Selbstbestimmung nach demokratischen Grundsätzen gewährt.«[35] Kurz vorher hatten streng geheime Gespräche zwischen London und Wien in der Schweiz stattgefunden. Der vom Foreign Office autorisierte südafrikanische Verteidigungsminister General Jan Christiaan Smuts besprach dort mit Graf Mensdorff, dem einstigen Botschafter der Monarchie in London und Verwandten des britischen Königshauses, die Möglichkeiten eines Separatfriedens mit Österreich-Ungarn. Dazu hätte das Bündnis mit Deutschland gekündigt werden müssen. Das wiederum wäre für Kaiser Karl ein Verrat gewesen, den er mit seinem Gewissen nicht hätte vereinbaren können. Auch wenn diese Gespräche im Sand verliefen, kann das Haus Habsburg-Lothringen zu Jahresbeginn 1918 hoffen, dass seine Herrschaft erhalten bleibt, wenn sich sein übernationales Reich einer Reform an Haupt und Gliedern unterzieht und Gebietsabtretungen nicht kategorisch ausschließt.

Die Nationalisten daheim oder in der Emigration können mit der Bilanz ihrer Aktivitäten im Jahr 1917 nicht zufrieden sein. Für sie, die Habsburgs »Völkerkerker« mit allen Mitteln aufbrechen wollen, gibt es 1918 viel zu tun. Vor allem gilt es, die offenkundigen Sympathien, die der junge Kaiser Karl bei den Westmächten immer noch genießt, zunichte zu machen. Relativ zufrieden können die Tschechen sein. Sie haben es erreicht, dass eine aus Deserteuren und Kriegsgefangenen gebildete »tschechisch-slowakische Armee« von Frankreich anerkannt wird und unter französischem Kommando das verhasste Reich der Habsburger aktiv bekämpfen kann. »Die Armee der Verräter« soll nicht weniger als 120.000 Mann umfassen, berichtet der *Österreichische Soldatenfreund* und meint: »Daß jeder ehrliche Soldat, ob er nun Franzose, Engländer oder Italiener ist, nur mit Verachtung und Abscheu auf die Offiziere und Soldaten dieser Armee blicken wird, ist über jeden Zweifel erhaben, denn die Angehörigen dieser Armee sind auf ewige Zeiten gebrandmarkt, denn sie haben in gröblichster Hinwegsetzung über die einfachsten Begriffe der staatsbürgerlichen und militärischen Pflichten nicht nur ihr Vaterland verraten und ihren Eid gebrochen, sondern gegen ihr Heimatland und ihren Obersten Kriegsherrn sogar das Schwert gezogen.«[36] Das Vaterland, das diese Tschechen im Herzen tragen, ist aber ein ganz anderes als der Vielvölkerstaat der Habsburger. Sie fühlen sich einem Vaterland verpflichtet, das vorerst nur ein Wunschgebilde ist: der tschechoslowakischen Republik.

Menetekel an der Wand: Streik und Meuterei

Zeitgleich mit der Verkündung von Wilsons Friedensprogramm trifft die Bevölkerung Österreichs ein neuer schwerer Schlag: die Kürzung der Mehlration. Sie wird pro Person in der Woche von 1.400 auf 1.150 Gramm gesenkt, für Schwerarbeiter von 2.100 auf 1.850 Gramm. Die Vorräte aus der schlechten Ernte des Jahres 1917 gehen zur Neige. Das Amt für Volksernährung sieht sich deshalb zu einer allgemeinen und gleichmäßigen Reduktion der Mehlverbrauchsmenge genötigt. Innenpolitisch geht damit eine Sprengladung los, von der sowohl die Regierung als auch die Führung der Arbeiterschaft überrumpelt werden. Die ohnehin dumpfe Verzweiflung über die Härten des Alltags, verschärft durch erbarmungslose Winterkälte, schlägt in Massenstreiks um, die sich wie ein Flächenbrand auf kriegswichtige Betriebe vor allem in Niederösterreich ausbreiten. In den Fertigungshallen der Lokomotiv-, Flugzeug- und Munitionsfabriken im Gebiet um Wiener Neustadt und Neunkirchen-Ternitz stehen als Erstes die

Maschinen still, der Ausstand greift auf Wien, St. Pölten, das Triestingtal und dann auch auf das steierische Industrierevier über. Schon am 18. Jänner 1918 meldet die niederösterreichische Statthalterei alles in allem 153.000 Streikende. In den Streikgebieten bilden sich örtliche Arbeiterräte, um das weitere Vorgehen zu beraten. In Wien, wo am Höhepunkt des Ausstandes 113.000 die Arbeit verweigern, ist die Spannung in den Straßen zu spüren. Menschenansammlungen behindern immer wieder den regulären Straßenbahnverkehr. Auffällig ist der hohe Anteil an Frauen und Kindern. Gelegentlich kommt es zu Zwischenfällen. Große Auslagenscheiben werden durch Steinwürfe zertrümmert. Händler lassen mancherorts lieber die Rollbalken ihrer Geschäfte herunter. Das sind aber Ausnahmeerscheinungen, ansonsten muss die Sicherheitswache nicht einschreiten. Für die Stadtregierung wie für die Wiener gleich unangenehm ist die Meldung, dass sich Arbeiter der Hauptwerkstätte der städtischen Straßenbahn, ermuntert durch Bedienstete der Staatsbahn, dem Streik angeschlossen haben. Und das angesichts vieler desolater Motorwagen. Durch Überbeanspruchung, verschärft durch das Schneechaos in diesem Jänner 1918, fallen pro Tag bis zu 40 Motorwagen aus und müssen dringend repariert werden. Der Stadtrat ermächtigt deshalb die Straßenbahndirektion zu unbedingt notwendigen Einschränkungen: Ausdehnung der Zugintervalle sowohl an Wochentagen als auch besonders an Sonn- und Feiertagen und komplette Einstellung des Verkehrs zu den Sportstätten.

Der von den Christlichsozialen dominierte Wiener Gemeinderat erhebt Protest gegen die Kürzung der Mehlquote: »Die Gemeinde Wien muß die Forderung erneuern, daß die zur Erfassung der inländischen Getreidevorräte geeigneten Zwangsmaßnahmen unverweilt getroffen werden, daß der Schleichhandel in Mehl und Getreide und die ihn begünstigende Lohnmüllerei sofort abgeschafft, daß weiter die Importe aus Rumänien eventuell auf dem Landwege realisiert werden und schließlich Ungarn mit allen Mitteln zur Getreide-, beziehungsweise Mehlanlieferung an Oesterreich verhalten werde. Es ist ein Gebot der Gerechtigkeit, daß die Kürzung der Mehlquote – falls sie unvermeidlich ist – auch bei den Selbstversorgern zur Anwendung gebracht und daß für die Bevölkerung der Gesamtmonarchie einheitlich die gleiche Kopfquote an Brot und Mehl festgesetzt werde.«[37] All das sind freilich lediglich Wunschvorstellungen, die sich nicht realisieren lassen. Die Wut der Bevölkerung in Österreich richtet sich speziell gegen Ungarn. In Friedenszeiten hat Österreich seinen Getreidebedarf bis zu 40 Prozent aus ungarischer Produktion gedeckt – und das teuer erkauft durch hohe Zölle. Seit 1915 hat Ungarn die Getreidelieferungen systematisch gedrosselt; erst verdeckt, dann ganz offen. Es wird um jeden Meterzentner Getreide gefeilscht, übernommene Zusagen werden manchmal gar nicht eingehalten. Missernten seien schuld, aber das ist nicht glaubwürdig.

Die Problematik ist: »Wir haben zwar einheitliche Fronten, an denen österreichische und ungarische Soldaten gleichmäßig ihr Blut vergießen, aber keine Einheitlichkeit im Ernährungssystem – obwohl doch das Durchhalten im Hinterlande auch eine Voraussetzung des Kriegserfolges ist!«[38]

Durch den Streik sind auch die großen Zeitungen gezwungen, ihr Erscheinen vorübergehend einzustellen, »so daß zum erstenmal unter den seit dem Kriege bestehenden Ausnahmsverhältnissen für die Presse über Ereignisse von höchster Bedeutung in Oesterreich und in der Welt nicht berichtet werden konnte und auch die Möglichkeit, über diese Vorgänge eine selbständige Meinung zu äußern oder das Urteil des Publikums wiederzugeben, verschlossen war«, teilt die *Neue Freie Presse* ihren Lesern am Tag ihres Wiedererscheinens, dem 21. Jänner 1918, nach zwei Tagen erzwungener Pause mit.[39]

Wie bekommt man die Arbeiter wieder zurück an die Werkbänke? Ohne politische Zugeständnisse geht es nicht. Der Parteivorstand der Sozialdemokraten, bemüht um eine Beruhigung der Lage, macht seinen Einfluss geltend. Es konnte nicht verborgen bleiben, dass in den Streikgebieten immer mehr Truppen eingesetzt werden. Tatsächlich hat das Armeeoberkommando 40.000 Mann von der nun ruhigen Ostfront zum Assistenzeinsatz im Hinterland beordert. Droht nicht womöglich auch ein Eingreifen der Deutschen? Diese Sorge ist aber unbegründet, denn auch die deutschen Arbeiter machen ihrem Unmut durch großangelegte Streiks Luft. Schließlich klingt der Ausstand in Österreich ab, die Regierung macht, unterstützt von den Sozialdemokraten, Zusagen: ein verbessertes Gemeindewahlrecht – es gilt noch immer das ungerechte Klassenwahlrecht – und eine mildere Handhabung in der militärischen Dienstverpflichtung in kriegswichtigen Betrieben. Außenminister Graf Czernin versichert zudem dem Arbeiterrat schriftlich, dass er bei den Friedensverhandlungen in Brest-Litowsk keine Verschleppungstaktik dulden werde. Mit diesem Entgegenkommen und der Demonstration militärischer Stärke ist die Stoßkraft der Massenstreiks deutlich abgebremst. Auch müssen die Streikenden einsehen, dass sich die Arbeiter der anderen Nationen der Monarchie bis auf Ausnahmen in Brünn und Budapest ihrem Kampf nicht großflächig angeschlossen haben. Höchst unwillig nehmen viele die Arbeit wieder auf. Viele Genossen ballen die Fäuste in den Hosentaschen, auch gegen die eigene Parteiführung. Sie fühlen sich durch deren kompromissbereite Haltung verraten. Der Abgeordnete Karl Renner wird in Wiener Neustadt kurzfristig von radikalen Arbeitern festgehalten.

Beim Landesparteitag der niederösterreichischen Sozialdemokraten Anfang Februar 1918 im Ottakringer Arbeiterheim brodelt es unter den 183 Delegierten. Die innerparteiliche Kluft zwischen gemäßigten und radikalen Kräften wird deutlich erkennbar. Der Parteivorstand sieht sich heftiger Kritik ausgesetzt:

er habe aus eigenem Ermessen den Streik für beendet erklärt, ohne mit den Arbeiterräten am Land auch nur Fühlung aufgenommen zu haben. Der Wiener Arbeiterrat habe den Streik regelrecht abgewürgt und sich mit nebulösen Versprechungen seitens der Regierung abspeisen lassen. Victor Adler, Karl Renner, Karl Seitz und andere weisen die Vorwürfe zurück. Radikale und meist parteifremde Elemente hätten Sonderziele wie etwa Freilassung politischer Gefangener oder den Acht-Stunden-Tag verfolgt, die mit dem eigentlichen Zweck des Streiks nichts zu tun gehabt hätten. Der Parteitag endet schließlich mit einer Resolution, in der festgehalten wird, dass man zu »einem vorläufigen befriedigendem Abschluß gelangt ist und fordert die Arbeiterschaft Niederösterreichs auf, Kampfbereitschaft zu halten, um die Erfolge des historischen Ausstandes zu sichern und zu verwirklichen.«[40] Resümee der *Arbeiterzeitung:* »Durch ihren großen Massenausstand hat die österreichische Arbeiterklasse ausgesprochen, was ist. Wie sie, von einer elementaren Bewegung erfaßt, plötzlich, sich selbst überraschend, die Arbeit niedergelegt hat; wie der unmittelbare Anlaß der Arbeitseinstellung, die Kürzung der Mehlration, sofort verschwunden ist hinter der leidenschaftlichen Forderung nach dem Frieden; wie sich, als der Ausstand beendet werden sollte, die politische Besonnenheit nur mit Mühe durchzusetzen vermochte gegen die Leidenschaften einer Masse, die dreieinhalb Jahre des Druckes der Entbehrungen, der Enttäuschungen mit Erbitterung und Argwohn erfüllt haben – all das hat gezeigt, welche Stimmung in den Volksmassen lebt. Die herrschenden Klassen, die in ihren Palästen und in ihren Villen, auf ihren Landgütern und in ihren Büros volksfremd abgeschieden, gar nicht ahnen, was das ›Durchhalten‹ für die Männer und Frauen des arbeitenden Volkes bedeutet; die nichts davon wußten, welche Gefühle der endlose Krieg im Volke geweckt hat, sie wissen es jetzt endlich, daß die Beendigung des Krieges zu rechter Zeit ihr eigenes Interesse, das höchste Interesse ihres Staates ist. Dieser Erkenntnis kann sich in Oesterreich niemand mehr entziehen. Und daß sie ganz unmittelbar zu politischer Tat führt und führen muß, haben die politischen Ereignisse der letzten Woche bewiesen.«[41]

In der Tat, die »Welt der Paläste« ist geschockt. Man hat den politischen Charakter der Massenstreiks wohl erkannt und damit die Gefahr für die herrschende Ordnung. Das Beispiel Sowjetrussland könnte Schule machen, auf die Mitte Europas übergreifen. Alarmsignal ist der Titel der Moskauer *Prawda* vom 22. Jänner 1918: »Am Vorabend der österreichischen Revolution«. Mit seiner Parole »Brot und Frieden« hat Lenin durchschlagenden Erfolg erzielt, auch wenn sich die Sowjets noch in einen Bürgerkrieg verwickelt sehen. Und auch aus Berlin kommt ein warnendes Signal in Form eines Streikaufrufes der linkssozialistischen Gruppe Spartakus (Anm.: Vorgängerorganisation der KPD). Darin ist von einem »mächtigen Wort« die Rede, das das österreichisch-ungarische Proletariat gesprochen habe und durch das die Zentralregierung »in schlotternder Angst vor der drohenden Revolution« gezwungen war, »den nach dem Muster der russischen Revolution gewählten Wiener Arbeiterrat anzuerkennen und mit ihm zu verhandeln« und dabei Konzessionen zu machen. Zwar sei es mithilfe der Sozialdemokraten gelungen, »die Bewegung einzudämmen«, aber »was unsere österreichisch-ungarischen Brüder angefangen haben, das müssen wir vollenden!«[42]

Freitag, 1. Februar 1918: Im Hafen von Cattaro (Anm.: heute Kotor in Kroatien) heulen zu Mittag die Schiffssirenen, auf den dort stationierten 40 Kriegsschiffen steigen rote Flaggen auf den Schiffsmasten auf. Signal für Meuterei der Matrosen! Flottenkommandant Konteradmiral Alexander Hansa und die Offiziere müssen sich vorerst ergeben. Wird die Meuterei auf andere Flottengeschwader an der dalmatinischen Küste übergreifen? Aufrufe dazu haben die Meuterer zwar verfasst, aber vergessen, sich rechtzeitig des Nachrichtenapparates zu bemächtigen. Rasch ist dieser Schwachpunkt eruiert, der Hafenkommandant stellt ihnen bereits am nächsten Tag ein Ultimatum, sich zu ergeben. Die Geschütze der Hafenbatterien zwingen Schiff um Schiff, die roten Flaggen einzuziehen. Am Morgen des 3. Februar 1918 ist die Meuterei beendet. Etwa 800 Beteiligte werden festgenommen und ausgeschifft, 392 vor Standgerichte gestellt. Von ihnen sind die meisten Kroaten, in weitem Abstand gefolgt von Italienern und Tschechen. Die vier Rädelsführer werden zum Tode verurteilt und erschossen. Nichts von den Vorgängen ist in der zensierten Presse zu lesen.

Meuterei – diese tödliche Gefahr für die k.u.k. Armee versetzt das Armeeoberkommando in höchste Alarmbereitschaft. Seit Kriegsausbruch ist das noch nicht vorgekommen. Und das gerade jetzt, wo es um den Frieden im Osten geht. Man weiß, welche entscheidende Rolle die Meuterei der Matrosen bei der bolschewistischen Revolution im November des Vorjahres gespielt hat. Jetzt heißt es, die Kommandostruktur in der k.u.k. Kriegsmarine gründlich umzugestalten und jüngere loyale Offiziere an Kommandostellen zu setzen. Es ist die Stunde des Nikolaus (Miklos) von Horthy de Nagybánja (Anm.: der spätere Reichsverweser Ungarns).

Er wird zum Konteradmiral und Oberbefehlshaber der k.u.k. Kriegsmarine befördert. Horthys Name hat Klang. In einer waghalsigen Aktion hatte er im Mai 1917 als Kommandant des Kriegsschiffes »Novara« zusammen mit zwei anderen Kreuzern die Seesperre der Alliierten in der Seestraße von Otranto durchbrochen und den Gegnern empfindliche Verluste beigebracht. Den Verfolgern war er entkommen. Eine Ruhmestat in der Geschichte der Kriegsmarine, wenn auch nur kurzzeitig wirksam. Diese Personal- und Umbaumaßnahmen ändern freilich nichts an der Tatsache, dass die großen Kriegsschiffe des Kaisers weiterhin in Warteposition in ihren Häfen bleiben müssen. Dieses

Abb. 4: Oberbefehlshaber der k.u.k.
Kriegsmarine Nikolaus von Horthy

endlose Warten ist eine Nervenprobe für alle, schürt die Unzufriedenheit unter den Schiffsbesatzungen. Ein Auslaufen der Kriegsmarine würde sie unweigerlich in eine größere Seeschlacht verwickeln mit den Blockademächten Italien, Frankreich und Großbritannien, die zusammen eine Übermacht repräsentieren, gegen die auch moderne Kriegsschiffe der Tegetthoff-Klasse der k.u.k. Kriegsflotte chancenlos wären. In Wahrheit sind diese einst für viel Geld angeschafften Schiffe nutzlos.

Die unzureichende Verpflegung ist zusätzlich ein idealer Nährboden für Hass und Neigung zu Meuterei in der k.u.k. Armee. Sie hat bislang als übernationale Ordnungsmacht der Monarchie und wichtigste Stütze des Thrones gegolten. Damit ist es nun sichtlich vorbei. Immer mehr ist man im Laufe des Krieges dazu übergegangen, Mannschaften national aufzustellen und sie in Krisengebieten für »Recht und Ordnung« sorgen zu lassen, in denen für sie die Bevölkerung als national feindlich gilt – also Ungarn in Böhmen oder Deutsche in slowenischsprachigen Gebieten etc. Das erhöht die Bereitschaft, mit Waffengewalt gegen »Feinde« im Inneren vorzugehen. Eine Maßnahme, die auch den Rest an Zusammengehörigkeitsgefühl im Vielvölkerstaat der Habsburger untergräbt. Massenstreiks und Meuterei sind Flammenzeichen des drohenden Unterganges. Es ist also allerhöchste Zeit, Frieden zu schließen, und sei es vorläufig nur ein Teilfriede.

35

»Nun muß sich alles, alles wenden!«: der trügerische Frieden im Osten

Sonntag, 10. Februar 1918, Faschingssonntag! Nur wenigen ist danach zumute, den Höhepunkt dieser einst so ausgelassenen Zeit in irgendeiner fröhlichen Weise zu begehen. Und so geht man ohne große Erwartungen in diesen Sonntag: »Der heutige Tag ließ sich trüb an; doch die Sonne brach sich just zu der Zeit Bahn durch die grauen Wolken, als die ersten Boten mit den Extraausgaben über den vollzogenen Friedensschluß auf den Straßen und Gassen ihre Stimme erschallen ließen. Und da geschah es, daß Mann und Frau und Kind, Geschäftsmann, Arbeiter und Soldat, die alle immer nur den einen sehnlichen Wunsch hatten nach Beendigung des Krieges, nach der ersten Nachricht vom Frieden, ungläubig, kopfschüttelnd, ja abwehrend um die Extraausgaben standen, als sei etwas Unerhörtes, Unfaßbares geschehen. Sie wollten nicht an die frohe Mär glauben, sie vermeinten, Täuschung und Trug seien die Worte, die da in großmächtigen Lettern vom Frieden sprachen. Sie wähnten einen Faschingsscherz hinter den Extraausgaben. Sonderbar! Diese Menschen, die nun schon monatelang sich an die Friedenshoffnung klammerten, die von nichts anderem sprachen, als wann doch endlich Friede werden soll, diese Menschen, die alle Tage vom Frieden träumten, sie werden von der Friedensnachricht überrascht und mißtrauisch! Doch der Extrablattverkäufer werden mehr, ihr Ruf erschallt immer öfter und da löst sich auch der Bann. Menschen, die vorhin noch einander keines Blickes gewürdigt haben, besprechen in freudiger Erregung die Tragweite des Ereignisses. Und erst die Frauen! Unsere tapferen, wackeren Wiener Frauen! Eine kurze Spanne Zeit hat hingereicht, die Botschaft auf Windesflügeln von Haus zu Haus, von Lokal zu Lokal zu tragen. Ueberall wird sie auf das lebhafteste kommentiert, wird sie zum einzigen Tagesgespräch. Um die Mittagsstunde hat die Botschaft die ganze Stadt erfaßt. Und überall äußert sich ihre Wirkung. Denn heute scheint es, als wäre das grämlich gewordene Wien mit einemmal wieder freundlicher geworden. Es ist die Hoffnung, die in der veränderten Physiognomie des Stadtbildes zum Ausdruck kommt. Nachmittags sah man schon allenthalben, besonders aber im 1. Bezirke reiche Beflaggung. Der Bürgermeister hat ebenfalls die Flaggung der städtischen Gebäude für zwei Tage angeordnet.«[43] Endlich Licht am Ende des Tunnels, so scheint es: »Alles atmet erleichtert auf und die frohe Zuversicht erwacht! Nun muß sich alles, alles wenden!«[44]

Die Botschaft lautet: Friede mit der Ukraine. Österreich-Ungarns Außenminister Graf Czernin hat in Brest-Litowsk mit den Vertretern der anderen Mittelmächte am Vortag seine Unterschrift unter diesen ersten offiziellen Friedensschluss im Weltkrieg gesetzt, der die Ukraine als nunmehr selbständigen Staat etabliert. Der »Brotfriede« ist verkündet, ein Schlagwort, das nun ständig

36

als Propaganda wirksam eingesetzt wird. Bewusst baut sie auf dem Grundsatz auf, dass der Not leidende Mensch allzu gerne demjenigen bereitwillig glaubt, der der Überbringer hoffnungsfroher Botschaft ist. Und je sehnsüchtiger die Erwartung nach Erlösung, umso stärker ist die Bereitschaft zu glauben. »Welche Bedeutung für uns der Friedensschluß mit der Ukraine hat, das hat Graf Czernin offen ausgesprochen. Wir brauchen Lebensmittel, die wir umso leichter bekommen werden, weil die ukrainische Regierung keine Lust hat, ihren Ueberschuß gegen Papierrubel, deren Wert sehr zweifelhaft ist, abzugeben und die Bolschewiki mit Lebensmitteln zu versorgen, die es doch darauf angelegt haben, die Ukraine zu revolutionieren und dort ein Schreckensregiment aufzurichten. Welchen Wert ein solcher Friede für uns hat, geht aus der wirtschaftlichen Bedeutung dieses Landes hervor. Die Ukraine hat ein Gebiet von 650.000 Quadratkilometern, und der Raum, den sie einnimmt, ist nicht wesentlich verschieden von dem der österreichisch-ungarischen Monarchie. Die Bevölkerungszahl stellt rund 30 Millionen. Fast das ganze Land ist fruchtbares Ackerland, mit einem Drittel der Gesamterzeugung in Rußland. Die Anbaufläche wird mit 45 Millionen Hektaren angegeben. Jährlich werden 150 Millionen Meterzentner von Weizen, Roggen und Gerste gewonnen … Auf dem Donauweg wird es Ende Februar und März möglich sein, bedeutende Getreidemengen bei uns aus diesem Gebiete einzuführen.«[45]

Bei seiner Rückkehr aus Brest-Litowsk wird der Außenminister in Wien wie ein Held gefeiert. Festliche Begrüßung am Nordbahnhof durch Bürgermeister Weiskirchner an der Spitze des Gemeinderates. Ja, dies sei »wirklich ein Brotfrieden, das Gegenteil dessen, was gehässigerweise Hungerfriede genannt werde. …«[46] Tausende haben sich auf dem Ballhausplatz versammelt, um Czernin hochleben zu lassen, darunter viele Frauen. Immer wieder muss der Gefeierte auf den Balkon des Ministeriums treten, um sich für die Huldigungen zu bedanken: »Liebe Landsleute! Ich freue mich vom ganzen Herzen über den liebenswürdigen Empfang, den Sie mir bereitet haben. Der erste Schritt ist getan, aber seien wir uns klar darüber, daß noch ein weiter Weg zum allgemeinen Frieden zurückzulegen ist. Noch gilt es durchhalten! Ich rechne darauf, daß Sie mich alle darin unterstützen werden, daß Sie durchhalten werden bis zum allgemeinen ehrenvollen Frieden!«[47]

Nüchtern vermerkt Josef Redlich in seinem Tagebuch: »Herr Graf Czernin hat sich heute bei seinem Eintreffen aus Brest-Litowsk von Weiskirchner als großen Staatsmann preisen lassen! Das Ende dieses Schwindels hoffe ich noch zu erleben …«[48]

Kaiser Karl erreicht die Kunde vom Friedensschluss mit der Ukraine bei einem Aufenthalt in Budapest. Er gibt seiner Freude in einem Manifest »An meine Völker!« kund: »Mit Bewunderung und liebevoller Anerkennung für die

Abb. 5: Außenminister Czernin auf dem Balkon seines Ministeriums

fast übermenschliche Ausdauer und unvergleichliche Opferfreudigkeit Meiner
heldenhaften Truppen, sowie jener, die täglich daheim nicht mindere Aufopfe-
rung bekunden, blicke Ich voll Zuversicht in eine nahe, glücklichere Zukunft.
Der Allmächtige segne uns weiter mit Kraft und Ausdauer, auf daß wir nicht nur
für uns und unsere Verbündeten, sondern auch für die ganze Menschheit den
endgültigen Frieden erreichen.«[49]

Für die wunderbare Wendung gilt es Gott zu danken. Feierlicher Orgelklang
braust am 12. Februar zum Dankgottesdienst mit Tedeum durch den Stephansdom. Alles, was Rang und Namen hat, ist erschienen. An der Spitze das Kaiserpaar, zahlreiche Mitglieder der kaiserlichen Familie, der Hofstaat, die gesamte
österreichische Regierung, der Gesandte Ungarns »am königlichen Hoflager«
und der Wiener Gemeinderat. Bei Anfahrt und Abfahrt zum Dom branden dem

Kaiserpaar Jubelrufe von Tausenden Menschen entgegen. Um 12 Uhr dieses Tages erfüllt Glockenklang aller Kirchen Wiens den Winterhimmel über der Stadt. Glocken, die Frieden verkünden! Tausende Gläubige strömen zu den Dankgottesdiensten, auch in die der Evangelischen Gemeinden. Feststimmung herrscht auch bei der Israelitischen Kultusgemeinde. Russland, das Land der Pogrome an den dortigen Juden, ist besiegt. Nun können auch jüdische Flüchtlinge in Wien ans Heimkehren nach Galizien denken. Im Tempel in der Seitenstettengasse, in allen Synagogen und Bethäusern preisen die Juden Wiens den Gott ihrer Väter für die Gnade des Sieges über den einst mächtigen Feind ihres Volkes. An die Kabinettskanzlei des Kaisers werden Huldigungstelegramme geschickt. Wahrlich ein Freudentag!

Enthusiastisch auch die Kommentare in der bürgerlichen Presse, wie etwa in der *Reichspost:* »Großer Gott, wir loben dich! Aus tiefster Seele quillt es über die Lippen. Unser Hoffen und Sehnen, unser gläubiges Vertrauen, unser Opfern und Ausharren wurde nicht zuschanden. Er wurde nun doch erstritten und errungen, erharrt und erbetet, erhandelt und erredet, der Friede, der so lange, ach, so lange zögerte! Zwar erst ein Teilfriede, erst der Anfang des Friedens, der Friede im Nordosten! Aber es ist ein ungeheurer Fortschritt, daß einmal mit dem Frieden der Anfang gemacht werden konnte. Gerade auf den Anfang kam es an. Er war sicherlich das schwerste Stück der Weltfriedensarbeit. Das Fundament ist gelegt. Nun kann Stein auf Stein geschichtet werden, bis der Bau vollendet, bis die Befreiung der Menschheit von dem furchtbarsten Würger, dem sie seit der großen Flut zur Züchtigung übergeben wurde, vollzogen ist und ein einmütiges Tedeum der wiederversöhnten Völker das Erdenrund umbraust.«[50] Die *Neue Freie Presse* setzt große Erwartungen in die Zukunft: »Der Ostkrieg ist beendigt. Einfacher läßt sich nicht ausdrücken, was der Vertrag von Brest-Litowsk ist. Ein Staat mit dreißig Millionen Einwohnern und mit einem Boden, über den die Natur ihren vollen Segen ausgeschüttet hat, ist aus der Reihe unserer Feinde geschieden und öffnet nachbarlich seine Grenzen für Handel und Verkehr. Ein Volksstamm, dem wir uns durch die Ukrainer in Galizien und in Ungarn näher fühlen, streckt uns die Hand entgegen, in die wir einschlagen.«[51]

In der Freudenstimmung hat der Gedanke an die wahren Verhältnisse in diesem neuen Nachbarn der Monarchie kaum Platz. Denn die Ukraine, als größter der Randstaaten aus dem bisherigen russischen Reich heraus gebrochen, befindet sich in einem Zustand der Anarchie. Es herrscht Bürgerkrieg. Schon am Vortag des Friedensschlusses muss die Regierung der Volksrepublik Ukraine zusammen mit dem Parlament (Anm.: Zentralrada genannt) vor Verbänden der Bolschewiki aus der Hauptstadt Kiew fliehen. Die Infrastruktur, speziell das Verkehrsnetz des Landes, ist desolat. Wie will der neue Staat seiner Verpflichtung, seine beträchtlichen Getreideüberschüsse bis zum 31. Juli 1918 an die Siegermächte zu liefern, da erfüllen können? Es ist also Hilfe nötig bei der Organisation der Polizei. Getreidezüge müssen vor etwaigen Überfällen bolschewikischer Banden geschützt werden. Und auch die Entsendung von Besatzungstruppen seitens der Mittelmächte ist notwendig – 500.000 deutsche und 250.000 k. u. k. Soldaten rücken im März und April 1918 in die Ukraine ein.

Mit ihrer Hilfe gelingt es, Kiew wieder zurückzugewinnen und General Pawlo Skoropadskyj als Hetman einzusetzen. Das seit Langem erloschene Hetmanat soll den neuen Staat stabilisieren. Was niemand bedacht hat: die insgesamt 750.000 Mann Besatzung müssen an Ort und Stelle verpflegt werden. Konkret bedeutet das eine Weizenmenge von 300 Waggons täglich! Die großen Weizenlieferungen an Wien sind nur ein Wunschtraum. Entsprechend nüchtern fällt das Urteil der Sozialdemokraten aus. »Der erste Friede ist geschlossen. Aber darum geht der Krieg doch weiter. Die Truppen, die an der ukrainischen Front frei werden, werden an anderen Fronten Verwendung finden. Die wirtschaftlichen Nöte bleiben trotz der Linderung, die die Zufuhr aus der Ukraine bewirken wird, bestehen. Der Friede mit der Ukraine genügt nicht, uns von dem Druck des Krieges zu befreien; er wird die Volksmassen nicht beruhigen, die nach dem allgemeinen Frieden drängen!«[52]

Am 3. März 1918 wird in Brest-Litowsk endlich auch der Friedensvertrag mit Sowjetrussland unterzeichnet. Ein Vertrag, der das neue Russland auf die Grenzen des Moskauer Staates von 1654 zurückdrängt. Finnland, das Baltikum, Polen und die Ukraine sind der russischen Herrschaft entzogen. Österreich-Ungarn hat keine gemeinsame Grenze mehr mit dem russischen Staat. Nun soll Ruhe werden im Osten, aber auch auf dem Balkan, der der Herd panslawistischer, gegen das Habsburgerreich gerichteter Umtriebe vor dem Krieg war. Und ganz wichtig: »Der rechte Flügel der Entente ist zerschmettert«, wie die *Neue Freie Presse* schreibt.[53] Aber ist diese Sehnsucht nach Ruhe nicht doch trügerisch? Dieser Befürchtung gibt die *Arbeiterzeitung* nüchtern Ausdruck: »Die Zerstückelung Rußlands erscheint uns im Augenblick als ein vernichtender Schlag gegen die Revolution: ist es doch das revolutionäre Rußland, das zur Kapitulation gezwungen ward! Kann doch diese Kapitulation selbst zum Hebel der Konterrevolution in Rußland werden! Aber die konterrevolutionären Mächte Europas werden ihrer Tat schwerlich froh werden. Wo vor kurzem noch die Zarenmacht ein Dutzend Völker niederhielt[,] wird jetzt ein Bündel von Staaten entstehen, eine Quelle fortwährender Unruhe, ständiger Gärung in Europa.«[54]

Ruhe und Sicherheit erhofft sich Österreich-Ungarn auch an seiner Südostgrenze durch den Friedensvertrag mit Rumänien. Ursprünglich freundschaftlich verbunden mit der Monarchie hatte das Land nach dem Tod König Carols I. 1914 seinen außenpolitischen Kurs geändert. Es ließ sich 1916 durch Versprechungen der Entente verleiten, der Monarchie den Krieg zu erklären, um die

Abb. 6: K.u.k. Kavallerie marschiert in der Ukraine ein

mehrheitlich rumänischsprachigen Gebiete Siebenbürgens, des Banats und der Bukowina zu annektieren. Militärisch wurde dieser Angriff vonseiten der Mittelmächte unter dem Kommando des deutschen Generalfeldmarschalls August von Mackensen rasch aufgefangen und das Land besetzt. Nach dem Präliminarfrieden von Buftea am 5. März 1918 wird zwei Monate später (7. Mai) der Friede von Bukarest unterzeichnet. Dieser Vertrag »hat zunächst den Wert einer überstandenen Gefahr. Wir müssen uns zurückdenken in die Zeit, da rumänische Truppen in Siebenbürgen eingebrochen sind und eine große Armee sich unseren Feinden angeschlossen hatte. Was der rumänische Vertrag nach dem Siege über einen hinterhältigen Nachbar[n], der unsere Schwäche belauerte und die größte Not für einen leichten Raubzug benützen wollte, Oesterreich bringen wird, können wir nach den soeben veröffentlichten allgemeinen Friedensbestimmungen nur in losen Umrissen sehen.«[55] Neben Lebensmitteln und Rohstoffen wie Erdöl sowie der Garantie der freien Donauschifffahrt muss Rumänien »Grenzberichtigungen« zugunsten der Monarchie akzeptieren. 5.000km² fallen an Ungarn, 600km² an die zur österreichischen Reichshälfte gehörende Bukowina. Kaiser Karl kann nun den Ehrentitel »Mehrer des Reiches« für sich beanspruchen – doch um welchen Preis! Damit ist eindeutig klar, dass die lauthals von Außenminister Czernin verkündeten Versprechungen eines Friedens ohne Annexionen und Kontributionen nichts als Worthülsen gewesen sind. Von einem Verständigungsfrieden kann wahrlich nicht die Rede sein. Die *Arbeiterzeitung* fragt: »Werden diese ›Grenzberichtigungen‹ auf Rumäniens Kosten in

41

Amerika das Vertrauen stärken, daß wir wirklich für einen Frieden nach Wilsons Grundsätzen bereit sind? Und wäre eine Verständigung mit Wilson nicht hundertmal wichtiger als die Annexion der Pässe und Wälder in den Karpaten?«[56] Rumänien bleibt auch nach dem Friedensschluss von den Mittelmächten besetzt und unter deutscher Militärgerichtsbarkeit. Einen neuen Freund hat man sich da wohl nicht gemacht. Die *Reichspost* hingegen sieht in dem Friedensvertrag »ein neues Manifest des Willens des Vierbundes, das künftige Europa auf die Grundlage einer Freundschaft der Völker zu stellen« und begrüßt es, »daß dieser Vertrag nicht den Geist der Rache und des Triumphes atmet, sondern den Willen zum Frieden und zur Freundschaft wahr macht.«[57] Im Augenblick übersehen wird die Enttäuschung Bulgariens. Der Verbündete erhält zwar die im zweiten Balkankrieg 1913 verlorene Süddobrudscha zurück, nicht aber den Nordteil dieses Gebietes. In Sofia sieht man sich um den erhofften Lohn geprellt, an einer Fortsetzung des Krieges im Verbund der Mittelmächte haben die Bulgaren nun ein geringeres Interesse. Im September 1918 wird sich das folgenschwer enthüllen. Die oktroyierten Lebensmittellieferungen aus Rumänien bleiben ebenso dürftig wie die Weizenlieferungen aus der Ukraine. Auch diese bewusst propagierten Hoffnungen stellen sich als Irrlicht heraus.

Von der Ostsee bis zum Schwarzen Meer herrscht im Frühjahr 1918 offiziell Frieden, in Wahrheit ist es aber nur ein Waffenstillstand entlang einer überlangen Frontlinie, der es den Mittelmächten erlaubt, sich verstärkt den anderen Fronten zuzuwenden. Von einer Ratifizierung der Ost-Friedensverträge durch ihre jeweiligen Parlamente sehen die Regierungen Österreich-Ungarns und Deutschlands ab. Dem allgemeinen Frieden ist man in Wahrheit nicht näher gekommen. Für das multinationale Habsburgerreich kommt ein unangenehmer Nebeneffekt hinzu: die Cholm-Krise! Die Tinte der Unterschriften unter dem Friedensvertrag mit der Ukraine ist kaum trocken, da erhebt sich von polnischer Seite ein Sturm der Entrüstung, der sofort auf das Abgeordnetenhaus durchschlägt. Denn durch die Vereinbarungen wird ein von Polen bewohntes Gebiet des Gouvernements Cholm, bisher Bestandteil von Russisch-Polen, dem ukrainischen Staat überlassen; nach Ansicht der Polen eine nationale Katastrophe und »ein Attentat auf die heiligsten Rechte der polnischen Nation.« Die im Polenklub zusammengeschlossenen Abgeordneten protestieren aufs Schärfste gegen diese Bestimmung und kündigen der Regierung Seidler jegliche Unterstützung auf. Ein schwerer Schlag, denn bis jetzt konnte jede Regierungsvorlage mit der Zustimmung der 77 polnischen Abgeordneten rechnen. Wie soll man jetzt eine Mehrheit für das vordringliche Budgetprovisorium zustande bringen? Verheerend wirkt sich die Cholm-Krise auf die Stimmung der Polen in Galizien aus. Für 18. Februar 1918 wird ein nationaler Trauertag proklamiert. In Krakau und anderen Städten werden viele Häuser schwarz beflaggt, Thea-

Abb. 7: Verladen rumänischer Lebensmittel für Österreich-Ungarn

ter- und Kinovorführungen abgesagt. Doppeladler werden von Amtsgebäuden heruntergerissen und durch polnische Adler ersetzt. Nationalisten hängen ihren Hunden österreichische Auszeichnungen an das Halsband als Ausdruck tiefster Verachtung für Österreichs »Verrat«. Erbitterung bei den Polen löst auch der Plan aus, im Osten Galiziens, wo die ethnischen Ukrainer (Ruthenen) die Mehrheit haben, ein eigenes Kronland zu schaffen. Zwar normalisiert sich die Lage wieder, aber es kann kein Zweifel bestehen: im Inneren der Monarchie ist ein bisher verlässlicher Partner verloren, ein neuer nationaler Schwelbrand entstanden. Der als Übergangsregierung amtierende »Regentschaftsrat« des 1916 gegründeten »Königreichs Polen« bricht die diplomatischen Beziehungen zu Österreich-Ungarn ab.

Endlich Heimkehr und Wiedersehen: die Kriegsgefangenen

Jubel löst die Nachricht vom Friedensschluss mit der Ukraine und mit Sowjetrussland (Anm.: im damaligen Sprachgebrauch Großrussland genannt) unter den russischen Kriegsgefangenen in der Monarchie aus. Endlich Heimkehr und Wiedersehen mit Familie und Freunden! Dazu bedarf es aber zwischenstaatlicher Vereinbarungen. Sie werden bereits im Februar 1918 in Form von insgesamt vier Repatriierungsabkommen mit Sowjetrussland geschlossen. Möglichst rasch sollen die Kriegsgefangenen heimkehren können. Die Realisierung dieses

Ziels hat aber einen Haken: Die Macht der »Roten«, also der Sowjets, erstreckt sich nicht auf das gesamte Territorium des einstigen russischen Zarenreiches. Große Gebiete, speziell in Sibirien, werden von Konterrevolutionären, den »Weißen«, kontrolliert. Überdies haben die Ententemächte und Japan bereits in den russischen Bürgerkrieg eingegriffen und Territorien besetzt. Für sie gilt der Friedensvertrag von Brest-Litowsk ebenso wenig wie andere Abkommen der Sowjets mit den Mittelmächten. Deshalb ersucht die österreichisch-ungarische Diplomatie die dänische Regierung, für sie die Interessen der Kriegsgefangenen in den abgeschnittenen Territorien zu vertreten. Für die von den Bolschewiki kontrollierten Gebiete nimmt eine k.u.k. Mission in Petrograd (bis 1914 St. Petersburg) unter der Leitung eines Generals ihre Tätigkeit auf. Sie richtet Expositionen in mehreren Städten ein, die wiederum durch Filialen in den Orten der Kriegsgefangenenlager ihrer Aufgabe nachgehen.

In den heimischen Zeitungen wird von ergreifenden Freudenkundgebungen in den Fabriken und Betrieben berichtet, in denen die Russen zwangsbeschäftigt sind. »Heimkehr und Wiedersehen! Das bedeutet in allen Sprachen, die Menschenlippen stammeln, den köstlichsten Schatz irdischer Glückseligkeit. Mancher Blick teilnahmsvoller Rührung streifte heute unsere Gäste wider Willen in ihrer erdbraunen Tracht, mit der Tellermütze und den Schaftstiefeln. Gestern waren sie noch unsere Feinde; heute wissen wir jedenfalls von ihnen, daß sie über kurz oder lang in ihr Vaterland heimkehren werden. Dann werden sie im Kaukasus oder in Sibirien davon zu erzählen wissen, daß es ihnen nicht schlecht gegangen ist und daß sie menschenwürdig behandelt worden sind. So und so viel Tausende lebendige Dementis der verzerrten und verstiegenen Gräuelmärchen, der blutrünstigen Grausamkeitslegenden, die uns irregeleiteter Feindeshaß angedichtet hat ... Der Kriegsgefangene ist in diesem Krieg ein aufbauendes, Werte schaffendes Element der Volkswirtschaft geworden, das überall naturgemäß eine klaffende Lücke zurücklassen muß, die erst durch das Freiwerden eigener Volkskraft wieder ausgefüllt werden wird.«[58] Das gilt gleichermaßen für beide Seiten: »Die österreichisch-ungarischen und die deutschen Kriegsgefangenen haben in Rußland vielfach Kulturaufgaben erfüllt. Sie waren Lehrer westlicher Selbstverständlichkeiten, Pfadfinder in einem Urwald, Heilsboten, welche bisher dort unbekannte Lehren der Volkshygiene, der physischen und der sittlichen, verbreitet haben.«[59] Dieser Krieg scheint eben auch seine guten Seiten zu haben!

Es ist freilich ein krass schönfärberisches Bild, das die Presse im Dienste der Kriegspropaganda hier zeichnet. Verschwiegen wird die tatsächliche Zahl der in Gefangenschaft der k.u.k. Armee geratenen russischen Soldaten. Im Jänner 1918 sind es offiziell 1,3 Millionen, es dürften schätzungsweise aber bis zu 2,3 Millionen sein – eine Manipulation der Statistik, höchstwahrscheinlich um die hohe Sterberate zu vertuschen. Man war in der Armee total überfordert mit der Riesenmasse der gefangen genommenen Russen, notdürftig wurden sie auf ca. 50 Lager aufgeteilt. Die hygienischen Bedingungen waren dort katastrophal. Unzählige Russen wurden Opfer von Flecktyphus-Epidemien. Es lag auf der Hand, die »Moskalis«, wie man die Russen bezeichnet, als Arbeitsersatz für die eingerückten Soldaten zu verwenden. Und je länger der Krieg dauerte, desto intensiver wurden sie in staatlichen und privaten Betrieben eingesetzt, besonders aber in der Landwirtschaft. In den Wiener städtischen Betrieben Wien ersetzten etwa 5.000 Kriegsgefangene einen Teil der 42.000 heimischen Angestellten, die zur Armee eingezogen wurden. Frauen allein konnten den Personalausfall nicht wettmachen.

Das Schicksal der Kriegsgefangenen war höchst unterschiedlich. Am erträglichsten war es für diejenigen, die einem Bauernhof zugeteilt waren. Hier war die Chance am größten, nicht nur als Arbeitskraft bis zum totalen körperlichen und seelischen Zusammenbruch ausgebeutet zu werden. Der kluge Landwirt ging sorgsam mit dem Fremden um, damit er diese willkommene Arbeitkraft so lange wie möglich nutzen konnte. Auch christliche Grundsätze spielten im bäuerlichen Milieu eine Rolle. Was man sonntäglich in der Kirche von der Kanzel herab hörte musste zwangsläufig im Alltag angewendet werden, wollte man die Christenpflicht der Nächstenliebe nicht verletzen. War der Mann aus der Fremde nicht auch Mitmensch, auf den daheim seine Familie sehnsüchtig wartete? Dass man sich menschlich näher kam, trotz des geltenden Fraternisierungsverbotes, ließ sich nicht vermeiden. Den Behörden machte vor allem die Nähe von Kriegsgefangenen zu Frauen Sorgen. Sehr viel schlechter erging es »Feindsoldaten«, die in einer Fabrik arbeiten mussten, etwa in dem eigens errichteten Kriegsgefangenengewerbelager in Brunn am Gebirge bei Wien, bei der Nordbahndirektion, am schlimmsten aber in der Artillerie-Zeugfabrik im Arsenal. Ungeheizte Baracken, kaum Waschmöglichkeiten, hochgradige Verlausung und jede Menge Krankheiten – ein Vorzimmer zum Tod. Zu diesem Schluss kam auch Feldmarschallleutnant Prager nach einer Inspektion der Baracken: Alles nur Todeskandidaten.

Das Elend der Kriegsgefangenen ließ sich nicht gänzlich verbergen. Auf der Straße flehten sie Passanten um ein Stückchen Brot an, wühlten in Mistkübeln, gruben sogar nach Schlachtabfällen. In Meidling (12. Gemeindebezirk) kam es 1917 in einem Fall zu Solidaritätskundgebungen der Bevölkerung, als einige in einem Trupp marschierende Kriegsgefangene so erschöpft waren, dass sie nicht mehr die Formation halten konnten. Die Zuschauer erbarmten sich über diese Unglückseligen, sie warfen ihnen Brot, Zigaretten und Geldstücke zu. Jetzt lösten sich die anderen aus der Eskorte, bettelten mit erhobenen Händen um ein Stück Brot. Mit dem Befehl »Zurück ins Glied!« versuchten die

Truppführer die Ordnung wieder herzustellen. Sie wurden mit »Pfui«-Rufen bedacht. Frauen und Kinder liefen auf die Straße, um sich mit den Gepeinigten zu soldarisieren. Natürlich blieben Rufe wie »Schluss mit dem Krieg!« oder »Brot statt Krieg!« nicht aus. Solche Aktionen versetzten die Militärbehörden in Alarm, denn Fraternisierung und Solidarisierung trugen den Keim der Revolution nach russischen Vorbild in sich. Marschkolonnen von Kriegsgefangenen in Hauptverkehrsstraßen und in der gesamten Inneren Stadt wurden verboten. Nicht weitergeleitet wurden auch Briefe, in denen Kriegsgefangene Klage über ständigen Hunger führten. Das ließ nämlich Rückschlüsse auf die prekäre Lage der Monarchie bei der Lebensmittelversorgung zu.

»Weg mit den unnützen Essern!«, heißt es daher nach dem Frieden von Brest Litowsk im Armeeoberkommando. Das ist leichter gesagt als getan. Denn ab nun wird die Situation immer unübersichtlicher. Unter Berufung auf den beendeten Kriegszustand verweigern immer mehr Russen die Zwangsarbeit und ergreifen die Flucht. Die nachlässiger werdende Bewachung begünstigt ihren Drang nach Freiheit. Wer Glück hat, besteigt einen der Extrazüge Richtung Osten. 64.000 sind es bis September 1918 – sehr wenige angesichts der jenseits der Millionengrenze liegenden Gesamtzahl russischer Kriegsgefangener.

Und unsere Kriegsgefangenen im Osten, wann kommen sie endlich heim zu ihren Familien? »In der Heimat aber lodert heute der nie erloschene Funke der Sehnsucht nach Wiedervereinigung zum mächtigen verzehrenden Feuerbrand auf. Von all den Wünschen und Hoffnungen, die sich um die Nachricht von dem Friedensschluß mit Rußland ranken, steht die Frage nach der Rückkehr unserer Kriegsgefangenen an erster Stelle. Beinahe kein Unterschied zwischen denen, die einen nahen Verwandten in der Gefangenschaft wissen und jetzt die Tage zählen bis zum Anbruch der Stunde, in der erwartungsvolle Spannung zur schönen Wirklichkeit wird und der übrigen Öffentlichkeit. Eine große Familie ersehnt und erwartet die Heimkehr der verlorenen Söhne. An diesem Tage des Friedensschlusses legt die Erinnerung einen Zypressenzweig auf die vielen, vielen Gräber derer, die nicht wiederkehren. Heißer und brennender strömt die Träne der einsamen Witwe und erstickter tönt das Schluchzen der verwaisten Mutter. Ihnen bietet sich kein Trost, und nur aus weiter Ferne nicken wir ihnen scheuen Gruß des Verständnisses und des Mitgefühls zu. Das Mitleid verbirgt sich, um nicht zu verletzen.«[60]

Der Traum vom Wiedersehen mit der Heimat fällt allerdings ernüchternd aus. Drei Wochen Quarantäne, Wiedervereidigung auf den Kaiser, Nachforschungen über die Umstände der Gefangennahme. Nur wenn diese als gerechtfertigt anerkannt sind, wird ein vierwöchiger Urlaub gewährt. Sind sie zweifelhaft, dann gilt der Heimkehrer als Deserteur, der sofort festgenommen wird. Die Quarantäne gilt auch zur »Desinfektion« der Heimkehrer von revolutionärem

Abb. 8: Heimkehr österreichischer Kriegsgefangener

Gedankengut, das ihnen in Sowjetrussland in eigenen Schulungszentren unter Leitung des Österreichers Karl Radek (Anm.: eigentlicher Name Karl Sobelson, Sohn einer polnisch-jüdischen Familie aus Lemberg in Galizien) vermittelt worden ist. Propaganda-Abwehrstellen in der Heimat sollen sie nun wieder zu guten, kaisertreuen Patrioten machen. Doch die wenigsten wollen wieder zum Kriegsdienst eingezogen werden. Nach den traumatisierenden Erlebnissen an der Front steht für die meisten fest: Es muss schleunigst Frieden gemacht werden, und zwar ein weltumspannender Friede. In Österreich-Ungarn fällt es in die verfassungsmäßige Kompetenz des Kaisers, Krieg zu erklären und Frieden zu schließen. Franz Joseph hat keinerlei Versuch gemacht, den Krieg zu beenden. Umso größer sind die Erwartungen, die sich auf seinen jungen Nachfolger richten: Kaiser Karl.

Ein verwitterndes Relikt aus dynastischer Zeit: die Habsburger-Monarchie

Es war Ende November 1276, als der gewählte deutsche König Rudolf von Habsburg in Wien seinen Einzug hielt. Die Stadt bot ein Bild der Verwüstung, sie hatte eine Serie von Großbränden hinter sich, von denen jener von Ende April dieses Jahres der folgenschwerste war. Kirchen, Klöster, Stadttürme und Bürgerhäuser lagen in Schutt und Asche, der Wiederaufbau hatte erst zaghaft begonnen. Wer hätte unter diesen tristen Umständen der Stadt an der Donau einen glänzenden Aufstieg als Zentrum eines großen Reiches vorhergesagt? Selbst dann nicht, als im August 1278 Rudolf seinen Gegner König Ottokar von Böhmen in der Schlacht im Marchfeld vernichtend geschlagen und damit seine Macht in Österreich nachhaltig befestigt hatte. Geschickte Heiratspolitik und Erbverträge mit anderen Herrscherhäusern, die schon bald ausstarben, führten zu einem stetigen Ausbau dynastischer Machtstellung, die den Habsburgern große Teile Europas und der neu entdeckten Welt als Erbe bescherten. Rückschläge blieben nicht aus, aber immer wieder gelang es, sie zu überwinden. Selbst dann, als zuerst die spanische Linie des Erzhauses (1700) und dann die österreichische (1740) im Mannesstamm ausstarben. Wie ein Phönix aus der Asche erhob sich aus weiblicher Erbfolge das Haus Habsburg-Lothringen, das korrekterweise Lothringen-Habsburg heißen müsste. Ihm glückte es, in den Stürmen der Zeit das Reich zusammenzuhalten, erst im Österreichischen Erbfolgekrieg, dann im Kampf gegen Napoleon und schließlich im Sieg über die Revolution von 1848/49. Zuletzt war das in Ungarn nur mehr mit russischer Waffenhilfe möglich gewesen. Danach allerdings änderte sich die Stellung des Habsburgerreiches in den ersten 18 Jahren der Herrschaft Kaiser Franz Josephs grundlegend. Verlust der Vormachtstellung in Italien 1859, gefolgt von der Verdrängung Österreichs aus allen deutschen Belangen durch den Sieg der Preußen bei Königgrätz (1866) und Verwirklichung der von Preußen vertretenen kleindeutschen Lösung. »Das Kaisertum glich seither einem Felsen, der von außen her verwitterte und von innen her gespalten und gesprengt wurde – von seinen Nationalitäten.« (Franz Herre, Kaiser Franz Joseph von Österreich) Von außen durch neu gegründete Staaten, allesamt Schöpfungen des Nationalismus; außer Deutschland und Italien auch die neuen Balkan-Staaten, die aus den europäischen Randgebieten des Osmanischen Reiches entstanden und schrittweise größer wurden. Ihre nationalen Begehrlichkeiten richteten sich auch auf Gebiete des Habsburgerreiches. Von innen her durch Forderungen der nicht gleichberechtigten Völker, vor allem der Slawen, die von der Bevölkerungszahl her die

Mehrheit in der Monarchie stellten. Eine Reform unter Berücksichtigung dieser nationalen Interessen wäre nötig gewesen, um den Bestand des Reiches unter dem einigenden Band der Krone zu sichern. Aber das war unrealistisch geworden, seitdem das Reich durch den Ausgleich mit Ungarn (1867) in zwei Hälften gespalten war; mit zwei Regierungen, zwei Parlamenten, zwei Hauptstädten. Nur Herrscher (Personalunion) sowie Außenpolitik, Armee und Finanzen (Realunion) garantierten die Einheit. Doch wie lange noch? Solange er lebt, würde alles schon noch im Lot bleiben, waren viele mit Blick auf den alten Kaiser überzeugt. Immerhin war seinem Reich 48 Jahre lang ein Krieg erspart geblieben. Dass es ausgerechnet der 84-jährige, als »Friedenskaiser« gepriesene Franz Joseph sein würde, der den Startschuss für den Weltkrieg nach Ermordung seines Thronfolgers Franz Ferdinand in Sarajewo geben würde, wer hätte das gedacht? Sein Reich war eine Anomalie geworden, das war ihm bewusst, aber wenn es schon untergehen musste, dann sollte dies »in Ehren« geschehen, so dachte er in seiner Auffassung von Ritterlichkeit, wie sie ihm als »letztem europäischen Monarchen alter Schule« anerzogen worden war. Welche Folgen dieser von ihm gebilligte Krieg, der binnen Kurzem zu einem nie gekannten Weltenbrand ausgeartet war, zeitigte, das hat er noch erlebt – fassungslos, mitunter unter Tränen. Inmitten dieser Katastrophe, ohne einen Friedensversuch unternommen zu haben, endete seine Herrschaft dort, wo er 1830 zur Welt gekommen war: in Schloss Schönbrunn.

Junger Herrscher ohne Mythos: Kaiser Karl

Es ist Dienstag, der 21. November 1916, als sich kurz nach 9 Uhr Abend Leibarzt Dr. Josef Kerzl über seinen allerhöchsten Patienten beugt und feststellt, dass er nicht mehr atmet. Kaiser Franz Joseph ist tot! Pünktlich um 3.30 Uhr wecken, hat er seinem Kammerdiener anbefohlen, denn der hoch Fiebernde ist mit Aktenerledigen in Verzug geraten. Nun hat ihn der Tod in sanfter Weise aus dem Hamsterrad des Aktenumlaufes herausgeholt und ihm ewige Ruhe verschafft. Betroffenheit im Sterbezimmer, Betroffenheit bei den vor Schloss Schönbrunn im Novemberregen Ausharrenden. Schwerer Glockenschlag von allen Kirchtürmen verkündet der Stadt und dem Reich den Tod des Kaisers, der längst zur lebenden Legende geworden war. Nur zehn Tage fehlten auf den 68. Jahrestag seiner Thronbesteigung. Ein Zeitalter ist zu Ende; begonnen im Zeichen von Revolution und Krieg, geendet mitten im schlimmsten aller bisherigen Kriege und drohender Revolution. Über dieser gefühlten Zäsur gerät fast der Erbe in den Hintergrund. Es gibt ja einen neuen Kaiser, der in Admiralsuniform im Sterbezimmer anwesend ist. Fürst Zdenko Lobkowitz ist es, der auf Erzherzog Karl Franz Joseph zugeht: »Gott segne Eure Majestät!« – erstmals wird der 29-Jährige als Kaiser angesprochen. Hofknickse, Handküsse, Segenswünsche der Umstehenden folgen. Nach dem gewaltsamen Tod Erzherzog Franz Ferdinands ist Karl, Großneffe des alten Kaisers, zum Thronfolger geworden. Viel Zeit zur Vorbereitung auf die Rolle als Monarch hat er nicht gehabt, ebenso wenig hat er ein Konzept für ein Regierungsprogramm, wie Franz Ferdinand es gehabt hatte. Und ab diesem Abend hat Österreich-Ungarn nach 18 Jahren wieder eine Kaiserin und Königin: Zita, gebürtige Prinzessin von Bourbon-Parma, 24 Jahre alt.

Wie wird das junge Paar seine Rolle ausfüllen unter den denkbar schwierigsten Bedingungen? Vorerst gilt es das Leichenbegängnis zu organisieren, das Monarchen und Politiker der verbündeten und neutralen Staaten – noch gehören auch die USA dazu – nach Wien bringt. Noch einmal entfaltet die bereits schwer angeschlagene Monarchie den überwältigenden Trauerprunk Habsburgs, der keinen Augenzeugen kalt lässt. Und manchem wird zumindest gefühlsmäßig klar, dass das nicht nur der Abschied von einem legendenumwobenen Mann ist, sondern der Abschied von der alten Welt, die in Wahrheit bereits mit dem Kriegsausbruch im Sommer 1914 das Floß des Charon in die Unterwelt bestiegen hat. Unter diesen Umständen feierliche Inthronisationsrituale abzuhalten, wäre unangebracht. Lediglich mit Manifesten wendet sich der neue Monarch an seine Völker und seine Armee, verspricht das Menschenmögliche zu tun, um den Krieg rasch, aber ehrenvoll zu beenden. Auf die politisch hoch wichtige Königskrönung in Ungarn noch vor Jahresende 1916 kann man nicht verzichten, vor allem aus kriegswirtschaftlichen Erwägungen. Und so zeigt sich Budapest am 30. Dezember 1916 im Festgewand mit Krönungsritual, Ritt des Königs auf den Krönungshügel, rituellen Schwertstreichen gegen alle vier Himmelsrichtungen als symbolische Abwehr aller Feinde, Orgel- und Trompetenklang, barockem Imperialwagen, »Eljen« jubelnden Menschenmassen. Mit dem Eid hat sich Karl allerdings der Möglichkeit begeben, die ungarische Reichshälfte in einen modernen Staat mit allgemeinem Wahlrecht umzuformen, wie das die österreichische bereits seit 1906 ist. Auch territoriale Umgestaltungen mit Zugeständnissen an die Südslawen oder Rumänen sind damit unrealistisch geworden.

So wie der alte Kaiser das Reich vom Schreibtisch aus zu regieren, kommt für Karl nicht in Frage. Kaiser sein bedeutet für ihn Reisen in alle Kronländer, sich dort persönlich ein Bild von der jeweiligen Lage zu machen und Kontakt zur Not leidenden Bevölkerung zu suchen. Von all seinen Aktivitäten soll eine möglichst breite Öffentlichkeit erfahren, vor allem durch Fotos. Ludwig und Heinrich Schuhmann erlangen das Privileg, als Leibfotografen Karl überallhin zu begleiten. Ihre Aufnahmen werden durch eine im Februar 1917 eigens eingerichtete Lichtpropagandastelle verbreitet. Immer mehr bürgert es sich ein, dass

Abb. 9: Das gekrönte
ungarische Königspaar Karl
und Zita mit Kronprinz Otto

Abb. 10: Kaiser Karl zeichnet
Frontsoldaten aus

Filmoperateure und Journalisten den neuen Monarchen auf seinen Inspektions-reisen begleiten. Das alles ist völlig neu, Karl wird dadurch binnen kurzem zu einem »Medienkaiser«.

Ganz wichtig sind ihm die Besuche an der Front bei der kämpfenden Truppe. Als gedienter Soldat weiß er um die Nöte dort und wie psychologisch wichtig deshalb seine Anwesenheit ist. Kaiser Franz Joseph hat nie einen Frontbesuch absolviert, sein hohes Alter hatte ihm bereits seit 1912 die Teilnahme an der jährlichen Fronleichnamsprozession oder die Abhaltung von Hofbällen un-möglich gemacht. Umso höher sind nun die Erwartungen bei der kämpfenden Truppe, den neuen Kaiser zu sehen. Schließlich haben die Soldaten einen heili-gen Eid geschworen zu kämpfen »gegen jeden Feind, wer immer es sei und wo immer Seiner kaiserlichen und königlichen Majestät Wille es erfordern mag, zu Wasser und zu Lande, bei Tag und bei Nacht, in Schlachten, in Stürmen und in Gefechten jeder Art, mit einem Worte an jedem Ort, zu jeder Zeit und in allen Gelegenheiten tapfer und mannhaft zu streiten, unsere Truppen, Geschütze, Fahnen und Standarten nicht zu verlassen …«[61] Dann ist er da, der große Tag, an dem der Kaiser kommt! Paradeaufstellung, Hornsignale, Kommandorufe jagen den Angetretenen die Gänsehaut patriotischer Gefühle über den Rü-cken. Jetzt steht er vor ihnen, der neue Kaiser. Lächelnd, mit offenem Gesicht, die Haltung eher lasch, die Adjustierung manchmal nicht ganz korrekt. Der »Neue« wirkt wie ein netter Kamerad, den man auf die Schulter klopfen könnte, wäre er nicht der Kaiser. Kein Zweifel: Das Erlebnis »Majestät«, der Kaisermy-thos, ist mit dem alten Kaiser dahin. Vielleicht stellt er sich auch einmal bei Karl ein – in 30 oder 40 Jahren … Doch Jugend hat auch ihre Vorteile. Sie hat etwas Frisches, Unverbrauchtes, das mit Elan längst morsch Gewordenes über-windet und neue, hoffnungsvolle Wege beschreitet. Huldigungen dichterischer Art bringen das sprachlich wohl am Schönsten zum Ausdruck, wie durch Franz Carl Ginzkey:

Dem Kaiser

Kaiser, Du erhabener Erbe,
Habsburgs jugendstolze Zier,
Ob es siege oder sterbe, Treulich steht Dein Volk zu Dir.

Aus der Not entflammter Tage
Wogt Dir sein Vertrauen zu,
Seine Hoffnung, seine Klage,
Seinen Herzschlag fühlst auch Du.

Du, der fern bei seinen Kriegern
Manche Schicksalsnacht durchwacht,
Du, der Sieger bei den Siegern,
Du, ihr Lenker in der Schlacht.

Der Du tief ins Herz gesehen
Deinem Volk in schwerster Zeit,
All Dein gütiges Verstehen
Bleibt ihm fürderhin geweiht.

Ja, es wird uns wieder leiten
Deine starkgetreue Hand
Aus der Eisennot der Zeiten
Ins befreite Friedensland.

Wieder wird aus goldnen Saaten
Neuer Frohsinn uns erblühen
Wieder neuer Opfertaten
Heil'ge Flamme uns durchglühn.

Kaiser, wo sich so vereinen
Volk und Fürst, in Treuen gleich,
Da wird Gottes Sonne scheinen
Auf ein glücklich Österreich.[62]

Als neuer Monarch ist Karl Erbe zahlreicher Titel. 49 sind in der offiziellen Liste angeführt. Außer Kaiser ist er fünffacher König, darunter auch König von Jerusalem; Reminiszenz an die Zeit der Kreuzzüge aus dem burgundisch-lothringischen Erbe. Zudem Erzherzog, zweifacher Großherzog, 18-facher Herzog, darunter der eines Herzogs von Auschwitz. Es folgen zwei Fürsten-, drei Markgrafen- und vier Grafentitel. Zweimal Gefürsteter Graf, dreimal ist der Titel Herr angeführt und auch Großwoiwode. Dass es noch viel mehr sind, darauf deutet das zweifache etc. am Ende der Titelliste hin. Was mag da noch folgen? Wenn es jemand wissen muss, dann wohl der neue Träger der Krone, der so wie jeder normale Volksschüler dazu angehalten worden ist, die Titel in der richtigen Reihenfolge auswendig herzusagen. Doch was sind all diese Titel wert? So manche sind nur hohler Pathos ohne realpolitischen Wert, erinnern an längst verlorene Territorien, wie Ober- und Niederschlesien, Ober- und Niederlausitz oder Lothringen. Und gerade der letzte Titel Großwoiwode von Serbien macht schmerzlich deutlich, dass der Kaiser in Wien dort schon längst nicht mehr den

Gang der Dinge bestimmt hat. Im Gegenteil, ging doch von dort der nunmehrige Weltkrieg aus.

Weit wichtiger ist, über welche Kompetenzen als konstitutioneller Monarch Karl verfügt, für die österreichische Reichshälfte festgeschrieben in der sogenannten Dezember-Verfassung von 1867. Definiert ist dort die Stellung des Kaisers als »geheiligt, unverletzlich und unverantwortlich«. Tatsächlich braucht sich der Kaiser vor dem Parlament – in Österreich Reichsrat genannt – nicht dafür zu verantworten, wen er zum Ministerpräsidenten oder zum Minister macht und warum und wann er ihn entlässt. Die Regierung beruft er allein, Minister durch Misstrauensvotum stürzen kann das Parlament nicht. Ihm bleibt lediglich das Instrument der Ministeranklage im Falle grober Verfehlungen. Alle vom Reichsrat und den Landtagen beschlossenen Gesetze bedürfen der kaiserlichen Sanktion, auch Einberufung und Auflösung der parlamentarischen Körperschaften fallen in die Kompetenz des Monarchen. Er bestimmt die Außenpolitik, erklärt Krieg und schließt Frieden. Ferner hat er die Kommandogewalt über die k.u.k. Armee inne. Er ernennt die Mitglieder des Herrenhauses, der zweiten Parlamentskammer, er hat das Recht auf Erhebung von verdienten Personen in den Adelsstand sowie das Recht auf Begnadigung verurteilter Straftäter.

Der Mord an Ministerpräsident Karl Graf Stürgkh durch Dr. Friedrich Adler kurz vor dem Tod des alten Kaisers hat klar gemacht, welch schwerer politischer Fehler es war, das Parlament schon in Friedenszeiten auszuschalten und nur auf dem Verordnungsweg, gestützt auf den Paragrafen 14 der Verfassung, zu regieren. Das Ergebnis: Ein Beamtenabsolutismus, der in Kriegszeiten immer mehr zur Militärdiktatur ausgeartet ist. Der neue Kaiser setzt Zeichen seines guten Willens. Er begnadigt den Attentäter zu lebenslanger Haft und beruft das Parlament wieder ein, in der Zusammensetzung der Wahlen von 1911. Neuwahlen können erst abgehalten werden, wenn wieder Friede herrscht. Ist in Ungarn in überstürzter Eile die Königskrönung mit dem Schwur auf die antiquierte, jeder neuzeitlichen Entwicklung spottende Verfassung vollzogen worden, bleibt in der österreichischen Reichshälfte ein feierliches Gelöbnis auf die Verfassung – Krönung gibt es hier keine – aus. Der Kaiser behalte sich das für einen späteren Zeitpunkt vor, lässt die Regierung wissen. Begründet wird das damit, dass der Friedensschluss bevorstehe, der die Entscheidung allein in die Hände des Kaisers legt. »Inwiefern das der Leistung des Gelöbnisses im Wege stehen soll, vermögen wir nicht einzusehen«, hinterfragt die *Arbeiterzeitung:* »Die Tatsache, daß der Kaiser Krieg erklärt und Frieden schließt, ist ja kein außerhalb der Verfassung stehendes mysteriöses Kronrecht, vielmehr eine staatsgrundgesetzliche Bestimmung; die Bekräftigung, die Grundgesetze unverbrüchlich zu halten, kann demnach die Freiheit, Frieden zu schließen, keinesfalls beeinträchtigen. Anderenteils ist es ein staatsrechtlicher Irrtum, daß die Entscheidung im großen

54

Abb. 11: Zeremoniensaal der Wiener Hofburg, adaptiert für die Thronrede

Abb. 12: Die Thronrede Kaiser Karls 1917

Augenblick des Friedensschlusses ›allein‹ in die Hände des Kaisers gelegt ist. Dem steht die staatsgrundgesetzliche Bestimmung entgegen, wonach die Prüfung und Genehmigung jener Staatsverträge, ›die das Reich oder Teile desselben belasten … oder eine Gebietsänderung der im Reichsrat vertretenen Königreiche und Länder zur Folge haben‹ – welche Merkmale auf den künftigen Friedensvertrag sicherlich zutreffen werden – zum Wirkungskreis des Reichsrates gehören. Für welchen Zeitpunkt wird nun die Leistung des eidlichen Gelöbnisses ›vorbehalten‹?«[63] Es genügt also nicht, wenn der Kaiser am 31. Mai 1917 in seiner feierlichen Thronrede im Zeremoniensaal der Wiener Hofburg vor beiden Häusern des wieder einberufenen Reichsrates versichert: »Schon heute aber erkläre ich, daß ich meinen teuren Völkern immerdar ein gerechter, liebevoller und gewissenhafter Herrscher sein will im Sinne der konstitutionellen Idee, die wir als ein Erbe der Väter übernommen haben, und im Geiste einer wahren Demokratie, die gerade während der Stürme des Weltkrieges in den Leistungen des gesamten Volkes an der Front und daheim die Feuerprobe wunderbar bestanden hat!«[64]

Grundsätzlich stellt sich in einer konstitutionellen Monarchie die Frage, was eine Thronrede für einen politischen Stellenwert hat: »Die Thronrede ist, wie ganz selbstverständlich, ein Regierungsakt, für den die Verantwortung die Regierung trägt. Selbstverständlich ist die Thronrede auch, sowohl in Inhalt wie Form, ein Werk der Regierung: und wenn sie sich natürlich der besonderen Individualität des Monarchen auch anpassen wird und, unter Umständen, auch seinem persönlichen Willen Ausdruck zu geben sich bestreben muß, so wird es doch wohl jedem klar sein, daß eine Thronrede in einem modern-konstitutionellen Staate, obwohl sie der Monarch spricht, doch in gar keiner Hinsicht sein persönliches Werk ist. Dennoch treibt der ihnen angeborene Servilismus die Wiener Blätter an, sich zu gehaben, als würde in der Thronrede nicht die Regierung Clam-Martinic, wenn auch unter besonderer Berücksichtigung der Anschauungen und der Individualität des Kaisers, sondern der Kaiser selbst ganz persönlich sprechen. Wie bedenklich aber just vom monarchischen Standpunkt dieses ständige Vorschieben der Krone ist, das von der Regierung beharrlich betrieben wird, möge folgende Erwägung dartun: An den starken Gegensätzen in Oesterreich ändert sich durch die Thronrede natürlich gar nichts; auch nichts an aller Not und Trübsal, die der Krieg verursacht. Indem nun die Sache so dargestellt wird, als ob mit der Thronrede ein neues Zeitalter begänne und ein neues und ein sorgenbefreites Oesterreich durch sie bereitet werde, wird die gesamte politische und soziale Not der Krone aufgelastet, und daß die Thronrede durch sich an der Welt gar nichts zu ändern vermag, erscheint dann dem Betrachter als ein Unvermögen der Krone«, heißt es nüchtern betrachtet in der *Arbeiterzeitung.*[65]

Der von ihr erwähnte angeborene Servilismus der Wiener Blätter treibt üppige Blüten: »Worte kommen aus dem Munde des Kaisers, die uns sagen, daß ein neuer Zeitabschnitt begonnen habe. Wir sind vor etwas Neuem, und daß (!) es so viel von dem hat, was die Jugend immer glaubte und wollte, so wärmen diese Stellen der Thronrede das Herz, und Männer, die von der Last der Jahre gebeugt sind, haben das Gefühl, als hätten sie eine unerwartete Freude erlebt und als würde sich ein Reif von Blüten um die Krone von Oesterreich schlingen. Wenn dort der Geist der wahren Demokratie gepriesen wird, so ist das ein Ereignis, dessen Folgen für die Zukunft und sogar für den Weltlauf nicht leicht abzumessen sind. Deshalb wird sie fortklingen durch die vielen Jahrzehnte der Regierungszeit des Kaisers Karl ...«[66] »Da spricht ein junger Kaiser, der sich noch vor drei Jahren den Herrscherpflichten fern glaubte, ihn aber umgibt nicht nur der Glanz der ererbten Kronen, sondern die Majestät wahren Herrschertums, in dem sich Kraft und Milde vereinigen. Die Gottesgnadenschaft leuchtete über dem jungen Herrscher, ... die Thronrede ist Jugend, Zuversicht, Kraft, Idealismus. Wir Oesterreicher hätten uns in dieser Zeit nichts Größeres erbitten können als einen Herrscher, dessen Programm Tatkraft und Idealismus ist und der die Kraft in sich fühlt, aus dem Weltenbrand ein neues Oesterreich herauszuführen.«[67] »Klopfenden Herzens folgen dem Geistesfluge des Kaisers auch die bedächtigsten politischen Naturen... Unser Kaiser sieht mit Sicherheit in die Zukunft: seine hinreißende Willenskraft übersetzt alle Hindernisse und Hemmungen und erwirbt ihm eine weit ausgedehnte, vom heißen österreichischen Vaterlandsgefühl erfüllte Gefolgschaft. Als ein gutes Vorzeichen für das Eintreten einer neuen, sonnigeren Zeit muß denn auch die erhebende Einmütigkeit zwischen Kaiser und Volksvertretern genommen werden, die sich gestern in der Hofburg in so tiefbewegender Weise kundgab.«[68] Und was ist von all den hehren Worten ein Jahr später geblieben?, fragt die *Arbeiterzeitung* 1918: »Jeder weiß, daß es in dem Jahre, in dem ein neues Oesterreich aufgebaut werden sollte, mit besagtem Oesterreich nur noch schlechter und trauriger geworden ist.«[69]

Unmittelbar nach seiner Thronbesteigung übernimmt Karl persönlich das Oberkommando über die k.u.k. Armee und verlegt das Armeehauptquartier von Teschen in Österreichisch-Schlesien nach Baden bei Wien – beides ein geschickter Schachzug. Mit dem Oberkommando umgeht er die bereits unter Franz Joseph fixierte gemeinsame Kriegsführung unter deutschem Oberbefehl. Wenn Österreichs Kaiser diese Stellung einnimmt, kann er nicht dem deutschen Kaiser unterstellt sein. Mit dem Schritt wird auch Erzherzog Friedrich von diesem Posten entfernt. In einem handschriftlichen Resümee seiner Regierungszeit, verfasst 1921 im Schweizer Exil, wird Karl seinen Onkel Friedrich als »gänzlich unfähig und ohne irgendeinen eigenen Willen« bezeichnen.[70] Die Ortsverlegung hat zudem symbolischen Charakter: weg von allzu großer deutscher Nähe.

Baden hingegen liegt zentral und ist für Karl, der dort 1918 auch seine Residenz aufschlägt, immer unter seiner Kontrolle. In Teschen führten die hohen Militärs ein allzu lockeres Leben, das war Karl schon als Thronfolger nicht verborgen geblieben.

In der Armee sorgt Karl für ein Machtwort, zu dem sich Franz Joseph nie hat durchringen können. Er verbietet »allen Angehörigen Meiner bewaffneten Macht den Zweikampf und jedwede Teilnahme an einem Zweikampf« (Armeeerlass vom 4. November 1917). Das Duell zur Austragung von Ehrenhändeln ist damit auch in der Armee ausdrücklich verboten, denn »in einer Zeit, in der jedes einzelnen Leben dem Vaterland, der Allgemeinheit gewidmet sein muß, dürfen Ehrenkränkungen nicht mehr im Kampfe mit den Waffen ausgetragen werden. Wer sein Leben im Zweikampf auf das Spiel setzt, handelt nicht allein gegen Gebot und Gesetz, er handelt auch gegen sein Vaterland, das auf die ungeschwächte Kraft jedes Mannes jetzt zur Verteidigung seiner Grenzen, dann zum Wiederaufbau und zum Fortschritt zählt.«[71] In der Zivilgesellschaft war das Duell, diese aus Sicht Peter Roseggers »ungeheuerlichste Torheit umnachteter Rechtsempfindung«[72], schon längst in Misskredit geraten. Mit »Allerhöchsten Handschreiben« schafft Karl 1917 in der Armee auch die körperlichen Züchtigungen des »Anbindens« und des »Schließen in Spangen« (Fesselung der Handgelenke an die Fußknöchel) ab; sehr zum Missvergnügen aller Vertreter unnachsichtiger Härte, die glauben, nur so die Disziplin der Truppe aufrecht erhalten zu können. Mit Humanität kommt man ihrer Ansicht nach nicht weit dabei, mit aufrührerischen Elementen fertig zu werden. Durch die Meuterei in der k.u.k. Flotte in der Bucht von Cattaro Anfang Februar 1918 fühlen sich die Kritiker Karls bestätigt. Kein Verständnis hat der deutsche Verbündete für das von Karl im April 1917 erlassene Verbot für österreichisch-ungarische U-Boote, Spitalsschiffe der Gegner zu torpedieren, mochte es auch vorgekommen sein, dass solche Schiffe mitunter für Munitionstransporte missbraucht wurden. Und das gerade zu einem Zeitpunkt, zu dem die Kriegsmarine mit 23.000 Tonnen versenkten Schiffsraumes eine nie dagewesene Erfolgsquote verzeichnen kann. Die Rücksichtnahme aus humanitären Erwägungen lässt zum Teil auch die Tonnagezahl der versenkten Schiffe deutlich sinken, am Entschluss des Kaisers ändert das nichts.

Schon die Thronrede vom 31. Mai 1917 hat, wie die *Neue Freie Presse* vermerkt, »einen starken sozialpolitischen Einschlag, eine Demokratie der Fürsorge für Frauen und Kinder, für Alte und Gebrechliche. Ein Zug von Volkstümlichkeit ist in ihr.«[73] Den Untertanen Sicherheiten zu geben, gerade in so schwerer Zeit, ist dem Kaiser ein Herzensanliegen. Aus diesem Grund sorgt er mit dem Mieterschutz für eine soziale Großtat. Die an der Front kämpfenden Soldaten sollen die Gewissheit haben, dass ihre Familien daheim nicht von dem jeweiligen

Hausherrn delogiert werden können. Im August 1918 kann nach langen Vorbereitungen das neu geschaffene Ministerium für Volksgesundheit seine Tätigkeit aufnehmen (Amtssitz Gluckgasse 1, Innere Stadt). Ein besonderes Anliegen des Kaisers, für das er bereits im November 1917 die Genehmigung erteilt hat. Hier werden nun alle Angelegenheiten der öffentlichen Gesundheitspflege zentralisiert, für die bislang das Innenministerium zuständig war. Darüber hinaus ist die Belehrung und Aufklärung der Bevölkerung in allen Fragen der Hygiene und Vorbeugung von Krankheiten ein zentrales Anliegen des Ministeriums unter Leitung des Universitätsprofessors Johann Horbaczewski. Ebenso wird ein Ministerium für soziale Fürsorge eingerichtet und Dr. Viktor Mataja mit der Ressortleitung betraut (Amtssitz Hoher Markt 5, Innere Stadt). Schwerpunkte sind die Jugendfürsorge und die Versorgung der Invaliden, beides wurde in der staatlichen Verwaltung bisher vernachlässigt. Und auch der Ausbau der Gewerbeinspektion ist eine vordringliche Aufgabe des Ministeriums. Das öffentliche Interesse ist groß, besonders bei den Frauenorganisationen, die sich mit zahlreichen Vorschlägen einstellen. Kommentar in der Presse: »Daran mögen sich die Entente-Regierungen ein Beispiel nehmen. Sie führen immer das Schlagwort von der Demokratie im Mund, während bei uns ohne Rederei großzügige Einrichtungen für das Volkswohl geschaffen werden.«[74]

Ein Herz für's Volk beweist der junge Kaiser mit der Anordnung, etwa 200 ausgesuchte Pferde der Hofstallungen für den Transport von Kohle für die frierenden Wiener im Februar 1917 einzusetzen. »Überall wird über den kaiserlichen Entschluß mit freudiger Dankbarkeit gesprochen, liegt doch die ganze Verlegenheit bei den Abbeförderungsmitteln! Fachleute rechnen aus, daß die Hofpferde rund 50.000 Kilogramm täglich an die Bestimmungsplätze bringen werden – eine wirkliche Hilfe! Die Militärverwaltung läßt 36 Autos Tag und Nacht verkehren, mit denen ausschließlich Detailhändler Kohlen zugestellt erhalten.«[75] Wer die Transporte beobachtet, den wird wohl ein Schmunzeln überkommen: »Auf dem Kutschbock der vollauf mit Kohlen beladenen Wagen sitzt der Hofkutscher im Pelzmantel mit dem Zylinder auf dem Kopf. Neben ihm ein Soldat, denn das Militär muß, ebenfalls nach des jungen Kaiserpaares Wunsch und Willen, bei der Kohlenzufuhr, der Auf- und Abladung mithelfen. Dieser Kohlenwagenkutscher mit Zylinder wird eine der eindrucksvollsten Erinnerungen der Kriegszeit und der Kriegsnot bleiben. Er trägt den Zylinder der Hofdiener, noch aus der guten, alten Zeit, den Zylinder der Hoflakaien. Bei Feuerwehr und Rauchfangkehrern haben die ganz alten unter uns den Zylinder – vielleicht die unpraktischste aller Kopfbedeckungen – noch als Behauptung gesehen. Bei den Hofkutschern ist sie bis auf den heutigen Tag geblieben.«[76]

Großzügig ist der Kaiser in Fällen von Majestätsbeleidigung – strafrechtlich als Verbrechen gewertet – und bei Beleidigungen von Mitgliedern der kaiser-

59

Abb. 13: Hofgespanne zur Kohlenbeförderung am Nordbahnhof

lichen Familie. Zu Ostern 1918 gewährt er diesen »Allerhöchsten Gnadenakt«, der auf Weisung des Justizministers von den Gerichten, Staatsanwaltschaften und Justizwachebehörden ohne weitere Weisung mit sofortiger Wirkung zu vollziehen ist. Jüngst erst Verurteilte müssen ihre Strafe nicht antreten oder die verhängte Geldstrafe auch nicht erlegen. In erster Instanz laufende Verfahren werden eingestellt. Liegen weitere Straftaten vor, so sind die Verfahren nur in dieser Richtung fortzusetzen. Hochbrisant wird eine solche kaiserliche Amnestie, wenn sie politische Straftäter betrifft, wie etwa den radikalen Tschechenführer Karel Kramář und seine Mitstreiter. Wegen Hochverrats ursprünglich zum Tode verurteilt, dann zu mehrjährigen Haftstrafen begnadigt, kommen sie im Juli 1917 auf Initiative des Kaisers frei. Für diesen klugen Akt erntet Karl fast nur Kritik und Undank. Für Konservative und Deutschnationale ist das ein falsches Signal, inspiriert von zu großer Weichheit im Gemüt des Kaisers. Härte demonstrieren, das ist und bleibt für sie die einzig richtige Vorgangsweise. Aber Karl hat schon als Thronfolger erkannt, dass die zuständigen Militärgerichte nicht objektiv handeln. Er aber richtet sich nach der Erkenntnis, dass Gerechtigkeit das Fundament aller Herrschaft sein muss, wie das am Burgtor in Wien durch den Schriftzug »Justitia fundamentum regnorum« kundgetan wird. Deshalb werden die mit Kriegsbeginn ausgesetzten Schwurgerichte reaktiviert, Laienrichter aus dem Volk können damit ab Anfang 1918 an der Rechtsprechung wieder mitwirken.

60

Über all dem Einsatz für die Untertanen und ihr Wohlergehen gilt es, die Grundsätze einer Monarchie zu bewahren. Dazu gehört vorrangig die Sicherung der Thronfolge. Das junge Kaiserpaar ist in dieser Hinsicht vorbildlich. Drei Söhne und eine Tochter sind bereits geboren, da bringt die Kaiserin am 11. März 1918 abermals einen Buben zur Welt: Karl Ludwig, benannt nach dem Urgroßvater, ist als Sohn eines regierenden Kaisers der erste (und einzige) »Purpurgeborene« (Porphyrogenetus). Bei vier Buben besteht nun keine realistische Chance, dass dereinst eine Frau Erbin des Thrones sein könnte wie Maria Theresia anno 1740. Trotzdem müssen alle gebürtigen Erzherzoginnen im Falle ihrer Heirat den sogenannten Renunziationseid leisten, da die Pragmatische Sanktion auch die weibliche Thronfolge zulässt. Erzherzogin Hedwig, Tochter Erzherzog Franz Salvators und der Kaisertochter Marie Valerie, verzichtet 1918 vor ihrer Vermählung mit dem Grafen Bernhard von Stolberg-Stolberg in feierlicher Form für alle Zeit auf eventuelle Ansprüche auf den Thron. Ein Staatsakt im Appartement des Brautvaters in der Wiener Hofburg, dem die obersten Vertreter des Hofes und Minister beider Teile der Monarchie als Zeugen beiwohnen. Ein Staatsnotar bestätigt schriftlich den geleisteten Verzicht.

In Krisenzeiten ist es von größter Bedeutung, die dynastische Tradition hoch zu halten. Dem einfachen Bürger klar zu machen, was er am Kaiserhaus hat und wie stolz es auf den Werdegang des Habsburgerreiches sein kann. Nur aus diesem Geschichtsverständnis heraus wird man die Zukunft der Dynastie sichern können. Ein solcher Anlass bietet sich am 1. Mai 1918, an dem man des 700. Geburtstages König Rudolfs von Habsburg gedenkt. Ist das nicht allzu lange her, um für die Gegenwart relevant zu sein? Richard von Kralik hat in einem »Gedenkblatt« die Antwort darauf: »Selbst der ungläubige Leugner einer persönlichen Unsterblichkeit müßte zugeben, daß nach dem Kausalgesetz die lebendige Wirkung einer Persönlichkeit auch in alle Ewigkeit nicht aufhören kann. Als daher Rudolf von Habsburg am 15. Juli 1291 sein irdisches Leben beschloß, war die Reihe der Wirkungen seiner Taten nur eben begonnen. Diese Wirkungen erstrecken sich auf die beiden Reiche, die heute Mitteleuropa ausmachen. Rudolf von Habsburg ist ebenso als der Neubegründer des Deutschen Reiches nach dem deutschen Interregnum wie als Neubegründer Oesterreichs nach dem gleichzeitigen österreichischen Interregnum zu preisen.[77] ... Die Hausmacht, die Fürsten, die Dynastien, das ist das, was die Nationen zusammenhält und aufrecht erhält, nicht Parlamente, nicht Verfassungen ... Dieser Weltkrieg ist entschieden der Kampf ausbeuterischer Pseudodemokratien gegen das monarchische Prinzip. Von den Monarchen, die des Philosophen Aristoteles Lehre vom Vorzug der Monarchie vor allen andern Staatsformen bezeugen, ist kaum ein Zeuge überzeugender als Rudolf von Habsburg mit der 700jährigen

Wirkung seiner in die Gegenwart trostvoll und machtvoll hereinragenden Persönlichkeit, die geweiht ist durch alle heiligen Mächte der Ueberlieferung.«[78]

Knapp vor Kriegsausbruch 1914 plante man einen Nachbau der Habsburg im Schweizer Kanton Aargau auf dem Kahlenberg in Wien, mit eigenem Museum und regelmäßigen Habsburg-Festspielen, womöglich unter der Leitung Max Reinhardts. 1918 zur 700-Jahr-Feier für Rudolf von Habsburg sollte alles fertig sein, wäre der Krieg nicht dazwischen gekommen. Auch die jüngste Geschichte der Dynastie gilt es glanzvoll darzustellen. 1918 ist es 70 Jahre her, dass Kaiser Franz Joseph den Thron bestiegen hat. Zeit, ihn durch ein Denkmal in Wien zu ehren. Am 29. Mai 1918 hält im Palais des Grafen Leopold Berchtold an der Strudelhofstiege (9. Gemeindebezirk) in Gegenwart des Erzherzogs Franz Salvator als Stellvertreter des Kaisers das eigens gegründete Denkmalkomitee seine konstituierende Sitzung ab. Es ist jener geheime Tagungsort, an dem der damalige k. u. k. Außenminister Berchtold jenen verhängnisvollen Entschluss zur Kriegserklärung an Serbien herbeiführte, an dem sich der Weltkrieg entzündete. Nun ist der Graf Oberstkämmerer Kaiser Karls und mit dieser Hofwürde politisch längst kaltgestellt. Ungeklärt ist vorerst der Standort für ein solches Denkmal. Pläne liegen bereits vor, von Friedrich Ohmann für den Platz vor der Votivkirche und auch von Adolf Loos, der das Denkmal mit Ehrenhalle zwischen zwei Hochhäusern auf den Gründen der Gartenbaugesellschaft plant.

Die Verwandtschaft mit anderen Herrscherhäusern, regierenden oder nicht mehr regierenden, spielt in der dynastischen Tradition eine große Rolle, so etwa mit den einst mächtigen Bourbonen. Kaiserin Zita ist selbst Bourbonin aus der Nebenlinie Parma, Kaiser Karls Großmutter Maria Annunziata stammte aus dem Hause Bourbon beider Sizilien. Die Obsorge gilt auch der letzten Ruhestätte solcher Verwandter, die nach dem Sturz der Bourbonen in Frankreich in Österreich Asyl gefunden hatten und hier auch verstorben waren: König Karl X. von Frankreich, sein Sohn Ludwig, Herzog von Angouleme, und dessen Gemahlin Marie Therese, Tochter Ludwigs XVI. und Marie Antoinettes, die beide in der Französischen Revolution den Tod durch die Guillotine gefunden hatten, ebenso der Graf von Chambord und seine Gemahlin. Sie wurden in der Gruft des Franziskanerklosters Castagnavizza in Görz bestattet. Die Stadt ist durch die Isonzoschlachten schwer in Mitleidenschaft gezogen. Um sie vor Schäden zu schützen, werden die Särge Anfang 1918 nach Wien gebracht und nachts am Heiligenstädter Bahnhof ausgeladen. Als vorläufige Ruhestätte ist das Kloster der Unbeschuhten Karmeliter in Döbling bestimmt. Die bereitgestellten Fourgons erweisen sich für die tonnenschweren Särge als zu schwach, deshalb müssen Militärlastautos angefordert werden. Grund genug für Kritik seitens der *Arbeiterzeitung:* »Also, jetzt wissen wir, wann Bahnwagen, Pferde und Kraftwagen immer noch da sind: wenn man Leichen, die fast hundert Jahre oder länger geruht haben, befördern will. Den Särgen ist durch das Schießen gar nichts geschehen, sie sind nur vom ›Zahn der Zeit‹ angenagt, aber sie müssen in der Zeit der schwersten Not an Beförderungsmitteln nach Wien gebracht werden. Es fehlen uns die Bahnwagen für Nahrungsmittel und Kohlen, aber wir haben Bahnwagen, um die Leichen eines französischen Königs und anderer ›toter‹ Franzosen aus dem Küstenland nach Wien zu bringen.«[79]

Thron und Altar – ohne diese Bindung ist das Reich der Habsburger nicht vorstellbar. »Mächtig durch des Glaubens Stütze, Führ' Er uns mit weiser Hand«, lauten die Verse drei und vier der Volkshymne, gedichtet von Johann Gabriel Seidel nach der Musik Joseph Haydns. Die Pietas Austriaca ist legendär. Kaiser Karl ist fromm, sehr fromm sogar. So oft wie möglich empfängt er die heilige Kommunion, für ihn ist das selbstverständlich, denn aus der Hand Gottes hat er die Krone empfangen und nur ihm wird er sie mit seinem Tod zurückgeben. Keine Menschenhand wird sie ihm rechtmäßig nehmen können, davon ist Karl zutiefst überzeugt. »Von der Gnade Gottes« ist er legitimiert. Freilich hat diese einstige Demutsgeste vor dem König der Könige längst schon den Charakter einer Ideologie angenommen, die jeden, der am legitimistischen Prinzip zu rütteln wagt, mit dem Bannstrahl Gottes belegt. Karl ist das Musterbeispiel eines Ehemannes, durch die stetig wachsende Schar gesunder Kinder fühlt sich das Kaiserpaar als von Gott gesegnet. Für den Kaiser, der sich als König von Ungarn auch Apostolischer König nennt, ist es religiöse Pflicht, vor dem Volk sichtbare Zeichen seines Glaubens zu setzen und als Vorbild in der Nachfolge Christi zu wirken, freilich in streng katholischem Sinn. Dazu gehören die Fußwaschungszeremonie am Gründonnerstag, die österlichen Auferstehungsfeiern und die Fronleichnamsprozession.

Eine besondere Gelegenheit habsburgischer Frömmigkeit bietet sich im Juni 1918 bei der Öffnung des Sarges des Kapuzinerpredigers Markus d'Aviano. Er war es, der am 12. September 1683 auf dem Kahlenberg die Messe las, der die Führer des Entsatzheeres im Kampf gegen die türkischen Belagerer Wiens beiwohnten. Legendär wurde er auch als Kanzelredner, Berater und Beichtvater Kaiser Leopolds I. Nun soll er seliggesprochen werden. Das Kirchenrecht verlangt den Sarg des Betroffenen zu öffnen, zum Beweis, dass tatsächlich seine Gebeine darin ruhen. Ort des feierlichen Aktes ist die Kapuzinerkirche, wo Markus d'Aviano begraben liegt unter einem Grabstein, der eine von Kaiser Leopold selbst verfasste Inschrift trägt. Der Kapuziner wird in der kaiserlichen Familie hoch verehrt. Von den Kindern des Kaiserpaares führen Erzherzogin Adelheid und die Erzherzoge Robert, Felix und Karl Ludwig unter ihren zahlreichen Namen auch den des Markus d'Aviano. Auf seinen Fahrten an die venezianische Front hat Kaiser Karl zweimal dessen Geburtsstadt besucht. Am Abend des 6. Juni 1918 wird der Sarg gehoben und geöffnet. Kaiser und Kaiserin,

Mitglieder der Kaiserfamilie sowie die kirchlich beauftragten Sachverständigen werfen einen Blick auf die Gebeine des Toten. Es folgt eine ärztliche Prüfung und die abermalige Beisetzung. Die Akte können nun an die päpstliche Kurie nach Rom gehen.

Insgesamt bringt Karl alle Eigenschaften mit, um als Volkskaiser in die Geschichte einzugehen: »Auch das Volk hat seine Titel und Auszeichnungen zu vergeben, und wenn es seit dem unvergessenen Joseph II. wieder dem Nachfolger Franz Josephs I. die Bezeichnung eines Volkskaisers widmete, so geschah dies in richtiger Erkenntnis der hohen menschenfreundlichen Herrschertugenden, die sich gleich nach der Thronbesteigung des Monarchen manifestierten und in seiner Teilnahme an den Leiden der opferwilligen Menge und in den so oft verkündeten Friedensbestrebungen zeigten.«[80] Allerdings legt sich 1918 ein Schatten auf das Kaiserpaar, der alle seine so gut gemeinten Initiativen zum Wohl der Bevölkerung und zur Beendigung des Krieges nachhaltig verdunkeln wird.

Ein verheerender Schlag: die Sixtusaffäre

Vom ersten Tag seiner Herrschaft an steht für Kaiser Karl das wichtigste Ziel fest: Friede. In seinem »Manifest an Meine Völker« anlässlich der Thronbesteigung geht er auf die Erwartungshaltung seiner Untertanen ein und verspricht: »Ich will alles tun, um die Schrecknisse und Opfer des Krieges in ehester Frist zu bannen, die schwervermißten Segnungen des Friedens Meinen Völkern zurückzugewinnen, sobald es die Ehre unserer Waffen, die Lebensbedingungen Meiner Staaten und ihrer treuen Verbündeten und der Trotz unserer Feinde gestatten werden … Noch ist das Ziel nicht erreicht; noch ist der Wahn der Feinde nicht gebrochen, die meinten, in fortgesetztem Ansturme Meine Monarchie und ihre Verbündeten niederringen, ja zertrümmern zu können. Ich weiß mich eins mit Meinen Völkern in dem unbeugsamen Entschluß, den Kampf durchzukämpfen, bis der Friede errungen ist, der den Bedarf Meiner Monarchie sichert und die festen Grundlagen ihrer ungestörten Entwicklung verbürgt.«[81]

Es sind widersprüchliche Aussagen, die dieses Dokument enthält: Friede, ja aber … sobald es »die Ehre unserer Waffen« gestattet. Vorerst gilt es »den Kampf durchzukämpfen«, den »Wahn der Feinde« zu brechen, die die Monarchie gar »zertrümmern« wollen. Mit noch mehr hehrem Pathos wendet sich Karl nach dem Tod Kaiser Franz Josephs als nunmehriger Oberster Kriegsherr an seine Soldaten: »Der Geist des erlauchten Verblichenen wird um Euch sein, Euch anspornen zu weiteren heldenhaften Kämpfen, auf daß es uns vergönnt sei, an seiner Bahre den Siegeskranz niederzulegen«[82] Von Durchhalteparolen, Ansporn zu weiteren heldenhaften Kämpfen, Siegeskranz-Pathos und Treueschwüren gegenüber den Verbündeten haben Zivilisten und Soldaten im November 1916 nach fast zweieinhalb Jahren Weltkrieg genug. Die Segnungen des Friedens vermissen sie mehr denn je, sie wollen in erster Linie eines: ausreichend essen und zu ihren Familien heimkehren.

Wie aber Frieden schaffen, wenn man an einen mächtigeren Bündnispartner gebunden ist, der stur am Ziel des »Siegfriedens« festhält? Ein Bruch des Bündnisses wäre glatter Verrat, eine solche Schuld will Kaiser Karl keinesfalls auf sich laden. Aber aus der viel beschworenen Nibelungentreue heraus die Existenz der Habsburger-Monarchie aufs Spiel zu setzen, das ist für ihn auch nicht hinnehmbar. Deutliche Hinweise auf die äußerst prekäre Situation des bröckelnden Reiches werden von deutscher Seite nicht ernst genommen. Nur im äußersten Notfall will Karl den Weg zu einem Separatfrieden riskieren. (Als es Ende Oktober 1918 durch die deutsche Niederlage und die sich abzeichnende Revolution so weit ist, wird es zu spät sein.) Insgesamt stellt sich die Friedensfrage als gordischer Knoten dar, den es zu durchschlagen gilt.

Um sein Ziel zu erreichen, braucht der junge, im Regieren unerfahrene Kaiser einen Außenminister an seiner Seite, mit dem er eines Sinnes ist. In Graf Ottokar Czernin meint Karl den richtigen Mann gefunden zu haben. Im Zuge einer Regierungsumbildung im Dezember 1916 wird er zum Außenminister ernannt. Beide eint die Überzeugung, dass die Monarchie am Ausbluten ist und nur ein baldiger Frieden ihren Untergang verhindern kann. Czernin, aus böhmischem Uradel stammend, gehörte einst zur »Belvedere-Partei«, dem Schattenkabinett des Thronfolgers Franz Ferdinand, und war somit eine Zukunftshoffnung Österreichs. Unverhohlen adelsstolz und herablassend ist er ein Verächter der Demokratie, überzeugt davon, dass »Vox populi – vox Rindvieh« ist (Die Stimme des Volkes ist die Stimme des Rindviehs). Schon früh fühlte er sich zu Höherem berufen. Diplomatie zu treiben im Stil eines Bismarck ist sein Traum, die Grundschulung fehlt ihm dafür aber. Nach kurzen Erfahrungen als Mitarbeiter an den Botschaften in Paris und im Haag war er Gesandter in Bukarest bis zur Kriegserklärung Rumäniens an Österreich-Ungarn im August 1916. Eigenwillig, wie Czernin ist, missachtete er zuweilen Weisungen des Ballhausplatzes, ohne dass das ernsthafte Konsequenzen für ihn gehabt hätte. Charakterlich neigt er zum Unsteten. Einmal ist er großösterreichisch orientiert, dann wiederum dominiert deutschnationale Gesinnung. Für die nationalen Bestrebungen der Tschechen in seinem Stammland Böhmen hat er nur Verachtung übrig. Mächtig von sich und seinem Ideenreichtum eingenommen, dazu eine Sprache, die den »Nagel auf den Kopf trifft«, ist Czernin eine schillernde Figur, die auch im einfachen Volk ihre Wirkung nicht verfehlt. Endlich einer, der nicht der Politik des Fortwurstelns verhaftet ist, meinen seine Bewunderer. Seit den Friedensschlüssen in Brest-Litowsk gilt er in weiten Kreisen der Bevölkerung als Mann der Tat, der den »Brotfrieden« möglich gemacht hat. Dass er dort nur eine Nebenrolle im Schatten der deutschen Sieger spielte, weiß die Öffentlichkeit nicht.

Nach den Friedensschlüssen mit der Ukraine und Russland besteht wieder Hoffnung auf einen Siegfrieden. Symbolträchtig zu Frühlingsbeginn am 21. März 1918 hat an der Westfront eine große Offensive begonnen. Verstärkt durch im Osten frei gewordene Divisionen bringen die Deutschen Bewegung in die erstarrten Frontlinien. Endlich Bewegungskrieg statt zermürbendem Stellungskrieg! Die pathetisch »Kaiserschlacht« genannte Operation verläuft verheißungsvoll. Briten und Franzosen müssen dem Ansturm weichen. Beteiligt an der Offensive sind auch Einheiten der k.u.k. Armee. Dass sie »an den Siegen im Westen ruhmreichen, unseren artilleristischen Traditionen würdigen Anteil haben durften, gereicht der ganzen Wehrmacht Oesterreich-Ungarns zu größter Freude. Es ist bekannt, daß gerade unter den Westgegnern zeitweilig die lächerliche Hoffnung auftaucht, Oesterreich-Ungarn von seinen deutschen Bundesgenossen zu trennen. Dieses Ansinnen, dessen Schmählichkeit auf eine zur Kriegspsychose gesteigerte Verwirrung der Geister zurückzuführen ist, hat aus dem ehernen Mund unserer treffsicheren Geschütze die richtige Erwiderung erhalten … Unsere Kanonen im Westen legen Zeugenschaft ab von der unverbrüchlichen Einigkeit einer Waffenbrüderschaft, die auf hundert Schlachtfeldern durch das Blut der Besten besiegelt wurde und die wie im Osten so auch im Westen und Südwesten einen gemeinsamen, das Gedeihen der Staaten und Völker verbürgenden Frieden erkämpfen wird«, schildert Generalstabschef Freiherr von Arz zu Ostern 1918 die militärische Lage.[83] »Der geschlagene Gegner«, »Fluchtvorbereitungen der französischen Regierung«, »Deutsche Geschütze beschießen Paris«: die täglichen triumphierenden Erfolgsmeldungen von der Westfront stimmen auch Wien und seinen Bürgermeister Weiskirchner hoffnungsfroh: »Die herrlichen, erhebenden Siege unserer Bundesbrüder an der Westfront haben in der Wiener Bevölkerung freudigsten Widerhall gefunden. Und unser aller sehnlichster Wunsch ist dahin gerichtet, daß die unvergleichliche Feldherrnkunst der Führer der deutschen Armee und die Tapferkeit unserer Bundesbrüder ihr Ziel erreichen: Einen ehrenvollen Frieden, der uns die Möglichkeit bietet, in treuem Einvernehmen die Volkswirtschaft der Mittelmächte aufzubauen und zu neuer Blüte zu bringen.«[84]

In dieser Stimmung voller Siegeszuversicht tritt Außenminister Czernin am 2. April 1918 vor die Obmännerkonferenz des Wiener Gemeinderates, um »ein kurzes Bild der gegenwärtigen internationalen Situation zu entwickeln«, wie es in der Presse heißt. Die Erwartungshaltung ist enorm, »gibt es doch keinen lebenden Staatsmann, der so sehr die Gabe einer volkstümlichen, die Massen packenden Rhetorik besitzen würde, wie Graf Czernin. Wenn er spricht, so ist dies jedesmal eine Kundgebung, auf die Regierungen und fremde Völker lauschen,

Abb. 14: Der k.u.k.
Außenminister Ottokar
Graf Czernin

Abb. 15: Der Kronrat
bei einer Sitzung in
Schloss Laxenburg
im Bild ganz rechts
Kaiser Karl,
neben ihm
Außenminister Czernin

wie auf die Worte eines Mannes, dem man die Kunst und den Willen eines Führers zumutet, und jedesmal sind diese Reden in ihrer unerschütterlichen Folgerichtigkeit und Beweiskraft Reden an das eigene Volk, gerichtet an jedermann in diesem Staate und aus der Seele von Millionen heraus empfunden«, wie das die *Reichspost* wertet.[85] Hymnisch auch die Wertung durch die *Neue Freie Presse:* »Die Anziehung, die vom Grafen Czernin ausgeht, kommt aus dem Eindrucke, daß in seiner Politik sich ein unabhängiger Wille ausspricht, getragen von selbstgewonnenen und nicht anempfundenen Ueberzeugungen und vertreten mit der Freiheit eines Mannes, der nicht dient, um Minister zu sein, sondern in Krisen nützlich zu werden ... «[86]

Die Rede Czernins wird eine Anklage gegen die Umtriebe der Tschechen im Inneren und gegen die »Kriegsverlängerer« auf Seiten der Entente. Speziell gemeint ist der französische Ministerpräsident: »Herr Clémenceau hat einige Zeit vor Beginn der Westoffensive bei mir angefragt, ob ich zu Verhandlungen bereit sei und auf welcher Basis. Ich habe sofort im Einvernehmen mit Berlin geantwortet, daß ich hiezu bereit sei und gegenüber Frankreich kein Friedenshindernis erblicken könne als den Wunsch Frankreichs nach Elsaß-Lothringen. Es wurde aus Paris erwidert, auf dieser Basis sei nicht zu verhandeln. Daraufhin gab es keine Wahl mehr ... Das gewaltige Ringen im Westen ist bereits entbrannt. Oesterreichisch-ungarische und deutsche Truppen kämpfen Schulter an Schulter, wie sie zusammen in Rußland, in Serbien, in Rumänien und in Italien gekämpft haben. Wir kämpfen vereint zur Verteidigung Oesterreich-Ungarns und Deutschlands. Unsere Armeen werden der Entente beweisen, daß die französischen und die italienischen Aspirationen auf unsere Gebiete Utopien sind, die sich furchtbar rächen werden ... Was immer auch komme – wir geben Deutschlands Interesse nicht preis, wie es uns nicht im Stiche lassen wird ...«[87]

Das Lob der bürgerlichen Presse auf dieses Hohelied der Nibelungentreue ist enthusiastisch. Czernins Worte seien »von stahlharter Entschlossenheit und gleichzeitig von herzlichster Wärme«, »wie ein reinigendes Gewitter[,] das die Miasmen einer gewissen politischen Stickluft verscheucht.«[88] »Die Franzosen wissen es nun, daß die Schlachten im Westen neuerdings entbrennen mußten, weil ihre Regierung nicht darauf verzichten will, dem Phantom der Wiedergewinnung Elsaß-Lothringens nachzujagen. Mit stärkster und stolzester Zuversicht hat Graf Czernin die Erwartung ausgesprochen, daß die französischen und italienischen Ansprüche auf unsere Gebiete Utopien sind, die sich furchtbar rächen werden. Wir zweifeln nicht daran, daß die Worte des Ministers bei allen, die es redlich um den Staat meinen, den stärksten Widerhall finden wird.«[89]

Der hier genannte stärkste Widerhall auf Czernins Rede fällt allerdings ganz anders aus als erwartet. Ihn als Bittsteller hinzustellen: das lässt ein Politiker wie Georges Clémenceau, genannt »der Tiger«, nicht auf sich sitzen.

68

Abb. 16: Der französische
Ministerpräsident Georges Clémenceau

Über die offizielle Nachrichtenagentur Havas lässt er ausrichten: »Graf Czernin
hat darin gelogen.«[90] Was nun folgt, ist ein tagtägliches, immer heftiger werden-
des Duell der amtlichen Kommuniqués mit wechselseitigen Beschuldigungen,
in Wahrheit sei die jeweilige Gegenseite die Lügnerin. Obwohl Clémenceau
deutlich darauf hinweist, dass er im Besitz von brisanten Unterlagen ist, die
den wahren Sachverhalt beweisen, lässt sich Czernin darauf ein, Dementis samt
Beschimpfungen Clémenceaus fortzusetzen. Dieser greift schließlich zum größten Atout, den er im Ärmel hat: den Wortlaut eines Briefes Kaiser Karls an
seinen Schwager Prinz Sixtus vom 24. März 1917. Darin ist zu lesen: … *bitte
ich Dich* (Anm.: Sixtus), *geheim und inoffiziell Herrn Poincaré, dem Präsidenten
der französischen Republik, zur Kenntnis zu bringen, daß ich mit allen Mitteln und
unter Aufwendung meines ganzen persönlichen Einflusses bei meinem Verbündeten
die gerechten Rückforderungsansprüche Frankreichs mit Bezug auf Elsaß-Lohringen
unterstützen werde …*[91]

Der Erklärungsnotstand in Wien ist evident. Es gilt, das Gesicht vor der
eigenen Bevölkerung und vor dem betroffenen deutschen Verbündeten zu wahren. So entschließt sich der Außenminister in Absprache mit dem Kaiser zu
einer Gegenerklärung. Es handle sich darum »daß Seine k. u. k. Apostolische
Majestät seinem Schwager, dem Prinzen Sixtus von Bourbon, im Frühjahr 1917
einen rein persönlichen Privatbrief geschrieben hat, der keinen Auftrag an den
Prinzen enthielt, eine Vermittlung beim Präsidenten der französischen Republik

oder sonstwie einzuleiten und die ihm gemachten Mitteilungen weiterzugeben sowie Gegenerklärungen zu veranlassen und entgegenzunehmen. Dieser Brief … enthielt bezüglich Elsaß-Lothringens folgende Stelle: *Ich hätte meinen ganzen persönlichen Einfluß zu Gunsten der französischen Rückforderungsansprüche bezüglich Elsaß-Lothringens eingesetzt, wenn diese Ansprüche gerecht wären: sie sind es jedoch nicht.*[92] Auf diese offenkundige Textfälschung folgt umgehend ein offizielles Kommuniqué aus Paris: »Es gibt verrottete Gewissen. In der Unmöglichkeit, ein Mittel zu finden, um das Gesicht zu wahren, verfällt Kaiser Karl in das Stammeln eines in Verwirrung geratenen Menschen. Er ist nun darauf angewiesen, seinen Schwager der Fälschung zu beschuldigen, indem er mit eigener Hand einen lügenhaften Text des Dokuments herstellt.«[93] In Wien bleibt man dabei, dass der Lügner der französische Ministerpräsident sei: »Die letzten Ausführungen Herrn Clémenceaus ändern nichts an der Wahrheit der bisherigen amtlichen Erklärungen des k.u.k. Ministeriums des Aeußern. Prinz Sixtus von Bourbon, dessen Seiner k.u.k. Apostolischen Majestät bekannter Charakter eine Fälschung ausschließt, wurde derselben ebensowenig beschuldigt wie irgendeine andere spezielle Persönlichkeit, da vom k.u.k. Ministerium des Aeußern nicht festgestellt werden kann, wo die Unterschiebung des falschen Briefes erfolgt ist. Hiemit wird die Angelegenheit als beendet erklärt.«[94] Erst jetzt, wo jede Glaubwürdigkeit verspielt ist, gibt man in Wien Ruhe. Jeder logisch Denkende muss sich fragen, was für einen Sinn der Brief des Kaisers gehabt hätte, wenn er darin die Franzosen bloß darauf hingewiesen hätte, dass ihre Bestrebungen zur Rückgewinnung Elsaß-Lohringens nicht gerecht seien. Damit wäre Sixtus' Mission völlig zwecklos gewesen.

Die Öffentlichkeit weiß nun Bescheid, dass 1917 über zwei Brüder der Kaiserin, Prinz Sixtus und Prinz Xavier, die in der belgischen Armee, also auf Seiten der Feinde der Monarchie, im Einsatz stehen, Kontakte zur französischen Regierung hergestellt wurden, um Friedensaussichten zu sondieren.

Die Idee, die verwandtschaftlichen Beziehungen Zitas zu einem solchen Zweck zu nutzen, war naheliegend. Czernin war von Anfang an davon sehr angetan und war an den Vorbereitungen beteiligt. Der in Französisch verfasste Brief Karls, formell an Prinz Sixtus gerichtet, hatte einzig den Zweck, das offizielle Frankreich über die Einstellung des neuen Kaisers zu unterrichten. Das Schreiben, dessen genauen Wortlaut Czernin nicht kannte, sollte Präsident Poincaré bloß gezeigt werden, blieb aber lange genug in den Händen der französischen Regierung, dass eine Abschrift verfasst werden konnte. Die Reaktion war positiv, vor allem weil Karl – immer noch führte er den Titel eines Herzogs von Lothringen – von gerechten Rückforderungsansprüchen Frankreichs auf das 1871 verlorene Elsaß-Lohringen sprach. Davon mussten die Franzosen ihre Verbündeten in London und Rom verständigen. Während die Briten erfreut

Abb. 17: Prinz Sixtus von Bourbon-Parma,
Bruder Kaiserin Zitas

waren, herrschte bei den Italienern Alarmstimmung. Österreich-Ungarn entge-
genzukommen, hätte für sie den Verzicht auf den Großteil aller vertraglichen
Versprechungen bedeutet, die die Entente im Vertrag von London vom April
1915 gemacht hat, um Italien zum Kriegseintritt auf ihrer Seite zu bewegen.
Diese Zusagen umfassen nicht weniger als ganz Südtirol bis zum Brenner, Triest
und Istrien, halb Dalmatien und die vorgelagerten Inseln. Im Wesentlichen
das Gebiet, das einstmals die Republik Venedig bis zu ihrem Untergang 1797
ausmachte und das danach von Österreich annektiert worden war. Noch war
man in Wien in Unkenntnis dieser riesigen Beuteverprechen.[95] Von Italiens
Ministerpräsident Sonnino kam zum Friedensfühler Kaiser Karls deshalb ein
striktes Nein. Zum Nachteil des Friedensfühlers wirkte sich auch ein Regie-
rungswechsel in Frankreich aus. Dem austrophilen Ministerpräsidenten Aris-
tide Briand folgte Alexandre Ribot, der der Habsburger-Monarchie gegenüber
skeptisch eingestellt war. Alles in allem verlief die geheime Mission über den
Bourbonenprinzen im Sand, die darüber geführten Aufzeichnungen schienen
dazu bestimmt, dereinst die Historiker zu beschäftigen. Stattdessen platzt im
darauffolgenden Jahr eine diplomatische Bombe mit verheerender Wirkung.[96]
  Vordringlich in der peinlichen Situation ist eine Stellungnahme gegenüber
dem deutschen Verbündeten, über dessen Hoheitsgebiet Kaiser Karl ja schlan-
kerhand einen Teilverzicht für empfehlenswert erachtet hat, ja sogar das Wort
»gerecht« verwendet hat. Um nicht als Verräter am Bündnis dazustehen, tele-

71

grafiert er an Wilhelm II.: »Der französische Ministerpräsident, in die Enge getrieben, sucht dem Lügennetz, in das er sich selbst verstrickt hat, zu entrinnen, indem er immer mehr und mehr Unwahrheiten anhäuft und sich nicht scheut, nunmehr auch die völlig falsche und unwahre Behauptung aufzustellen, daß ich irgend welche ›gerechte Rückerwerbungsansprüche‹ Frankreichs auf Elsaß-Lothringen anerkannt hätte. Ich weise diese Behauptung mit Entrüstung zurück. In diesem Augenblick, in welchem die österreichisch-ungarischen Kanonen gemeinsam mit den deutschen an der Westfront donnern, bedarf es wohl kaum eines Beweises dafür, daß ich für Deine Provinzen genau so kämpfe und auch ferner zu kämpfen bereit bin, als gälte es, Meine eigenen Länder zu verteidigen.«[97] In einem anderen Telegramm beteuert Karl seine unverbrüchliche Bündnistreue: »Die Anschuldigungen Herrn Clémeneaus gegen Mich sind so niedrig, daß Ich nicht gesonnen bin, mit Frankreich über diese Sache zu diskutieren. Unsere weitere Antwort sind Meine Kanonen im Westen. In treuer Freundschaft – Karl«.[98]

Offiziell folgt die Antwort Wilhelms, dass er nichts anderes erwartet habe und auf die Bündnistreue Karls vertraue. Wirklich Glauben schenken die Deutschen den Versicherungen freilich nicht.

Kritik an Czernin bleibt nicht aus, vor allem seitens der *Arbeiterzeitung:* »Wie gründlich verfehlt das ganze Vorgehen war, hat sich nun sofort herausgestellt: Clémenceau hat den angeblichen Brief des Kaisers Karl jetzt im vollen Wortlaut veröffentlicht, und nachdem man zwei Tage lang die Oeffentlichkeit mit der Vorstellung erfüllt hatte, daß überhaupt kein Brief vorliege, überhaupt nichts, was den Behauptungen des französischen Ministerpräsidenten auch nur den Schein einer Grundlage bieten könnte, muß man jetzt zugeben, daß ein Brief des Kaisers existiert, daß er an denselben Mann gerichtet ist, den auch Clémenceau als den Empfänger des Briefes angibt, und vermag nur zu bestreiten, daß er dem Wortlaut voll entspricht, der den französische Ministerpräsident vorführt! Zum Ueberfluß hat man der amtlichen Mitteilung in den offiziösen Blättern eine Wust von Beschimpfungen des französischen Ministerpräsidenten folgen lassen, die Sache so dargestellt, als hätte er sich die ganze Sache aus den Fingern gesogen, als hätte er den Brief gradaus erfunden; nach den Fanfaren dieser Tage klingt die heutige Erklärung wirklich wie eine Schamade ...«[99] Resümee der *Arbeiterzeitung:* das Ganze »war keine Privatangelegenheit, sondern eine politische Sache, die die Kontrolle des Ministers nicht entbehren konnte und wohl auch nicht entbehrt hätte. Daraus ergibt sich aber, daß eine löbliche Unternehmung gründlich verpfuscht wurde. Und das ist das eigentlich Traurige daran: der Antrieb zum Frieden, der da wirksam ward, ist nun völlig gelähmt, ist ausgeschaltet und der Rest sind Entschuldigungen, Beschönigungen und Verleugnungen, die der österreichisch-ungarischen Politik jeden Halt nehmen.«[100]

Abb. 18: Feuerndes österreichisches Geschütz an der Westfront

Am 13. April 1918 endet die unglückselige Affäre mit dem Rücktritt Czernins. Nachfolger als k.u.k. Außenminister wird Baron Stephan von Burian, der bereits vor Czernin das Ressort geleitet hat. In diplomatischen Kreisen mutmaßt man, »der wahre Grund der Demission des Ministers sei darin zu suchen, daß in verschiedenen Fragen sich in letzter Zeit die Auffassungen des Grafen Czernin mit jenen des Kaisers nicht gedeckt zu haben scheinen, sodaß Graf Czernin zur Überzeugung kam, das Vertrauen des Kaisers nicht mehr im vollen Maße zu besitzen.«[101] Der Rücktritt Czernins schlägt hohe Wellen. Die deutschnationale Vereinigung, die im Abgeordnetenhaus die stärkste Fraktion bildet, drückt ihr lebhaftestes Bedauern aus und weist auf »die ungeheure Erregung in allen Schichten der deutschen Bevölkerung« hin. »Sowohl aus den alpenländischen Wahlkreisen wie aus den Sudetenländern gelangten heute zahlreiche Kundgebungen an die in Wien weilenden Abgeordneten, in denen die Erregung der Bevölkerung über den Rücktritt des Grafen Czernin und die Dankbarkeit für dessen Wirken zum Ausdruck gelangen. In Salzburg wurden, wie von dort berichtet wird, auf verschiedenen Häusern schwarze Fahnen ausgesteckt.«[102] Ein deutlicher Hinweis findet sich auch auf die Kaiserin und ihre

Familie: »Insbesondere wurden die Einflüsse, welche von unverantwortlichen Stellen auf wichtige Staatsgeschäfte ausgeübt werden, in schärfster Weise besprochen und darauf hingewiesen, daß künftighin solche Einwirkungen unbedingt verhindert werden müssen.«[103] Auch bei den Frontsoldaten schlägt die Sixtus-Affäre hohe Wellen: »Begleitet von der dankbaren Anerkennung aller wahren Freunde des Vaterlandes, umgeben von der Liebe des Volkes, dem er den Frieden gebracht, und getragen von dem Vertrauen der großen Mehrheit Oesterreich-Ungarns und den Sympathien seiner Verbündeten, geehrt durch ein Ansehen, das seit Andrassys Zeiten kein österreisch-ungarischer Minister des Aeußern genossen, ja selbst von den Feinden und allen denen, die ihn gefürchtet, geachtet – so tritt Graf Czernin von der Bühne der Weltgeschichte zurück, nachdem er im Schlußakt noch eine ritterliche Pflicht erfüllt.«[104] Ein überschwänglicher politischer Nachruf, ausgerechnet in der »Karl-Woche«, in der »alle Kommanden eine überaus ersprießliche Tätigkeit zugunsten des Karl-Fonds entfaltet haben … Bei allen Veranstaltungen steht die Idee im Vordergrunde, daß die Armee, die für Kaiser und Vaterland kämpft, dem Kaiser auch die Linderung der Kriegsnot zu danken haben wird. Die Armee benutzt die gebotene Gelegenheit, um nicht nur der Fürsorge für ihre eigenen Angehörigen große Dienste zu leisten, sondern auch der Treue und Anhänglichkeit für den Begründer der Fürsorgeaktion, für die Person des Monarchen begeisterten Ausdruck zu geben.«[105]

Dann folgt ein kaiserliches Handschreiben, veröffentlicht in der amtlichen *Wiener Zeitung:* »… Während einer der bedeutsamsten Epochen der Weltgeschichte aller Zeiten haben Sie im Interesse einer Politik, die nach wie vor für Mein Haus und Meine Staaten richtunggebend bleiben soll, in aufopfernder Weise und unermüdlicher Pflichttreue hervorragende Dienste geleistet, deren Ihnen zu gerechter Befriedigung gereichende Erfolge Ihnen nicht versagt geblieben sind, indem Sie mit in vorderster Linie die ersten Friedensschlüsse der leidenden Menschheit vermitteln konnten. Sie haben sich hiedurch wohlverdienten Anspruch auf Meinen unvergänglichen Dank und Meine vollste Anerkennung erworben, die Ich Ihnen hiemit gerne zu warmem Ausdruck bringe, und als deren äußeres, wenn auch lange nicht vollentsprechendes Zeichen Ich Ihnen die Brillanten zum Großkreuze Meines Sankt-Stefan-Ordens verleihe. Nicht minder will Ich Ihnen Meine fortdauernde Gewogenheit zusichern, wie Ich auch zuversichtlich hoffe, daß Ihre außergewöhnlichen Gaben nicht für immer Mir und dem Wohle Meiner Staaten entzogen bleiben sollen. Budapest am 16. April 1918, Karl m.p. Czernin m.p.«[106] Ja, »das sind Worte, die in der abgemessenen Sprache der Staatsakte Aeußerungen herzlicher Wärme, die über das Herkömmliche, historisch auch bei außerordentlichen Anlässen Uebliche weit hinausgehen«,[107] meint dazu die *Reichspost.*

Hinter den Kulissen freilich sieht es anders aus. Niemand ahnt etwas von den hochdramatischen Vorgängen, die sich im Kaiserhaus in Baden an dem Wochenende 13./14. April 1918 abgespielt haben: Czernin fordert vom Kaiser in höchster Erregung eine schriftliche Erklärung – um seiner Ehre und derjenigen seiner Familie wegen, wie er später zugeben wird. Bis hin zur Drohung mit Selbstmord versteigt er sich, sollte Karl ihm die Ehrenerklärung verweigern. Oder aber er werde umgehend nach Berlin fahren und mit deutscher Unterstützung als Diktator nach Österreich zurückkehren. Eine Drohung, die nicht von ungefähr kommt. Der Kaiser weiß, dass die Deutschen im Falle eines Ausscherens der Monarchie aus dem Bündnis Pläne für eine Besetzung Österreichs ausgearbeitet haben. Karl, durch einen leichten Herzanfall geschwächt, gewährt Czernin schließlich das Geforderte. Er will den Rasenden, der weder Respekt noch Loyalität gegenüber seinem Kaiser kennt, endlich loswerden. Mit dem Auto fährt Czernin mit Höchstgeschwindigkeit sofort nach Wien, um entgegen seinem Versprechen die Presse zu informieren. Ein Versuch Karls, den Wagen aufhalten zu lassen, scheitert, weil der beauftragte Wachposten sonst überfahren worden wäre. Erst der Nachwelt wird auch bekannt, dass Czernin mit dem Gedanken spielte, Kaiser Karl vorübergehend »außer Dienst zu stellen« und einen Regentschaftsrat mit Erzherzog Friedrich oder Erzherzog Eugen an der Spitze einzusetzen. Unter dem fadenscheinigen Vorwand, Karl könnte etwa bei riskanten Frontbesuchen abgeschnitten werden oder gar in die Hände des Feindes fallen und somit verhindert sein, seine Regierungsgeschäfte auszuüben. Diesen Vorstoß lehnt Karl rundweg ab. Nicht er, sondern Czernin muss gehen.

So endet die Ära Czernin in einem Desaster. »Die ganze Affaire ist dem Grafen Czernin, der gewähnt hatte, daß in seiner Hand alle Fäden zusammenlaufen, sozusagen wie ein Ziegelstein auf den Kopf gefallen und ihre Wirkung ist nicht der Rücktritt Clémenceaus, sondern der Rücktritt Czernins. Die Ministerschaft des Grafen Czernin, die der Stolz der Patrioten war, die den staatsmännischen Ruhm Oesterreich-Ungarns bildete, die endet als regelrechte Tragikomödie«, zieht die *Arbeiterzeitung* Bilanz.[108] Das *Neue Wiener Tagblatt*, bislang eine Czernin wohlgewogene, ja fast begeisterte Zeitung, bringt eine treffende, auch vor der Nachwelt haltbare Analyse, wie es so weit kommen konnte. Er habe mit seiner Rede vom 2. April 1918 »eine Lawine ins Rollen gebracht, deren Ruhepunkt noch nicht zu erkennen ist … Graf Czernin hat aber, wie die Franzosen sagen, les défauts de ses qualités, die Fehler seiner Vorzüge. Sein überschüssiges Temperament entlud sich allzu leicht in Unüberlegtheiten, sein nervöser Tatendrang schuf ihm wiederholt Verlegenheiten, und ein gewisses Naturburschentum, das ja sicherlich seine Gestalt mit einem eigentümlichen Reiz umgab, war ihm in der Führung der Geschäfte nicht immer förderlich …«[109]

Wochenlang ist die Sixtus-Affäre und der durch sie verursachte Rücktritt des Außenministers Hauptgesprächsthema. Das vermerkt auch der Polizeibericht vom 20. April 1918: »Die breiten Schichten des Volkes erblicken in dem Schreiben seiner k.u.k. Apostolischen Majestät einen Ausfluß der Friedensliebe, und das Bestreben Seiner Majestät[,] den Frieden rasch herbeizuführen und dadurch die Not wieder zu bannen; dagegen herrscht in deutschgesinnten intellektuellen Kreisen über den Inhalt des Briefes große Bestürzung und wird allgemein über unverantwortliche Einflüsse in der äußeren Politik geklagt.«[110] Eine Woche später heißt es: »Die Beunruhigung deutsch gesinnter Kreise der Bevölkerung über angeblich deutschfeindliche Einflüsse in der äußeren und inneren Politik ist noch nicht geschwunden und hat die ohnehin wegen der schlechten Lebensmittelversorgung bestehende allgemeine Erregung noch vermehrt.«[111]

Ab nun gerät das Kaiserpaar in den Strudel nicht enden wollender Gerüchte. In Zeiten der Not besteht ein tiefes Bedürfnis, einen Verursacher dingfest zu machen. Objektive Analysen sind da nicht gefragt, der Gegner muss sichtbare Gestalt haben, damit man ihn erkennen und ihm die ganze Wut und Verachtung entgegen schleudern kann. Ein Sündenbock muss her, ein Tabu gibt es dabei nicht, das Kaiserpaar ist da nicht ausgenommen. Der Kaiser sei ein Trinker, der seine Unfähigkeit im Alkohol ertränken wolle. Noch mehr ist die Kaiserin die Zielscheibe von Giftpfeilen über Verleumdungen.

Was soll man von dieser »Katzelmacherin« schon erwarten können? Verrat sei so einer »Italicnerin« ohnehin in die Wiege gelegt. Diese »Welsche« könne wahrlich keine aufrichtige Landesmutter sein, gingen ihr doch deutsche Gesinnungsart und deutsche Tugend naturgemäß ab. Zita, so geht das Gerücht, sei eine Verräterin, nehme Einfluss auf die Staatsgeschäfte, es existiere eine Art Nebenregierung. Niederlagen an der Südwestfront seien ihr zuzuschreiben, sie lasse dem Feind Angriffspläne zukommen. Geglaubt wird alles, sei es auch noch so unsinnig. Soldaten wollen eine schwarze Frau hinter den Frontlinien gesehen haben, die den Italienern Zeichen gebe, wo sie am besten angreifen sollten. Und überhaupt ihre ganze Familie, die Parmas – erzkatholisch und in dubiose Geschäfte verstrickt, Kriegsgewinner (Anm.: was freilich nicht von der Hand zu weisen ist). Der Name Parma wird nachgerade zu einem Schimpfwort. Wie kann es sein, dass Brüder der Kaiserin als belgische Offiziere an der Seite des Feindes kämpfen? Für die internationale Vernetzung von Dynastien herrscht in Zeiten nationaler Verhetzung keinerlei Verständnis. Der Zeitgeist kennt nur ein Entweder – Oder, alles andere wertet er als Verrat. Das gilt allerdings auch für alle anderen betroffenen Familien und freundschaftlichen Verbindungen.

Das Gift aus der Gerüchteküche wirkt. Es interessiert nicht, ob das Kolportierte der Wahrheit entspricht. Es gilt das, was man glauben will. Hätte man dem Kaiser nicht seine Trunksucht anmerken müssen? Sein Charakter wider-

Abb. 19: Kaiserin Zita

spricht dem völlig. Weder auf Essen noch Trinken legt er besonderen Wert, zum Kummer der Hofküche oder der Hofweinkellerei bleibt jedes Lob aus kaiserlichem Mund aus. Zita wiederum ist französischer Herkunft, ihre Familie Bourbon-Parma eine der durch die nationale Einigung Italiens 1859/60 vertriebenen Dynastien, ihr Herzogtum Parma und Piacenza nichts als historische Reminiszenz. Dass Zita zusammen mit ihren elf Geschwistern und zwölf Halbgeschwistern großteils in Österreich aufgewachsen, Deutsch ihre Muttersprache ist – wer fragt danach? Auch ihr unermüdlicher Einsatz für die verwundeten Soldaten, ihre Besuche in den Lazaretten, ihre Aktivitäten zugunsten Not leidender Kinder – all das vermag die Gerüchte nicht zum Verstummen zu bringen.

Ein Interesse, das Ansehen des Kaiserpaares zu untergraben, hat zudem der Kreis um den deutschen Generalquartiermeister Erich Ludendorff. Er hat eigens einen Oberst Max Bauer beauftragt, über den deutschen Militärattaché in Wien, August von Cramon, gezielt Gerüchte in Umlauf zu bringen. Denn eines ist klar: das Reich der Habsburger wird durch einen großösterreichischen Patriotismus zusammengehalten, der ohne die Dynastie nicht denkbar ist. Nur wenn dieser Patriotismus nachhaltig beschädigt ist, wird das Haupthindernis beseitigt sein, die deutschsprachigen Gebiete der Monarchie dem Deutschen Reich anzugliedern. Selbst Mitglieder des Kaiserhauses spielen eine zweideutige Rolle, in erster Linie die ehrgeizige Erzherzogin Isabella, die Frau Erzherzog Friedrichs. Die gebürtige Prinzessin Croy, deren Ahnenreihe auf König Andreas

77

von Ungarn zurückgeht, würde liebend gerne ihren Sohn Stephan auf dem ungarischen Thron sehen. Dass Karl nicht eine ihrer Töchter, sondern Zita zur Frau nahm, hat sie ihm verübelt. Dubios verhalten sich einige hohe Herren, die im adeligen Jockey-Klub verkehren. Ihnen sind die Kaiserin und ihr Stammhaus Bourbon-Parma ein Dorn im Auge. Dem Kesseltreiben steht das Hofpressequartier weitgehend hilflos gegenüber. Es fehlt sichtlich ein Konzept zu einer wirksamen Gegenpropaganda.

Wie tödlich Verleumdung wirkt, hat seinerzeit Königin Marie Antoinette schmerzlich zu spüren bekommen. Ihre völlige Schuldlosigkeit in der sogenannten Halsbandaffäre nützte ihr nichts. Sie war und blieb die gehasste »L'Autrichienne« – die Österreicherin, schuldig an allem Unglück des französischen Volkes. Doch 1918 braucht man gar nicht so weit in die Vergangenheit zurückzublicken. Ganz aktuell ist das Schicksal von Alexandra, der Frau Zar Nikolaus' II. Die gebürtige Prinzessin aus dem Hause Hessen-Darmstadt galt der Masse der Russen als »Deutsche« – eine Feindin an der Spitze des russischen Herrscherhauses! Was konnte man von einer Frau wie ihr schon anderes erwarten als Verrat? Dass sie in die Politik während des Krieges eingegriffen hat – sie übte die Funktion einer Regentin während der Abwesenheit des Zaren an der Front aus – wusste man erst im Nachhinein. Auch Alexandra konnte sich aus dem Dickicht des Übelwollens nicht befreien. Nun liegt ihre Leiche zusammen mit denen ihres Mannes, des Zarewitsch und der vier Töchter verscharrt in einem Wald bei Jekaterinburg – allesamt erschossen von einem bolschewistischen Exekutionskommando. Das schreckliche Ende der einstigen Zarenfamilie sickert in den Sommertagen 1918 gerüchteweise auch nach Österreich durch.

Zita spürt den Druck. Sie vermeidet es, in der Hofoper die große Hofloge zu nutzen, zieht die Inkognitologe vor. Auf Anraten von Bürgermeister Weiskirchner bleibt sie dem Hochamt im Stephansdom zu ihrem Geburtstag am 9. Mai 1918 – sie ist 26 Jahre alt – fern. Man fürchtet Missfallenskundgebungen. Über die missliche Lage können Beflaggung, Hochämter in den Kirchen und Militärkonzerte nicht hinwegtäuschen. Ebensowenig Huldigungen der bürgerlichen Presse in schwülstigen Formulierungen: »Im forttobenden Kriege halten wir einen Augenblick inne, um des Festes zu gedenken, das der ersten Frau und der Fürstin der Habsburger-Monarchie gilt. Im blütenreichen Mai erfüllt sich heute zum zweiten Male der Geburtstag der Kaiserin, der zweite seit der Thronbesteigung ihres erlauchten Gemahls. Mit bunten Fahnen geschmückt, ist ganz Wien ein einzigartiger Festplatz, vom altehrwürdigen Stephansturm bis weit draußen, wo die letzten einsamen Häuschen an den in frischem Grün prangenden Wienerwald lehnen. Und wie die Wiener, so lassen es sich die Völker Oesterreich-Ungarns vom Fels zum Meer, von Tirol und Vorarlberg bis zu den Zinnen der Karpathen nicht nehmen, trotz des Ernstes der Zeit, mit den

Tapferen, die die Grenzen des alten Reiches schirmen, den Tag zu feiern …«[112] Dass die Kaiserin den Namen einer zur Heiligen erhobenen Dienstmagd hat, das scheint für sie Auftrag, den sie vorbildlich erfüllt: »Nicht Luxus der Juwelen und vornehmer Kleider, nicht der Prunk einer glänzenden Haushaltung und die Ehren höfischer Empfänge, sondern einfaches Wohltun und schlichtes Auftreten sind die Freude der Kaiserin. Nur im Dienste sozialer Fürsorge und zum Besten verwundeter Krieger konnte die Kaiserin sich dazu verstehen, ihre Zurückgezogenheit im engsten Familienkreis mit der Teilnahme an großen gesellschaftlichen Veranstaltungen zu vertauschen … In den 18 Monaten seit dem Regierungsantritt hat die Kaiserin ihre frühere theoretische Schulung auf sozialem Gebiet in praktische Betätigung umgesetzt. Pflichtbewußtsein und Widerwille gegen hohle Schaustellungen äußerer Würde haben die Kaiserin zur ersten Mitarbeiterin aller Unternehmungen sozialer Fürsorge und werktätiger Demokratie gemacht.«[113]

Das Kesseltreiben gegen das Kaiserpaar nimmt schließlich ein derartiges Ausmaß an, dass eine politische Reaktion unumgänglich wird. Ministerpräsident Seidler versichert in Beantwortung einer Abgeordnetenanfrage »daß alle jene abscheulichen Gerüchte, die in letzter Zeit über Ihre Majestäten verbreitet worden seien, nicht einen Schatten von Wahrheit enthalten. Die Verbreitung derartiger Märchen sei demnach ein höchst verwerfliches Vorgehen, dem mit aller Strenge des Gesetzes werde entgegengetreten werden, da durch sie den Manövern unserer Feinde geradezu Vorschub geleistet und das Vaterland schwer geschädigt werde. Sowohl gegen die Verbreiter als insbesondere gegen die Urheber werde ohne Ansehen der Person rücksichtslos vorgegangen werden.«[114] Eine ähnliche Erklärung gibt auch der ungarische Ministerpräsident Alexander Wekerle im Reichstag in Budapest ab, wobei er hervorhebt, dass »insbesondere das Verhalten unserer erhabenen Königin verdächtigt wird!«[115] Bei beiden Regierungen steht fest, daß hier eine geheime organisierende Hand tätig ist. »Es ist eine traurige Erscheinung der Kriegspsychose, daß solche wie ein Lauffeuer sich verbreitende Verleumdungen bei kranken Gemütern Glauben finden.«[116] In Wien veranstaltet der »Katholische Volksbund« eine Massenkundgebung im Wiener Rathaus, um der »Offensive gegen unsere innere Front« entgegenzutreten, wie das der Chefredakteur der *Reichspost,* Dr. Friedrich Funder, als Hauptredner formuliert.[117] Der Abgeordnete Leopold Kunschak als zweiter Redner spricht eine Facette an, die man nicht unberücksichtigt lassen darf – jene Gerüchtemacher, die man nicht verdächtigen kann, im Sold des Feindes zu stehen: »Diese Leute wissen nicht, daß sie mit dem Feuer spielen, sehen nicht, daß sie sich damit das Dach über ihrem eigenen Haupte entzünden, und begreifen nicht, daß es für uns nur eine Möglichkeit gibt, diese furchtbare Stunde zu überdauern, die Einigkeit zwischen Kaiser und Volk.«[118] Die Kundgebungsteilnehmer beschließen eine Ergebenheitsadresse »an die Stufen des Thrones« gelangen zu lassen. Eine von vielen, die ab nun an die Kabinettskanzlei des Kaisers abgehen – ein Trostpflaster, nicht mehr.

Die Deutschen nutzen die Gunst der Stunde. Wann, wenn nicht jetzt ist die ideale Gelegenheit, den schwankenden Verbündeten auf Linie zu bringen! Jetzt sind handfeste Garantien nötig, damit das Habsburgerreich aus dem Bündnis nicht ausscheren und keinen Separatfrieden schließen kann. Es ist der denkbar bitterste Gang, der Karl nun bevorsteht: die Reise ins Große Hauptquartier im belgischen Kurort Spa im Mai 1918.

Dass es eine Art Canossagang werden wird, so wie ihn deutschnationale Kreise in Österreich wörtlich fordern, ist von Anfang an klar. Es kommt, wie zu erwarten. Konkret heißt das »Erweiterung des bestehenden Bündnisses« im Vertrag von Spa. Sicherheit und Verteidigung werden enger aufeinander abgestimmt, die Schaffung eines einheitliches Wirtschaftsraumes mit Zollunion grundsätzlich vereinbart. Ein Atout bleibt der Monarchie allerdings: Zuerst muss die polnische Frage gelöst sein, erst dann können die angestrebten Ziele umgesetzt werden – dazu wird es nicht mehr kommen. Abgeschlossen wird in Spa (12. Mai 1918) zudem ein Militärabkommen, das die Armeen der beiden Verbündeten in Organisation und Einsatz aufeinander abstimmt, mit einheitlichen Standards bei Waffen, Ausrüstung und Nachschub.

Im Großen Hauptquartier ist man im Mai 1918 glänzender, von Siegeszuversicht strotzender Laune: »Die kühnste Phantasie des Imperialismus hat nie Möglichkeiten zu träumen gewagt, wie sie jetzt zu Wirklichkeiten zu werden scheinen. Die Auflösung des russischen Heeres hat alle Machtverhältnisse in Europa umgestürzt. Sie hat Deutschlands Macht ins Ungeahnte erhöht. Während im Westen deutsche Heere die Riesenarmeen Englands und Frankreichs zurückdrängen, stehen im Osten deutsche Truppen vor Helsingfors (Anm.: Helsinki), vor Charkow, in Odessa, kämpfen zugleich deutsche Bataillone bei Jerusalem. In den Bereich des Möglichen scheint gerückt, was der deutsche Imperialismus nie zu hoffen gewagt: die unbestrittene Herrschaft Deutschlands in Europa, das deutsche Imperium vom Nördlichen Eismeer bis zum Persischen Meerbusen«, analysiert die *Arbeiterzeitung* die Lage.[119]

Die Sixtus-Affäre endet mit dem denkbar schlechtesten Ergebnis, dem Gegenteil des Beabsichtigten: kein Friede, schon gar kein »ehrenhafter« in Sicht, der Kaiser als Lügner, als stammelnder Verwirrter diskreditiert, die Kaiserin als »Verräterin« gebrandmarkt, beider Ansehen beim deutschen Verbündeten verspielt. Bei den Ententemächten ist damit auch jede Hoffnung geschwunden, dass sich Österreich-Ungarn aus der deutschen Hegemonie lösen und nach dem Ausfall Russlands ein willkommenes Gegengewicht zu Deutschland bilden könnte. Im Gegenteil, das Habsburgerreich ist wie nie zuvor an die preu-

Abb. 20: Kaiser Karl im Mai 1918 im deutschen Hauptquartier

ßisch-deutsche Kandare genommen, nun definitiv Teil eines deutsch beherrschten Mitteleuropa, um dessen Niederringung es geht. Dass es so weit kommen
konnte, ist auch Clémenceau anzukreiden. Aus einem offensichtlich vorhandenen Rachebedürfnis aus gekränkter Ehre den Wortlaut des Sixtusbriefes zu
veröffentlichen und den aufrichtigen Friedenssucher Karl damit bloßzustellen,
war – wie es der amerikanische Außenminister Robert Lansing treffend for-
mulierte – »ein unentschuldbarer Akt der Dummheit.«[120] Vertrauensverlust ist
die Folge auch im Inneren des wankenden Reiches, selbst in bürgerlichen und
bäuerlichen Kreisen ist das Ansehen der Monarchie als Institution durch die
Träger der Krone nachhaltig beschädigt. Der Gedanke an eine Republik gewinnt
deutlich an Kontur. Bessere Voraussetzungen können sich die Exilorganisati-
onen der Tschechen und Südslawen gar nicht wünschen. Sie sind ihrem Ziel
einen gewaltigen Schritt näher gekommen: Austria delenda est. (Österreich ist
zu zerstören.)

Letzte Strahlen alten Glanzes: der Kaiserhof

Mit dem Tod des alten Kaisers löst sich sein Hofstaat über Nacht auf. Seine
Repräsentanten, vor allem der durch die skandalös inszenierten Beisetzungsfeierlichkeiten für den ermordeten Thronfolger Franz Ferdinand und dessen
unebenbürtige Frau Sophie berühmt-berüchtigte Erste Obersthofmeister Fürst

Alfred Montenuovo, verschwinden von der Bildfläche. Mit ihnen freilich auch die Präzision des komplizierten Regelwerks, das Franz Josephs Alltag, aber auch sein Denken bestimmt hat. Es ist das Hofprotokoll, das den Zweck hat, die Person des Monarchen durch soziale Distanzierung sichtbar zu überhöhen und eine gleichsam sakrale, vermeintlich gottgewollte und somit unangreifbare Stellung über all seinen Untertanen, ob hoch oder niedrig, zu garantieren. Jeder hat seinen genau definierten Platz in dieser Rangordnung, jede noch so nebensächliche Geste wie etwa ein Händedruck hat als kaiserlicher Gnadenerweis ihre spezielle Bedeutung. Fragen des Vorrangs sind in dieser höfischen Welt von höchster Bedeutung. Ein Verstoß gilt als Skandal, schädigt nachhaltig das Ansehen einer involvierten Person. Der hohe Adel, berufen, bei politischen und zeremoniell bedeutenden Anlässen und Festivitäten den Glanz des Kaiserhofes zu erhöhen, bildet eine Art Wall um die kaiserliche Familie, die sich dadurch von anderen Gesellschaftsschichten abschottet. Wenige sind »hoffähig«, dazu muss man sogenannte Ahnenproben nachweisen können, wofür ein eigener Hofahnenexaminator zuständig ist. In unnachahmlicher Noblesse und unnachsichtiger Strenge wusste Franz Joseph das höfische Regelwerk zu exerzieren. Alles schien wie in Stein gemeißelt, in Wahrheit war es versteinert.

Mit dem jungen Kaiser bestimmt Improvisation den Alltag. Ein Weiterregieren in Franz Josephs Räumen kommt für ihn nicht in Frage. Er bleibt vorerst im Meidlinger Trakt des Schlosses Schönbrunn. Dort haben Karl und seine Familie schon länger Quartier bezogen, um in Zeiten des Krieges dem alten Kaiser nahe zu sein. Schloss Hetzendorf, seit 1912 offizieller Sitz des Thronfolgerpaares, war zu weit entfernt für den Fall, dass sich der Gesundheitszustand Franz Josephs verschlechtert. Wie sich nun der Alltag am »allerhöchsten Hoflager« entwickelt, lässt viele aus dem Staunen nicht herauskommen. Da warten Minister und hohe Offiziere auf schlichten Sesseln in einem Vorraum, durch den alle durchgehen müssen, etwa Kammerdiener mit Kleidungsstücken über dem Arm oder Kindermädchen auf dem Weg zu den Kindern des Kaiserpaares. Vieles wird vom Kaiser ad hoc entschieden, so manches wieder revidiert. Sehr verwundert ist ein Augenzeuge, als er Karl in seinem Arbeitszimmer auf dem Teppich sitzend antrifft, umgeben von Staatspapieren, die er unterzeichnen soll. Altgediente Höflinge haben schon bei den Beisetzungsfeierlichkeiten für Franz Joseph den »Neuen« kritisch beobachtet und manches an ihm auszusetzen gewusst. Ein uneleganter Gang, kein festes Auftreten, ein Schlenkern mit den Armen. Ein Erbe wohl der sächsischen Mutter Maria Josefa. Ist Karl vielleicht mehr Wettiner als Habsburger? Er winkt gerne den Hofdamen der Kaiserin zu, salutiert allzu salopp, manchmal mit einer Zigarette im Mund. Überhaupt kommt sein mangelndes Interesse an Form nicht gut an. Selbst die Grande Dame der Wiener Gesellschaft, die alte

Fürstin Pauline Metternich, befindet:»Der Kaiser weiß nicht, was sich gehört. Er hat mich noch nicht besucht …«[121] Ob Karl in Kriegszeiten nicht Wichtigeres zu tun hat, als bei Durchlaucht Tee zu trinken, diese Frage stellt sich für die Fürstin offensichtlich gar nicht. Selbst der Händedruck vom Kaiser wird alltäglich, Bürgerliche waren von Franz Joseph nur ganz selten mit dieser Ehre bedacht worden. Der Frackzwang für Zivilisten wird bei Hof abgeschafft, es genügt der Gehrock. Nein, all das hätte es unter dem alten Kaiser nicht gegeben, raunzen hinterrücks die Hohepriester höfischer Etikette. Aber immerhin gibt es auch Positives zu vermelden: Die Marschalltafel, an der die oberen Hofchargen verköstigt werden, findet nun nicht mehr um 5 Uhr nachmittags, sondern um 1 Uhr mittags statt. Leider wird Karl sie bald abschaffen.

Dass die Zustände in Schönbrunn nur ein Übergang sein können, ist von Anfang an klar. Eine Zäsur ergibt sich, als das »allerhöchste Hoflager« im Frühjahr 1917 nach Schloss Laxenburg im Süden Wiens verlegt wird. Ein urhabsburgischer Besitz, denn schon im Mittelalter nutzte der Hof die wildreichen Wälder entlang der Schwechat für die Jagd, vor allem für die Reiherbeize mit eigens dafür abgerichteten Falken. Jagdschlösser wurden gebaut und verschwanden wieder durch Zerstörung in den Türkenkriegen. Erst Maria Theresia sorgte für ein bleibendes bauliches Erbe, das durch ihren Hofarchitekten Nikolaus Pacassi die Heiterkeit des Spätbarocks verströmt. Kaiser Franz sorgte mit der romantisierenden Franzensburg für eine reizende Zutat, an der sich schon die Teilnehmer des Wiener Kongresses erfreuten. Franz Joseph wählte Laxenburg als Ort der Flitterwochen nach seiner Hochzeit mit Prinzessin Elisabeth in Bayern. Und auch sein Sohn Rudolf, der hier geboren wurde, fand diese Residenz passend, um hier sein Eheleben mit Prinzessin Stephanie von Belgien zu beginnen. Dann verebbte das kaiserliche Interesse, Laxenburg versank in einen Dornröschenschlaf, aus dem es nun im Frühjahr 1917 wieder erwacht. Der Zahn der Zeit hat teils schlimme Spuren hinterlassen. Es gibt folglich viel zu renovieren, bevor der Hof sich hier häuslich niederlassen kann.

Anfang Februar 1918 wird das »allerhöchste Hoflager« nach Baden bei Wien verlegt, ins sogenannte Kaiserhaus am Hauptplatz. Es ist die schlichteste der habsburgischen Residenzen, so bürgerlich schlicht, dass sich bereits Kaiserin Maria Ludovika über den Entschluss ihres Ehemanns alteriert hatte, dieses Haus zu kaufen. Aber Kaiser Franz, der »Biedermeierkaiser«, ließ sich darin nicht beirren. Offiziell begründet wird der Standortwechsel der kaiserlichen Familie im Februar 1918 mit der »jetzt herrschenden Feuchtigkeit in der Park-Teichlandschaft von Laxenburg und dem Wunsch des Kaisers, möglichst rasch über alle Vorgänge bei den Friedensverhandlungen in Brest-Litowsk und an den Fronten orientiert zu werden.«[122] Unerwähnt bleibt, dass dem Hof der Aufenthalt in Laxenburg zu unsicher geworden ist. Immer mehr Gruppen unzufriedener

Abb. 21: Wiederbelebte Kaiserresidenz Schloss Laxenburg

Abb. 22: Das spartanisch eingerichtete Kaiserhaus in Baden

Untertanen, die der Hunger und die Kürzung der Brotration im Jänner 1918 antreiben, sind nach Laxenburg gezogen, um dem Kaiser persönlich ihren Unmut über die unhaltbaren Zustände auszudrücken. Noch gelingt es, sie mit ein paar Säcken Mehl aus der Hofwirtschaftskammer ruhig zu stellen. Aber wie lange noch? Unwillkürlich steigen unliebsame Erinnerungen an den Zug der Pariser Proletarierfrauen nach Versailles im Oktober 1789 auf, die die französische Königsfamilie zwangen, nach Paris in die Tuilerien zu übersiedeln. Die Furcht vor einer Revolution nach russischem Vorbild sitzt in Österreich-Ungarn 1918 tief. Die Verbrüderung bisher feindlicher Soldaten im Osten hat eine Nebenwirkung: Revolutionäre ermuntern die Soldaten der k. u. k. Armee, es ihnen gleichzutun und die alten Mächte zu stürzen. Das Schicksal der in Gefangenschaft gehaltenen ehemaligen Zarenfamilie ist warnendes Beispiel.

Der Beengtheit im Kaiserhaus in Baden entflieht die kaiserliche Familie, wann immer dazu Gelegenheit ist. Residenzen in freier Natur mit großem Erholungswert bieten das Jagdschloss Eckartsau bei Orth an der Donau und die Villa Wartholz in Reichenau an der Rax, beide kaiserlicher Privatbesitz. Der Betrieb muss allerorten aufrecht erhalten bleiben, immer alles parat sein, zumal der Kaiser oft spontan einen Ortswechsel vornimmt. Das gilt auch für die Hofburg in Wien. Der Hofzug muss immer bereitstehen, um den Kaiser und seine Entourage zu Inspektionsreisen an die Front, in die Krisengebiete der Monarchie oder aber auch von Residenz zu Residenz zu bringen.

Es stehen zwei Hofzüge zur Verfügung: ein österreichischer und ein ungarischer. Am liebsten hätten es die Ungarn gesehen, wenn der Kaiser bei Fahrten nach oder über Ungarn ausschließlich den ungarischen Hofzug nutzt, doch solche Aspirationen konnten mit Hinweis auf die unausbleiblichen Komplikationen und die Kriegserfordernisse erfolgreich abgewehrt werden. Wenn ein Kaiser reist, dann ist ein feudaler Rahmen selbstverständlich. In der Mitte des Zuges je ein Salonwagen für Kaiser und Kaiserin, stets aneinandergekoppelt. Es folgen vorne und hinten die Waggons für die Suiten, streng nach Rangordnung. Dem Kaiser am nächsten platziert sind der Erste Obersthofmeister, der Generaladjutant und der Flügeladjutant, der Chef des Generalstabes oder dessen Stellvertreter, Beamte der Militär- und Kabinettskanzlei, Wirtschaftsbeamte und ein Arzt. Einen eigenen Leibarzt, wie es Dr. Kerzl bei Kaiser Franz Joseph war, hat Karl nie ernannt. Der Kaiserin am nächsten sind die Obersthofmeisterin oder die älteste Hofdame. An den äußeren Enden der beiden Zugteile sind die Diener und Küchenhilfen in Vierer-Abteilen untergebracht. Für den Hofreisedirektor bedeutet die meist recht kurzfristige Ankündigung einer Reise des Kaiserpaares eine enorme Herausforderung: Bereitstellung des Hofzuges in Laxenburg, Baden, Reichenau und Eckartsau, schleunigstes Einladen des umfangreichen Gepäcks, Verständigung der Bahndirektionen und Bahnhöfe ent-

Abb. 23: Kaiser Karl mit Generalstabschef Arz von Straussenburg im Hofzug

lang der Fahrtstrecke, Abstimmung mit den Fahrplänen des Normalbetriebes, Bereitstellung von Automobilen am Ankunftsort.

Erhebungen in den Adelsstand sind auch unter Kaiser Karl keine Seltenheit. Bei den Namensgebungen jener, die sich ab dann Edler oder Freiherr von nennen können, ist ein Zeitbezug offensichtlich: von Karltreu, von Dreikämpfer, von Grabensprung etc. Manchmal wird sogar Hinterbliebenen von »vor dem Feinde Gefallenen« der Adelsstand verliehen; eine Auszeichnung für besondere Tapferkeit. Unablässig ergießt sich der Strom von Orden und Ehrenzeichen über verdiente Untertanen. Der Kaiser geizt nicht mit den begehrten Auszeichnungen. Gerade in Zeiten, in denen es fast nichts mehr materiell zu verteilen gibt, sind sie wichtig für die Aufrechterhaltung der Moral und das Ansehen der Monarchie als Institution. Täglich sind in den Hof- und Personalnachrichten die Namen der Geehrten und der Grad ihrer Auszeichnungen nachzulesen.

Die Namensliste der Ausgezeichneten ist aber auch aufschlussreich, wenn Hofbedienstete Orden erhalten. Da offenbart sich, wie riesig das Wirtschaftsunternehmen Hofstaat ist. Angeführt sind die Funktionen Hofoberbaurat, Hofzahlmeister, Vizedirektor der Hofapotheke, Hofheiz- und Beleuchtungsinspektor, Hofexpedient, Hofgebäudeinspektor, Hofamtssekretär, Hofkücheninspektor, Hofkoch erster Klasse, Hofwerkmeister erster Klasse, Hofobermonteur, Hofpolier, Hofkellergehilfe, Hoftafeldeckergehilfe, Laborant erster Klasse der

Hofapotheke, Hofoffizendiener, Hofküchenträger und Hoftorwächter, Hoftierwärter. Das sind bei Weitem nicht alle Funktionen, die zur Aufrechterhaltung des Hofstaates beitragen, denkt man etwa an die Hofstallungen mit den Kutschern, Chauffeuren, Bereitern, Stallburschen etc. Den untersten Rang im Hofbetrieb nehmen die »Extraweiber« ein, so bezeichnet man ganz offiziell die Putzfrauen, deren es Heerscharen gibt. Mit Putztüchern und Besen ausgerüstet, sorgen sie für Sauberkeit, um dann im letzten Augenblick weg zu huschen, bevor sich eine Tür öffnet und hohe und höchste Herrschaften den jeweiligen Raum betreten. So unentbehrlich diese guten Geister für den geregelten Ablauf des Alltages sind, so uninteressant sind sie als Menschen für die Höflinge. Selbst den Leiblakaien sind diese Frauen meist zu minder, um sich mit ihnen abzugeben. In welchen Nebengebäuden des Schlosses sie untergebracht sind, wissen die wenigsten. Erst nach dem Fall der Monarchie wird sich etwa der Leibgardist Prinz Erwein Lobkowitz fragen, was wohl aus der den Leibgardisten zugeteilten Frau Stubenvoll geworden ist. Er wird sich nur erinnern, dass sie mit einem Drechsler verheiratet war und täglich nach Hause ging.

Unter den Hofbediensteten gärt es allerdings. Sie scheuen sich nicht, in einer Zuschrift an die *Reichspost* Klage zu führen: »Um die Hofstaatsbediensteten ist es jetzt während des Krieges arg bestellt. Es liegt dies an der unteren Verwaltung[,] nicht an den obersten Amtsstellen; wir sind überzeugt, es wäre von dort her sonst längst Hilfe gekommen. Lange Zeit erhielten die Hofbeamten einen Teuerungsbeitrag von Kr. 5K.– monatlich, die Diener einen solchen von Kr. 20.–. Im Herbst 1917 kündete eine vom Obersthofmeisteramte inspirierte Nachricht der Korrespondenz Wilhelm eine ›ganz außerordentliche Besserung der Lage der Hofbediensteten‹ an und im November 1917 bekamen sie eine Teuerungszulage im Ausmaße der den Staatsbediensteten mit Juni 1917 gewährten. Dabei ist es geblieben. Die Hofstaatsbediensteten erhielten weder den Anschaffungsbeitrag der Staatsbediensteten im Herbste 1917, noch auch den im Frühjahr 1918 und auch der im Jänner 1918 erfolgten Erhöhung der Teuerungszulagen an die Staatsbediensteten sind die Hofstaatsbediensteten nicht teilhaftig geworden. Die wiederholten Bitten sind erfolglos geblieben. Es ist kein Geld vorhanden, meinte Exzellenz Keller. Aber wenn um 400.000 Kronen ein Palmenhaus aufgeführt wird, um nach kurzer Zeit mit einem Kostenaufwande von 100.000 Kr. niedergerissen zu werden, wenn Hofräte verschiedene Zulagen und Verköstigungsgelder erhalten und dabei billig aus der Hofmenage verköstigt werden, dann wird gewiß noch eher Geld für den Notstand der Bediensteten vorhanden sein. Zu der Behandlung der Gehaltsfrage gesellt sich die Tätigkeit in der Lebensmittelversorgung. Es werden vom Obersthofmeisteramte Bestellungen für die Hofstaatsbediensteten gemacht, die Ware wird aber nicht allgemein verteilt. Solche und ähnliche Fragen drängen sich den Hofstaatsbediensteten auf. Schuld daran ist das bureaukratische System dieser Verwaltung, in dem bisher jeder moderne Zug fehlte.«[123]

Die obersten Hofchargen kümmern sich um derlei – aus ihrer Sicht – Banalitäten nicht. Nach wie vor leben sie in einer Welt, die von Rang- und Zeremonialfragen und der kaiserlichen Gunst bestimmt wird. An der Spitze der Pyramide des Hofstaates stehen der Erste Obersthofmeister (manchmal gibt es auch einen Zweiten), der Oberstkämmerer, der Obersthofmarschall und der Oberststallmeister. Der Mächtigste von ihnen ist der Obersthofmeister. Ihm unterstehen auch die beiden Hofbühnen, das Hofburgtheater und die Hofoper, beide Institutionen des Kaiserhofes und nicht des Staates. Dazu kommen die Hofküche, die Hofjagd und die Hofbibliothek (heute Nationalbibliothek), die Leib- und Hofärzte, der Hof- und Burgpfarrer, die Hofprediger und Hof-Capelläne sowie die Hofmusikkapelle. Hofballmusikdirektor ist nach wie vor Carl Michael Ziehrer. Dem Oberstkämmerer unterstehen die k.k. Schatzkammer und die k.k. Gemäldegalerie. Der Oberststallmeister übt die Kontrolle über den Marstall und den gesamten Fuhrpark des Hofes samt den Reitschulen und den Gestüten aus. Seltsamerweise ist er auch für die Hofpagen zuständig, also für die vornehmen Geschlechtern entstammenden Edelknaben, allesamt Zöglinge der Theresianischen Akademie (Theresianum). Zu den ranghohen Hofbediensteten zählen Oberstküchenmeister, Oberstjägermeister, Ober-Ceremonienmeister und Hofbibliothek-Präfekt.

Zum Gefolge der Kaiserin zählen die Palastdamen. Im März 1918 werden 15 neue mit dieser Ehre ausgezeichnet. Es versteht sich, dass sie alle von altem katholischem Adel sind und in ebensolche Familien eingeheiratet haben. Der höfische Ahnenprobenexaminator wird nur formell und ohne neue Recherchen über die edle Abstammung der Damen zu befinden gehabt haben. Die Namen Lobkowitz, Zichy, Herberstein, Pallfy, Trauttmandorff-Weinsberg, Larisch-Moennich oder Salm-Reifferscheid-Raitz sprechen für sich.[124] Ganz wichtig ist es für diese Damen, auch in den hoch exklusiven Sternkreuz-Orden aufgenommen zu werden.

Eine Welt für sich bilden die drei Leibgarden des Kaisers: die Arcièren-Leibgarde, die adelige Ungarische Leibgarde und die Trabanten-Leibgarde sowie die Gardegendarmerie. Sie alle haben die Aufgabe, das Leben der kaiserlichen Familie zu schützen. Im Krieg werden dazu kriegstaugliche, aber nicht fronttaugliche Adelige herangezogen. Wer Leibgardist ist, hat das große Los gezogen. Schon in Friedenszeiten eine rein zeremonielle Funktion, bietet sie jede Menge an Freiheiten und Freizeit, Logis und Verköstigung an der Marschalltafel frei. Bei Verlegung des »allerhöchsten Hoflagers«, also Beendigung einer Séjour, haben sie sich offiziell beim Kaiser ab- bzw. anzumelden. Prächtig ist die Hofdienstuniform eines Leibgardisten der Reitereskadron : dunkelgrüner,

Abb. 24: Prinz Erwein Lobkowitz als
Oberleutnant der Leibgarde-Eskadron

zweireihiger Waffenrock mit scharlachroten Aufschlägen, die Hose aus weißem
Hirschleder, glänzend gewichste schwarze Stulpstiefel, Epauletten, Bandelier,
Achselschnüre, Kragen, Passepoils und Knöpfe allesamt in Gold. Bei offiziellen
Déjeuners ist diese Aufmachung allerdings denkbar unbequem. Leibgardisten
müssen den Säbel umgeschnallt lassen, die mit Sporen versehenen hohen Stulpstiefel machen jedes Hinsetzen und Aufstehen zu einem Balanceakt. Sorgen
in Kriegszeiten bereiten die weißen Umhangmäntel der Leibgardisten. Um Flecken zu entfernen, ist ein stundenlanges Walken mit englischer Patent-Putz-
kreide erforderlich. Der Bestand an Putzkreide ist im Sommer 1918 allerdings
ausgegangen, eine Nachbestellung aus Feindesland nicht möglich. Der Kaiser
erlaubt daher den Leibgardisten, zum Dienst in feldgrauen oder in den alten
braunen Kavalleriemänteln zu erscheinen. Anlass für allerlei boshafte Bemerkungen, schon aus diesem Grund müsse man Frieden mit dem »schnöden Al-
bion« machen.

Für Todesfälle in der kaiserlichen Familie, aber auch in befreundeten Dynastien sieht das Protokoll Hoftrauer durch Hofansage vor. Hier herrschen strenge
Kleidervorschriften für alle bei Hof und für jene, die als hoffähig Zutritt haben.
1918 gibt der Selbstmord des regierenden Großherzogs Adolf Friedrich von
Mecklenburg-Strelitz – er ist einer der verbündeten deutschen Fürsten – dazu
Anlass. Von 1. März bis 10. März 1918 erscheinen die höchsten Frauen, dann
die Damen in schwarzer Seide, mit schwarzem Kopfputz, schwarzem Schmuck,

schwarzen Handschuhen und schwarzem Fächer. Die Generale, Stabs- und Oberoffiziere, mit Ausnahme jener, welche im Felde stehen, tragen während der ganzen Trauerzeit den Flor am linken Arme, auch außer Dienst. Die Geheimen Räte, Kämmerer und Truchsessen erscheinen in der kleinen Uniform, ebenfalls mit dem Flor am linken Arm, mit angelaufenem Degen. Alles Glänzende ist während der Hoftrauer untersagt.

Sind derlei Regeln nicht längst überholt? Ist es nicht gerade im Krieg höchste Zeit für Neuerungen bei Hof? Die *Arbeiterzeitung* nimmt sich mit kaum verhohlenem Sarkasmus dieses Themas an: »Die Monarchisten haben bisher bekanntlich auf die äußere Aufmachung des monarchischen Regierens das allergrößte Gewicht gelegt und selbst die größten Reklameunternehmungen New Yorks haben sich nicht mit so viel Aufwand an äußeren Mitteln in Szene zu setzen vermocht wie der Hofstaat einer mittleren oder sogar einer Kleinmonarchie. Daß eine große Monarchie mit alten lieben Überlieferungen wie die unserige die äußeren Formen der Hofhaltung mit besonderem Eifer pflegt, kann nicht wunder nehmen, wenn man bedenkt, daß bei uns der Hofstaat eigentlich die Daseinsquelle des Staates ist, weil ja bekanntlich die österreichische Reichsidee in der Dynastie ihre Wurzel hat. Nun geht aber jetzt ein demokratischer Zug durch die Welt, der dem auf Vergöttlichung der Monarchie hinstrebenden pompösen Zeremoniell des Hofbetriebes sehr abhold ist, und in vielen Ländern Europas beginnen sich die Monarchen den republikanischen Präsidenten in den äußeren Formen anzupassen. Das kann unter Umständen der Monarchie nur nützlich sein, um so eher[,] als die klugen Monarchisten dahintergekommen sind, daß ein republikanischer Präsident unter Umständen viel mehr zu sagen hat als ein König. Mancher europäische Serenissimus aus uralter Herrscherfamilie würde froh sein, wenn er einen Bruchteil von jener selbstherrlichen Macht besäße, die dem Weltkaiser Wilson (Anm.: US-Präsident Woodrow Wilson) in den Professorenschoß gefallen ist. Deshalb ist es ganz folgerichtig, wenn sich die Könige wie ein Präsident zu kleiden beginnen, und es ist ebenso folgerichtig, wenn man bei uns in der Hofburg jetzt dem alten, steifen spanischen Zeremoniell zu Leibe geht, das obendrein dem persönlichen Wesen des gegenwärtigen Monarchen in keiner Weise entspricht. Dem richtigen Monarchisten, denen, die das echte Byzantinerblut in den Adern haben und in hingebender Verehrung vor den Idolen des Gottesgnadentums knien, wird es allerdings Schmerz bereiten, daß jetzt langsam alle Rückstände aus der Prunkkammer des achtzehnten Jahrhunderts verschwinden sollen. Das Herz krampft sich ihnen zusammen, wenn sie bedenken, daß das pompöse rote Galakleid der Hofbeamten abgeschafft worden ist, und daß jetzt diese Hofbeamten so dahergehen sollen wie gewöhnliche Staatsbeamte – auch mit ähnlichen Rangtiteln bekleidet, aus denen alles Altväterische und Ueberzeremonielle ausgewischt ist. Andere Leute freilich werden finden, daß bei diesen Vereinfachungen des Hoflebens das Wesentliche der Sache unberührt geblieben ist und daß der demokratische Wind dem doch nur ein ganz klein wenig schillernden Flügelstaub abgeblasen hat, wogegen die Flügel selbst ungestutzt geblieben sind. Sie ließen sich noch ganz gewaltig zustutzen, ohne daß deshalb unser Staat aus dem gewohnten Geleise seiner monarchistischen Verfassung und damit – Gott behüte! – in den Verdacht geriete, jene schlimmen Pfade betreten zu haben, die schließlich in den Höllenpfuhl einer gottlosen Republik führen.«[125]

An Hofburgtheater und Hofoper als Institutionen des Kaiserhofes haben die Mitglieder der kaiserlichen Familie eine privilegierte Stellung. Ihnen stehen Hoflogen zur Verfügung, wann immer sie wollen; als Zuseher in passiver Rolle. Im Mai 1918 ergibt sich der einmalige Fall, dass eine Erzherzogin in der Hofoper schöpferisch mit einem eigenen Werk hervortritt. Maria Immaculata, zweitälteste Tochter Erzherzog Leopold Salvators und seiner Frau Blanka, hat die Musik zu einem Ballett komponiert mit dem Titel »Der 18. Lenz«. Es spielt in der Biedermeierzeit und erzählt die Geschichte eines jungen Mädchens, das an seinem 18. Geburtstag zum ersten Mal auf einen Ball geht, sich dort verliebt und als glückstrahlende Braut heimkehrt. Am 8. Mai 1918, dem Vorabend des Geburtstages der Kaiserin, ist Uraufführung in der Hofoper. Auf »allerhöchste Order« gehen die erhöhten Einnahmen an den k. k. Militär-Witwen- und Waisenfonds. Hofoperndirektor Hans Gregor sorgt für eine besonders prunkvolle und stilvolle Ausstattung des Stückes, instrumentiert von Hofmusiker Josef Klein, Choreographie von Josef Haßreiter. Nationaltänze aus der ganzen Monarchie gleichen einer Apotheose der Völker Österreichs: ein Walzer, eine von Kindern getanzte Gavotte, ein Ländler, ein Csardas, eine Polka und eine Mazurka. »Prächtig paßt sich dann die Musik den verschiedensten Stimmungen an, erklingt auf das lieblichste in der Gavotte, zeigt im Walzer die beste Wiener Note und erhebt sich im Csardas und in der Mazurka zu hinreißender Leidenschaft. Und über all diese musikalischen Ergüsse ist Anmut und gewinnende Fröhlichkeit gebreitet und eine gefällige Rhythmik durchwebt das Ganze.«[126]

Das Ganze endet mit einer Huldigung für das Brautpaar, einer Versinnbildlichung der Verehrung des Kaiserpaares. Das Publikum ist begeistert: »Nach jedem Musik- beziehungsweise Tanzstück drang aus allen Teilen des dichtbesetzten Hauses stürmischer Beifall durch den Raum. Der Applaus steigerte sich am Schlusse zu einem derartigen Jubel, daß Erzherzogin Maria Immakulata, von den anwesenden Mitgliedern des Kaiserhauses, und von der Kaiserin selbst, auf das herzlichste beglückwünscht, an die Brüstung der Hofloge trat und sich immer und immer wieder für die ihrem Werke gezollte Anerkennung bedanken konnte.«[127] Lob kommt selbst von der *Arbeiterzeitung*, die, höfischer Berichter-

Abb. 25: Ballettabend »Der 18. Lenz« in der Wiener Hofoper

stattung grundsätzlich abhold, nicht ansteht, echter Qualität Anerkennung zu zollen. Ihr Kulturredakteur ist »angenehm berührt, in der Komponistin eines jener typischen Wiener Musiktalente kennen zu lernen, die sich durch Ursprünglichkeit und Natürlichkeit musikalischen Empfindens auszeichnen. Jeder Takt ist von lebendigem Rhythmus und frischer Melodik erfüllt und zum besonderen Lob der Komponistin sei es gesagt, daß das Genre leichter Musik sie niemals zur Trivialität moderner Operettenmusik verleitet hat. Schubert und Johann Strauß sind in allen Ehren gehalten ...«[128] Bald erscheint in Universalausgabe ein prächtig gestalteter Klavierauszug mit einem vielfarbigen Titelbild, das die Schwester der Komponistin, Erzherzogin Margareta, entworfen hat. Der »18. Lenz« bleibt im Repertoire der Hofoper, bis das Werk mit dem Fall der Monarchie aus dem Spielplan verschwindet.

In den Straßen Wiens sind nach wie vor Hofwagen unterwegs, erkennbar an ihrer einheitlichen dunkelgrünen (»Hofgrün«) Farbe, mit Wappen an den Türschlägen und Goldschnitt an den Radspeichen für Wagen der kaiserlichen Familie. Die jungen Erzherzöge bevorzugen schon längst Automobile, die von Pferden gezogenen Hofkutschen gelten als Symbole der Welt von gestern. Ein Recht auf Benützung von Hofwagen steht auch den Schauspielern und Sängern von Burgtheater und Oper vertraglich zu, ein von ihnen eifersüchtig gewahrtes Privileg. Aber da gibt es auch große Kastenwagen ohne jeden Schmuck. Alle diese Hofwagen erregen öffentliches Interesse, sie haben die Aura des Geheimnisvollen, höchst Wichtigen. »Ein streng dreinsehender Kutscher lenkt ihre Pferde und ein glatt rasierter Mann mit einem Zylinder sitzt an der Seite dieses ernsten Kutschers. Zwei wohlgenährte, stattliche Pferde ziehen die Wagen«, schreibt ein Leser, der schon als Kind hinter das Geheimnis dieser Kastenwagen kommen wollte, in einem Brief der *Arbeiterzeitung*: »Ich empfand damals eine riesige Hochachtung vor diesen Wagen, und noch in meinem späteren Leben, als längst andere Angelegenheiten des Daseins meine Neugierde auf sich gelenkt hatten, war ich der naheliegenden Meinung, daß in diesen Wagen höchst wichtige und geheimnisvolle Dinge befördert werden müßten, denn sonst würde man nicht so stattliche Pferde, nicht einen so ernsten Kutscher und nicht noch einen Lakaien dazu setzen.« Spät aber doch kommt für ihn der Tag der ernüchtenden Erkenntnis: »Ich ging gerade durch die Hofburg, als solch ein Wagen daherkam. Es war wie in den Tagen meiner Kindheit. Der ernste Kutscher, der unnahbare Lakai, der hohe, umfangreiche Wagen und die stattlichen, wohlgerundeten Pferde, die in diesen Hungertagen meine Aufmerksamkeit besonders in Anspruch nahmen, da ich überlegte, welch herrliche Bratenstücke aus ihnen geschnitten werden könnten. Da blieb der Wagen plötzlich stehen. Der Lakai sprang von seinem Sitze, ein Hofbediensteter eilte aus einer Tür herbei ... Nun wurde ein Schlüssel hinten am Wagen angesteckt, umgedreht und gleich darauf sprang auch schon die Tür auf. Das Geheimnis war entschleiert. Das Wichtige, Bedeutsame, Große und Beachtenswerte, das diese Wagen jahrein und jahraus mit solcher Feierlichkeit und einem derartigen Aufwand von Menschen und Dingen befördern, sind – Handtücher.«[129]

An der gängigen Hofsprache haben auch die Kriegszeiten nichts ändern können. »So eifrig sich die Sprachreinigung mit der Ausdrucksweise des Erwerbslebens und der Bürokratie befaßt, so wenig hat sie sich bisher mit der Hofsprache beschäftigt, jener Sammlung altertümlicher verschnörkelter und verzerrter Redewendungen, die, abgesehen von zahlreichen, dem Alltagsleben ebenfalls unbekannten Fremdwörtern, als sprachliche Ueberbleibsel höfischen Prunkes vergangener Zeiten dort aufbewahrt werden. Der gewöhnliche Sterbliche kennt die Hofsprache nicht. Erst wenn er durch irgend einen Zufall, zum Beispiel weil er ein ›Throngesuch‹, zu deutsch eine Immediateingabe, einreichen will, genötigt ist, bei Hofe, das heißt schriftlich, vorzusprechen – und seinem Landesvater sein Anliegen vorzutragen, wendet er sich an einen Kundigen, der ihm dann das Gesuch aus dem Deutschen in die Hofsprache übersetzt. Da erfährt er denn, daß er den Herrscher nichts einfach und schlicht anreden darf, sondern ihn als einen Allerdurchlauchtigsten und Großmächtigsten preisen muß, und daß das auch noch nicht genügt, daß vielmehr darunter noch eine zweite Anrede mit Allergnädigster Kaiser, König und Herr kommt; daß man sich ehrfurchtsvoll den Stufen des Thrones nahen und seine Bitte um Gnade erfragen und hoffen [muss], ›keine Fehlbitte getan zu haben‹, und daß dann sich endlich ein »in Ehrfurcht ersterbend, gehorsamst, und alleruntertänigst‹ empfiehlt ... Glaubt man wirklich, den Träger der Krone mit einer so unterwürfigen, eines freien Mannes unwürdigen Schreibweise zu ehren? ... Ein anderer seltsamer Sprachschnitzer ist der Ausdruck, daß der Herrscher ›geruht‹ habe, dies oder jenes zu tun. Und dann der vielen Angriffen ausgesetzte Ausdruck ›von Gottes Gnaden‹. Aus der Inschrift der Münzen ist er bekanntlich nach langen Erörterungen verschwunden. Umsomehr muß es wundernehmen, daß er sich noch in den Eingangsworten der Gesetze findet, obwohl man ihn, ohne der Majestät des Herrschers Eintrag zu tun, weglassen könnte.«[130] »Allerhöchst«, »Allerhöchstderselbe«, »Allerhöchstdesselben« sind nach wie vor gängige Formulierungen. Die bürgerliche Presse ist allerdings schon längst zu einer schlichten Wortwahl übergegangen. Täglich liest man: Der Kaiser hat heute die üblichen Vorträge entgegengenommen und in besonderer Audienz empfangen: ... In der amtlichen *Wiener Zeitung* allerdings geruht Seine Majestät der Kaiser aber nach wie vor zu ernennen, zu bewilligen, zu empfangen etc.

In ihrer Berichterstattung freilich führt die kaisertreue bürgerliche Presse eine Sprache, die an Servilität und Schwülstigkeit nichts zu wünschen übrig lässt. So etwa anlässlich der Geburt eines Sohnes des Kaiserpaares, der erste (und einzige) Purpurgeborene (Porphyrogenetus), der in der Taufe den Namen seines Urgroßvaters Karl Ludwig erhält.

»Auch in diesem entbehrungsreichsten Kriegswinter ist im treuen Herzen des österreichischen Volkes noch Raum genug zur Mitfreude über das Familienglück des Kaiserpaares, das uns in dieser Zeit schwerster Heimsuchung nur noch teurer, inniger verbinden wird. Das vorbildliche Familienleben, die echt christliche Auffassung der Kindererziehung, die Herrschertugenden des jugendlichen Kaiserpaares erstrahlten in dem Düster dieser Jahre nur in um so hellerem Glanze. Jeder Tag, jede Tat bezeugte es von neuem, daß da zwei edle Herzen für ihr Volk schlagen. Und die Bevölkerung, gerade in dieser harten Zeit der Liebe, der Charitas, der Fürsorge und des Schutzes bedürftiger als je, erwidert mit verdoppelter Zuneigung. Es versteht sich von selbst, daß die Wiener, die sich ja von altersher wie als Familienangehörige des Kaisers betrachten, der ja immer auch ein Wiener ist, ganz besonders an jedem Ereignisse im Kaiserhause ihre Anteilnahme bezeugen.«[131] Und auch das Glückwunschtelegramm des Wiener Bürgermeisters Weiskirchner an das Kaiserpaar bildet keine Ausnahme im sprachlichen Pathos: »Aus den Sorgen des Tages erhebt sich die freudige Kunde von der Geburt eines kaiserlichen Prinzen, und die Reichshaupt- und Residenzstadt Wien, deren Bevölkerung gewohnt ist, mit dem Allerhöchsten Kaiserhause Freud und Leid zu teilen, empfindet diese Nachricht als ein Ereignis von Glück und Gottes Segen. Dankbaren Herzens blicken die Wiener zum Allmächtigen empor, der dem geliebten Kaiser und der geliebten Kaiserin diesen Segen beschieden hat[,] und wünschen dem kaiserlichen Sprossen vom Herzen, daß er gedeihe und sich entwickle zur Freude der Eltern und zum Stolze des Vaterlandes. Den Stürmen unserer Zeit entstammt er, der Lenzgeborene; möge seinem Leben die Sonne beschieden sein, die nach langer Zeit mit

Abb. 26: Kaiserin Zita mit dem
»Purpurgeborenen« Karl Ludwig

dem Lenze wieder Einkehr hält[,] und möge er dem Vaterlande ein Bote des
Friedens werden, den die Völker ersehnen!«[132]

Ja, Wien freut sich offiziell über die Geburt eines weiteren Kaisersohnes, noch
dazu ist es ein Sonntagskind. »Auf der Ringstraße, im Prater, in allen öffentlichen Lokalen, wo sich angesichts des frühlingsmäßigen Sonntagsnachmittags
die Menschenmengen und die Scharen der Spazierenden stauten, fand diese
Mitfreude der allezeit kaiserlichen Wiener ihren lebhaften Ausdruck. Bald flat-
terten die Wimpeln der Fahnen an den öffentlichen und vielen anderen Gebäuden hoch; vor der Votivkirche, wo Festgeläut den Beginn eines Dank-Tedeums
ankündigte, sahen Hunderte der Auffahrt der militärischen Würdenträger zu
dieser Feier zu. Auf der Wasserwiese im Prater war eine Batterie aufgefahren.
Sie löste von ½ 2 Uhr an in kurzen Pausen einhundertein Kanonenschüsse. Sie
wurden in wechselnder Stärke, je nach der Entfernung in fast ganz Wien gehört,
und, als nach dem 21. Kanonenschuß, der die Geburt einer Prinzessin angekündigt hätte, weitere Schüsse folgten, war es gewiß, daß dem Kaiserpaar ein Sohn
beschert worden ist.«[133] Ebenso wie in Wien künden in allen Garnisonsstädten
der Monarchie, in denen Artillerie liegt, 101 Kanonenschüsse die Freudenbot-
schaft an. Für das dort stationierte Militär wird jeweils ein feierliches Tedeum
zelebriert. In der Hofoper in Wien ist an diesem Tag eine Nachmittagsvorstel-
lung zugunsten der Schaffung eines Witwen- und Waisenfonds der k. u. k. Luft-

streitkräfte angesetzt. Alles, was Rang und Namen in der Gesellschaft hat, ist anwesend. In der Pause tritt Kriegsminister von Stöger-Steiner an die Brüstung der großen Hofloge und »machte mit soldatisch kernigen Worten Mitteilung von dem freudigen Ereignis im Kaiserhaus und forderte die Anwesenden auf, in das Hoch auf den Kaiser einzustimmen. Unter großer Begeisterung ertönte sodann die Volkshymne.«[134] Am 12. März um 11 Uhr vormittags folgt ein feierliches Tedeum in der Metropolitankirche zu St. Stephan. »Zu dieser Feier werden hiemit alle Behörden und Funktionäre, welche sonst bei hochfestlichen Anlässen in der Metropolitankirche zu erscheinen pflegen, höflichst eingeladen.«[135] Jubel speziell in Baden, wo der jüngste Kaisersspross das Licht der Welt im Kaiserhaus erblickt hat. »Die Stadt prangt in reichstem Festschmuck. Eine vielhundertköpfige Menge zog vor die Kaiservilla und brachte Kaiser Karl, der sich an den Fenstern des im zweiten Stockwerke gelegenen Gemaches auf einige Augenblicke zeigte, ihre Huldigung dar. Erneuerter Jubel erhob sich, als die Kinder des Kaisers am Fenster erschienen und mit ihren Händchen der Menge zuwinkten. Diese rührenden Szenen wiederholten sich mehrmals ...«[136]

Alte, früher fest verankerte Zeremonien am Kaiserhof sind bereits Geschichte. Zuerst bedingt durch das hohe Alter Franz Josephs, für den seit 1912 ein Schonprogramm galt, nun durch den Weltkrieg mit all seinen Folgen. Das betrifft etwa die Karwoche in der Hofburg: »Die Gottesdienstordnung in der Hofburgpfarrkirche wird sich während der diesmaligen Karwoche bloß auf die pfarrlichen Funktionen ohne Teilnahme des Hofes beschränken. Wie schon seit einer längeren Reihe von Jahren, entfällt auch diesmal am Gründonnerstag die Zeremonie der Fußwaschung an zwölf Greisen durch den Kaiser, doch wurden zwölf Greise und eben so viele Greisinnen bestimmt, die mit den üblichen Spenden, nämlich altdeutschen Anzügen, Majolikakrügen, Zinkpokalen und anderem, überdies mit je 30 »Silberlingen« (Kronen) beteilt werden.«[137] Die Namen der Greise sind angeführt, es sind durchwegs Menschen über 80 oder 90 Jahre alt.

Die allen sichtbare Prachtentfaltung des Hofes bietet hingegen immer noch die Fronleichnamsprozession, wenn auch seit 1917 in früher nicht gekannter Form. Für die Mitglieder des Kaiserhauses und für die obersten Würdenträger findet ein eigener Umgang, wie man in Wien sagt, statt. Die Prozession bewegt sich durch die Burghöfe auf den Heldenplatz zu den vier Altären, die beim Zeremoniensaal, beim Äußeren Burgtor, beim Volksgartengitter und an der Bellaria errichtet sind. In den eigens errichteten Hofzelten verrichten die Majestäten ihre Andacht. Die Hofdiener in ihren Livreen, die Hofsänger und die Edelknaben eröffnen den Zug. Ihnen folgen die Truchsessen, Kämmerer und Geheimen Räte, sodann die Erzherzoge und schließlich der Kaiser in der Felduniform eines Feldmarschalls unmittelbar hinter dem Baldachin, unter dem

Abb. 27: Das Kaiserpaar bei der Fronleichnamsprozession im Mai 1918, Kaiser Karl im Bild links vorne, Kaiserin Zita im Abstand rechts

Weihbischof Dr. Pfluger das Allerheiligste trägt. Dahinter schreiten paarweise die Erzherzoginnen. Begleitet werden die Mitglieder der kaiserlichen Familie von der Arcièren-, Trabanten- und Ungarischen Leibgarde in ihren prachtvollen Uniformen. Dahinter schreiten die Minister, Geheimen Räte, Kämmerer etc. Auf dem Heldenplatz haben sämtliche dienstfreie Generale und Abordnungen aller Abteilungen, Kommanden, Truppen und Behörden in Gala, Parade oder in Feldadjustierung Aufstellung genommen. Dicht gedrängt steht das Publikum, dem die Höfe der Hofburg offen stehen, um etwas von dem so selten gewordenen Glanz des Kaiserhofes zu sehen. Es ist nach wie vor ein erhebendes Gefühl, den Kaiser mit brennender Kerze in der rechten Hand und barhäuptig hinter dem Allerheiligsten schreiten zu sehen, »ein ungemein feierlicher Augenblick, als der Zug durch das Burgtor trat und Kaiser und Kaiserin sichtbar wurden.«[138]

Trotzdem kein Vergleich zu den Zeiten, als man die Fronleichnamsprozession noch wahrhaftig als »Hofball Gottes« (Otto Friedländer) erleben konnte, mit großer Auffahrt der Galawagen, die Erzherzoge sechsspännig, der Kaiser achtspännig. Alles dahin! »So war das Fronleichnam in der Hofburg in enge gezogenen äußeren Grenzen zwar, jedoch in den wesentlichen Grundzügen dasselbe öffentliche Bekenntnis des christlichen Glaubens Oesterreichs, das die prunkvolle Fronleichnamsfeier bei St. Stefan mit Teilnahme des ganzen Ho-

Abb. 28: Sultan Mehmed V. empfängt Kaiser Karl in Konstantinopel

fes in der Zeit vor dem Kriege darstellte.«[139] Die Fronleichnamsprozession bei St. Stephan, an der früher der Kaiserhof teilnahm, ist nun ein rein kirchlicher Akt, den Kardinal Piffl zelebriert. Hinter dem Baldachin schreitet der Wiener Bürgermeister Weiskirchner als rangmäßig höchster Teilnehmer. Das alles ist trotzdem von »großartiger Feierlichkeit, als eine gewaltige Friedensbittandacht der ganzen Wiener Bevölkerung, die durch die christlichen Vereine und durch große Massen an Andächtigen vertreten war.«[140]

Anlässe zu kaiserlicher Prachtentfaltung bieten ansonsten nur noch Staatsbesuche im Ausland oder im Inland. In Konstantinopel, der Hauptstadt des osmanischen Verbündeten, wird im Mai 1918 noch einmal das Pfauenrad habsburgischen Glanzes geschlagen. Großer Bahnhof, Triumphpforten, Fahnenschmuck, Abertausende säumen den Weg zum Jildizpalast, um das junge Herrscherpaar zu sehen. Und sie werden nicht enttäuscht. Kaiser Karl hat die reich bestickte ungarische Marschalluniform angelegt, als Kopfbedeckung trägt er einen Kalpak, mit einer edelsteinverzierten Agraffe aus dem ungarischen Kronschatz als Halterung für einen mächtigen Reiherbusch.

Auch das zahlreiche Gefolge des Kaisers glänzt in der Pracht der Hofuniformen. Das imponiert den Türken, so stellen sie sich einen Herrscher vor, glanzvoll mit zahlreicher Entourage muss er auftreten. Die Österreicher haben dafür im Gegensatz zu den Deutschen ein besonderes Feingefühl, wie man der Men-

98

Abb. 29: Das Palastorchester des Sultans in Wien

talität der Türken schmeichelt. Dass auch die junge Kaiserin mitgekommen ist, das familiäre Element dadurch betont wird, steigert das Ansehen Habsburgs bei der Hohen Pforte.

Österreich und die Levante ist ein Spezialkapitel der Geschichte, lange genug hat man Erfahrungen sammeln können. Die Namen Hammer-Purgstall, Rudolf Slatin (Slatin Pascha genannt) und Alois Musil sind damit unauslöschlich verbunden. Und erst jüngst hat die Monarchie ein Zeichen gesetzt, um den auch im Osmanischen Reich dominierenden Deutschen nicht ganz das Feld zu überlassen. 1917 sandte man eine eigene Delegation in den Nahen Osten, das Kaiserhaus repräsentiert durch den jungen Erzherzog Hubert Salvator, Sohn der Kaisertochter Marie Valerie. Die kulturellen Beziehungen zwischen den beiden Verbündeten wurden erst jüngst intensiviert. Der Sultan entsandte zu Jahresbeginn 1918 sein Palastorchester nach Wien, eine Erwiderung des Auftritts der Hoch- und Deutschmeister-Kapelle in Konstantinopel im Vorjahr. 63 türkische Musiker, alle im Offiziersrang in reichlich goldverbrämten Uniformen und mit rotem Fez auf dem Kopf, spielten im großen Konzerthaussaal unter Leitung von Hofkapellmeister Zekki Bey vom Sultan selbst ausgewählte Stücke von Beethoven, Wagner und Schubert. Sie gehören zu seinen Lieblingsmusikern. Auch wollte man gerade in der Musikstadt Wien beweisen, dass

99

die türkischen Musiker klassische europäische Musik vollständig beherrschen. Seltsam für Wiener Ohren klangen die türkischen Weisen. Für das Kaiserpaar gab das Orchester ein Extrakonzert in Schloss Laxenburg, auf Wunsch Karls aber nur türkische Musik.

Gastgeber Sultan Mehmed Reschad V. ist ein liebenswürdiger alter Herr, Typ gütiger Großvater mit weißem Bart. Auf den Thron kam er 1908 nach dem Sturz seines absolut herrschenden Bruders Abdulhamid durch die Jungtürkische Revolution. Eigentliche Machthaber der Hohen Pforte aber sind jetzt die Militärs, der Sultan ist nur noch Galionsfigur. Es ist kein Zufall, dass der mächtigste und populärste von ihnen, Kriegsminister Enver Pascha, den beiden Monarchen in der offenen Kalesche gegenüber sitzt. Beide Monarchen können sich zum Abschluss des Besuches mit neuen Würden schmücken, beide verleihen einander die Würde eines Feldmarschalls des jeweilig anderen Reiches. »… indem wir ein neues Zeichen der aufrichtigen Freundschaft geben, die seit jeher zwischen unseren Häusern bestand und welche durch den Abschluß des innigen Bündnisses ihren höchsten Grad erreicht, und indem wir die Gelegenheit des Besuches des erlauchten und glorreichen Herrschers und Feldherrn mit den Eigenschaften Alexanders des Großen, Sr. kaiserlichen Majestät Karl, der unsere Residenz beehrte und dessen Streitkräfte zu Wasser und zu Lande unter Seinem tapferen Oberbefehl glänzende Erfolge davontrugen, von deren Ruhm alle Weltgegenden widerhallt, zum Anlaß nehmen, Majestät am achten Tage des Monats Chaban im Jahre 1336 den Grad eines Ehrenmuschirs unserer tapferen Armeen zu verleihen, die an unseren Kriegsfronten, in Europa, Asien und Afrika verteilt, von der ganzen Welt gewürdigte Beweise ihres Heldentums und ihrer Tapferkeit gegeben haben …«[141] Formulierungen von typisch orientalischer Redundanz, im Rückblick alles in allem eine prächtige Abschiedsvorstellung, die der »Kranke Mann am Bosporus« und der »Kranke Mann an der Donau« hier geben. Mehmed V. hat nur noch wenige Wochen zu leben. Sein Nachfolger Mehmed VI. wird der letzte des Hauses Oman sein, der den Thron besteigt.

Kurze Zeit später gibt es noch einmal Gelegenheit für monarchisches Zeremoniell, diesmal ist der Kaiser Gastgeber. In Laxenburg wird das bayerische Königspaar erwartet. Dem Hofzug entsteigt ein altes Ehepaar, das im Februar 1918 Goldene Hochzeit gefeiert hat: Ludwig III. und Maria Therese. Man kann es kaum glauben, dass das der Cousin des legendären Märchenkönigs ist. Weißer struppiger Vollbart, Drahtbrille, klein und O-beinig wirkt er eher wie ein Oberstudienrat, noch dazu eine schlecht sitzende Uniform – er trägt hier die Friedensuniform eines österreichischen Infanterieobersten – die Hose aus unerfindlichen Gründen immer zerknittert. Lieber »Ludwig der Vielfältige«, als »Ludwig der Einfältige«, macht sich der alte Herr über sich selbst lustig. Kein Zoll ein König! Würdiger hingegen die Königin, ihr Auftreten wird allerdings

Abb. 30: Das bayerische Königspaar zu Besuch in Laxenburg

durch eine schwere Herzkrankheit beeinträchtigt (Anm.: Sie stirbt 1919 im Exil.). Auch sie eine gebürtige Habsburgerin, Stiefschwester des Feldmarschalls Erzherzog Friedrich. Adelsstolz, wie sie ist, kam ein Empfang der zur Herzogin von Hohenberg erhöhten Gräfin Chotek für sie seinerzeit nicht in Frage. So musste Thronfolger Franz Ferdinand ohne seine als unebenbürtig geltende Gemahlin seine Aufwartung am bayerischen Königshof machen. Das traditionelle innige Band zwischen dem Haus Wittelsbach und den für ihre Königstreue bekannten Bayern ist nicht mehr wie in Friedenszeiten. »Millibauer« – der König als Großgrundbesitzer hat Vorliebe für die Landwirtschaft – und »Topfenresl« werden die beiden im Volksmund spöttisch genannt. Was gutmütig-spaßig klingt, hat bereits einen sarkastischen Beigeschmack, wie aus der Kriegsnot entstandene Verbitterung ihn gebiert.

Von all dem ist in Laxenburg nichts zu spüren, hier herrscht bei prächtigem Frühlingswetter am 31. Mai und 1. Juni 1918 monarchisches Wohlgefühl. Kaiser

Karl hebt sich in gut sitzender bayerischer Uniform wohltuend von seinem königlichen Gast ab. Prächtig die bunten Friedensuniformen des königlichen Gefolges. Sehr zum Bedauern der österreichischen Herren erlaubt der Kaiser den Militärs nur die feldgrauen Waffenröcke, da helfen alle Interventionen nichts. Das Königspaar wird im Grünen Hof, dem Gästehaus des Kaisers in Laxenburg, untergebracht.

Die Majestäten speisen à la camera, das heißt exklusiv zu viert. Zu gleicher Zeit wird die für den hohen Besuch wieder erlaubte Marschalltafel abgehalten. Am folgenden Tag Déjeuner im Parterresaal des Schlosses, die Tafel durch den berühmten Mailänder-Bronzeaufsatz aus der Empirezeit prachtvoll in Szene gesetzt. »Zum letzten Mal entfaltete unser Hof das glanzvolle und dabei so elegante Gepränge eines präzis servierten déjeuner in einer unnachahmlichen Umgebung. Die hohen Glastüren gewährten einen freien Ausblick in die schier unendlichen Parkanlagen. Die riesige Tafel prangte in reichstem Blumenschmuck. Es wimmelte von Tafeldeckern in ihren so eleganten braunen, goldgalonierten Fräcken, weißen Hosen und Escarpins. Auch etliche Hofbeamte schossen umher, besonders der dicke Baron Prileszesky (Anm.: Hofwirtschaftsdirektor) und der schöne, immer tadellos gekleidete Ritter von Nepalleck (Anm.: Hofzeremonialdirektor), der sich mit seinem Zeremonienstab unendlich wichtig vorkam«, erinnert sich nach dem Krieg Prinz Erwein Lobkowitz, der als Leibgardist per Dienstansage an dem Déjeuner teilnimmt.[142]

Für einigen Unmut bei den anwesenden Generälen sorgen diese Höflinge dadurch, dass sie die breiten, roten Generalslampasse an den seitlichen Hosennähten tragen. Auch die sternförmigen Distinktionsrosetten an den goldenen Kragen machen sie Generälen zum Verwechseln ähnlich. Wie soll sich da der einfache Soldat noch auskennen? Die Höflinge genießen dadurch oft Ehrenbezeugungen, die ihnen gar nicht zustehen. Das alles hat der Kaiser, dem derlei Dinge gleichgültig sind, ohne Weiteres bewilligt. Man müsste ihn sanft dazu drängen, das er das wieder rückgängig macht, sind sich die Generäle einig. Ein Trostpflaster gibt es immerhin: Träger von Ordensgroßkreuzen können dieses Signum der höchsten Stufe eines Ordens nun auch feldmäßig tragen: an einem schmalen Ordensbändchen auf der linken Brustseite in Form eines verkleinerten Ordenssterns.

Feierlicher Abschluss des königlichen Besuches ist eine Pirutschade im Park von Laxenburg. In diesen Genuss waren im Vorjahr bereits Kaiser Wilhelm II. und seine Feldherren Hindenburg und Ludendorff gekommen. Auch diesmal muss dafür akribisch geprobt werden. Die Kavalkade der offenen Kaleschen, gezogen von Schimmeln, ist so lang, dass ein Zusammentreffen oder Entgegenkommen auf der Fahrtstrecke vermieden werden muss. Oberststallmeister Fürst Pálffy fährt dem kaiserlichen Wagen voraus. Alles klappt vorzüglich – ein

Abb. 31: Kaisers Geburtstagsfeier im Reservespital Nr. 2 in Wien

gelungener Abschluss des königlichen Besuches. Am Bahnhof steht der bayerische Hofzug bereits unter Dampf. Ein letzter Jubel der zahlreich erschienenen Neugierigen im fahnengeschmückten Laxenburg, dann geht es nach Sàrvàr in Ungarn, wo Ludwig III. große Güter besitzt. (Anm.: Er wird dort im Oktober 1921 im Exil sterben.)

Kaisers Geburtstag! 67 Jahre lang war das für alle kaisertreuen Untertanen der 18. August, ein Festtag mit Dankgottesdiensten, Huldigungsadressen, schmucken Kinderchören, Umzügen, Feuerwerken, fahnengeschmückten Häusern, speziell dekorierten Geschäftsauslagen etc. Seit 1917 fällt dieser besondere Tag auf den 17. August, also eine denkbar minimale zeitliche Umstellung. 1918 ist Kaiser Karl 31 Jahre alt. In Wien findet am Vorabend wie schon 1917 eine Retraite statt, ausgeführt von vier Militärkapellen. Ausgangspunkte sind die Rennwegkaserne, der alte Naschmarkt und der Karlsplatz. Die Routen sind so gewählt, dass die Militärkapellen, begleitet von Lampionträgern, an den wichtigsten Militärgebäuden und auch an den Botschaften der Verbündeten Deutschland, Bulgarien und Osmanisches Reich vorbeiziehen. Entlang den Routen stehen die einfachen Leute Spalier. Was mögen sie denken? Etwa wenn sie am selben Tag die *Arbeiterzeitung* gelesen haben: »Noch niemals waren die Wiener Märkte so schlecht mit Gemüse versorgt wie heuer. Tag für Tag offenbart sich der völlige Zusammenbruch unserer Marktversorgung immer deutlicher, und der Zustand, wie er jetzt ist, bildet ein geradezu abschreckendes Beispiel für die segensreichen Wirkungen des mit so viel Aufgebot an Lungenkraft reklamierten ›freien Handels‹. Was der Menge nach eine Bedeutung hat und auf den Markt kommt, sind Rüben und Kürbisse, die man in besseren Zeiten nur zu Schweinefutter verwendete …«[143] »Das Kapitel der beraubten Postsendungen wird immer größer und da es alle trifft, wird der Verlust an Kapital und Ware immer fühlbarer.«[144] »Fast kein Tag vergeht, mit dem nicht ein oder mehrere Diebstähle von Pferden auf offener Straße gemeldet würden. Bei der Wertsteigerung, die auch die Pferde im Kriege erfahren haben und bei der schweren Ersetzlichkeit bedeutet jeder Diebstahl für den Betroffenen einen schweren Schaden.«[145] »Der Existenzkampf der Wiener Einspänner: Von 1800 Lizenzen 400 in Betrieb. Zu wenig und schlechtes Futter, kein Benzin und kein Gummi – Eine kleine Hoffnung: die ukrainischen Pferde«, titelt das *Neuigkeits-Welt-Blatt*.[146] Immerhin setzt die Kaiserin am Vorabend des Kaisergeburtstages ein Zeichen sozialen Engagements. Sie nimmt an der Einweihungsfeier der von ihr initiierten Kriegsküchenaktion in Wien Brigittenau (20. Gemeindebezirk) teil. »Es war herzerfreuend, die Kaiserin inmitten der Arbeiterfrauen und der ärmsten Kinder des Volkes zu sehen, die sich recht zutraulich und ungeniert an die Kaiserin herandrängten, die für alle ein gutes Wort zu finden wußte.«[147]

Am Samstag, dem 17. August, findet der traditionelle Festgottesdienst im Stephansdom statt. Mit ausgebreiteten Armen fleht Fürsterzbischof Piffl – noch hat er Fürstenrang mit Sitz im Herrenhaus – den Segen des Allmächtigen auf Seine Majestät herab. Und auch in Lazaretten und Spitälern wird der Geburtstag des Kaisers gefeiert.

Der Kaiser begeht seinen Geburtstag fernab von Wien in der Villa Wartholz in Reichenau. Die Gäste, teils geladen, teils beordert, reisen mit einem Hofsonderzug, werden dann vom Ortsbahnhof mit Hofautomobilen zur kaiserlichen Residenz gebracht. Wie bereits im Vorjahr ist Kaisers Geburtstag Anlass, die neuen Ritter des Maria-Theresien-Ordens zu dekorieren, dieses Jahr sind es elf; allen voran Franz Conrad von Hötzendorf, der seit Kurzem vom Freiherrn zum Grafen erhoben worden ist. Der einst so vielfach vergötterte Mann, der immer den Präventivkrieg zur Rettung der Monarchie predigte, ist vom Schicksal gezeichnet. Der Misserfolg der Offensive an der italienischen Front im Juni 1918 hat seine Karriere in der k. u. k. Armee beendet. Nun wird er zum Obersten aller Leibgarden ernannt. Als Höfling soll er nun seinen Weg fortsetzen? – für ihn eine Schmach. Conrad denkt nicht daran, diesen Posten je anzutreten, überlässt alles seinem Stellvertreter Victor von Dankl. Überhaupt mag bei der Feier keine rechte Stimmung aufkommen.

Man weiß, dass es nach dem Misserfolg der Juni-Offensive gegen die Italiener nur noch ein Durchhalten gibt. Und auch im Großen (deutschen) Hauptquartier, das Karl erst kurz vor seinem Geburtstag besucht hat, ist von der Siegesstimmung im Frühsommer nichts geblieben. Die deutschen Armeen an der

Abb. 32: Kaiser Karl und die neuen Ritter des Maria-Theresien-Ordens

Abb. 33: Das 1915 geschaffene mittlere Wappen Österreich-Ungarns

Westfront befinden sich auf dem Rückzug. Aber gerade in dieser schweren Krise gilt es, die alten Werte zu beschwören. Wie zum Trost wird dem Kaiser ein Marschallstab überreicht, gestiftet von der k. u. k. Armee. Eine Geste ohne österreichische Tradition, Kaiser Franz Joseph hat nie einen solchen besessen. Erzherzog Friedrich, einst nomineller Oberkommandierender der Armee, soll nicht leer ausgehen, er wird ebenfalls mit einem Marschallstab bedacht, verbunden mit lobenden Worten des Kaisers. Seine Ansprache schließt er mit dem Wahlspruch »*Indivisibiliter ac Inseparabiliter*« (Unteilbar und Untrennbar). Wahrlich ein Zungenbrecher, und tatsächlich kann er ihn nicht fehlerfrei zitieren. Für Abergläubische in der Runde ein böses Omen …

Ein Kampf ums nackte Überleben:
der Kriegsalltag

Die bitterste aller Erfahrungen: die Hungerkatastrophe

Der Kriegsausbruch 1914 macht sich im Alltagsleben zuerst durch das Verschwinden von Brot und Gebäck aus Weißmehl bemerkbar. Das hieß Abschiednehmen von der reschen Kaisersemmel und dem beliebten Salzstangerl und sonstigen Salzgebäck, natürlich auch vom Kipferl: im Frieden unverzichtbar im Brotkorb jedes Wiener Wirtshauses, eleganten Restaurants und Kaffeehauses. Stattdessen tritt das Kriegsbrot aus Schwarzmehl seine unumschränkte Herrschaft an. Der an mannigfaltige Gaumengenüsse gewöhnte Wiener wird auf die Via dolorosa der Entbehrung gezwungen. Nach dem ersten Kriegswinter ist es unumgänglich, Brot und Mehl zu rationieren und ein System mit Bezugskarten einzuführen, gültig seit 11. April 1915 (siehe Taf. 02). Das Brot wird schon ab Oktober 1914 mit Maismehl, Gersten-, Kartoffelwalzmehl oder Kartoffelbrei gestreckt. Der Anteil liegt zuerst bei 30 Prozent, im letzten Kriegsjahr aber bereits bei 70 bis 80 Prozent. Diese Zutaten sind keineswegs einwandfrei, oft sind sie von der Mehlmotte oder dem Mehlzünzler befallen. Es finden sich auch Spreu, wenn nicht sogar Mäusekot im Brot – insgesamt ein wahres Brechmittel.

Im Jahr 1916 folgt dann Schlag auf Schlag: im April die Zuckerkarte, im Mai die Milchkarte, im Juli die Kaffeekarte, im September die Fett- und Butterkarte. Es ist das Todesjahr des alten Kaisers. Hätte er sich das je denken können, dass sich seine Reichshaupt- und Residenzstadt zu Ende seiner 68-jährigen Herrschaft in einem solch erbarmungswürdigen Zustand befinden würde, die Wiener buchstäblich von der Hand in den Mund leben würden? Gleich zu Beginn der Herrschaft Kaiser Karls tritt im Dezember 1916 die Rayonierung von Mehl in Kraft. Mit der Ausfolgung der gewünschten Ware an einer zugewiesenen Verkaufsstelle im jeweiligen Gemeindebezirk will man das Problem des »Anstellens« in den Griff bekommen. Ab Oktober 1917 gilt die Nährmittelzubußenbezugskarte, welche Müttern und Säuglingen größere Mengen an Haferreis sichert. Am 21. Oktober 1917 wird durch die Kartoffelkarte der Bezug dieses Volksnahrungsmittels mit ein Kilogramm pro Person und Woche begrenzt und dem System der Rayonierung untergeordnet. Im Sommer 1918 werden drei fleischlose Tage amtlich verordnet. Die heimischen und ausländischen Schlachtviehbestände sind durch die überlange Kriegsdauer derart reduziert, dass eine noch weitergehende Einschränkung des Fleischverbrauches notwendig ist. Damit wird jener Zustand wieder hergestellt, der schon in der zweiten Jahreshälfte

1916 geherrscht hatte. Somit dürfen allgemein am Montag, Mittwoch und Freitag jeder Woche weder Fleisch verkauft noch Speisen verabreicht werden, die ganz oder teilweise aus Fleisch bestehen. Samstag gilt als fettloser Tag. Beim Fleisch unterscheidet man zwischen dem teureren Extremfleisch und dem für ärmere Leute bestimmten billigeren Wohlfahrtsfleisch, das hauptsächlich Pferdefleisch ist.

Diese verheerende Entwicklung beweist, wie wenig die Monarchie auf einen solchen Krieg, schon gar nicht auf einen von derartig langer, 1918 noch immer nicht abzusehender Dauer, vorbereitet war. Mehr als die Hälfte der männlichen bäuerlichen Bevölkerung ist zum Kriegsdienst einberufen worden. Das wirkt sich auf die Agrarproduktion umso nachhaltiger aus, weil die Landwirtschaft kaum mechanisiert ist. Dazu kommt ein fühlbarer Mangel an Zugtieren und Saatgut. Die Milchproduktion sinkt in der Folge um die Hälfte. Ein schwerer Schlag für die Millionenmetropole Wien, die in ihrer Approvisionierung ganz auf Zufuhren angewiesen ist. Ein interner Konflikt zwischen den beiden Reichshälften Österreich und Ungarn verschärft die angespannte Versorgungslage. Wer bis jetzt das Prinzip der 1867 im Ausgleich erzielten Zwei-Staaten-Lösung im Habsburgerreich nicht begriffen hat, dem wird es nun auf schmerzliche Weise klar. Die Ungarn verhalten sich wie ein Verwandter, der eifersüchtig alles auf seinem Boden Erwirtschaftete bewacht, um ja nichts teilen zu müssen. Auch bei der Grundversorgung geht nationalistische Eigensucht vor Solidarität. Auf Lebensmitteleinfuhr von Übersee braucht man gar nicht zu hoffen, denn sie ist durch die Blockadepolitik der Kriegsgegner unterbunden. Die Lebensmittelimporte machten vor dem Krieg etwa 40 Prozent aller Nahrungsmittel aus.

Um die hungernde Bevölkerung notdürftig zu ernähren, werden Kriegsküchen eingerichtet. 61 sind es im Frühjahr 1918, vier sind im Entstehen, die bisher größte ist in Favoriten (10. Gemeindebezirk) eingerichtet worden.

Wöchentlich werden insgesamt etwa 1,2 Millionen Portionen verabreicht, gegen einen kleinen Beitrag. Aber immer mehr können auch den nicht erbringen, ihnen bleibt nur die kostenlose Ausspeisung der Gemeinde Wien.

Pro Tag nehmen dies in der ersten Jahreshälfte 1918 mehr als 107.000 Mittellose in Anspruch, 1915 waren es »nur« 38.000. Etwa 95.000 Personen suchen täglich eine der Gemeinschaftsküchen auf.

Der Misere versucht man organisatorisch beizukommen. 1916 wird das zentrale Amt für Volksernährung geschaffen. Es erweist sich als unfähig, eine Besserung der Situation herbeizuführen. Der überall herrschende Mangel wird in Wahrheit nur verwaltet. Zur Jahreswende 1917/18 sieht somit die Bilanz für das Alltagsleben im Krieg bitter aus: »Wir leben in einer Zeit der vielfachen, täglich vermehrten, kaum noch übersehbaren Nöte. Mehlnot, Fleischnot, Fettnot, Kleidernot, Wäschenot, Schuhnot, Papiernot, Kohlennot, Zwirnnot sogar –

108

Abb. 34: Warteschlange vor einer Kriegsküche

Abb. 35: Ausspeisung für Mittellose in Mariahilf

nein, sie lassen sich nicht abzählen, diese mannigfaltigen, ins Unendliche sich anhäufenden Mängel und Beschwerden, lauter Fächer, Abschnitte, Unterabteilungen der großen allgemeinen Kriegsnot. Sie umdrängen uns von allen Seiten, verfolgen uns wie hohnlachende Gespenster, krallen sich uns als grausam aufdringliche Plagegeister ins Genick, und dieweil jede Not ein Verbot hervorruft, jede einen behördlichen Erlaß nach sich zieht, der irgendeine Einschränkung vorschreibt, irgendeine Strafe androht, so muß man auf Schritt und Tritt ängstlich besorgt sein, ob man sich nicht gegen die hohe Obrigkeit versündigt, und sieht bei der allergewöhnlichsten Verrichtung, etwa wenn ein Strumpf gestopft oder ein Hemdknopf angenäht werden soll, das Schreckbild eines Gendarmen oder Polizeiwachmanns aus der Bildfläche seiner Gedanken und Vorstellungen bedrohlich auftauchen. Die Erfüllung des bescheidensten Wunsches kann zur Gesetzesübertretung werden, jede Gewohnheit zur Gefahr. Ein Stachelzaun von Geboten und Verboten umzirkt jetzt all unser Tun und Treiben, und wer sich am Abend schlafen legt, wundert sich wahrhaftig nur über eines, nur über die immerhin erfreuliche Tatsache, daß er überhaupt noch lebt und im Wirrsal dieser Drangsal den Tag leidlich bestanden hat.«[148] »Die Lebensfristung von heute auf morgen wird politisch und wirtschaftlich allmählich zum herrschenden System. Nur für heute die Mäuler stopfen – morgen wird man sich schon weiterfinden. Stark und vielleicht unerreicht sind wir nur in der publizistischen Beschwichtigung. Damit aber stillt man den Hunger nicht. Quo vadis? möchte man die Regierung fragen.«[149]

1918 ist das Angebot an Lebensmitteln in Wien auf ein Drittel des Friedensniveaus gesunken. Die Menschen müssen im Durchschnitt mit 830 Kalorien pro Tag das Auslangen finden. Viel zu wenig, um mit ausreichend Kraft den Alltag bewältigen zu können. Oder, wie man in Wien zu sagen pflegt: zum Leben zu wenig, zum Sterben zu viel. Im März dieses Jahres macht sich die Knappheit an Kartoffeln empfindlich bemerkbar. »Wir leben nämlich leider nun nicht mehr hinsichtlich des Mehles, sondern auch bezüglich der Kartoffel von der Hand in den Mund. Die Kartoffelvorräte der Gemeinde Wien sind aufgebraucht, die Mieten (Anm.: Erdlager) in Schwechat und im 21. Bezirk sind leer. So sind wir auf die Zufuhren von auswärts angewiesen, und die haben bekanntlich versagt … Wir nehmen jetzt die Kartoffel, wo wir sie bekommen, und daraus erklärt sich schon die Verschiedenheit der Ware, die auf den Märkten zu sehen ist … Soweit es die Gemeinde vermag, tut sie alles, um Kartoffel[n] zu beschaffen: Sie unterstützt die Kriegsgemüsegärtner, sorgt für den Anbau durch die Schulkinder, pachtet auswärts Gründe, von denen, wie in Deutsch-Altenburg, ein Teil auch für den Kartoffelanbau bestimmt ist, und sie hat soeben mit der Anbauaktion im Görzischen begonnen. Zwischen Görz und Gradiska hat die Stadt Wien etwa 700 Hektar, eine Grundfläche, so groß wie der umfangreiche 12. Wiener Ge-

Abb. 36: Gemüseanbau in einem öffentlichen Park

meindebezirk, gepachtet, wo nebst Frühgemüse auch Kartoffeln wachsen werden. Man wird aber heuer etwas Geduld haben müssen, die Ankunft des Görzer Frühgemüses wird erst Ende April erfolgen. Zu viel umfangreiche Vorarbeiten müssen dort vorgenommen werden, wo noch vor etlichen Wochen die heißesten Kämpfe tobten ... Die Gemeinde Wien hat einige ihrer Angestellten, Kräfte der Stadtgartendirektion, und einen Buchhaltungsbeamten hinuntergeschickt, die diesen ganz neuartigen Kriegsbetrieb der Großstadt leiten werden.«[150]

In Wien wird jedes Fleckchen Erde zum Gemüseanbau genutzt, gerade großflächige öffentliche Parkanlagen eignen sich dazu.

»Der vierte Kriegsfrühling zieht durch die Lande; noch stehen wir im Kampfe mit den Aushungerern und inzwischen ist's mit den Nahrungsmitteln bedenklich knapp geworden. Die Sonne geht höher und spendet ihre belebende Wärme, Mutter Erde ist gefällig wie immer, bereit, den in sie gelegten Samen zu nähren und dem regsamen Menschen Früchte zu gewähren. Jedermann, der ein Stückchen sonne[n]beschienener Erde zur Verfügung hat, soll das Fleckchen Erde bebauen, wer es nicht tun will oder kann, soll es dem dürftigen Nachbar überlassen, der es vielleicht gerne täte, aber den Boden nicht besitzt. Das vergangene Jahr war ein Jahr der Dürre, wie ein solches zum Glück nur selten wiederkehrt ... Merkwürdigerweise bleiben heuer alle offiziellen Aufrufe, welche im vorigen Frühjahre die Bevölkerung zum Gemüsebau ermunterten, vollständig aus. Was vor einem Jahre hochpatriotisch und außerordentlich erwünscht war, kann doch nach einem ganzen vergangenen Kriegsjahr nicht nebensächlich oder bedeutungslos sein. Es ist dies eine der vielen gegenwärtigen Fragen, bei deren Stellung sich die Faust jedes rechtschaffenen Staatsbürgers ballt. Wo sind die berufenen Stellen geblieben, deren Aufgabe es gewesen wäre, rechtzeitig dafür zu sorgen, daß mit dem Gemüsesamen nicht Schindluder getrieben werden?«[151] Das Problem ist, dass auch Gemüsesamen oft in Händen von Kettenhändlern sind, sodass ein günstiger Erwerb verhindert wird.

Längst schon haben sich Schrebergärten in Kriegsgemüsegärten verwandelt (siehe Taf. 03). Hier kann man Kartoffeln und Gemüse für den Eigenbedarf anbauen. Nicht ganz, denn durch amtliche Verordnung des Volksernährungsamtes vom Oktober 1917 werden Kartoffeln, die in diesem gepachteten Grünland gezogen werden, für die Allgemeinheit beschlagnahmt. Auch in ihrem Fall gilt die Bewirtschaftung durch Bezugskarten. Allerdings werden die eigengezogenen Feldfrüchte dem amtlich verordneten Quorum nicht angerechnet. Ansonsten würde sich der Eigenanbau nicht lohnen. Die Anlage von Kriegsgemüsegärten wird von der Gemeinde Wien mit Prämien unterstützt. Mit ein Grund, dass die Anzahl dieser Gärtner von 5.300 im Jahr 1917 auf 9.000 im Jahr 1918 steigt. Außerdem wird 20.000 Soldaten Anbauland zugewiesen. Somit werden etwa 70.000 Personen über den Anbau in Kriegsgemüsegärten versorgt.

Außer dem Volksernährungsamt haben allerdings auch kriminelle Elemente ihr Auge auf die Feldfrüchte geworfen. 1918 nimmt die Zahl der Einbrüche in Schrebergartensiedlungen derart zu, dass von Massendiebstählen gesprochen werden kann. Die Täter, die nächtens ihr Unwesen treiben, haben es besonders auf Kartoffeln, Paradeiser, Kohl und Kraut abgesehen. Nirgendwo bleiben die Schrebergärten ungeschoren. Ob auf dem Schafberg, in der Alszeile, auf der Schreinerwiese, bei der Himmelmutter, in Ottakring, Liebhartstal, Döbling u.s.w. stellen die Besitzer am nächsten Tag fest, dass die Täter nur das Unkraut zurück gelassen haben. Auch die Kaninchen- und Hasenställe sind leer. Alle Mühe über das Jahr vergebens! Ein wahrhaft herber Schlag, denn viele der Schrebergärtner sind aus der Arbeiterschicht. Zwar gibt es Flurwächter, aber viel zu wenige, dass sie die Erntediebe erfolgreich abwehren könnten. Ein Wachhund ist für die meisten zu teuer, denn er braucht Futter. Hat man doch für sich selbst nicht genug zu essen!

Aus dem Mangel ist längst bittere Not geworden. Sie zwingt die Menschen, Produkte zu essen, die bisher als Viehfutter dienten, wie etwa Wruken, die als Ersatz für fehlende Kartoffel verzehrt werden. Was man aus ihnen doch alles machen kann: Knödel, Schnitzel, Germteig, Flocken und Gries! Anstelle frischer Milch tritt die Kondens- und die Trockenmilch. Pflanzen- und Abfallfette ersetzen die Butter. Gesüßt wird mit Sacharin statt mit Zucker. Marmelade wird aus Rüben gewonnen – ein unansehnlicher, übel schmeckender Aufstrich. Der Kunsthonig ist auch nicht viel besser. Ein wahrer Graus ist vielen aber das klebrige, zerfallende Maisbrot. Dafür ist es schwer wie ein Ziegelstein. Und dann erst das Dörrgemüse! Trotz langen Kochens ist es hart, wird im Volksmund zu Recht als »Stacheldraht« bezeichnet. Solche Opfer werden von der Regierung als »das Mindeste« dargestellt, das man in der Kriegszeit an der Heimatfront leisten kann. Ob dieses oder jenes nicht so gut schmeckt, gilt als unwichtig. Was ist das im Vergleich zu den Opfern, die die Soldaten an der Front auf sich nehmen?

Wie kocht man sparsam? Rat geben hier die »Kriegskochbücher«, denn »das Vaterland verlangt von der Hausfrau, daß sie jetzt volkswirtschaftlich denkt. Im Kriege spart man nicht in Geld, sondern in Nahrungsmitteln. Weil die ausländischen Nahrungsmittel fehlen, muß der ganze Verbrauch eingeschränkt werden. Die kluge Hausfrau weiß das einzurichten, ohne daß jemand wirklich Not leidet … Die Friedenssparsamkeit der Hausfrau kam im wesentlichen nur ihrer eigenen Familie zugute, die Kriegssparsamkeit dem ganzen Volk. Das[,] was in der Vorratskammer aufbewahrt wird, ist trotzdem noch Volkseigentum, Volksvorrat. Jedes Stück Brot und jedes Pfund Mehl ist ein Stück Munition im wirtschaftlichen Daseinskampf, das seine Bestimmung erfüllen, das heißt mithelfen soll zum Sieg.«[152] Das Kochen ist zur vaterländischen Aufgabe geworden. Freilich kann von Vorratskammern 1918 keine Rede mehr sein. Bei den Rezepten geht es vor allem darum, möglichst an Fett zu sparen. Verwertet kann so gut wie alles werden, auch Obstkerne, Nuss- und Kastanienschalen.

Das bohrende Hungergefühl verwandelt die Menschen in Tiere. Unappetitliche Speisen und Speisereste werden gierig verschlungen. »Vielfach werden nicht nur die Tröge, in denen die Küchenabfälle und das Spülwasser für das Schweinefutter gesammelt werden, von Hungrigen aufgesucht, die eifrig nach Eßbarem in der eklen Brühe fahnden, sondern man sieht in den ärmeren Bezirken auch arme Hungernde, die Koprophorgefäße und Abfallkistchen durchwühlen nach Resten von Gemüsen oder Fasern von Fleisch an Knochen; ja sogar nach Kartoffelabfällen wird gierig gesucht, es zählt wohl zu den traurigsten, man kann fast sagen herzergreifenden Szenen, wenn man sieht, daß diese Schalen nicht etwa als Tabak verwendet werden, sondern tatsächlich aus Hunger, manchmal sogar roh gegessen werden. Dies ist das Zeichen eines Minimums an Lebensmittelversorgung, das nur durch eine tiefgreifende Unterernährung erzwungen ist, indem das Bedürfnis nach Erhaltung des Lebens und nagender Hunger alle Hemmungen weggeschafft haben, die sonst das Verzehren derart ekelerregender Stoffe unmöglich machen«, folgert Obersanitätsrat Prof. Arnold Durig in einem Bericht.[153]

Zu Ende des Sommers 1918 vergeht kaum ein Tag, an dem die Zeitungen nicht von neuen Fällen oft tödlich endender Pilzvergiftungen berichten. In diesem feuchten Sommer findet man zahlreiche dieser Waldfrüchte. Sie sind als

113

Abb. 37: Wühlen nach Essensresten im Müll

Nahrung hoch begehrt, auch wenn ihr Nährwert gering ist. Entweder selbst gebrockt, von unbekannten oder bekannten Personen gekauft, im Vertrauen darauf, dass der Verkäufer ein Experte ist. Die meisten Vergiftungen sind auf die Verwechslung des hochgiftigen Knollenblätterpilzes mit Champignonarten oder dem grünen Täubling zurückzuführen. Tückisch ist die Verwechslung deshalb, weil sich die Wirkung des Giftes erst nach zwölf bis sechzehn Stunden einstellt. Im Extremfall sterben ganze Familien, oder – wie in einem Fall – überlebt eine Mutter, ihre beiden Kinder sterben aber. Gegen Ende August 1918 zählt man bereits mehr als 100 Tote durch Pilzvergiftung. An Ratschlägen im Falle des Auftretens von Vergiftungserscheinungen fehlt es nicht. So empfiehlt die Sanitätsbehörde schwarzen Kaffee und Kognak zu trinken. Das ist leichter gesagt als getan. Wo bekommt man solche längst zum Luxus gewordenen Mittel? Solche Empfehlung von Amtsseite werden von vielen als schlechter Scherz aufgefasst.

Häufiger und unabhängig von der Jahreszeit sind die Todesfälle durch Entkräftung – ein euphemistischer Begriff, den Ärzte üblicherweise beim Ausstellen eines Totenscheines verwenden. In Wahrheit verhungern Menschen in ihren Wohnungen. Das Bild, das sich den Ärzten bietet, ist entsetzlich. Leichen, bis aufs Skelett abgemagert, zeugen von einem langsamen, qualvollen Tod. Es sind oft einsame, allein stehende Menschen, die nicht mehr fähig waren, den Kräfte verzehrenden Kampf um die Versorgung mit dem Lebensminimum aufzunehmen. Von diesen alltäglichen Tragödien berichtet die zensurierte Presse

114

nichts, es sei denn, es sind Verzweiflungstaten, die zu verheimlichen keinen Sinn hat. Zu Jahresende 1918 gehen die Wiener Ärzte davon aus, dass neun bis elf Prozent der Todesfälle auf »Entkräftung« zurückzuführen sind. Bei schätzungsweise 20 bis 30 Prozent wird das als mitverursachend für den Tod angenommen. Ebenso unbekannt ist, dass bereits 1917 etwa die Hälfte jener Personen, die in das Versorgungsheim der Stadt Wien in Lainz eingeliefert werden, innerhalb weniger Tage sterben – auch sie Opfer der »Erschöpfung«! Der Tod hält reichlich Ernte in Wien. Die Sterberate bei Frauen liegt um 55 Prozent höher als vor dem Krieg, bei den nicht eingezogenen Männern sind es mehr als 24 Prozent. Bei Tuberkulose als Todesursache ist gar eine Verdoppelung der Sterberate feststellbar. Das ist doppelt so hoch wie in Berlin oder Paris, und sogar fünfmal höher als in London.

Eine Schlacht um den besten Platz: das Anstellen

Der amtlich verwaltete Mangel an lebensnotwendigen Gütern macht sich während des Krieges durch ein Massenphänomen bemerkbar. Hunderttausende Menschen stellen sich Tag und Nacht vor Markthallen und Lebensmittelgeschäften an (siehe Taf. 04 und Taf. 05). Anfangs auf die Vorstädte begrenzt, ist es im Laufe des Krieges in allen Stadtteilen zu bemerken. Der Besitz einer Bezugskarte bedeutet nämlich noch lange nicht, dass man die einem zustehende Ration tatsächlich bekommt. Ist die Ware im Geschäft ausgegangen, muss man unverrichteter Dinge heimkehren, auch wenn man stundenlang gewartet hat. Logischerweise heißt das, dass derjenige, der zuerst in der Reihe steht, die größte Chance hat, das Begehrte zu erhalten. Also wird es üblich, sich so früh wie möglich anzustellen. Kommt man erst in den frühen Morgenstunden, ist das viel zu spät. Also stellen sich »kluge« Hausfrauen schon in der Nacht an, auch bereits vor Mitternacht. Dann heißt es auszuharren bis 7 Uhr früh, wenn das Geschäft öffnet. Warten bei jedem Wetter, ob es stürmt oder schneit, der Schnee durch die Straßen fegt, die Eiszapfen von den Dachrinnen hängen, die Straßen voller Schmutzlachen sind. Wie viele sich durch Anstellen ihre Gesundheit ruiniert haben, wie viele das sogar ihr Leben gekostet hat, das wird keine Statistik je belegen können.

Ist das Anstellen wirklich notwendig? Ist es nicht vielmehr eine Art von Kriegspsychose, angetrieben von irrationaler Panik, dem Hungertod preisgegeben zu sein? Wiens Bürgermeister Weiskirchner von den Christlichsozialen ist dieser Meinung.

Das Anstellen sei doch sehr schädlich für die Volksgesundheit, am besten man verbietet es. Unterstützung findet er bei seiner Frau Berta, die den Vorsitz des

Abb. 38: Wiens christlichsozialer Bürgermeister Richard Weiskirchner

Frauenkriegshilfswerks führt, einer Dachorganisation mehrerer Frauenverbände. Doch wie ist solch ein Verbot umzusetzen? Am besten man sperrt den Zugang zu dem jeweiligen Geschäft ab – so die Überlegung. Was das in der Praxis bedeutet, wird im Jänner 1918 in Hernals (17. Gemeindebezirk) ersichtlich. Die Straße, die zu einem ortsbekannten Fleischhauer führt, wird abgesperrt. Brutal gehen Polizisten gegen Frauen vor, die die Absperrung zu überwinden trachten. Die Menschenmasse harrt in den umliegenden Seitengassen aus. Dann gibt es nach Aufhebung der Sperre um sechs Uhr Früh kein Halten mehr. An die 500 Wartende stürmen das Geschäft unter Geschrei und beängstigendem Gedränge. Polizisten schlagen auf die Frauen ein, die sich zur Wehr setzen. So mancher Beamte wird zu Boden gestoßen, seine Uniform zerrissen. Die Aktion endet in einem Desaster. Es macht die ganze Verzweiflung deutlich, die die hungernde Bevölkerung antreibt. Eine wahrhaft unheimliche Kraft, denn sie lässt sich von staatlicher Autorität nicht mehr einschüchtern. Die soziale Ordnung ist am Zusammenbrechen. Das Anstellen ist eine Vorstufe zu Krawallen, Kundgebungen und Aktionen mit revolutionärem Ziel geworden. Die Polizeispitzel, die sich im Auftrag unter die Wartenden gemengt haben, wissen von der explosiven Stimmung zu berichten. Es sind ihrer an die 1.000, die jeden Tag unterwegs sind, um zu kontrollieren, schlichtend einzugreifen und die Lage auch durch Fotos zu dokumentieren. Sie berichten, dass sich Frauen aus der bürgerlichen Mittelschicht mit rebellierenden Arbeiterfrauen solidarisch verhalten, auch indem sie sich passiv verhalten, was einer indirekten Unterstützung gleich kommt. Immer wieder macht sich auch die Tendenz bemerkbar, Demonstrationszüge zu organisieren und in die Innenstadt zu lenken. Dorthin, wo mit dem Rathaus und den verschiedenen Ministerien sowie dem Amt für Volksernährung das Zentrum der Macht liegt. Also dorthin, wo die Verantwortlichen für die Misere sitzen. Wie lange werden sie sich dort sicher fühlen können, auch wenn diese Gebäude noch so zerniert sind? Der Staat hat sich im Laufe des Krieges als unfähig erwiesen, die ausreichende Ernährung der Bevölkerung sicherzustellen. Die Blockadepolitik der Feinde sei ein »Hungerkrieg«, dagegen müssten alle zusammen stehen. Diese Version, die als Propagandamittel ursprünglich durchaus wirksam war, verfängt nicht mehr. Und damit schwindet die Opferwilligkeit der Bevölkerung. Der Ruf nach Brot und Frieden wird von Tag zu Tag stärker.

Hand in Hand mit den Auswüchsen der Not geht eine empfindliche Verrohung der Sitten. Rücksicht auf den Mitmenschen scheint eine Tugend, die man sich in Friedenszeiten leisten konnte. Jetzt herrscht das Gesetz des Dschungels. Der Nachbar in der Warteschlange wird als unliebsamer Konkurrent wahrgenommen, der einem womöglich das letzte erhältliche Stück Fleisch, Brot oder anderes vor den Nase wegschnappt. Entsprechend rau ist der Umgangston geworden. Die Menschenschlangen in den Straßen sind jenen Geschäftsleuten ein Dorn im Auge, deren Lokale blockiert werden. Und auch die Anrainer fühlen sich durch Lärm belästigt, oder durch den Umstand, dass Wartende ihre Notdurft in Hauseingängen verrichten. Da kann es schon vorkommen, dass aus einem Fenster ein Kübel Wasser oder Asche auf die Menge entleert wird. Wüste Beschimpfungen und Drohen mit Fäusten sind die Folge.

Der Bauer als Millionär: der Rucksackverkehr

Kann einen die Stadt nicht ausreichend ernähren, so muss man sich auf den Weg dorthin machen, wo die Quelle aller Lebensmittel ist: aufs Land. Am Bauernhof gibt es all das, was man so dringend braucht: Mehl, Kartoffel, Milch, Eier etc. Der Städter wird zum »Hamster«, sinkt tatsächlich auf die Stufe jenes emsigen Nagetiers herab, das durch stetiges Sammeln seinen Bau mit Vorräten füllt. Dazu braucht jeder einen Rucksack, sei er ein Produkt aus besseren Tagen, ein mit Riemen verstärkter Jutesack oder gar nur eine geknüpfte Schürze. »Wer sich einen richtigen Begriff von der Lebensnot der Großstadt machen will, der fahre zu einer beliebigen Tageszeit nach Stammersdorf hinaus und von dort mit der niederösterreichischen Landesbahn in ein beliebiges ›Nestchen‹ dieser Strecke. Das Erdäpfel-›Hamstern‹ ist zwar verboten, aber der Wißbegierige würde ohnedies für sich bei seiner ersten Wanderfahrt nichts ernten, nichts nach Hause bringen, als die ernste Erfahrung, wie schwer die Wiener heute an der Kriegsnot tragen. Ein Erlebnis, das des Schweißes wert ist, den es kostet. Am Franz-Josef-Kai fängt dieser Anschauungsunterricht an. Die ›31‹er Elektrische, die von dort nach Stammersdorf hinausfährt, ist von aller Frühe an von Hunderten umlagert und Hunderte stoßen immer wieder hinzu, Hunderte müssen immer wieder zurückbleiben … Es sind in der Mehrzahl die Aermsten der Armen, außerdem aber auch viele aus dem einstigen, heute proletarisierten Mittelstande. Abgehärmte Frauen stellen das Hauptkontingent, dann auch Arbeiter und Soldaten … Vollbehangen bis auf die Trittbretter, Zehenspitze auf Zehenspitze gestellt, rattert der Wagen durch die Brigittenau, über die im Umbau begriffene Donaubrücke nach Floridsdorf. Immer niedriger werden die Häuschen, immer ländlicher die Umgebung. In strahlender Pracht grüßen Kahlen- und Leopoldsberg über das Wasser herüber. Kein Blick bleibt an ihren lieblichen Hängen oder an den fernen zierlichen Türmchen von Klosterneuburg hängen … Ruhelos, hastig, unstet ist der Blick dieser Menge, seit der Krieg die Lebensbedingungen so hart gemacht hat; bald eiligst sich anstellen, bald neue Bezugsmöglichkeiten ausspähen, jede Kleinigkeit des täglichen Bedarfes unter den größten Beschwernissen sich erwerben, bald hierher, bald dorthin rasen, das hat diese Menschen zermürbt, hat uns Großstädter, die einstigen gemütlichen Wiener, zu atemlos hastenden, eigennützigen und rücksichtslosen Einzelindividuen zerstoßen. Der Ellbogen triumphiert über das Herz. Am schauerlichsten dort bei der Fahrkartenkassa von Stammersdorf, dieser Tobsuchtsfalle, aufgerichtet, um die menschliche Bosheit bis zur beschämenden Blöße zu enthüllen. Eine Szene aus Dantes Inferno könnte dieser schreiende, heulende, kreischende, knirschende, fluchende, in kompakter Masse bald hierhin, bald dorthin schwankende Knäuel menschlicher Gliedmaßen sein, aus dem Hände jammernd sich erheben, schwächliche Frauen erbarmungslos ausgestoßen werden. Eine Frau wimmert, daß ihr Arm in den Eisenringen ihrer Handtasche eingeknickt sei, einem Arbeiter ist der Rock hängengeblieben, da er sich vordrängte, und in Fetzen gegangen, eine alte Frau hängt halb bewußtlos mitten in dem Wahnsinnskrater. Es wäre ja so einfach, die draußen stehenden Bahnwagen zu besteigen und das Fahrgeld nachzuzahlen: aber die drohenden 6 Kronen Strafe sind hier keine Kleinigkeit … Endlich keucht der Zug hinaus, vollbesetzt bis auf die Stiegen und Puffer und bis aufs letzte Plätzchen in den offenen Güterwagen. Auf jeder Steigung scheint die Maschine versagen zu wollen. Die tägliche ununterbrochene schwerste Inanspruchnahme hat dieses Lokalbahnmaterial in einen sehr traurigen Zustand versetzt und oft scheint es geradezu gefährlich, wenn die Überlastung schon zu groß wird. Freilich, die in den ächzenden Kästen Zusammengepferchten ahnen nichts davon. Ihre Gedanken drehen sich unablässig um den bevorstehenden Kampf auf dem Schlachtfelde selbst, nämlich beim Erdäpfelbauer, und die Erfahrenen sind freigebig mit Ratschlägen, wie man möglichst rasch und ausgiebig den Rucksack mit dem vielbegehrten Gute füllen könne. Dazwischen ersieht eine Zuckerlhändlerin ihren Vorteil und ein blinder Werkelmann drängt sich mit staunenswerter Sicherheit durch. In jeder Station verläßt ein schwarzer Menschenstrom den Zug. Wie ein Heuschreckenschwarm fällt die Menge sofort über die Felder her. Wer wollte es den Bauern verargen, daß sie sich mit allen Mitteln dieser Invasion zu erwehren suchen. An einem Sonntag allein wurden 40.000 Menschen gezählt, das sind 40.000 Rucksäcke, die gefüllt sein wollten! Rechnet man nur den niederen Durchschnitt von 10 Kilogramm, so ergibt dies 40 Waggons Erdäpfel, die an einem Tage dort aufgebracht wurden. Ist es da nicht selbstverständlich, daß diese ungeheure Nachfrage zu Abnormitäten führen muß? Es ist noch anerkennenswert, daß die Bauern im allgemeinen die Konjunktur nicht zu übermäßigen Preissteigerungen benützen – Ausnahmen gibt es natürlich auch hier – und ihre Preise nur den vierten oder fünften Teil dessen betragen, was der unersättliche Zwischenhandel in der Stadt fordert. Die Umwerbung des Erdäpfelbauern durch die hungrigen Massen hat dafür zu den absonderlichsten Zuständen geführt, was die Tauschartikel betrifft. Daß Zucker, Kaffee, Petroleum, Tabak dabei die Hauptrolle spielen, ist nicht weiter zu verwundern: auffallend ist freilich, daß diese Artikel in einem Ausmaße angeboten werden, wie sie kaum von der ordnungsmäßigen Ration abgespart werden können. Außerdem aber kann man noch die unglaublichsten Tauschartikel sehen: Stoffe, unverarbeitet oder als Schürzen, Blusen, ja ganze Anzüge, Wäsche oder Leder! Ein Mann schleppt einen Sack voll Kohle hinaus, eine Frau ist mit Emailgeschirr beladen; das Traurigste ist aber wohl, daß sich dieser Handel auch schon auf Einrichtungsgegenstände erstreckt und für die braunen Knollen Spiegel, Sesseln, ja sogar Nachtkästchen hinausgeschleppt werden … Ein beliebtes Tauschmittel ist auch die menschliche Arbeitskraft. Die Städter verdingen sich für den Tag zur Feldarbeit und werden abends mit einem Sack Erdäpfel entlohnt; allerdings sind sie meist zu nichts anderem als zum Erdäpfelausgraben zu gebrauchen. Auf den Feldern, wo die Kartoffelernte zutage liegt, bilden sich sofort lange Reihen »Angestellter«. In den Dörfern werden die Bauern von ihren Bekannten aus der Stadt aufgesucht und umschmeichelt. Wer aber weder lockende Tauschmittel noch gute Beziehungen draußen besitzt, der gebe die Hoffnung auf, auch nur einen Erdapfel in diesem heißen Wettbewerbe zu ergattern. Die Bauern stehen mitten in der Getreideernte und ihre Sorgen drehen sich hauptsächlich darum, die Brotfrucht möglichst bald zu bergen: für die Kartoffelernte ließen sie sich noch gerne Zeit, wenn die Sturmflut der Bitten und der Bedrängnis nicht gar zu hoch ginge, zumal ja jeder Tag länger einen Gewichtsgewinn bedeutet. Zur Besserung ihrer Stimmung trägt es auch nicht bei, daß sie gegen allen Brauch genötigt sind, ihre wohlverschlossenen Höfe auch noch bewachen zu lassen: denn mit dem Großstadthunger kommt auch das Großstadtlaster mit heraus und Diebstähle sind an der Tagesordnung ... Vollbepackt kehren dann die ›Hamsterer‹ heim, die meisten doch mit dem Erfolge zufrieden. Allerdings, neben dickbäuchigen Rucksäcken, die 20 bis 25 Kilogramm der kostbaren Frucht bergen, gibt es auch magere Säcklein, aber diese weniger Begünstigten sind froh, wenigstens etwas Fisolen, Obst, Hollunder oder gar einen Liter Milch erbeutet zu haben – wenigstens langt es doch auf einen Milchkaffee ›für die Kinder‹. Die Kinder oder ›Er‹ sind es ja, für die sich diese Frauen – vier Fünftel der Erdäpfelpilger sind Frauen – diesen unsagbaren Beschwerlichkeiten und harten Demütigungen unterziehen. Ein Martyrium der Mutter- und Hausfrauensorgen spricht aus jedem dieser abgezehrten Gesichter, ein Opferleben, mit stiller Selbstverständlichkeit ertragen ...«[154]

Der Landwirt ist nun gefragt wie nie zuvor. Das immer wertloser werdende Papiergeld ist bei ihm nicht gefragt. Er möchte Wertbeständiges haben wie Gold- und Silbermünzen, Schmuck, Uhren, Silberbesteck. Überhaupt alles, was groß- oder gutbürgerlichen Lebensstil in der Großstadt ausmacht und was man am Land bisher nur vom Hörensagen kannte: Orientteppiche, Kristallluster, teures Porzellan, Biedermeiermöbel etc. Sehr gefragt ist neumodische Technik, die der Unterhaltung dient. Und so wandert manches Grammophon samt Schalltrichter und Schallplatten von der bürgerlichen Stadtwohnung ins Bauernhaus. Ebenso begehrt ist elegante Kleidung: Seidenkleider, Samtjacketts, Stöckelschuhe, Damenhüte, Handtaschen, Fächer und Operngucker. Der Bauer wird sprichwörtlich zum Millionär. Das Glückshorn Fortunas macht es ihm zunächst möglich, den Raiffeisen-Kredit mit einem Mal zurückzuzahlen. Dann folgen bauliche Verbesserungen am Bauernhof. Schilf- und Strohdächer verschwinden und machen Ziegel- oder Schindeldächern Platz. Stadel werden aus- oder ganz neu gebaut. Dem aufmerksamen Zeitgenossen entgehen die neuen roten Dächer der Bauernhöfe nicht, wenn er von der Eisenbahn aus die Umgebung mustert, sind es doch die Dörfer entlang der großen Eisenbahnverbindungen, die am häufigsten von den Rucksackgehern aus praktischen Erwägungen frequentiert werden. Manchmal packt aber selbst den bäuerlichen Kriegsprofiteur der nackte Schrecken. So wenn etwa hungrige Städter zuhauf über sein Kartoffelfeld herfallen, ohne lang zu fragen, ob sie das auch dürfen. Und auch Drohungen bleiben nicht aus, wenn sich der Bauer nicht so geberwillig zeigt wie erwartet.

Hat man den Rucksack endlich vollgepackt und macht sich, müde vom anstrengenden Kartoffelklauben, auf den Heimweg, so ist noch lange nicht gesagt, dass das kostbare Gut auch auf dem heimischen Küchentisch landet. Denn nun sind die Kontrollen auf den Bahnhöfen zu fürchten. Beamte der Finanzwache und der Gendarmerie haben darauf zu achten, dass die höchstzulässigen Mengen bei rationierten Lebensmitteln nicht überschritten werden. Denn nicht nur

die zur Selbstversorgung gezwungenen Familien sind es, die mit vollem Rucksack in die Stadt zurückkehren. Unter den Reisenden befinden sich Schleich-
und Kettenhändler, die die Ware zu überhöhten Preisen an die Meistbieten-
den verkaufen wollen. Es sind aber auch die ständigen Lieferanten der Hotels,
Gasthäuser, Restaurants, Kaffeehäuser, die Nachschub beim Bauern fassen. Für
alle stellt sich die Frage, wie sie ihr kostbares Gut durch die Kontrolle bringen.
Und hier gibt es eine ganze Palette an Täuschungsmanövern. In eingenähten
Taschen von Frauenunterröcken lässt sich eine ganze Menge an Esswaren verstecken. Milchflaschen, mit Himbeersaft bestrichen, sollen einen anderen Inhalt
vortäuschen. Tragetücher für Säuglinge bergen in Wahrheit Butterstriezel oder
Brotlaibe. Auch Koffer mit doppeltem Boden werden gern zum Schmuggeln
benutzt. Diebische Freude erfüllt jeden, dem die Täuschung gelungen ist. Aber
so dumm ist die Finanzwache doch nicht, dass sie mit der Zeit nicht alle Tricks
kennt. Heftige Reaktionen auf die Konfiszierung der Esswaren bleiben bei Ent-
tarnung nicht aus. Immer öfter kommt es zu wüsten Szenen auf den Wiener
Bahnhöfen. Schreiduelle, mitunter Tätlichkeiten werden zum Alltag. Selbst
sonst Gutmütigen platzt der Kragen. Lieber verschütten sie die Milch und das
Mehl, zertreten die Eier, als sie gebrauchsfähig den Behörden zu überlassen. Die
Krawalle können nicht geheim gehalten werden, schaden dem Ruf der Regierung zusätzlich. Also entschließt man sich 1918, den kleinen Rucksackverkehr
zu dulden. Und sogar Bürgermeister Weiskirchner stellt in einer Gemeinde-
ratssitzung wörtlich fest: »Ohne Rucksackverkehr wären wir längst verhungert!
(Lebhafter Beifall)«[155]

Auf nach Ungarn, heißt die Parole vieler geplagter Großstädter. Auf ins Land,
wo Milch und Honig fließen. Bis an den Horizont sich dehnende Getreidefelder,
riesige Rinderherden, Kühe mit strotzenden Eutern, Scharen fetter Gänse: all
das erscheint dem Hungrigen vor dem geistigen Auge und bestärkt ihn in dem
Entschluss, aus diesem Schlaraffenland mit voll bepacktem Rucksack heimzukehren und sich an lange entbehrten Genüssen zu laben. Die Leitha und die
March sind die Grenzflüsse zwischen den beiden Reichshälften. Im Normalfall
sind sie leicht zu überwinden. Das wirkliche Hindernis für solche Rucksack-
touren ist aber die strenge Überwachung dieser rot-weiß-grünen Grenze. Die
ungarische Regierung ist nämlich darauf bedacht, alle heimischen Produkte, ob
es nun Feldfrüchte oder Vieh sind, im Land zu behalten. Hamsterverkehr ist
strengstens untersagt, mögen die Wiener auch noch so hungern. Der ungarische Finanzwachmann und der ihm assistierende Gendarm haben Befehl, jeden Schmuggel rücksichtslos zu unterbinden. Gewiefte lassen sich davon nicht
abschrecken. Auf verborgenen Pfaden, quer über die Felder lässt sich manches
transportieren. Erfolgversprechend ist das aber nur, wenn man über genügend
Ortskenntnisse verfügt. Burschen aus den grenznahen Dörfern haben rasch

herausgefunden, dass sie als Wegweiser für die Schmuggler trefflich Geld verdienen können. Sie kennen jeden Weg und Steg, jede sumpfige Wiese, die es
zu durchwaten gilt – auch in stockfinsterer Nacht. An verborgener Stelle sind
einige Bretter für den Flussübergang bereit. Verstecke in Strohschobern oder in
Gräben werden vorbereitet, für den Fall, dass ein bewaffneter Grenzgendarm
unverhofft auftaucht. Vor allem gilt es leise zu sein, denn gerade im Dunkeln
ist jedes verdächtige Geräusch lauter zu hören als sonst. Und auch für den Fall
des Erwischtwerdens ist vorgesorgt. Einer der Burschen geht mit voll bepacktem Rucksack der Patrouille entgegen und lässt sich arretieren. In Wahrheit ein
raffiniertes Ablenkungsmanöver. Denn während sich die Grenzer über den Fang
freuen, suchen die anderen der Partie reich bepackt das Weite und gelangen zurück auf die österreichische Seite. Manchmal endet so eine Schmuggeltour aber
tragisch. Die Grenzgendarmen haben nämlich das Recht, von ihrer Schusswaffe
Gebrauch zu machen, wenn ein Ertappter auf Zuruf nicht stehen bleibt. Um
einer Kontrolle zu entgehen, flüchten »Rucksack-Touristen« auf die Dächer der
Waggons in den Grenzstationen. Kinder werden oft nicht anders behandelt als
erwachsene Lebensmittelschmuggler (siehe Taf. 06). Einem 12-jährigen Buben
wird das im Juli 1918 zum Verhängnis. Er stürzt vom Waggondach, während der
Zug in der Station Sauerbrunn anfährt, und wird überfahren. Der Vorfall sorgt
für enormes Aufsehen und Erbitterung, in die die *Arbeiterzeitung* einstimmt:
»Die ungarische Regierung treibt es wirklich bunt. Ist schon die Art, wie sie es
zu verhindern sucht, daß auch nur ein Stäubchen Mehl über die Grenze sickert,
geradezu eine Blockade der österreichischen Bevölkerung, nicht weniger grausam als die von den Feinden verhängte, so läßt sie nunmehr auch noch über die
Grenze hinab erschießen, wenn es dem ›Schmuggler‹ gelingt, mit ein paar Kilogramm Lebensmitteln zu entkommen. Bei den strengen Maßnahmen, die sie
an der Grenze getroffen hat, würde es wohl genügen, die Unglücklichen, die erwischt werden, die Lebensmittel abzunehmen … Aber nein, da werden sie noch
über die Grenze weg totgeschossen, als ob es der ungarischen Regierung nicht
so sehr darauf ankäme, die Lebensmittelausfuhr zu verhindern, als vielmehr die
österreichische Bevölkerung an Leib und Leben zu schädigen. In einer Zeit,
wo jedes Menschenleben so kostbar geworden ist, kann ein solches Vorgehen
nur als ein niederträchtiges Verbrechen bezeichnet werden.«[156] Die ungarischen
Zollbeamten behandeln die Menschen wie die ärgsten Verbrecher, schleudern
während der Fahrt beanstandete Rucksäcke oder Pakete aus den Waggonfens-
tern. Hingegen werden Händler, die fast täglich zwischen Wien und Ungarn
unterwegs sind, kaum beanstandet. Dabei führen sie bis zu 25 Kilogramm ge-
schmuggelte Lebensmittel mit sich. Warum gerade bei diesen Personen ein
Auge zugedrückt wird, lässt sich denken … Schmugglern, die über genügend
Geld und Ausrüstung verfügen, kommt die neue Luftfahrttechnik zugute. Mit

Ein- oder Doppeldeckern fliegen sie in unerreichbarer Höhe über die Grenze, landen auf offenem Feld und bringen schmackhafte Güter heim. Ein tollkühnes Abenteuer, über das sich in geselliger Runde herzhaft lachen lässt.

Ein behördlicher Fehlgriff: die Preisregulierung

Verringert sich bei einer Ware das Angebot, führt das schlagartig zur Verteuerung des betreffenden Produktes: das ist eine ehernes Grundgesetz des freien Handels. Bei Grundnahrungsmitteln ist solch eine Entwicklung fatal, nicht zuletzt aus politischen Gründen. Immer wieder in der Geschichte sind Revolutionen auf Hunger, hauptsächlich verursacht durch Missernten, zurückzuführen gewesen. Die Behörde versuchen dem vorzubeugen. Ihr Rezept lautet amtliche Höchstpreisverordnung. Damit hofft man, den Verbraucher vor dem Produzenten und dem Händler zu schützen. Deren Reaktion lässt nicht lange auf sich warten. Die amtlich preisregulierte Ware verschwindet weitgehend vom Markt, da sich mit ihr nichts mehr verdienen lässt. Dem Schleichhandel sind damit Tür und Tor geöffnet. Die betroffene Ware ist keineswegs verschwunden, sie ist nur nicht mehr im Geschäftslokal zu erwerben. Dort kann der Kunde meistens nur den Aushang mit den amtlich festgesetzten Preisen betrachten. Die Ware hortet der Händler in seiner Privatwohnung und verlangt dafür horrende Preise. Hier ist er zudem vor Visitationen des amtlichen Marktamtskommissärs sicher. Moralische Überlegungen spielen für ihn keine Rolle, ihn interessiert nur die klingende Münze. Auch der Landwirt handelt danach. Er erzeugt einfach weniger von dem preisregulierten Produkt. Er baut also nur so viele Kartoffeln an, wie er für den Eigenbedarf benötigt. Und ist doch ein Überschuss vorhanden, den er dem Staat abliefern müsste, gibt es ausreichend Möglichkeiten, ihn zu verstecken. Dafür baut er umso mehr Gemüse, Zwiebeln, Knoblauch und andere Gärtnereiwaren an, die nicht der amtlichen Preisregulierung unterliegen. Auch hier diktiert er den Preis nach Belieben. Das lohnt sich besonders bei Zwiebeln, die in den Konservenfabriken massenhaft verarbeitet werden.

Die Regierung versucht der Misswirtschaft Herr zu werden durch ein 1917 verabschiedetes kriegswirtschaftliches Ermächtigungsgesetz. Sie verschafft sich damit die Kompetenzen zu einer Wirtschaftsdiktatur auf Basis einer staatlich gelenkten Planwirtschaft mit Anbotszwang und Höchstpreisverordnung. Zuständig für die Zwangsbewirtschaftung der einzelnen Waren sind eigens geschaffene Zentralen. 91 sind es schließlich im letzten Kriegsjahr, 20 davon sind für Lebensmittel zuständig. Insgesamt entsteht damit ein bürokratisch aufgeblähter Beamtenapparat. Die Wut der Bevölkerung richtet sich gegen die Inkompetenz dieser Zentralen, denn sie sind ohnmächtig im Kampf gegen den unvermindert blühenden Schleichhandel. Unmut erregen sie auch beim traditionellen Einzelhandel, der sich durch die Zentralen in seinen Geschäftsinteressen geschädigt sieht. Für die Sozialdemokraten ist die Situation klar: »Alle Zentralen, die in Oesterreich geschaffen worden sind – sie sind durchwegs Geschöpfe der Regierung, die so tut, als gingen sie sie nichts an –, sind zu spät ins Leben gerufen worden. Man errichtet sie nicht, um dem Mangel vorzubeugen, sondern erst, wenn der Mangel unerträglich geworden ist. Daher dieses oftmalige Versagen, diese andauernden Mißerfolge der staatlichen Bewirtschaftung. Diese Verspätung tritt so in Erscheinung: Der Bourgeois deckt sich im Schleichhandel noch eben ein – die Mittelschicht und die unteren Volksklassen entbehren die Ware schon gänzlich. Die Zentrale kann in diesem späten Zeitpunkt nichts anderes bewirken, als daß die mittleren und unteren Schichten wenigstens ein Mindestausmaß erhalten, und das auf Kosten der Besitzenden, die nur mehr einen Bruchteil des früheren Bezuges aufbringen. Wütendes Geschrei der Bourgeois, daß man ihnen den ›freien Handel‹ wegnimmt, und schwere Enttäuschung der untern Volksschichten, daß ihnen die ›Zentrale‹ nur so wenig, nur allzuwenig zusichert, somit allgemeiner Verdruß; das ist das Ergebnis der Saumseligkeit unserer Verwaltung!«[157]

Als großteils unwirksam erweisen sich auch die Bestrafungen der Preistreiber. Die Beamten der eigens eingerichteten Kriegswucherämter sind zwar überall unterwegs, aber es sind ihrer viel zu wenige, um die Vorschriften wirksam durchzusetzen. Wird etwa ein Müller, der für den Bauern der staatlichen Bewirtschaftung entzogenes Getreide vermahlt, auf frischer Tat ertappt, dann drohen ihm einige Tausend Kronen Strafzahlung. Die kann er sich ohne Weiteres leisten, denn gerade die Müller haben großen Gewinn aus der allgemeinen Not gezogen. Im Wiederholungsfall muss er mit Arrest von einem Monat rechnen. Auch das schreckt ihn nicht wirklich ab. In allen Fällen kommen die Gesetzesübertreter gelinde davon. Einzelne Gerichtsverfahren, die wie zur Beruhigung der aufgeheizten Stimmung der empörten Bevölkerung dienen, behandeln nur die Spitze des Eisberges. Die wirklich großen Kriegsgewinner bleiben ungeschoren. Die Verstöße gegen die Maximalpreisverordnung nehmen derart überhand, dass sich das Ernährungsamt zu einer Abschreckungsstrategie entschließt: ein öffentlich gemachtes Sündenregister mit den Namen der Gesetzesübertreter.

Nur werden die Listen so lange, dass die Zeitungen sich weigern, sie abzudrucken. Da behilft man sich damit, die Namensliste am Eingang des Wiener Rathauses oder eines Amtshauses anzubringen – eine Art moderner Pranger. Aber auch hier wird die Länge der Namensliste zum Problem. Wer sucht in dem Konvolut die Namen von Verwandten und Bekannten, die sich der Preistreiberei schuldig gemacht haben? Untauglich, befindet man schließlich bei den Behör-

Ein Amtshaus —

an welches die Namen aller Uebertreter der Lebensmittelvorschriften angeprangert werden.

Abb. 39: Kein Platz mehr für die zahllosen Anzeigen gegen Übertreter der Lebensmittelvorschriften

den. Außerdem mangelt es doch auch an Papier. Sang- und klanglos verschwinden die Verlautbarungen.

Die wirklich großen Kriegsgewinner bleiben ungeschoren. Ehrlichkeit lohnt sich offensichtlich nicht in dieser wirren Zeit. »Die Kleinen hatten es bald heraus, wie's die Großen treiben, der Detailist lernt vom Grossisten, der Nachbar vom Nachbarn ... Man wird sich doch nicht vor seinen Freunden und Nachbarn lächerlich machen? Die Ansteckung geht weiter, sie dringt vom Markt ins Geschäft, von der Stadt in das Land ... Das Publikum, der Verbraucher schreit und die Verordnungsmaschine wird in Bewegung gesetzt. Es regnet Höchstpreise. Enttäuscht und verärgert ziehen sich Erzeuger und Händler zurück. Wartet nur, ihr werdet schon kirre werden! So hat man die Kartoffelpreise immer wieder hinaufgetrieben, so hat man von Zeit zu Zeit Zuckerklemmen veranstaltet, um Preiserhöhungen verdaulicher zu machen, so ist man bei den meisten Waren verfahren. Als die Preisprüfungskommissionen Richtpreise für Textilwaren festsetzten, haben Firmen ersten Ranges ihre Vorräte nach Ungarn geschafft, um sie zu freien Preisen über die Grenze zurückzuführen und um das Vielfache teurer zu verkaufen … Und zögernd folgt auch der Konsum. Es mochte wohl anfänglich bürgerliche Familien gegeben haben, die es für schmachvoll hielten, die Vorschriften zu übertreten oder gar zu hamstern; einige haben ein halbes Jahr, selbst ein Jahr standgehalten, und wer Vorräte hatte, schwieg zuerst verschämt. Wie kurz hat das gedauert! Einer erfuhr vom anderen, daß ein Dritter sich um die lächerlichen Maueranschläge nicht kümmere, und einer um den anderen begann für sich eine Ausnahme zu machen. Man erfuhr, daß Leute in höheren Staatsstellungen, öffentliche Anstalten, selbst Aemter sich um die Merkblätter, die man damals noch herausgab, nicht im geringsten scherten – offenbar war die Not gar nicht so ernst! Wem schadet es also, wenn der eine oder der andere der Verordnung eine Nase dreht? Es handelt sich doch um Millionen Menschen – da trägt das bißchen, was der einzelne voraus hat, ohnehin nichts aus, im Gegenteil, er entlastet bloß die öffentliche Vorsorge. Um solche und andere Scheingründe ist man niemals verlegen. Schließlich, man hat ja die Pflicht, für die Seinigen vorzusorgen! Man hamstert, man umgeht die Vorschriften, man fängt an, sich der Vorräte zu rühmen, man empfiehlt einander die Schleichwege. Das Publikum hat so die Ernährungsvorschriften durchlöchert, bevor sich noch ihr fürchterlicher Ernst gezeigt hat. Sobald aber die wirkliche Bedrängnis kam, brach der Rest an moralischer Widerstandskraft zusammen …«[158]

Des Erfinders Stolz, des Konsumenten Graus: die Ersatzstoffe

Wenn die Natur nicht genügend mehr hergibt, ihre Kinder nicht mehr ausreichend versorgt, dann ist die Frage naheliegend: Gibt es vielleicht einen Ersatz? Die Chemie hat in den vergangenen Dezennien gewaltige Fortschritte gemacht. Sie können auch der Ernährung dienen. Was sie alles an Surrogaten hervorgebracht hat, ist im Sommer 1918 in der Ersatzmittelausstellung, Abkürzung Ema, im Kaisergarten im Prater zu sehen. »Nicht wie sonst sind es die edelsten Erzeugnisse von Industrie und Gewerbe, die zur Schau gestellt werden: diesmal sind es Surrogate, Ersatzmittel auf allen Gebieten, die uns befähigen sollen durchzuhalten und die auf wirtschaftliche Aushungerung gerichteten Anschläge unserer Feinde zunichte zu machen … Der möglichst überall durchgeführte Grundgedanke ist, das Publikum nicht nur darüber aufzuklären, welche Ersatzmittel zu Gebote stehen, sondern die Konsumenten auch über Wert und Unwert der verschiedenen heute auf den Markt gebrachten Ersatzmittel aufzuklären. Neben den fertigen Erzeugnissen wird aber auch die fabriksmäßige Herstellung der Massenartikel vorgeführt werden, da wenigstens die wichtigsten Phasen der maschinellen Erzeugung dem Publikum an den in Gang befindlichen Maschinen, die in großer Zahl in den Ausstellungshallen ausgestellt sind, demonstriert werden sollen. Die Ausstellung zerfällt in drei Hauptgruppen, die Papiergewebeausstellung, die Lederersatzgruppe und die Gruppe Ernährung und Haushalt, denen sich noch in einer Sammelhalle kleinere Expositionen der Ersatzmittel für Metalle, Gummi, Harze, Brennstoffe, Schmiermittel u.s.w. anschließen …«[159] Das Hauptinteresse richtet sich auf die Nahrungsmittel, denn Sattwerden hat Vorrang. Man staunt, was heutzutage alles möglich ist, etwa entbittertes isländisches Moos als Mehlersatz, Nährhefe als Fleischersatz, etc. (siehe Taf. 07).

Man kann die Sache freilich auch mit Humor betrachten, wie der Feuilletonist Ludwig Hirschfeld: »Diese Geschichte endet merkwürdigerweise mit meinem Tode. Wodurch ich eigentlich so plötzlich weggerafft wurde, das ist mir vorläufig selbst noch nicht ganz klar, aber im Verlaufe der Begebenheiten wird es sich schon herausstellen. Meine Lebensweise kann unmöglich daran schuld gewesen sein. In meinen letzten Lebensjahren habe ich ein streng geregeltes und gewissenhaftes Dasein à la carte geführt, habe nur von Wochenabschnitten und mehr oder minder gekürzten Kopfquoten gelebt, und wenn es hoch herging, habe ich mich durch in Aussicht stehende Zuschübe abspeisen lassen. Ich war einer der wenigen, vielleicht der einzige Mensch in Oesterreich, der nie einen ungesetzlichen Bissen zu sich genommen und sich überhaupt in keiner Weise gegen die Vorschriften vergangen hat. Ich habe alles befolgt, beherzigt, versucht und gekostet, habe Sandalen und Papierwäsche getragen, Knochen gesammelt, Sacktücher hergegeben, mich von Brennesseln und Grundbirnen genährt und Buchenlaub geraucht. Manche der Vorschriften habe ich eingehalten, als sie längst ungültig waren, und erst bemerkt, daß sie außer Kraft gesetzt sind, als ich mich schon sehr schwach fühlte. Aber trotzdem glaube ich nicht, daß dies die Ursache meines vorzeitigen Ablebens ist, denn eine streng gesetzliche Lebensweise kann doch nicht ungesund sein? … Es ist jedenfalls sehr schade um mich, denn ich war der gewissenhafte und geduldige Verbraucher, wie er im Buche steht, nämlich in dem dicken Buche der Verordnungen, und ich fürchte sehr, jetzt ist gar niemand mehr da, der sie befolgt … schad' um mich. Einen großen Fehler habe ich ja gehabt: eine unselige Leidenschaft für Surrogate. Jedes neue Ersatzmittel mußte ich kosten und ausprobieren, und als Mitglied von sieben Konsumentenorganisationen hatte ich dazu reichlich Gelegenheit. An den Tagen, an denen mein Buchstabe oder meine Nummer an die Reihe kam, gelangten immer die interessantesten Dinge zur Abgabe: Stärkin, Labsal, Masol, Repasol, noch häufiger Putzpasta und Schmirgelin, als ob der Magen ein Ofentürl wäre. Und wenn ich mich einmal schon auf einen schmackhaften Gulaschwürfel mit Nockerlpastillen oder auf saftige Beefsteakpillen mit Spiegeleiern freute, hieß es gewöhnlich: für alle Mitglieder Essig … da war eben alles wieder Essig.

Und dabei war es mein beständiger Traum, einmal wenn schon nicht in Lebensmitteln, so doch in Ersatzmitteln schwelgen und eine üppige, hemmungslose Surrogatorgie feiern zu können. Das war, wie gesagt, meine unselige Leidenschaft, die in meinen letzten Lebenstagen zur fixen Idee ausartete und mir schließlich zum Verhängnis geworden ist. Nichts liegt mir ferner, als irgendjemand einen Vorwurf machen zu wollen, aber es läßt sich nicht leugnen, daß die einige Tage vor meinem Tode eröffnete Ersatzmittelausstellung mein Ende wesentlich beschleunigt hat. Schon die bloße Ankündigung versetzte mich in einen fieberhaft zitternden Zustand ungeduldiger Erwartung, und wie ein Verliebter seufzte ich den so neckisch abgekürzten Ausstellungsnamen vor mich hin: ›Ema, Ema!‹ Nachdem ich mich zu Hause durch eine aparte Jausenmischung, bestehend aus Rumintee, Teeimum, Trinkmichnicht und Laßmichstehen gestärkt hatte, eilte ich zum Praterstern hinunter. Beim Eingang war alles wie es ueberall ist, ganz uninteressant echt: eine Eintrittskarte aus Papier, ein hölzernes Tourniquet und ein lebendiger Diener aus Fleisch und Blut. Aber gleich in der ersten Abteilung, in der Halle für Ernährungswesen, da fühlte ich mich ungemein angeheimelt. Die Futtermittel für die Menschen und die Nahrungsmittel für die Tiere, die einander zum Verwechseln ähnlich sehen, sind in diesem Raum durcheinander ausgestellt, offenbar um dem Scharfsinn und Unterscheidungsvermögen der Besucher eine Aufgabe zu stellen. Hier wird man über manches belehrt und aufgeklärt. Wie nützlich es ist, Kirschkerne zu sammeln, um daraus Fett zu gewinnen, das fast nichts kostet, nur die Kirschen sind unerschwinglich. Wruken sind vorsichtshalber unter Glas und Rahmen ausgestellt, um sie vor begeisterten Ovationen zu schützen. Ein lesenswertes Kochbuch für Haferspeisen ist beim Diener erhältlich, Hafer bekommt man bei ihm nicht. Ungemein appetitanregend wirkt der Anblick des Kraftstrohs, das vorläufig leider nur für Pferde bestimmt ist. Aber das Herz ging mir erst auf, als ich vor der Vitrine mit den Zusatz- und Nährmitteln stand: Caphocal, Dotterol, Pipipi, Omlettin, Rindex, Gluckgluck, alles laut Analyse aus dem besten Teerfarbstoff, dem echtesten Kochsalz und der feinsten Gelatine hergestellt, woraus man wieder ersieht, wie bitter unrecht man den Surrogaterzeugern tut. Diese Leute bieten das Beste, was es im Leben, gibt: Illusionen, und darum ist es ungerecht, gegen die schön klingenden Namen der wertlosen Ersatzmittel zu eifern. Man muß diese Namen und die Anpreisungen nur richtig lesen und verstehen: macht mit Fleischin gute Suppen – wenn ihr könnt. Vom Umherwandern und Schauen ermüdet, langte ich schließlich in der Musterküche an. Hier werden die Geheimnisse und Vorteile des zeitgemäßen und rationellen Kochens demonstriert. Eine schwarzgekleidete und weißbeschürzte Musterköchin von tadelloser Bühnenwirkung hantierte im Hintergrund mit einem selig verklärten Lächeln[,] als ob es das schönste Köchinnenlos wäre, ausschließlich mit Surrogaten zu kochen.

Wenn frohe Reden sie begleiten, dann fließt die Arbeit bekanntlich munter fort, und deshalb erschien vorn an dem Vortragstisch eine Dame. Sie verpflichtete sich, so lang zu sprechen, bis das Probeessen fertig sei, aber es dauerte dann doch noch länger. Sie erzählte von dem neuen häuslichen Herdersatz, der Kochkiste, die man als Koch-, Kühl- und Waschapparat verwenden kann, eröffnete kühne Perspektiven, erweiterte Horizonte und sprach überhaupt ungemein gebildet und schmackhaft. Dabei gebrauchte sie wiederholt das rätselhafte Wort »Bakter i h n«, das sie konsequent auf der letzten Silbe betonte. Offenbar ist das ein neuer Bakterienersatz. Die Musterköchin hatte sich inzwischen mit einer Häkelarbeit anmutig zum Herd gesetzt, aber das Probeessen war noch immer nicht fertig. Vor lauter Erwartung und Hunger geriet ich in einen sonderbar irritierten, einen schwebenden und transzendenten Zustand, zuerst verlor ich die Geduld und schließlich das Bewußtsein. Aber nun wurde es erst schön. Die Besucher waren plötzlich verschwunden. Alle Surrogate wurden lebendig und stiegen in menschenähnlicher Gestalt aus ihren Vitrinen: das wohlgenährte Caphocal, der säuerlich anmaßende Salatfix, das selbstbewußte Stärkin, alle, alle kamen herbei und drängten sich um mich, und in ihrer Mitte sie, die Herrlichste von allen: Ema. Ein herrliches Wesen, von Kopf bis Fuß in Papier gekleidet und alles an ihr Ersatz und unecht. Die oder keine, sagte ich mir, denn ein Weib, das zugibt, daß alles an ihr falsch ist, so etwas suche ich schon lang, und nur die kann mich glücklich machen. Ich stürzte vor ihr nieder und fragte sie: ›Willst du meine Surrogattin werden?‹ und mit einem vernehmlichen ›Au!‹ sank sie an meine mit Stärkin schlecht gestärkte Männerbrust. Mit einem Kußfix besiegelte ich den Bund, dann ging es zu Tisch, zur Surrogatorgie, bei der Champagner- und Punschessenz und Moccain in Strömen flossen. Ich hielt eine großangelegte Rede, die so tiefsinnig und so geistvoll war, daß ich sie absolut nicht fassen und mir nicht merken konnte. Nur so viel weiß ich noch, daß ich die Anwesenden aufforderte, die Begeisterung dieser Stunde nicht verrauchen zu lassen, sondern sich zusammenzuschließen zu einer Zentrale in- und ausländischer Surrogatorgien oder kurz gesagt ›Ziago‹ Und alle wiederholten begeistert: ›Ziago!‹ ... Was weiter geschehen ist, das weiß ich nur aus den mir gewidmeten Nachrufen. Man fand mich am nächsten Morgen in der Musterküche bewußtlos auf. Ich war aus meiner tiefen Betäubung nicht erwacht, obwohl der Vortrag tatsächlich längst zu Ende war. Ich hatte mich ganz zusammengekauert in eine Kochkiste verkrochen und versucht, in dieser Haltung einen Aufsatz zu schreiben: die Kochkiste als Sommerwohnung, Eislaufplatz und Zufluchtsort in allen Lebenslagen. Er blieb leider unvollendet und wird als Fragment in meinem Nachlaß erscheinen. Ein herbeigerufener Arzt untersuchte mich und stellte akute Ueberernährung durch ungewollt reichliche Surrogatkost fest. Mit Labsal, Masol und Essigersatz versuchte man, mich in dieses heutige Leben zurückzurufen, welchen Bemühungen ich entschiedenen Widerstand entgegensetzte. Bald darauf gab ich ohne besondere Anstrengung meinen Geist auf. Meine letzten Worte waren Stärkin, Caphocal, Salatfix – Ziago.«[160]

Es wäre nicht Karl Kraus, würde das Thema Ersatzstoffe seine spitze Feder nicht in Gang setzen. Ihm hat es der Ei-Ersatz Dottofix besonders angetan. Die Vorahnung, dass es dieses Produkt geben würde, hätte womöglich den Krieg verhindern können. »… ja hätte doch ein Antidämon am 31. Juli 1914 (oder schon etwas früher) dem Grafen Berchtold[161] und dem Bethmann-Hollweg[162] zugeflüstert: Ei-Ersatz Dottofix! Sie hätten's nicht getan … Jetzt haben sie nur zwischen Ei-Ersatz Dottofix und Eier-Ersatz aus Schlemmkreide mit Backpulver die Wahl und wenn sie jenem nicht trauen und Zahnpulver-Ersatz nicht essen wollen, so bleiben ihnen nur die Hausmacher-Eiernudeln … Ach, die losgelassene Maschinenbestie wäre still gestanden, wenn einer Phantasie und Mut genug besessen hätte, vom Belt bis Banjaluka einen Ruf wie Donnerhall brausen zu lassen: Ei-Ersatz Dottofix!«[163]

Als wirkungsvoller als seine Schriftenreihe *Die Fackel* haben sich Kraus' Vorlesungen gegen den Krieg herausgestellt. Das frei gesprochene Wort kann sich eher der Zensur entwinden als das geschriebene. Diese Erfahrung macht er sich zunutze, und je länger der Krieg dauert, umso eindeutiger und gewagter werden seine Formulierungen gegen den Krieg. 46 Vorlesungen sind es bis 1918 insgesamt, der Zulauf ist enorm. Damit steigt die Gefahr, dass der laxe Umgang der Zensoren mit Kraus' Vorlesungstexten ein jähes Ende nehmen könnte. Tatsächlich wird im April 1918 Anzeige gegen ihn wegen defätistischer Vortragsweise erstattet. Es bleibt aber bei einer polizeilichen Vorladung und Verwarnung.

Ein unerträglicher Übelstand: die Wohnungsnot

Es kann nicht ausbleiben, dass der Krieg auch beim Wohnbau und auf dem Wohnungsmarkt alles auf den Kopf stellt. 80 Prozent der Bauarbeiter zur Armee eingezogen, das Baumaterial immer teurer, wenn überhaupt zu bekommen, steigende Löhne für noch verfügbare Arbeitskräfte und der Mangel an Fuhrwerken führen dazu, dass der Bau von Wohnhäusern fast gänzlich zum Erliegen kommt. Mit dem Bauboom vor dem Krieg ist es vorbei. Wohnraum wird knapp, obwohl so viele Männer eingerückt sind. Alles andere als rosig waren die Wohnverhältnisse Hunderttausender in Wien noch zu Friedenszeiten. Das Hausen in Mietskasernen mit lichtlosen Hinterhöfen, der Bassena am Gang, ebenso ein Gemeinschafts-WC pro Stockwerk sind für die Masse der Wiener eine Selbstverständlichkeit. Doch viele sind froh, überhaupt eine Wohnung zu haben, und sei es nur Küche – Zimmer – Kabinett oder gar nur Küche – Zimmer; auch dann, wenn sie wie üblich verwanzt ist. Immerhin sind auch diese Wohnungen an die Hochquellwasserleitung angeschlossen. Die Belagsdichte ist enorm, statistisch kommen auf jede Wohnung 4,2 Bewohner. Jeder achte ist Untermieter oder gar Bettgeher, zahlt also für ein vorübergehend frei verfügbares Bett in Ermangelung einer eigenen Unterkunft. Bei solchen Verhältnissen gibt es kaum einen Leerstand, im März 1918 wird er sogar gesetzlich verboten. Verständlich, werden doch in Wien 1918 gerade einmal 86 Wohnungen fertiggestellt!

Zu den Wohnverhältnissen kam noch ein wichtiges Problem hinzu: die Mietverträge. Sie waren üblicherweise kurzfristig, die Kündigungsfrist betrug zwei Wochen. Gekündigt werden konnte aus vielerlei Gründen, etwa dann, wenn Kinder auf den Gängen spielten, weil das durch die Hausordnung verboten war. Willkürlich war oftmals auch die Erhöhung der Miete. Das konnte der Hausherr nach eigenem Gutdünken beschließen. Und viele von ihnen machten davon bei jeder Gelegenheit Gebrauch, denn sie mussten den Kredit bei der Hypothekarbank zurückzahlen. 120.000 bis 130.000 Kündigungen jährlich wurden statistisch erfasst. Wohnungswechsel in eine günstigere, meist kleinere Wohnung war daher in Wien vor dem Krieg gang und gäbe. Mit dem Krieg ist das vorbei, auch wenn man denkbar wenig Hausrat und Möbel sein eigen nennt.

Der Krieg leitete auch hier eine neue, nachhaltige Entwicklung ein. Bürgermeister Weiskirchner und andere Kommunalpolitiker appellierten nach Kriegsbeginn an das soziale Gewissen der Hauseigentümer, die Situation nicht zum Schaden der Familien der Frontsoldaten auszunutzen – meist vergeblich. Im Gegenteil: so mancher Hausherr kündigte den Frauen von Eingerückten aus Furcht davor, diese könnten die Miete nicht mehr bezahlen. Eine Unterstützung der zurückgelassenen Frauen und ihrer Familien wurde unumgänglich. Die Gemeinde Wien gewährte den Betroffenen Mietzinsbeiträge von bis zu 60 Prozent der Gesamtmiete. Davon profitierten etwa 95.000 Familien der eingezogenen Reservisten. In den Genuss einer kommunalen Wohnungsfürsorge kamen ebenso andere in Not geratene Mieter und Arbeitslose. Die Gemeinde Wien richtete im Dezember 1916 ein eigenes Wohnungsamt ein, um die Wohnungsnot besser in den Griff zu bekommen. Auf Regierungsebene war das neu geschaffene Ministerium für soziale Fürsorge für das Wohnwesen zuständig.

Das allein kann freilich nicht genügen. Die Forderung nach einem Einfrieren der Mieten wird immer lauter. Entsprochen wird ihr 1917 durch ein Mieterschutzgesetz. Mieterhöhungen sind nur noch in bestimmten Fällen zulässig, im Zweifelsfall können Anträge dagegen beim örtlichen Mietamt oder beim Bezirksgericht eingebracht werden. Die Bescheide und Urteile gehen in den meisten Fällen zugunsten der Mieter aus. Die Hausherren sind empört. Sie wettern gegen die Einschränkung der Vertragsfreiheit, gegen den Eingriff in Eigentumsrecht. Doch es bleibt dabei. Der Mieterschutz wird im Jänner 1918

131

auf alle Wohnungen ausgeweitet, zwei Monate später der Leerstand verboten. Zu Beginn des Krieges standen in Wien noch mehr als 10.000 Wohnungen leer. Das änderte sich u. a. auch dadurch rasch, dass Zehntausende jüdische Flüchtlinge aus dem russisch besetzten Galizien nach Wien kamen.

Wer sich 1918 auf Wohnungssuche begibt, der lernt ein Wien kennen, das ihn mit Entsetzen, ja mit Ekel erfüllt:

»Von Wohnung zu Wohnung, eine trostloser, schmutziger, düsterer als die andere. Es gibt eigentlich viele Wohnungen, an jedem fünften, sechsten Haustor hängt ein Zettel. Aber jede hat einen anderen unerträglichen Uebelstand. Bei einer ist der Abort im Hofe, … bei einer anderen muß er mit drei Parteien geteilt werden und ist in fürchterlichen Zustand. Einen eigenen Abort habe ich in den vielen Wohnungen, die wir besuchten, ebensowenig gefunden wie Beleuchtungsvorkehrungen für Gas oder elektrisches Licht (um vom Vorzimmer oder gar Badezimmer ganz zu schweigen), harte Fußböden oder eine Küche, in der es wirklich licht gewesen wäre. In trüber Halbdämmerung müssen die Frauen auf winzigen Herden mit schlechtem Luftzug und holperiger Matte die Mahlzeiten bereiten und man darf sich nicht wundern, wenn diese Mahlzeiten schlecht, nachlässig, ungeschickt gekocht sind. Man müßte sich vielmehr wundern, wenn es einmal anders ist … Um gut zu kochen, rationell zu wirtschaften, muß eine Frau an Küche und Wirtschaft Freude haben. Wie kann sie das, abgeschnitten von Licht und Luft, mit dem Ausblick auf Gänge, in denen es nach faulem Kraut oder nach Unrat stinkt? Früher roch es in Proletarierhäusern zumeist nach Kohl, und wenn den zarten, parfümierten Damen der Geruch auch auf ›die Nerven fiel‹, so war er doch nicht widerwärtig. Der fade, ekelhafte Dunst, der einem jetzt, mangels der gesunden Kohlnahrung, entgegenschlägt, kann auch Abgehärtete mitunter zur Verzweiflung bringen … Der alte Hausmeister, der, die bloßen Füße in sehr interessanten Holzpantoffeln, die aus Böhmen stammen, vor uns hertrabte, tröstete uns gutmütig. ›Das gewöhnt man schon! Schau'n S', früher hab' i glaubt, es geht net ohne Tabak und jetzt rauch' i schon seit zwei Jahren den Wienerwald aus.‹ Das Zimmer ist in einem fürchterlichen Zustand. Die Wände mit dicken Schmutzkrusten bedeckt, der Fußboden verbrannt, alle Schlösser verdorben, die Fenster wackelig. Aber der Hausherr läßt nichts ›herrichten‹. Denn das Malen kostet fünfzig, sechzig Kronen, und wenn die Partei nach zwei Monaten auszieht, sieht es doch genau wieder so aus. Und umgezogen wird beständig, der Zins von sechsunddreißig Kronen wird bald der einen, bald der anderen Familie zu hoch, jetzt, da durch den Krieg viel schwerer Bettgeher und Zimmerherren zu finden sind. Ueberhaupt der Krieg! Von den fünfzig Parteien, die im Hause wohnen, sind zehn Familienväter und neun junge Burschen eingerückt. ›A ganzes Schippel. Aber z'ruck kommen's nit alle.‹«[164] (Eine ganze Menge, aber zurück kommen nicht alle) Also weiter zu Häusern,

132

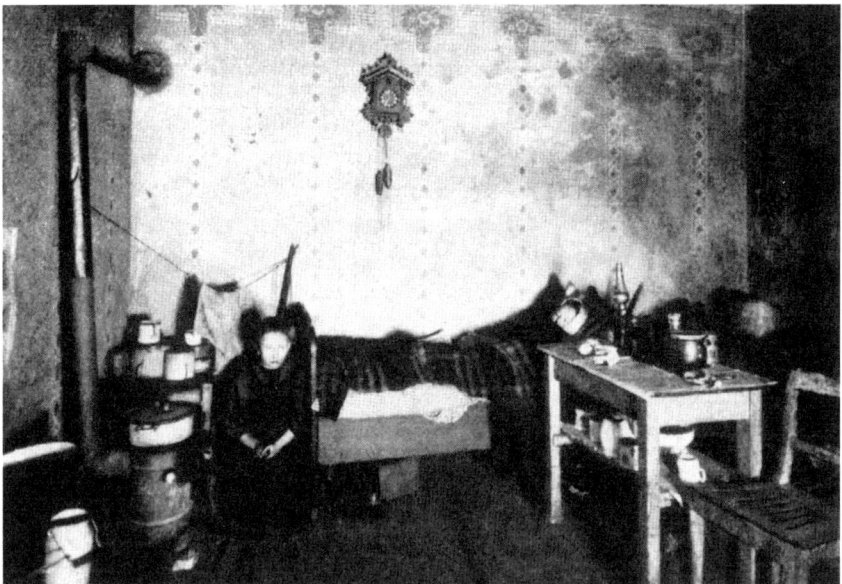

Abb. 40: Wohnraum für eine 6-köpfige Familie

die erst jüngeren Baudatums sind. Dort müsste es eigentlich besser aussehen. Aber weit gefehlt: »Die Treppenstufen ausgetreten oder ausgebrochen, die Tünche von den Wänden abgefallen, die Aborte verstopft und besudelt – Verwahrlosung auf allen Seiten. Und überall dieselbe Abgestumpftheit, dasselbe: »Da kann man eben nichts machen.«[165]

Im letzten Kriegsjahr haben Wohnungsnot und Wohnungsverhältnisse in Wien unerträgliche Ausmaße angenommen. Jeder verfügbare Raum wird für Wohnzwecke adaptiert, seien es Kellerabteile, Geschäftsmagazine und Lagerräume ohne Fenster, ohne elektrisches Licht oder Gasbeleuchtung, und natürlich ohne WC. Da müssen die Bewohner notgedrungen mit einem Kübel vorlieb nehmen … Lieber auf Dauer in ein billiges Hotel gehen, da ist man noch besser dran, überlegt da der Wohnungssuchende. Die Dauermieter in Hotels bringen freilich eine neue Not hervor: Reisende, die in Wien übernachten wollen, finden trotz stundenlanger Suche kein Quartier, denn Hotels werden auch zur Unterbringung von Offizieren und Soldaten requiriert. Andere sehen keine andere Möglichkeit, als brachliegendes Land zu besetzen und sich dort anzusiedeln. Ein Kleingartenheim oder wenigstens eine Holzhütte, rasch zusammengezimmert, bieten den notdürftigsten Schutz. Die Zahl der wilden Siedler geht mittlerweile in die Hunderttausende – ihre Aktionen werden von den städtischen Behörden stillschweigend geduldet.

Schwedische Holzhäuser für Wien! Davon verspricht man sich eine Entspannung auf dem Wiener Wohnungsmarkt. Die Gemeinde beabsichtigt, solche Häuser mit schwedischer Möblierung von schwedischen Arbeitern in Hietzing (13. Gemeindebezirk) errichten zu lassen, durchgeführt von einem österreichischen Unternehmen. Einige Arbeiter aus dem neutralen Land sind bereits in Wien eingetroffen. Zunächst sollen acht solche Häuser »zur Probe« aufgebaut werden. Transport und Aufstellung versprechen aufgrund des leichten Materials und des einheitlichen Bautyps, wenn auch in verschiedenen Größen, keinerlei größere Schwierigkeiten. Entscheidend wird allerdings die Kostenfrage sein: »Die vervielfachten Kosten von Bauholz und anderen Materialien und die mindestens ebenso vervielfachten Transportspesen und Transportschwierigkeiten werden die Verpflanzung der unbestreitbar sehr praktischen und schmucken schwedischen Holzhäuser nach Oesterreich nicht erleichtern. Mit der Einführung eines neuen Spielzeugs für bürgerliche Snobs aber wäre der Sache der durch den Krieg so erschwerten Wohnungsreform nicht gedient«, bezweifelt die *Arbeiterzeitung* einen breitenwirksamen Effekt des Projekts.[166]

Überhaupt sollte man von überkommenen Wohnvorstellungen abgehen, finden fortschrittliche Architekten. Bürgermeister Weiskirchner und Sozialminister Mataja erwärmen sich für das Projekt, Wohnhäuser mit Gemeinschaftsküchen auszustatten. Denn ist ökonomisch, dass jede Wohnung über eine eigene Küche verfügt? Eine zentrale Küche für etwa 50 Familien wäre wohl viel praktischer und Kosten sparend. Tatsächlich geht man daran, die Idee zu verwirklichen: in der Josefstadt (8. Gemeindebezirk) Kochgasse 20 / Laudongasse 20–22, und in Rudolfsheim-Fünfhaus (15. Gemeindebezirk), Holochergasse 45. Und wie wird das mit den Kriegsheimkehrern? Wo wird man sie bei dieser Knappheit an Wohnraum in Wien unterbringen? Diese Frage beschäftigt die Politik mehr denn je, denn nach den Friedensverträgen im Osten ist sie aktuell geworden. Die Rückkehr der aus der Kriegsgefangenschaft Freigekommenen geht allerdings sehr langsam vor sich. In den zuständigen Stellen ist man darüber klammheimlich erleichtert, damit sinkt der Druck für rasches Handeln. Es werden Pläne ausgearbeitet, sogenannte Kriegerheimstätten zu errichten: kleine Häuser mit einem Stück Grünland zum Eigenanbau. In Aspern (damals 21., heute 22. Gemeindebezirk) wird ein Grundstück angekauft. Es wird viel Propaganda gemacht um das Projekt, verwirklicht wird davon aber nichts. Der Zusammenbruch des alten Reiches lässt es nicht mehr zu.

Für die Sozialdemokraten sind all diese Planungen untauglich. Sie fordern den kommunalen Wohnbau. Die Gemeinde Wien soll sich selbst als Bauherr engagieren. Das wäre die beste Garantie, den Wohnungsbau nicht rücksichtslosen Profiteuren zu überlassen, sondern als sozialpolitische Aufgabe aufzufassen. Die herrschenden Christlichsozialen haben bisher alle Versuche in diese Richtung abzuwürgen gewusst. Einzig aus parteipolitischem Interesse, gehören doch die Hausherren zu einer ihrer wichtigsten Klientel. Sie durfte man auf keinen Fall verprellen. Es wird also eine Änderung der Mehrheitsverhältnisse im Gemeinderat notwendig sein, um auch die Wohnbaupolitik von Grund auf neu zu gestalten. Die Chancen für die Sozialdemokratie stehen gut. Die Mehrheit der Christlichsozialen beruht nämlich immer noch auf dem ungerechten Klassenwahlrecht. Es lässt sich voraussehen, dass nach dem Krieg auch auf Ebene der Gemeinden das allgemeine und gleiche Wahlrecht – diesmal unter Einschluss der Frauen – eingeführt werden wird. Eine sozialdemokratische Mehrheit im Gemeinderat ist dann sehr wahrscheinlich, das zeichnete sich schon vor dem Krieg ab.

Ein einziger Hindernislauf: der Hausputz

Ob groß oder klein, ob mit oder ohne Dienstmädchen: die Wohnung muss geputzt werden, besonders vor Ostern ist bei pflichtbewussten Hausfrauen »Gründlichmachen« angesagt. Aber das ist leichter gesagt als getan, wie die leidvollen Erfahrungen einer Hausfrau deutlich machen: »Die Erde kann im Weltenraum versinken – das ist ihre Sache. Aber die Fenster müssen vorher geputzt sein. Gegen dieses Grundgesetz wird keine Hausfrau sündigen. Zwei Wochen vor Ostern werden wir alle rebellisch. Freilich ist das Fensterputzen heutzutage keine einfache Sache. Der schöne große Schwamm, eine Erinnerung an Südistrien, wo ich ihn vom Schwammfischer erstanden hatte, ist allmählich mehr ›Loch‹ als Schwamm geworden, und die Nachthemden meines Mannes, die sonst immer die ›harten Tücher‹ lieferten, haben eine so bedeutende Verlängerung ihrer Dienstpflicht erfahren, daß fürs Fensterputzen kein Nachwuchs vorhanden ist. Mein Bartwisch – der Himmel weiß, wie dergleichen ›auf gebildet‹ heißt – und die Zimmerbürste bestehen aus Holz und gutem Willen, und das Bodentuch habe ich im Winter zu warmen Gamaschen verarbeitet und der Ausreibfetzen ist eigentlich nur noch eine schöne Idee. Er ist fadenscheinig wie der Friedenswille der Deutschbürgerlichen. Auch sonst gibt es nicht wenig Hindernisse. Die Vorhänge müssen gewaschen werden, aber die Seife reicht nicht einmal für den Tagesbedarf. Ein eifriges Schachern, Tauschen und Teilen beginnt im Hause. Der einzige Waschtrog, der nicht rinnt, wird gegen Ueberlassung von Wäscheleinen, Kannen, Abstaubern verliehen. Der Kampf gegen den Staub wird von einer geschlossenen ›Einheitsfront‹ besorgt. So läßt er sich siegreich durchfechten. Viel schwieriger ist es mit den notwendigen Verbesserungen im Haushalt. Das Rouleau ist zerrissen und alle alten Schlußbänder genügen nicht mehr, es zusammenzuhalten. Der Preis für neue Bänder aber ist für

135

Nicht-Kriegsgewinner unerschwinglich. Das Speckwurstmuster des Terrazzo in der Küche zeigt bedenkliche Vertiefungen, über die der Ortsunkundige leicht zu Falle kommt – es nützt nichts, der Hausherr lehnt energisch jede Reparatur ab. Die Decke über dem Herd ist schwarz wie Ebenholz, nur weniger glänzend. Außerdem bröckelt die Tünche langsam aber sicher ab, so daß beim Kochen immer Splitter ins Essen träufeln, was zwar einen Einbrennersatz abgibt, aber durchaus nicht gut schmeckt. Trotzdem muß die Sache bleiben, wie sie ist. Denn der Versuch, die Küche mit Hilfe eines jungen Lehrlings, der im Hause wohnt, zu ›weißigen‹, scheiterte an der Schwierigkeit der Materialbeschaffung und an den gigantischen Preisen für Pinsel, Holzschaff und andere Kleinigkeiten, die früher kaum der Rede wert gewesen sind. Also verzichtet man auch darauf und beschränkt sich damit, den noch vorhandenen Besitz sauber zu putzen und einzuräumen. Aber als ich an die Lade mit meines Mannes Zivilkleidern komme, kann ich mich der Tränen nicht erwehren Es ist das viertemal – das viertemal! –, daß ich die blaue Krawatte mit den weißen Tupfen wieder unbenützt in den Kasten legen muß. Sie war der Stolz des Sommers 1914 und kam nur an Sonntagen hervor. Nun wird sie wohl ganz verschossen sein, ehe sie wirklich getragen war. Auf dem Boden kniend, die Halsbinde in der rechten, ein aus zerrissenen Beinkleidern hergestelltes Staubtuch in der linken Hand, so findet mich meine Nachbarin. Ich brauche ihr nichts zu erklären, auch ihr Mann ist seit Jahren eingerückt. Sie nickt vor sich hin. Aber dann sagt sie aufmunternd: ›Gehn S', helfen S' mir lieber die Bettdecken klopfen. Wir werden uns denken, es sind die Kriegshetzer.‹ Wir bewaffnen uns mit zwei ›Prackern‹. Und ich kann ruhig sagen: die Decken sind gut geklopft worden.«[167]

Nötigen einem diese Schilderungen einer geplagten Hausfrau noch ein Schmunzeln ab, so vergeht einem das, wenn man den ungeschminkten Bericht einer Wiener Hausfrau liest. Marie Koch aus der Neustiftgasse 75 (7. Gemeindebezirk) schreibt: »Wir leben jetzt wie die Tiere in finsteren, ungeheizten Wohnungen, die wir verschmutzen lassen müssen, da es uns an Reinigungsmaterial mangelt. Wir selbst sind ungepflegt, denn oft monatelang gibt es keine Seife zu kaufen; wir sparen mit der Leibwäsche, weil es weder Seife, noch Kohle gibt und für die Wäscherei ausser dem Hause reicht kein Geld. Wir können uns auch kein regelmässiges Bad aus denselben Gründen gönnen ...«[168] Wie überhaupt soll man ausreichend Körperpflege betreiben, sind doch Wasserkessel, Wannen und Badeöfen längst zugunsten der Metallsammlungen zu Kriegszwecken abhanden gekommen. Da bleibt einem nichts anderes übrig, als eines der städtischen Brausebäder aufzusuchen, die als »Tröpferlbad« wegen des oft geringen Wasserdruckes bekannt sind. Freilich muss man damit rechnen, dass die löbliche Absicht der Körperhygiene am Schild »Wegen Kohlemangels geschlossen« scheitert. Selbst an der einst so glänzenden Ringstraßenwelt hinterlässt

Abb. 41:

der Krieg seine schmutzigen Spuren. Es fehlt an den Putzbrigaden, die einst regelmäßig für Sauberkeit sorgten. Die Männer sind im Krieg, die Frauen mit dringlicheren Aufgaben betraut. Dort, wo sich einst die Sonne in Tausenden blank geputzten Fensterscheiben der Paläste der Neureichen spiegelte, sind jetzt die Fenster erblindet. Die Glasdächer über den Innenhöfen können nicht mehr gesäubert werden. Je länger der Krieg dauert, umso fahler fällt das Licht durch das verschmutzte Fensterglas. Wahrlich eine trübe Zeit!

Wann kommt er endlich?: der Mistbauer

Schon vor dem Krieg gab es viel Kritik an der Müllabfuhr in der Zwei-Millionen-Stadt Wien. Nicht anders als im Vormärz machte der Mistbauer die Runden mit seinem Pferdefuhrwerk, um zu bestimmten Zeiten mit ankündigendem Glockengebimmel in der jeweiligen Straße den Hausmüll einzusammeln und auf eine der Deponien zu befördern. Insgesamt ineffizient und allen hygienischen Erfordernissen Hohn sprechend. Es konnte nicht ausbleiben, dass die Zustände im Krieg schlimmer würden durch Mangel an Männern und Pferden, im Winter durch Schneemassen. Da der Mistbauer oft drei Wochen lang ausbleibt, landen Kehricht, Asche und diverses Gerümpel auf der Straße, türmen sich zu immer größeren Haufen auf. Dieser Missstand beschränkt sich nicht nur auf Seitengassen. Vor und in Parkanlagen stößt man auf diesen Unrat, der im Frühjahr zu einem Anziehungspunkt für Fliegen, aber auch Ratten und Mäusen wird. Freilich hat sich seine Zusammensetzung durch den Krieg merk-

137

lich verändert. Knochen findet man nicht mehr darin, die braucht die tüchtige Hausfrau für Seifenerzeugung in Eigenregie. Ebenso wenig Metallstücke, die längst für kriegerische Zwecke eingesammelt wurden. Auch Küchenabfälle werden nun sorgfältig aufbewahrt. Bleibt der Mistbauer aus, so greift man zur Selbsthilfe. So werden dunkel verhüllte Frauengestalten immer öfter des Nachts gesichtet, die klammheimlich ihren Mistkübel im Schnee entleeren. Waren früher die städtischen Gärtner bereit, die Küchenabfälle einzusammeln, um sie auf den Komposthaufen zu werfen, so ist auch dieses Entgegenkommen vorbei, seit der Mist hauptsächlich aus Schlacke besteht. Alle Versuche, das Problem Müllabfuhr einer modernen Lösung zuzuführen, sind bisher gescheitert. Uneinheitliche Kompetenzen zwischen Stadtregierung und Bezirksvorstehungen sowie unwillige Hausherren sind schuld daran. »Wir können, wir wollen es nicht glauben, daß die Wiener Hausherren größeren Gefallen an dem Mistbauer als an den Wohnungsstandgefäßen haben, die künftig den Kehricht aufnehmen und der Verbrennung zuführen sollen. Werden Kosten verursachen, die neuen Apparate – zahlen werden ja doch nur die Hausparteien und nicht die Hausherren. Herr Stadtbaudirektor! Läuten Sie endlich dem Mistbauer das Zügenglöcklein!«[169]

Zu wenig Kohle, zu wenig Petroleum: das dunkle Wien

»… ein Meer von Licht strahle aus dieser Stadt und neuer Fortschritt gehe aus ihr hervor.« Das waren die verheißungsvollen Worte, die Kronprinz Rudolf bei der Eröffnung der Elektrischen Ausstellung in Wien 1883 sprach. Eine Rede voll Zukunftsoptimismus, nicht nur was den technischen Fortschritt in Form der Elektrizität betrifft. Mit der öffentlichen elektrischen Beleuchtung Wiens ging es danach aber nur langsam voran. Das änderte sich erst durch den Bau des kommunalen Elektrizitätswerkes. Ab 1903 wurden die Ringstraße, Plätze der Innenstadt sowie die großen Radialstraßen durch hohe Lichtbogenmaste in bisher ungewohnte Helligkeit getaucht.

Und auch bei der Gasbeleuchtung konnte durch den Auer-Glühlichtbrenner eine entscheidende Verbesserung erzielt werden. Er leuchtete fünf Mal heller als der bisher übliche Schmetterlingsbrenner – und das bei gleichem Gasverbrauch. Wien ging also, so schien es, einer lichterfüllten Zukunft entgegen. Der Weltkrieg machte diesem Optimismus auf brutale Weise ein Ende. Von nun an hieß es eisern sparen, denn Kohle, notwendig für die Produktion von Gas und Elektrizität, war knapp geworden. Wo immer es ging, entfernte man entbehrlich erscheinende Laternenköpfe, um die Zahl der Kandelaber zu halbieren. Auch der Bereich um die Hofburg blieb davon nicht verschont.

Abb. 42: Bogenlichtmaste vor der Wiener Hofoper

1918 ist Wien eine dunkle Stadt, symbolhaft für eine dunkle Zeit. Zahlreich sind die Klagen über diese Zustände, die das Leben jedes Einzelnen erschweren, auch weil sie der Kriminalität Vorschub leisten. »Die Schwierigkeiten der Materialbeschaffung, die riesig gewachsenen Kosten, ja die förmliche Unersetzbarkeit einzelner Bestandteile zwingen nebst dem Personalmangel zu weiter andauernder größter Einschränkung der Beleuchtung auf Kriegsdauer … Für die weitere Zukunft bleibt das Sparen die Parole. Die Einschränkungen der Ladenbeleuchtung, die gänzliche Aufhebung der ›Reklamebeleuchtung‹ müssen beibehalten bleiben«, heißt es von Behördenseite.[170] Doch wird der Druck aus der Bevölkerung derart stark, dass die Direktion der städtischen Gaswerke Abhilfe verspricht. Die Straßenbeleuchtung soll besser und gleichmäßiger verteilt werden. »Je nach Bedarf werden da oder dort die halbnächtigen in ganznächtige Flammen umgewandelt oder umgekehrt, zu dunkle Straßen etwas heller beleuchtet, während dort, wo anderseits eine Laterne entbehrt werden kann, die Beleuchtung für eine andere Partie erübrigt wird, die lichtbedürftiger ist. An besonders verkehrsreichen Punkten, wie im 7. Gemeindebezirk in der Neubaugasse, Gumpendorfertraße usw., sind bereits verstärkte Lampen in Verwendung, die sich sehr gut bewähren und nach dem System des Hängelichtes eingerichtet sind.«[171] Schon vor Kriegsbeginn hat man begonnen, händisch zu bedienende Gaslaternen durch selbst zündende und selbst verlöschende Lampen zu erset-

139

zen. Die neuen Modelle sind mit einer Kontrolluhr ausgerüstet, die auf eine bestimmte Stunde eingestellt wird, sich dann selbst entzündet und auch wieder automatisch auslöscht. »Die vorläufig bloß versuchsweise eingeführten Systeme haben sich gut bewährt, und man rechnet mit einer Vermehrung der automatischen Laternen. Namentlich außerhalb belebter Stadtteile, an der Peripherie und im Prater werden derartige Laternen aufgestellt werden.«[172]

Wien ist noch immer auf Laternenanzünder angewiesen, vor allem in den Nebenstraßen und -gassen der Vorstädte sind sie unentbehrlich. Längst hat man sich daran gewöhnt, dass immer öfter Frauen diese Aufgabe übernommen haben. 120 sind es 1918 schon, mit einer weiteren Steigerung wird seitens der Gaswerke gerechnet. »Ueber die Zukunft der Wiener Straßenbeleuchtung im Frieden und insgesamt läßt sich derzeit wohl nur sagen, daß das jetzige System der Auer-Strumpfbeleuchtung noch durch kein anderes mögliches ersetzt ist, und daß auch die elektrische Beleuchtung in ihren verschiedenen Variationen neuer Systeme weiterhin eine steigende Rolle für die großstädtischen Bedürfnisse behaupten dürfte.«[173]

Ist man bei seinem Wohnhaus in der Dunkelheit heil zu später Stunde angekommen, so wartet neues Ungemach. Der Hausmeister kann einem nicht über die Stiege »heimleuchten«, denn Kerzen sind Mangelware. Gerade einmal beim Haustor verbreitet seine Laterne etwas Licht für ein paar Momente. Dann verschwindet er, trotz Sperrsechserl missgelaunt über die Störung, in seiner Wohnung. Hinaufbegleiten gehört nicht zu seinen Aufgaben. Und so bleibt dem Spätheimkehrer nichts anderes übrig, als im Stockdunkeln vorsichtig Stufe für Stufe zu nehmen und sich zur hoffentlich richtigen Wohnungstür heranzutasten. Wahrhaft ein Abenteuer! »Es werde Licht« durch Drehen eines Schalters ist vielfach nicht möglich. Obwohl elektrisches Licht kein Luxus mehr ist und auch schon in Arbeiterwohnungen Einzug gehalten hat, ist man in den meisten Wiener Häusern und Haushalten noch auf Petroleumbeleuchtung angewiesen. Auch hier wird das Bezugskartensystem eingeführt, mit Februar 1917 gilt die Rayonierung, daran gekoppelt ist die Kerzenkarte. Doch gerade Petroleum ist rar. Hoffnungen auf eine gesteigerte Zufuhr aus den rumänischen Erdölfeldern nach dem Friedensschluss mit dem besiegten Kriegsgegner haben sich als illusorisch herausgestellt. Der Bedarf der Armee und der Eisenbahn hat bei der Zuteilung des wichtigen Rohstoffes absoluten Vorrang, für die Zivilbevölkerung bleibt ein unzureichender Rest. In Friedenszeiten wurden nach Angaben der Kriegswirtschaftlichen Kommission 36 bis 40 Prozent Rohöl für Leuchtpetroleum verarbeitet, nun sind es bloß 15 Prozent. Dazu kommt, daß von den ohnehin geringen Mengen auch an Deutschland im Tausch gegen Lebensmittel Petroleum abzuliefern ist. Strengstes Sparen ist daher geboten, auch im Sommer, damit man für den kommenden Winter Reserven anlegen kann: »Das bedingt wie im vorigen Jahre eine wesentliche Einschränkung des Petroleumsverbrauchs in den Sommermonaten (14. April bis 31. August 1918). Das Handelsministerium beabsichtigt daher, die Abgabe von Petroleum zur Beleuchtung von Privatwohnungen während dieser Zeit im wesentlichen einzustellen und Petroleum in dieser Zeit nur an die für den Heeresbedarf arbeitenden industriellen und gewerblichen Betriebe, an Unternehmungen, die aus betriebstechnischen Gründen auf die Nachtarbeit angewiesen sind, sowie an solche Handwerker und Heimarbeiter, die der Petroleumbeleuchtung zur Erwerbung ihres Lebensunterhaltes nicht entraten können, abzugeben, ferner im Ausmaß des strengsten Bedarfes an Aemter, öffentliche Anstalten und landwirtschaftliche Betriebe, an Krankenhäuser, Siechenhäuser und Gefangenenlager. Auch für die Deckung des unabweislichen Petroleumbedarfes der aus Sicherheits- und Verkehrsrücksichten gebotenen Beleuchtung von Straßen, Stiegen etc. wird Vorsorge getroffen werden. Schließlich soll auch ein bescheidenes Petroleumquantum für Aushilfen in besonderen Notfällen reserviert werden.«[174]

Abb. 43: Gaskandelaber mit Auer Glühlicht

Wie schwierig es ist, an das nötige Quantum Petroleum für den eigenen Haushalt zu kommen, wird durch das System der Petroleumsbezugskarten deutlich. Mit 17. Februar 1918 tritt eine Neuregelung in Kraft: »1. Petroleumbezugskarten für Waschküchen (grau); 2. Petroleumbezugskarten für Geschäftslokale (grau mit rotem Aufdrucke: ›Nur für das Geschäftslokal Nr ...‹ 3. Petroleumsbezugskarten für Heimarbeiterwohnungen (grau mit rotem Aufdrucke: ›Nur für die Heimarbeiterwohnung Nr ...‹ und mit einem roten Aufdrucke für den Kerzenbezug); 4. Petroleum- und Kerzenbezugskarten für Wohnungen (orange); 5. Petroleum- und Kerzenbezugskarten für Aftervermietung (rosa). Petroleumbezugskarten für die Hausbeleuchtung wurden bereits am 5. Januar mit der Gültigkeitsdauer bis 3. August ausgegeben. Die ad 1 bis 5 genannte[n] Petroleumsbezugskarten werden nur an die mit solchen Karten bereits beteilt gewesenen Parteien gegen Vorweisung der bisherigen Bezugskarte ausgegeben. Die Ausgabe der Petroleumbezugskarten findet bei den zuständigen Brot- und Mehlkommissionen statt, und zwar für die

141

Bewerber mit den Anfangsbuchstaben des Familiennamens A bis G am 14., H bis Q am 15., O bis Z am I6. d. M. und zwar in der Zeit zwischen 8 Uhr früh und 11 Uhr vormittags und 2 bis 5 Uhr nachmittags.«[175]

Bei diesen Zuständen kann man die Sommerzeit kaum erwarten – endlich länger Licht! »Seit ganz kurzem haben wir in Wien wieder Nachtcafés. Das verdanken wir natürlich der Sommerzeit. Seit die Behörde wie Josua vor Ajalon der Sonne Stillstand geboten hat, wird es den Kaffeesiedern gestattet, ein wenig für das Nachtvergnügen ihrer Gäste zu sorgen. Man kommt sich beinahe wie ein ›Drahrer‹ vor: Man darf bis 12 Uhr nachts aufbleiben. Und vergißt, daß dies einmal die Normalzeit des Schlafengehens war. Wien ist seit wenigen Tagen beinahe wieder zur Großstadt zurückgekehrt, der Nachtwächter blickt nicht mehr Punkt 11 Uhr in alle Türen und schaut nach, ob die Leute brav und sittsam zu Bette gegangen sind. Man sieht um die mitternächtliche Stunde noch Leute auf der Straße, und würde der Laternenanzünder nicht die wenigen Lampen, denen man die Straßenbeleuchtung gestattet hat, abdrehen, man könnte wirklich an friedliche Verhältnisse glauben.«[176]

Not kennt kein Gebot: die Kriminalität

In Zeiten großer Not wächst bei Bedrängten die Neigung, das eigene Dasein durch Sprengung aller Konventionen und Gesetze zu sichern. Kriminelle Energie wie nie zuvor wird frei und macht sich im Wien der Kriegsnot wie ein Flächenbrand breit. »Das schlimmste Symptom der Massenverelendung ist aber die Zunahme der Kriminalität. Jeden Tag kann man jetzt in ganz Oesterreich vor Gericht brave Familienväter sehen, die in Ehren grau geworden sind, die ihr Leben lang Weib und Kind ehrlich ernährt haben, die mit der Polizei und den Gerichten nie etwas zu tun hatten und jetzt wegen Diebstahls von Nahrungsmitteln angeklagt und verurteilt werden! Hunderttausende sind heute nicht mehr imstande, durch redliche Arbeit ihre Familie zu ernähren; Tausende von ihnen erliegen der Versuchung, vom Ueberfluß anderer zu nehmen, um den Hunger ihrer Kinder zu stillen! Der Krieg hat uns zurückgeworfen in die längst schon entschwundene Zeit, in der Arbeit, Elend und Verbrechen eng beieinander wohnten; es gibt keine furchtbarere Anklage gegen die Zeit, in der wir leben …«, beklagt die *Arbeiterzeitung*.[177]

Gaunereien sind zum Alltag geworden. Es sind Trickdiebe, die mit vorgetäuschter Hilfsbereitschaft sich vornehmlich Bahnhöfe zu ihrem Revier erkoren haben. Sie bieten sich Reisenden an, ihnen die Fahrkarten ohne Anstellen zu verschaffen, lassen sich den Fahrpreis geben und verschwinden flugs in der Menge. Für arme Leute, die allzu gutgläubig sind, bedeutet das oft den Verlust

142

ihres gesamten Bargelds. Merkwürdig ist es auch, daß täglich zahlreiche leicht-
gläubige Personen auf typische Hochstapeleien hineinfallen. Besonders beliebt
sind noch immer die Lebensmittel- und Bedarfsartikelschwindeleien. Die Be-
trüger versprechen, gegen Bezugsschein Fleisch und andere Lebensmittel aus
ihnen bekannter Quelle zu liefern. Sie melden sich bei ihren Auftraggebern nie
wieder. Diebe machen immer weniger vor Kirchen halt, geweihte Gegenstände
sind für sie kein Tabu. Jeglicher Altarschmuck ist bei Bauern sehr gefragt – ein
ideales Geschenk, um sich deren Gunst zu sichern. Immer mehr gefragt sind
auch leinerne Altartücher und Decken auf dem Antependium. Landpfarrern
wird deshalb zu besonderer Vorsicht geraten.

An vorderster Stelle der Kriminalität stehen die Einbrüche. Es vergeht kaum
ein Tag, an dem es nicht über solche Fälle zu berichten gibt. Dachböden, Kel-
ler, ganze Wohnungen werden leergeräumt, zumeist von organisierten Banden.
Besonders leerstehende Villen und Sommerwohnungen sind gefährdet. Etwa 90
Prozent solcher Objekte sind betroffen. Mit verblüffender Dreistigkeit hausen
Kriminelle in den erbrochenen Häusern auf längere Dauer, richten regelrechte
Werkstätten zur Bearbeitung des Raubgutes ein, verheizen zuweilen auch die
Holzfußböden. Die »Allgemeine Versicherungsgesellschaft gegen Diebstahl«
verzeichnete im Frieden 60 Deliktmeldungen pro Woche, jetzt sind es etwa 170,
cirka die Hälfte davon entfällt auf Wien. Diebstahl zahlt sich aus, denn in Zeiten der Not ist alles gefragt, kann somit auch alles an den Mann gebracht werden, ohne Nachfrage, woher die angebotene Ware stammt. Der Hehlerei sind
Tür und Tor geöffnet. Wer in kleinen Mengen an Private verkauft, hat praktisch
nicht zu befürchten, von der Polizei erwischt zu werden. Begünstigt wird die
Einbruchskriminalität durch die stark reduzierte Beleuchtung der Straßen. So
kann es durchaus vorkommen, dass Passanten auf offener Straße ihrer Kleider
und Wertsachen beraubt werden. Im Visier der Kriminellen stehen aber an erster Stelle Post-, Bahn- und Frachtgut. Hier wird ein 100-prozentiger Anstieg
gegenüber Friedenszeiten registriert.

Der sprunghafte Anstieg der Eigentumsdelikte hat Auswirkungen auf die
Justiz. Richter und Staatsanwälte kommen mit der Bearbeitung der zahlreichen
Fälle kaum nach. Beschuldigte müssen deshalb Monate in Untersuchungshaft
ausharren, bis ihr Verhandlungstag feststeht. Auffällig ist, dass vor allem Hilfsarbeiter und Soldaten mit dem Gesetz in Konflikt geraten. Allgemein klagt
man über die Verrohung breiter Bevölkerungskreise durch die Kriegsnot und
die Vernachlässigung der Jugenderziehung. Ein Justizexperte weist aber darauf
hin, dass die Notlage der Angeklagten gar nicht so im Vordergrund steht wie
oft angenommen. Es sei vielmehr die Aussicht auf leichten Gewinn und großen Gelderwerb, der jetzt eine Hauptrolle spiele. »Der Diebstahl ist rentabler,
der Anreiz größer. Diesem erhöhten Anreiz gegenüber reicht die Stärke der

ihm vom Staate entgegengesetzten Hemmungen nicht aus.«[178] Mit der Flut an Verordnungen und Kriegsgesetzen hat man so gut wie nichts erreicht, bedienen sich doch auch Behörden und Ämter des Schleichhandels. Es genügt, sich bei einer dieser Stellen als Schleichhändler unentbehrlich zu machen, so erreicht man für sich eine Position, die einen de facto unangreifbar macht. In der Erfindung von Ausnahmebestimmungen sind dann die befassten Sachbearbeiter sehr erfindungsreich.

All diese Delikte sind noch relativ harmlos gegenüber den immer öfter vorkommenden Schießereien in Wiens Straßen. Schüsse von Verfolgern und Verfolgten durchgellen die Stille der Vorstadtstraßen. In ihrem Mittelpunkt steht ein Mann, dessen Name im Wien des Ersten Weltkrieges jedem ein Begriff ist: Johann Breitwieser, besser bekannt als Breitwieser Schani.

Sein Name löst bei den einen blankes Entsetzen, bei anderen schaurige Wonnen, ja höchste Bewunderung aus. Da ist einer, der sich etwas traut, ohne Angst vor dem Gesetz und seinen Wahrern, ohne Rücksicht auf Verluste. Schon als Kind hat er, 1891 geboren, die ganze Trostlosigkeit im Alltag des Vorstadtproletariats am eigenen Leib erfahren. Das Wenige, das da war, musste der Schani mit 15 Geschwistern teilen. Draußen in Meidling, im berüchtigten Gatterhölzl, das schon im Mittelalter als Unterschlupf für lichtscheues Gesindel galt. Hier hatten der gefürchtete Hans Auffschring und seine Spießgesellen ihr Unwesen getrieben. Als Breitwieser ins Alter kommt, in dem sich ein Bursche für Mädchen interessiert, holt er sich einen Korb. Mit einem in einem derart abgerissen Anzug würde sie niemals gehen, gibt ihm die Umworbene zu verstehen. Nein, zum Lumpenproletariat will er nicht gehören, der Schani. Lieber Einbrechen gehen, als diese Schmach zu ertragen. Er ist gerade 15 Jahre alt, als er auf seinen ersten Einbruch mitgeht. Es lohnt sich für ihn, einen anständigen Anzug kann er sich jetzt kaufen. Als Schlosserlehrling ist er geradezu prädestiniert für Einbrüche, zudem ist er technisch sehr begabt. Er hätte das Zeug gehabt, im Zivilberuf Maschinenbauingenieur zu werden. Aber dazu war kein Geld vorhanden, schon gar nicht von seiner Mutter, die als Wäscherin ihrer Kräfte verzehrenden Arbeit im ewigen Dunst der Waschküche nachging. Seine Geschicklichkeit, seine Unerschrockenheit lassen Breitwieser bald zum Anführer einer »Platte« werden. Ihre Mitglieder sind ihm absolut ergeben, zusammen bilden sie eine verschworene Gemeinschaft, die ein Ziel hat: die Reichen zu schädigen, wo immer es geht. Und von der Beute sollen Arme den Nutzen haben. So landet manch Essbares, lang Entbehrtes unvermutet auf dem Küchentisch einer Arbeiterfamilie. In Zeiten bitterster Kriegsnot ein wie vom Himmel gespendeter Segen! »Vom Breitwieser!«, lässt er den Beglückten ausrichten. Dieser »Robin Hood« hat ihre Herzen gewonnen, mag er auch ein Krimineller sein. Es kann nicht ausbleiben, dass Breitwieser immer wieder gefasst und verurteilt wird. Aber immer wieder

Abb. 44: Der
»Einbrecherkönig«
Johann Breitwieser

gelingt ihm die Flucht, auch unter waghalsigen Umständen. Mit breitem Grin-
sen lesen seine Bewunderer in der Zeitung den neuesten Streich des »Einbre-
cherkönigs«. Und lang und länger werden die Gesichter jener, die abermals um
die Sicherheit ihrer Safes, ihrer schönen Villen fürchten. Der Name Breitwieser
lässt keinen kalt, schon gar nicht bei der Polizei. Bei jeder Verfolgungsjagd müssen die beteiligten Polizisten um ihr Leben fürchten, denn Breitwieser macht
rücksichtslos von der Schusswaffe Gebrauch. Mehrere Menschenleben hat er
auf dem Gewissen, zuletzt einen Polizeiagenten, den Vater von vier unversorg-
ten Kindern. Im Frühjahr 1918 wird er am Ende einer wilden Verfolgungsjagd
auf der Schmelz (damals 14., heute 15. Gemeindebezirk) festgenommen. Außer Revolver und Munition wird bei ihm ein Büchlein gefunden: »Von kleinen
und von großen Spitzbuben«. Im Dezember dieses Jahres gelingt ihm abermals
die Flucht. Und wieder macht er durch ein tolldreistes Bravourstück von sich
reden: Beim Einbruch in die Hirtenberger Patronenfabrik erbeutet er aus der
Firmenkassa nicht weniger als eine halbe Million Kronen. Das Sicherheitsbüro
beauftragt den Polizeikommissär Dr. Wegl, Breitwieser endgültig hinter Schloss
und Riegel zu bringen. Vorerst bleibt der Gesuchte verschwunden. Er ist unter-
getaucht, hat unter falschem Namen mit einem Teil des erbeuteten Hirtenberger
Geldes ein Haus in St. Andrä-Wördern erworben. Hier richtet er zusammen mit
seinen Kumpanen ein regelrechtes Versuchslabor für Einbruchswerkzeuge ein,
gilt es doch die technische Perfektion auszufeilen. Alles Nötige ist vorhanden,

145

moderne Maschinen, Sauerstoffgebläse etc. Durch einen Tipp wird die Polizei aufmerksam auf die seltsamen Bewohner des Hauses. Jetzt heißt es für sie rasch zu handeln. Am 1. April 1919 wird das Haus umstellt. Breitwieser setzt zur Flucht an, da trifft ihn ein Schuss in die Lunge. Der Polizeihund Ferro bringt ihn endgültig zur Strecke. Am nächsten Tag endet Breitwiesers Leben, er ist gerade einmal 27 Jahre alt geworden. Sein Begräbnis auf dem Meidlinger Friedhof wird zu einem Großereignis. Eine ungeheure Menschenmenge – die Angaben schwanken zwischen 8.000 und 30.000 Teilnehmern – gibt ihm das letzte Geleit. Galatrauerwagen, ein Meer von Kränzen, darunter einer mit der Aufschrift »Von Deinen Kameraden in Favoriten«. Ein ehemaliger Schulkamerad hält die Grabrede: ein treuer Freund, verlässlicher Kamerad und gutherziger Mensch sei der Breitwieser gewesen. Dann stimmt ein Quartett von Sängern der Staatsoper den Trauerchoral »Schlafe wohl« an. Mit unverhohlenem Sarkasmus merkt die *Reichspost* an; »Es fehlt nur noch das Ehrengrab und das Denkmal auf der Schmelz.«[179]

Für ihr Leben gezeichnet: die Kriegskinder

Vom Krieg vernichtet: die unbeschwerte Kindheit

Der Kriegsausbruch 1914 bedeutet für die meisten Kinder eine Zäsur, die ihnen auf schmerzlichste Weise jegliche Unbeschwertheit der Kindheit raubt. Der Vater plötzlich durch Einberufung zur Armee weg, die Mutter im Kampf um den Lebensunterhalt der Familie auf sich gestellt. Sie muss sich dringend eine Arbeit suchen, ob in der Fabrik, als Schaffnerin oder in einer anderen Sparte, in der Frauen nun die fehlenden Männer ersetzen müssen. Für Kinder aus kleinbürgerlichem oder proletarischem Milieu heißt das, die Mutter zu unterstützen, wo immer es geht. Besonders von den jeweils Älteren wird verlangt, sich voll einzusetzen und auch die Aufsicht über die jüngeren Geschwister zu übernehmen. Vor allem aber gilt es, bei der Beschaf-

Abb. 45

fung der Lebensmittel für die Familie zu helfen. Und das bedeutet in Kriegszeiten: Anstellen. Der Mutter einen Platz in der Warteschlange zu sichern, wird für viele Kinder Alltagspraxis – auch in der Nacht.

Der sozialdemokratische Politiker Max Winter (Anm.: später Vizebürgermeister der Stadt Wien) wird auf den Übelstand aufmerksam. Er ist als Österreichs erster Undercover-Journalist, der sich durch seine schonungslos offenen Sozialreportagen einen Namen gemacht hat, der Geeignete für derartige Recherchen. Im Spätherbst 1915 macht er sich auf den Weg, um sich selbst ein Bild zu machen. Was er sieht, sind fröstelnde Kinder, die auf den nächtlich kaum befahrenen Straßen herumtollen, um sich warm zu halten. Andere wieder haben zerschlissene Decken mitgebracht, in die sie sich auf dem Pflaster liegend einhüllen, die Beine bis zum Kinn angezogen. »Ein Verbrechen gegen die Menschlichkeit«, kommt Winter zum Schluss. In einem offenen Brief fordert er die Regierung des Ministerpräsidenten Graf Stürgkh auf, dagegen einzu-

147

Abb. 46: Kinder stellen sich um Lebensmittel an

schreiten. Die Veröffentlichung dieses flammenden Appells an das Gewissen der Herrschenden wird zwar von der Zensur unterdrückt, zeigt aber doch Wirkung. Das nächtliche Anstellen von Kindern wird verboten.

Zum Kriegsalltag in der Millionenmetropole Wien wird das bettelnde Kind.

»Ehe sie in den Straßen der Großstadt sich aufstellten, die mageren Hände bittend und flehend erhoben, schlichen die Kleinen in die Häuser der von einer wohlhabenden Bevölkerung bewohnten Stadtviertel. Scheu drückten sie sich an die Wände der Gänge und pochten zaghaft an die Türe. Klopfet an, so wird euch aufgetan, heißt es in der Bibel. Und: von den Tischen der Reichen fallen Brosamen ab. Die alten Gewohnheits- und Berufsbettler, die an bestimmten Tagen der Woche ihr Almosen an den Wohnungstüren und in den Geschäftslokalen entgegennahmen, bekamen Konkurrenz. Kleine Kinder, die nicht um Geld, sondern um Brot oder Essen baten. Und diese arme Jugend wurde mit der Zeit wieder konkurrenziert. Der Hunger trieb bittende Warenhaus-Lehrmädchen und -Jungen von Türe zu Türe ... Und unsere kleinen Kinder, die täglich die Häuser abstreiften? Die lernten den Bettel und betrieben ihn nun systematisch. Sie setzten nicht die Glockenzüge in Bewegung, ließen die elektrische Klingel nicht ertönen. Verschwanden aus den Stiegenhäusern und aus den Gängen und – blieben auf der Straße. Wie die Insekten dem Lichte, strebten sie dem Glanze zu, wo immer er ausstrahlte. Aus den äußeren Bezirken eilen sie tagtäglich in die City, und

148

Abb. 47: Bettelnde Kinder

heften sich dort an die Fersen der eleganten Welt. Wo die glücklich Besitzenden sich sammeln, wo sie promenieren und lustwandeln, auf dem Korso, mischen sich unter die rauschenden Seidenkleider der feinen Damen kleine Gestalten in jämmerlichen, dünnen, schmutzigen Fähnchen, notdürftigen Umhüllungen eines mageren Körperchens. Ein paar glanzlose Augen, die tief liegen, eingefallene Wangen. Das kontrastiert zu dem Putz und der Schönheit der Modedame. Neben ihr läuft das Kind und bettelt … Vor den Eingängen der erstklassigen Hotels und vornehmen Restaurants, an den Pforten der besuchtesten Kirchen, vor den spiegelnden Glasfenstern der Warenhäuser treiben sich bettelnde Kinder herum. Im Schatten eines Hauseinganges halten sie sich auf und treten hervor, wenn ein Ehepaar bewundernd die zur Schau gestellten Pelzwerkgarnituren mustert. Sie lauern in der Nähe aller Gold- und Juwelenhandlungen. Im Hintergrund der Szene bleiben sie und agieren im geeigneten Augenblicke.«[180] Vor allem beim Schottentor, wo die Straßenbahnen in die Heurigenorte Grinzing oder Sievering wegfahren, ist ein hoffnungsreiches Gebiet für bettelnde Kinder. Die Ausflügler öffnen hier bereitwilliger ihre Geldbörsen als anderswo.

Bittende Augen und erhobene Hände allein sind freilich zu wenig, besser ein Kind hat irgendetwas anzubieten: Blumen etwa, oft unerlaubt abgeschnitten aus öffentlichen Parkanlagen. Schon schwieriger ist es, Zeitschriften, Ansichtskarten oder Schuhbänder zu verkaufen.

Abb. 48: Bub als Zeitungsverkäufer

Ein Mindestmaß an Betriebskapital ist dazu erforderlich. Was hat ein Kind denn anzubieten? Auf jeden Fall seinen Körper. Damit ist der Kinderprostitution Tür und Tor geöffnet. Friedrich Reischl, später Pressechef der amerikanischen Kinderhilfsaktion in Wien, verweist darauf, »daß Hunderte von Wiener Kindern bereits gelernt haben, ihre unterernährten Körper mit der dünnen, zerrissenen und zerschlissenen, schmierigen Umhüllung als ihr Betriebskapital aufzufassen ... Diese bettelnden Kinder sind von den schwersten moralischen Gefahren bedroht. Unter den zwei Millionen Einwohnern gibt es 20.000 herumstreichende Kinder in Wien, die schon derart der Straße ergeben sind, daß sie die Aufnahme in ein Ferienheim, in eine Anstalt der Jugendfürsorge, überhaupt in jede Obhut und Erziehung, sei sie noch so liebevoll und geduldig, ablehnen. Wir sehen entsetzt in den tiefen Abgrund, in die Zukunft dieser tausende[n], der sittlichen Verwahrlosung unbedingt anheimfallenden Kinder! Mit dem Bettel um ein Stück Brot begann der Abstieg, er führt hinab zum sicheren, unentrinnbaren Verderben ...«[181]

Ein grenzenloses Elend: die Unterernährung

Keine Frischmilch, keine Butter, kein Fett, kein Gries etc.: das ist 1918 Alltag in Wien. Für Kinder wirkt sich die daraus folgende permanente Unterernährung

Abb. 49: Unterernährte Kinder in der Klinik des Prof. Pirquet

verheerend aus. Fritzi Sallaba, Soldatenwitwe mit drei Kindern, wohnhaft in der Gentzgasse 15 (18. Gemeindebezirk), schildert ihre Not: »Ich bin eine einfache Bürgersfrau, die für ihre Familie sorgen muss; seit 4–5 Uhr morgens stehen wir auf dem Markt, um dann mit leeren Taschen wieder heimzukehren, weil es nichts gibt. Milch gibt es keine, ich bitte Sie, kleine Kinder von sechs Monaten und noch jünger werden mit zerkochten und zerquetschten Kartoffeln ernährt! Wie viele da zugrundegehen, können Sie sich denken … Mein Junge ist 14 Jahre alt, im stärksten Wachsen; geht er in die Schule, wo er von 1–6 Uhr ist, bittet er: ›Mami, gib mir nur ein ganz kleines Stückerl Brot‹: ich muss ihm antworten: ›liebes Kind, dann kann ich Dir keines mehr geben, wenn Du nach Hause kommst.‹ Wissen Sie, was das für eine Mutter heißt … ?«[182]

Clemens Freiherr von Pirquet, Vorstand der Wiener Universitätsklinik für Kinderheilkunde, lässt im Laufe des Jahres 1918 alle in der Klinik aufgenommenen Kinder vermessen. Das Ergebnis ist alarmierend: Von den insgesamt 391 Kindern sind nur neun Prozent als gut genährt eingestuft. Buben haben um 41 Prozent (!) weniger Gewicht, als altersgemäß wäre, Mädchen 32 Prozent. Bei Buben im zweiten Lebensjahr wird oftmals das Gewicht von Halbjährigen konstatiert, 14-Jährige wiegen im Durchschnitt 30 statt altersgemäß 41 Kilogramm. Auch im Größenwachstum sind die unterernährten Kinder zurückgeblieben, im

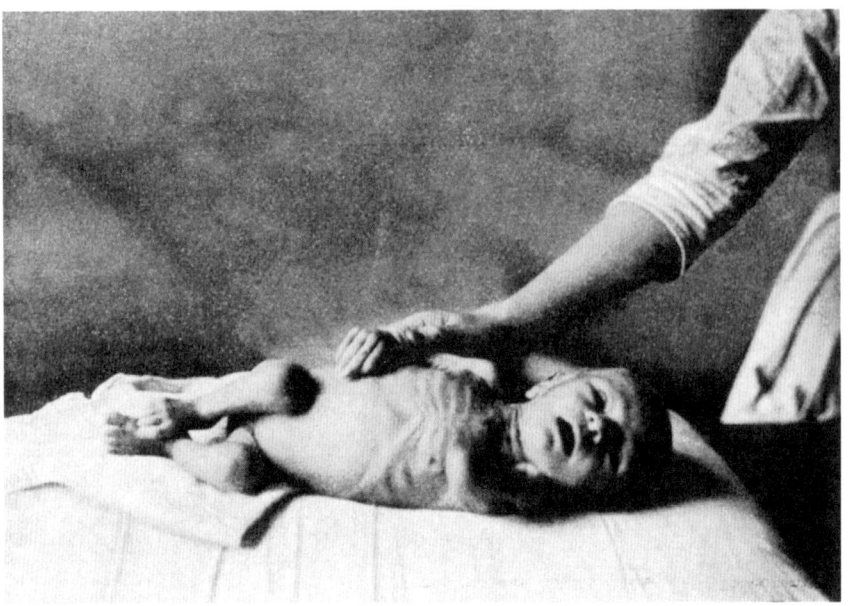

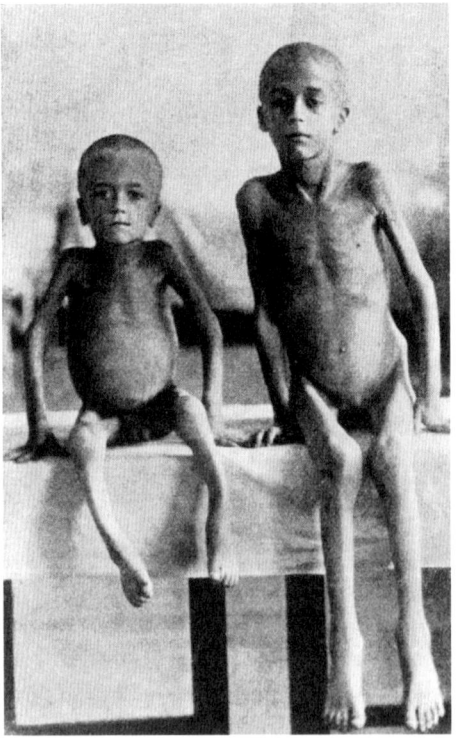

Abb. 50: Unterernährtes Mädchen

Abb. 51: Unterernährte Buben

Extremfall bis zu 16 Zentimeter weniger in Relation zum Mittelmaß. Es sind oft nicht mehr gut zu machende Schäden, die ausgerechnet Kinder in der von der Natur her stärksten Wachstumsphase erleiden.

Im Jänner 1918 wird im städtischen Kindergarten Meidling (12. Gemeindebezirk) die erste Kinderkriegsküche von Erzherzogin Isabella eröffnet. Die Kinder erhalten ein aus Kriegskuchen und Marmelade bestehendes zweites Frühstück, Mittagessen und eine Jause, bestehend aus mitgebrachtem Brot mit Marmeladeaufstrich. Das Mittagessen wird nach ärztlicher Vorschrift nach den Pirquet'schen Richtlinien zubereitet, um die Kinder mit einer ausreichenden fett-, kohlehydrate- und eiweißhaltige Nahrung zu versorgen. Die Eltern der Kinder zahlen nach ihren Verhältnissen einen Beitrag, Gemeinde und Staat leisten einen Zuschuss.

Kinderarbeit trägt wesentlich dazu bei, dass es um die Gesundheit von Kindern und Jugendlichen sehr schlecht bestellt ist. Seit 1895 ist sie in Österreich gesetzlich für Kinder unter 14 Jahren verboten, ebenso die Nachtarbeit für Jugendliche und Frauen. Was ist nun mit diesen Schutzbestimmungen? Die Kinderarbeit, »diese Verwüsterin des kindlichen Körpers, diese Meuchelmörderin seiner gesunden Entwicklung, hat während des Krieges zugenommen. Man kann sie tagtäglich auf Schritt und Tritt beobachten, diese Schulkinder oder diese kaum der Schule entwachsenen Menschen, wie sie vollbeladene Handwagen ziehen oder sich als Schwerfuhrwerkskutscher abrackern oder mit Kohlensäcken die Stockwerke hinaufkeuchen oder sich zumindest bei Tag und Nacht ›anstellen‹. Es ist eine der fluchwürdigsten Folgen dieser ›großen Zeit‹, daß sie auch die geringen Bedenken gegen die Kinderarbeit, mit der sich die bürgerlich-kapitalistische Gesellschaft bisher weiß Gott nicht allzu schwer belastet hat, so rasch über Bord warf und alle Gewissensskrupel sofort mit der billigen Ausrede des Mangels an Arbeitskräften beschwichtigte«, klagt die *Arbeiterzeitung* schonungslos an.[183]

Statt in Parks beim Spiel sind Kinder oftmals in der Nähe der Kohlenlager der Bahn anzutreffen. Manches Stück Kohle, das nahe dem Maschendrahtzaun liegt, kann man ergattern. Und jedes Stück ist eine Kostbarkeit, hat die Mutter eingeschärft. »Unter dem Zaun haben eifrige Kinderhändchen Vertiefungen gegraben und davor hocken sie, lange, gegabelte Holzstecken in der Hand, mit denen sie unter dem Gitter durchgreifen und kleine Kohlenstückchen langsam und vorsichtig zu sich heranschieben. So geschickt machen sie ihre Sache, daß man auf lange Uebung schließen kann. Ein paar Arbeiter, die beim Bahndamm beschäftigt sind, lassen die kleine Schar ruhig gewähren – der materielle Schaden, den sie stiften, ist zu gering, um beachtet zu werden, der moralische, den sie erleiden, muß von den Kriegsfreunden verantwortet werden. Stolz zeigt uns der Matador das Ergebnis seiner zweistündigen Arbeit, etwa ein halbes Kilogramm.

Die anderen beneiden ihn. ›I geh' heut a net in d' Schul‹, sagt ein hübsches Mäderl mit bösen tiefdunklen Augen trotzig, ›bis i net mein' Sack voll hab‹!« … Am Winterhafen schaufeln ein paar Halbwüchsige Sand in einen breiten Lastkahn. Sie sind beinahe noch im Alter der Sandspiele, die in den Strandbädern so beliebt waren. Aber sie haben nicht einmal die Muße, sich an dem Frühlingsblühen rundum zu freuen. Die Lerchen jubeln im Sonnenschein, lieblich kräuseln sich die Wellen, die weiche Luft erinnert an den Süden und inmitten der Frühlingspracht stehen zwei Vierzehnjährige und spannen ihre schwachen Muskeln im Arbeitsfrondienst. Alt und verbittert sehen die jungen Gesichter aus – nein, auch in den Praterauen kann man keine Stunde den Krieg vergessen.«[184]

Die katastrophalen Folgen: Tuberkulose und Rachitis

In derart kinderfeindlichen Zeiten kann es nicht ausbleiben, dass sich ein drastischer Geburtenrückgang einstellt. 1914 wurden in Wien 36.378 Geburten amtlich registriert. Die Zahl der Todesfälle betrug 33.268. Damit überwog die Zahl der Lebendgeburten jene der Todesfälle um ca. 3.000. Von da an drehte sich das Verhältnis von Jahr zu Jahr immer deutlicher. 1918 stehen dann 19.070 Geburten 51.497 Toten gegenüber – eine Differenz von 32.427(!) Wien scheint eine sterbende Stadt zu sein. Besonders schlecht bestellt ist es um die Überlebenschancen der Kinder zwischen dem zweiten und dem 15. Lebensjahr. Hier hat die Zahl der Todesfälle um 60 Prozent zugenommen.

Das ist vor allem auf die Tuberkulose zurückzuführen. 1882 hat der Bakteriologe Robert Koch den Krankheitsauslöser eruiert – den Tuberkelbazillus. Er wird durch Tröpfcheninfektion sowie durch Schmier- und Schmutzinfektion übertragen, ist besonders resistent in feuchten, dunklen Räumen, lang hält er sich in eingetrocknetem Auswurf. In Wien ist diese Krankheit, die besonders die Lunge und den Kehlkopf befällt, seit Langem die Todesursache Nummer eins. Morbus Viennensis wird sie in medizinischen Fachkreisen genannt. Der Tuberkelbazillus findet hier ideale Bedingungen vor. Dunkle, feuchte Wohnräume gibt es massenhaft. Außerdem ist es eine weit verbreitete Unsitte, auf den Boden auszuspucken. Eine tödliche Gefahr für Kleinkinder im Krabbelalter! Trotzdem sterben während des Krieges weit mehr Jugendliche zwischen dem 16. und 20. Lebensjahr an Tuberkulose (plus 160 Prozent) als jene zwischen dem 6. und 10. Lebensjahr (plus 55 Prozent). Bei den 11- bis 15-Jährigen sind es um 95 Prozent mehr.

Vor allem die Rachitis, die sogenannte Englische Krankheit, wird viele Kinder als Opfer des Ersten Weltkrieges ihr Leben lang körperlich zeichnen, da die Schäden nicht heilbar sind. Der Mangel an Vitamin D beeinträchtigt die

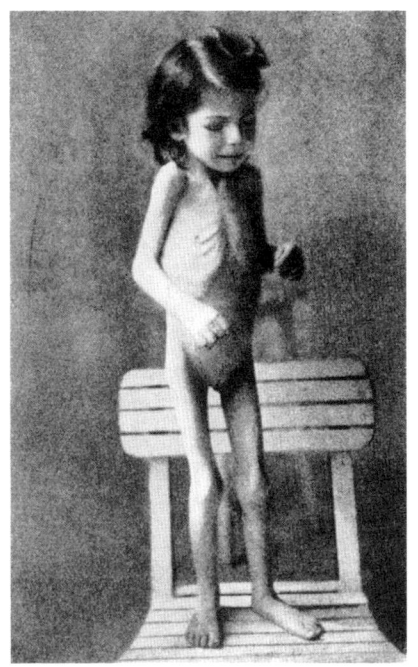

Abb. 52: Tuberkulöses
Mädchen

Abb. 53: Mutter mit
rachitischem Kind

Abb. 54:
Sonnenbadende Kinder
auf dem Dach der
Wiener Kinderklinik

normale Knochenbildung. Die Folgen sind eine Verbiegung der Wirbelsäule, O- oder X-Beine, weiche Schädelknochen, Knötchenbildung an den Übergängen vom Knorpel- zum Knochengewebe, dazu noch eine deutliche Schwächung des Immunsystems. Mittlerweile weiß man in der Medizin, dass ultraviolette Bestrahlung die Bildung von Vitamin D im Körper aktiviert. Die Kinder müssen an die Sonne.

Eine Erleichterung zur Sommerzeit: Kinder aufs Land

Im Laufe des Krieges ist die Zahl von sogenannten Kriegspatenschaften für Kinder deutlich gestiegen, zumeist sind sie privater Natur. Im Immer stärker zeigt sich die Tendenz, diese Initiativen unter staatlicher Oberhoheit zu zentralisieren und zu lenken. Auf dieser Basis wird Ende März 1918 in den Zeitungen eine Aktion angekündigt, die viele Hoffnung schöpfen lässt. Unterernährte Kinder aus städtischen Krisengebieten sollen im Sommer sechs Wochen zur Erholung aufs Land geschickt werden, entweder im eigenen Kronland oder nach Ungarn. Kinder aus Budapest wiederum können sich in einem Seebad wie Abazzia, das zur österreichischen Reichshälfte gehört, erholen. Auch die Schweiz und die Niederlande, beides neutrale Staaten, bieten Not leidenden Kindern aus Österreich Ferienaufenthalte. Da es sich um eine Initiative Kaiser Karls handelt, wird die Aktion »Kaiser Karl Wohlfahrtswerk. Kinder aufs Land« genannt. Teilnehmen können alle schulpflichtigen Kinder, denen vom Arzt ein solcher Erholungsaufenthalt verordnet wird und deren Eltern unter 6.000 Kronen Jahreseinkommen und mehrere Kinder haben. Ausgeschlossen bleiben kranke und Einzelkinder. Unterschiede wegen Konfession oder Nationalität werden nicht gemacht. Untergebracht werden die Kinder bei Familien auf dem Land. Die Anmeldung für den unentgeltlichen Landaufenthalt der Kinder erfolgt über die Schuldirektionen. Das Interesse ist riesig. Mehr als 71.800 Wiener Buben und Mädchen werden angemeldet. Das sind etwa 30 Prozent aller Wiener Schulkinder. Mit der Aktion »Kinder zu Gast« sind vor allem Großgrundbesitzer aufgerufen, Großstadtkinder als Feriengäste aufzunehmen und zu verköstigen.

Voller Spannung sehen die amtsärztlich ausgewählten Kinder – Schulärzte gibt es noch nicht – dem großen Tag der Abreise entgegen. Raus aus den überfüllten, schlecht belüfteten Schulklassen, raus aus der beengten Kleinwohnungen der Mietskaserne! Freilich stellt sich da und dort auch Abschiedsschmerz ein. Dann aber geht es los – ein letztes Winken mit dem Taschentuch aus dem Eisenbahnwaggon, dann fährt der Zug an. »Nach der mehrstündigen Eisenbahnfahrt war der Empfang auf den Bahnhöfen sehr herzlich. In den großen Sammelstationen standen Milchkaffee und mit Butter bestrichenes Brot bereit.

Leiterwagen und anderes Fuhrwerk, von Gemeinden geschickt oder von den neuen Eltern selbst zur Bahn gestellt, nahmen die Kinder auf. Es waren nicht durchgehend reiche oder wohlhabende Bauern, die die Kinder aufnahmen, oft Leute, die selbst zwar keinen Überfluß an Lebensmitteln hatten, aber gerne bereit waren, ihren Vorrat mit den hungernden Kindern zu teilen. Sowohl die in Kolonien vereinigt gebliebenen Kinder als auch jene, die gewöhnlich zu zweien in den Bauernhöfen untergebracht wurden, fügten sich rasch in die neuen Verhältnisse. Die Berichte stimmen darin überein, daß die Kinder bestens aufgehoben sind und gut verköstigt werden. Die Gewichtszunahme war bei vielen schon nach Verlauf einer Woche nachweisbar.« So lautet jedenfalls die Version der amtlichen *Wiener Zeitung*,[185] die durchaus vorkommende Missstände und Unzukömmlichkeiten nicht zum Thema macht. Vor allem nicht, dass die gesamte Aktion kaum mehr finanziell zu leisten ist.

Für Erholung in frischer Luft ist in eigens errichteten Sommerheimen der Gemeinde Wien gesorgt. Sie stehen auf dem Girzenberg in Ober St. Veit, auf dem Schafberg, auf Schloss Bellvue nahe dem Kobenzl und auf dem Bisamberg: allesamt im Wald- und Wiesengürtel der Stadt Wien gelegen. Diese Heime sollen jenen Kindern zugutekommen, die nicht an der Aktion »Kinder aufs Land« teilnehmen können. Die Sozialdemokraten mit ihrer Teilorganisation »Kinderfreunde« stehen da nicht zurück. Sie leitet die Überzeugung, »daß nur Selbsthilfe das Proletariat im Kampfe um die Gesundheit seiner Kinder vorwärtsbringen kann. Der Krieg macht diesen Kampf nicht leicht. Er bedingt zunächst einen Kampf um die geeigneten Plätze, dann aber einen Kampf um die Baustoffe. Es ist nötig, die Plätze für Tageserholungsstätten im Umkreis von Wien oder anderen Industrieorten so zu wählen, daß sie, außerhalb der Bannmeile der Schornsteine liegend, doch so erreichbar sind, daß von der Endstation der Straßenbahn oder einer Bahnstation kein längerer als höchstens ein halbstündiger Weg zu bewältigen ist. An solchen Plätzen ist heute schon Mangel und es bedarf bester Ortskenntnis, um sie zu ermitteln.«[186] Zu den drei bereits bestehenden Erholungsstätten der »Kinderfreunde« am Schafberg, Gallitzinberg und Bisamberg kommen 1918 drei Standorte hinzu: Hetzendorf, Haltertal (Hütteldorf) und Freudenau. Trotzdem werden nur etwa zweitausend Kinder in diesen Heimen fünf bis sechs Wochen Erholung finden, bedauert das Parteiorgan, zählt doch die Organisation etwa 30.000 Kinder Mitglieder. Die Partei setzt sich zum Ziel, künftig jedes Jahr tausend weiteren Kindern Platz in den »Kinderfreunde«-Ferienheimen bieten zu können.

Für alle Kinder, wo auch immer sie die Ferien durch kinderfreundliche Initiativen verbringen konnten, heißt es spätestens im September heimkehren ins Elternhaus in die so kinderfeindlich gewordene Stadt Wien. Viele zehren von den Erinnerungen an die Zeit ohne Mangel. Und so manches Kind hat auch den Wunsch, sich für all die Wohltaten, die ihm widerfahren sind, zu bedanken. Doch bei wem? Am besten man schreibt dem Kaiser persönlich, hat er sich doch als kinderlieber Landesvater einen Namen gemacht. Und so gehen im Kaiserhaus in Baden ungewöhnlich viele Kinderbriefe ein, etwa vom Bürgerschüler Edi Martinek aus Favoriten (10. Gemeindebezirk): ›Mein lieber, guter Kaiser! Verzeihen mir, daß ich mir erlaube, an Sie zu schreiben. Doch es läßt mir keine Ruhe, bevor ich nicht meinem guten Kaiser meinen Dank ausgesprochen habe für all dies Gute, was ich durch Sie, Eure Majestät, in Ungarn genossen habe. O! Da gab's fast alle Tage Hühnersuppe, Huhn und Obst so viel ich essen konnte. Und erst auf dieser Puszta! Da gab's gar Vieles zu sehen; die vielen, vielen Pferde. Da kann fast jeder Bub reiten. Und wenn ich dann schlafen ging, auf meinem Zimmer hab' ich immer nachgedacht, mit was könnte auch ich meinem Kaiser eine Freude machen. Mit was? – Als ich einmal wieder auf der Puszta saß, da fielen mir Worte meiner Mutter ein. Als ich ihr voriges Jahr von einem Ausflug Blumen brachte, war sie sehr überrascht und sagte: ›O! Blumen lieb ich über alles und weißt, Ederl, warum? Kinder und Blumen ist ja das einzige Schöne, was uns der liebe Gott zum Andenken an unser Verlorenes Paradies zurückgelassen hat.‹ Weil Sie, lieber Kaiser, uns Kinder lieb haben, werden Blumen auch eine Freude machen. Da ich sie von Szatmar nicht frisch bringen konnte, so habe ich sie gepreßt, erlaube mir, sie als Dank darzubringen und verspreche, auch immer gut und brav zu bleiben, lernen will ich, damit, wenn ich einst Soldat werde, es zu einem Offizier bringe und dann, Majestät, kann der Feind kommen, dem werde ich tüchtig heimleuchten; den braven Bauersleuten, die so lieb und gut mit mir waren, auf die werde ich auch nicht vergessen. Wenn ich einmal verdiene, werde ich ihnen ein Grammophon kaufen und schicken. Das erste Lied, was darauf gespielt wird, wird sein: ›Gott erhalte, Gott beschütze unsern Kaiser, unser Land!‹ Nehmen Majestät meinen herzlichsten Dank an, Gruß und Handkuß an meine gute Kaiserin und liebe Kinder, verbleibe ich bis in den Tod Ihr treuer Edi Martinek, Bürgerschüler.«[187]

Eine unheimliche Massenerscheinung: die Jugendkriminalität

»Immer gut und brav zu bleiben«, wie es Edi Martinek seinem Kaiser versprochen hat, scheint sich für immer mehr Kinder und Jugendliche nicht auszuzahlen. Sich das Nötigste und darüber hinaus auch auf ungesetzliche Weise zu verschaffen, bringt viele auf die schiefe Bahn. Und damit steigt die Jugendkriminalität explosionsartig an: »Die Verwahrlosung der Jugend während der Kriegszeit hat bereits einen Umfang erreicht, der gelindes Grauen und Entsetzen einflößt. Wenn die Zahl der jugendlichen Diebe und Einbrecher weiter in demselben Maße wie bisher zunimmt, wird die Sicherheit des Eigentums auch durch Polizei und Gericht nicht mehr gewährleistet, denn die Androhung von Strafen ist immer mehr wirkungslos. Gegenüber den jugendlichen Verbrechern muß mit einer geschlossenen Reihe von Organisationen vorgegangen werden, um das Uebel an der Wurzel zu erfassen und die Zukunft von solchen unheimlichen Massenerscheinungen, wie sie jetzt der Polizeibericht täglich darbietet, zu befreien. Um die unerhörte Verwahrlosung und Kriminalität der Jugend zu bekämpfen, wurde das bisher bestandene Jugendfürsorgereferat der Polizeidirektion aus der Kriminalsektion ausgeschieden und zu einer selbständigen Abteilung ausgestaltet, das den Namen polizeiliches Jugendamt führt und direkt der administrativen Sektion unterstellt ist … Schulpflichtige Kinder, die fortgesetzt der Schule fernbleiben und sich selbständig, häufig auf unehrliche Weise, durch Diebstähle und Gaunereien das Leben fristen, jüngere unter vierzehn Jahren, die Diebsbanden bilden oder an der Spitze von Betrügerbanden Erwachsener stehen, das sind die Fälle, die jetzt der Polizei viel zu schaffen geben. Wie sind diese Verhältnisse entstanden? Dadurch, daß die Aufsicht über die Kinder reduziert wurde: die Mutter geht in die Fabrik, der Vater ist im Feld, das Kind ist sich selbst überlassen und bekommt zu wenig zu essen. Es stiehlt Lebensmittel aller Art und Kleider, später stiehlt es so viel, um sich dadurch Geld verschaffen zu können und bisher unerreichte und verbotene Genüsse kennen zu lernen.«[188]

Mittlerweile weiß man, dass Einsperren nichts bringt. Im Gegenteil: straffällig gewordene Jugendliche werden in den Haftanstalten von älteren Mitinsassen geradezu geschult, wie man erfolgreich als Einbrecher und Dieb agiert. Deshalb gilt es, sie von diesen »Hochschulen des Verbrechens« fernzuhalten. Ein neues Jugendfürsorgegesetz und ein neues Jugendstrafgesetz sollen Abhilfe schaffen. Die Gemeinde Wien richtet ein städtisches Jugendamt ein. »Unter den verschiedenen Aufgaben, die an die Organisationen zu verteilen sind, fällt dem polizeilichen Jugendamt die schärfere Beobachtung der verwahrlosten Jugend zu. Verdorbene Kinder müssen aus der Menge unverdorbener Kinder ausgeschieden werden, denn nur wenn die Verführung zum Bösen eingedämmt wird, werden die Zustände besser werden.«[189]

Mit dem Gesetz in Konflikt geraten Kinder aber auch bei an und für sich harmlosen Tätigkeiten, wie etwa beim Holzklauben. Die entscheidende Frage ist, wo sie das Holz klauben. Auf privatem Grund ist es nur mit Erlaubnis des Eigentümers gestattet. Im Falle des Lainzer Tiergartens gibt es keine solche Erlaubnis, denn er ist kaiserlicher Grund. Durch den Mangel an Kohlen versuchen immer mehr Frauen und Kinder, an Dürrholz zu gelangen. Der Lainzer Tiergarten ist dafür ein unerschöpflicher Quell. Über die Mauer, über Bachdurchlässe dringen die Not Leidenden ein. Und es werden ihrer immer mehr. Ganze Kolonnen wandern in den Abendstunden mit dem Klaubholz auf dem Rücken

Richtung Stadt. Die kaiserlichen Wildhüter versuchen die Mauer rund um den riesigen Naturpark so gut es geht zu bewachen, teilweise auch zu Pferd. Personen, die erwischt werden, müssen das mühsam, aber illegal Erworbene wieder hergeben. Ohne Schimpfen, ohne Drohungen geht das nicht ab. Als ein junger Forstpraktikant einmal sogar einen Schuss abgibt, ist die Empörung unter der Bevölkerung groß. »Allerlei Schauergeschichten ranken sich seither um diesen Forstjungen. Sie sind nicht immer wahr. Aber wahr ist, daß täglich Kämpfe aufgeführt werden zwischen den Holzklaubern und dem Forstpersonal, wahr ist, daß diese Kämpfe die Jugend von Ober St. Veit und Hacking schrecklich verwildern, wahr ist, daß sich die Polizei bewußt ist, dieser Sache nicht Herr werden zu können, und wahr ist leider auch, daß es das hier zum Amtshandeln berufene Amt, das Oberstjägermeisteramt, leider noch immer an der richtigen Erkenntnis der Sachlage fehlen läßt … Muß in hundert Kindern das Gefühl erzeugt werden, daß sie stehlen, einbrechen? Könnten sie nicht, mit Erlaubnisscheinen ausgestattet, ein Recht erhalten, hier, wie es in anderen Wäldern erlaubt ist, Dürrholz zu sammeln? Dem Walde würde es nützen, der Mauer, den Kindern. Aber das Oberstjägermeisteramt schläft noch den Dornröschenschlaf der alten Zeit, der grauen Vorzeit, wo es noch keinen Weltkrieg gab …«, greift die *Arbeiterzeitung* den Übelstand auf.[190]

Wie macht man aus »schlimmen« Kindern gehorsame, gottesfürchtige und damit »brave« Kinder? Dem Zeitgeist entsprechend geht das nur mit körperlicher Züchtigung. Die »g'sunde Watschn«, das Rohrstaberl haben seit jeher ihre Wirkung gezeigt, denn nur wer nach einer Missetat den gehörigen Schmerz zu spüren bekommt, wird sie als »reuiger Sünder« künftig unterlassen, ist die in allen Volksschichten vorherrschende Meinung. Gläubige Katholiken haben da rasch die Bibel zur Hand, denn dort steht schwarz auf weiß: »Welchen der Herr liebhat, den züchtigt er« (Hebräerbrief 12, 6) oder »Ein weiser Sohn lässt sich vom Vater züchtigen« (Sprüche 13, 11) Danach wird selbstverständlich auch im kaiserlichen Waisenhaus in der Speisingerstraße 100 (13. Gemeindebezirk) verfahren. Die Schulbrüder, die das Haus leiten, lassen »kleine Kinder eine halbe oder auch eine ganze Stunde ›Habt acht‹ stehen. Rührt sich einer während des Stehens oder wendet er den Kopf, so muß er am nächstfolgenden Tage während der ›Freistunde‹, die Pädagogen für allseitig körperliche Betätigung nützen würden, wieder stehen, so lange, bis er, ohne sich zu rühren, eine halbe Stunde ›Habt acht‹ stehen kann. Die deutsche Sprache hat für solche Pädagogik ein gutes Wort. Es heißt: Marter. Noch unpädagogischer ist die zweite Strafe, das Entziehen von Brot. Die Kinder müssen täglich vor dem Frühstück in die Kirche gehen und dort eine halbe Stunde der Messe beiwohnen. Schwätzt dabei einer, wird er erwischt, so wird ihm für diesen Tag das Brot entzogen. Die Pädagogen verschönern dadurch den Kindern die kalte Kirche, deren Dampfheizung für die

Kinder nicht in Bewegung gesetzt wird, und erreichen dabei noch ein zweites pädagogisches Ziel, sie schwächen die ohnehin unterernährten Körper der Kinder. Hilft ein Kind mit seinem Brote dem bestraften aus, dann wird auch ihm das Brot entzogen. Strafe für Hilfsbereitschaft! Doch gewiß sehr pädagogisch ! Daß unter solchen Umständen auch die Prügelstrafe nicht fehlen kann, verstehen wir. Wer vom Aufseher – junge Burschen, die Präfekten genannt werden – drei Zweier bekommt, der ist reif für die Prügelstrafe geworden, die der Direktor Bruder Alfons Rauch höchst persönlich vollzieht. Von einem Streich mit dem Staberl bis zu fünf geht die Skala. Wirkliche Pädagogen sind ganz gegen die Prügelstrafe. Weil sie eine ist, die man bei Wiederholungen des Vergehens nicht willkürlich steigern kann – am Ende steht der Totschlag. Aber die Pädagogen des kaiserlichen Waisenhauses wissen es wohl besser. Darum wird dort auch geprügelt.«[191]

Die Zahl der Kindesmisshandlungen, auch in der Familie, ist nicht zu erfassen. Sie muss jedoch derart hoch sein, dass für die Aufdeckung solcher Fälle »ein ungenannt bleiben wollender Jugendfreund im Jugendamt der Wiener Polizeidirektion vorläufig 1.000 Kronen mit der Bestimmung hinterlegt, daß daraus Prämien von je 100 Kronen an Personen verteilt werden, die eine Kindermißhandlung zur Kenntnis bringen. Sobald der hinterlegte Betrag aufgebraucht ist, sollen weitere Gelder zur Verfügung gestellt werden«, berichten mehrere Zeitungen.[192]

Im Dienst der »Heimatfront«: die Schule

Schon vor Kriegsausbruch wurde die Tendenz deutlich, eine Allianz zwischen Schule und Armee zu bilden. Vor allem für Thronfolger Franz Ferdinand schien eine im katholischen Glauben erzogene und für die Belange der Armee einsatzfreudige Jugend die beste Garantie zu sein, das bröckelnde Habsburgerreich in seinem Bestand zu sichern. Der Krieg öffnet dann der Militarisierung des Schulbetriebes Tür und Tor. Jetzt hat die patriotische Mobilisierung der Schuljugend absoluten Vorrang, ganz im Sinne der Parole »Für Gott, Kaiser und Vaterland«. In der anfänglich weit verbreiteten Begeisterung für diesen »gerechten« Krieg gelingt die Umstellung auf einen von Kriegspädagogik bestimmten Unterricht ohne jeden Widerstand. Der Weltkrieg wird im Unterricht, aber auch im Spiel kindgerecht präsentiert (siehe Taf. 08 und Taf. 09). Damit geht Indoktrination vor Bildung und Erziehung, Unterordnung und Gehorsam werden zum wichtigsten Anliegen. Den Schülern muss eingehämmert werden, dass sich ihr Vaterland in einem Verteidigungskrieg befindet. Auch sie befinden sich an einer Front, der »Schulfront« als Teil der »Heimatfront«. Nur mit vereinten

Kräften wird man gegen Hinterlist und Übermacht der Feinde bestehen können. Diese Kriegspädagogik spiegelt sich auch in den eigens adaptierten Unterrichtsfächern und Schulbüchern wider. Das Schulwesen gerät ganz in den Sog des k. u. k. Generalstabes, erst unter Kaiser Karl wird das Unterrichtsministerium wieder die volle Zuständigkeit zurückerlangen. An den Oberstufen der Gymnasien werden Schülerhilfskorps (SHK) gebildet, kenntlich durch eigene Kappe und Dienstmantel. Man kann stolz sein, zu diesen »Legionären« zu gehören. Die 18-Jährigen Gymnasiasten können vor der Einberufung zur Armee eine Notmatura ablegen, ein »Nicht-Genügend« ist dabei so gut wie ausgeschlossen. Zu den patriotischen Pflichten für Schüler zählt auch ein korporativer Besuch des nachgebauten Schützengrabens im Wiener Prater. Kritiker finden das geschmacklos, »eine tiefbedauerliche Verhöhnung des blutigen Ernstes«, wie der Sozialdemokrat Otto Glöckel in seinem Bericht über die »Kriegsschäden am Wiener Schulwesen« im wieder einberufenen Reichsrat im Juli 1917 anprangert.

Der Appell an den Idealismus von Kindern und Jugendlichen fällt auf fruchtbaren Boden. Auch wenn man noch nicht erwachsen ist, kann man einen wertvollen Beitrag für das schwer bedrängte Vaterland leisten.

Dazu gehören Botendienste, Kanzleiarbeiten oder auch sogenannte Labedienste für Soldaten auf den Bahnhöfen ebenso wie der Ernteeinsatz auf Feldern, in Weingärten und Kriegsgemüsegärten. Sammeln für den Buntmetallbedarf und auch von Brennesselstengeln, die zur Herstellung von Spinnstoffen benötigt werden, wird zur »Ehrenpflicht« für ältere Schüler (siehe Taf. 10). Den Mädchen obliegt es, für den Kälteschutz der Frontsoldaten zu sorgen. Damit wird Handarbeiten zur patriotischen Pflicht. Schneehauben, Unterwäsche, Handschuhe, Fäustlinge, Wadenstutzen etc. werden über das Kriegsfürsorgeamt, aber auch über das Rote Kreuz und private karitative Organisationen den Soldaten zugestellt. Und nicht nur das! »Liebesgaben aus der Heimat« sollen den Frontsoldaten bewusst machen, dass man daheim an sie denkt. Sie dürfen sich über Tabak, Tabaksbeutel, Zigaretten, Kekse und Zuckerstücke etc. freuen. Manchmal legen Mädchen auch kleine Grußbotschaften an den Unbekannten bei, der in den Genuss der Liebesgaben kommt. Mitunter kommt sogar eine Antwort aus dem Feld an die unbekannte kleine Wohltäterin.

Nicht genug mit dem Arbeitseinsatz, der den Staat nichts kostet, wird die Schuljugend aufgefordert, an bestimmten »Entsagungstagen« Geld zu sammeln. Der Verzicht auf kleine Freuden macht es möglich – ausgerechnet in einer Zeit, wo selbst kleine Freuden zu einem Luxus geworden sind. Diese Praxis, die eigentlich nach der Schul- und Unterrichtsordnung verboten ist, ruft bei den Sozialdemokraten scharfe Kritik hervor, ihr Schulreferent Otto Glöckel prangert sie schonungslos an: »Die übergroße Mehrheit der Eltern unsrer Schulkinder hat einen furchtbaren Kampf zu bestehen, um ihre Familien über diese harten

Abb. 55: Lehrer unterweist Schüler im Gemüseanbau

Zeiten hinwegzubringen. Man braucht nur in eine Schulklasse zu treten; sie ist eine Sammlung entsetzlichen Kinderelends. Glanzlose Augen, durchsichtige Gesichtchen, Mattigkeit oder nervöse Ueberreiztheit, Uebermüdung, durch das stundenlange ›Anstellen‹ hervorgerufen, so sieht die ›Blüte der Nation‹ aus! Ein Spiegelbild des Elends in den Familien. Und an diese Kinder tritt man noch immer heran, um Geld zu erhalten. Wenn auch die Zahl der Geldsammlungen infolge der Einsprüche des Unterrichtsausschusses wesentlich eingeschränkt ist, sind noch immer die sogenannten ›Spartage‹, deren Ergebnis für verschiedene, sicherlich dabei auch gute Zwecke verwendet wird. Alle Pädagogen sind sich darüber klar, daß Geldsammlungen jeder Art eine demoralisierende Wirkung ausüben müssen. Ein falscher Ehrgeiz wird wachgerufen, die Kinder werden zu Erpressern an ihren Eltern, die Objektivität der Lehrpersonen wird in Zweifel gezogen, eine Kluft tut sich auf zwischen den ganz armen und den anderen, ja die Kinder werden zu Dieben, um ihren Lehrern freudestrahlend eine Geldspende geben zu können. Dieser unerhörte Mißgriff der Schulbehörden muß sofort beseitigt werden«,[193] heißt es in einem Antrag im Unterrichtsausschuss des Reichsrates.

Abb. 56: Schüler sammelt Buntmetalle

Schluss mit der Klerikalisierung, Schluss mit der Militarisierung der Schule:
das sind die Hauptforderungen der Sozialdemokraten, denn »die Schule darf
nicht zur Kaserne, der Lehrer nicht zum Feldwebel werden … Man schützt
das Vaterland nicht dadurch, daß man den kriegerischen Geist erzieht, man
schützt es, indem man es jedem Bürger wertvoll macht«,[194] ist Glöckels Credo.
Er hat im Jänner 1917 in einer Aufsehen erregenden Rede im Wiener Konzerthaus die Hauptanliegen einer Schulreform präsentiert. Unter dem Titel »Tor
der Zukunft« findet das Programm in 40.000 Exemplaren weite Verbreitung,
wenngleich die Zensurstelle für viele weiße Flecken im Text sorgt. Trotzdem
geht daraus klar hervor, was sich Glöckel für die Zukunft vorstellt: Weltliche
Erziehung, eine kindgemäße Einheitschule und Arbeitsschule, Förderung jeder
Begabung, Unentgeltlichkeit des Unterrichts und der Lehrmittel, Überwindung
bürokratischer Hemmnisse in der Verwaltung.[195]

Das alles ist Zukunftsmusik, jetzt im Krieg ist das Problem der Schulgebäude
vordringlich. Etwa 150 Pflichtschulen der Gemeinde Wien sind für militärische Zwecke beschlagnahmt worden, entweder für Verwaltungszwecke, als Sol-
datenunterkünfte oder auch als Lazarette. Das ist etwa die Hälfte der Wiener
Schulgebäude! Für die Schüler bedeutet das, dass sie in anderen, weniger für
Schulzwecke geeignete Gebäuden unterrichtet werden. Raummangel und die
Einberufung zahlreicher Lehrer zur Armee machen eine fühlbare Einschränkung
des Unterrichts notwendig. Wechsel- und Schichtunterricht werden Schulalltag,
Unterrichtsstunden und Unterrichtstage verkürzt. Kälteferien sind obligat, denn

das spart Heizkosten. All diese Maßnahmen bedeuten mehr Freizeit für die Schuljugend. Und damit wird das Herumstreunen der meist hungrigen Kinder zum Massenphänomen. Horte und andere Betreuungseinrichtungen können nur einen Teil der unbeaufsichtigten Kinder auffangen. 1918 ist es soweit, dass es hauptsächlich darum geht, die materiellen Erfordernisse für einen geregelten Schulbetrieb zu sichern und das Leben der Schulkinder erträglicher zu machen. Viele von ihnen müssen im Winter in den eiskalten Wohnungen ihrer Eltern ihr Dasein fristen. Deshalb weist der Landesschulrat die Bezirksschulräte an, zeitweilig leer stehende Schul-, Zeichen-, und Turnsäle sowie sonstige verfügbare Räumlichkeiten als Art Wärmestuben zur Verfügung zu stellen.[196]

Es gibt sie noch: die selige Kindheit

Die selige Kindheit: jedes dieser Worte muss man mit Bedacht aussprechen, denn welches Kind wünscht sich nicht diese Seligkeit, in der es nur Gutes, Schönes gibt? Welche liebende Mutter ersehnt sich nicht für ihr Kind diesen Zustand der Seligkeit als Fundament für ein glückliches Dasein als Erwachsener? *Die selige Kindheit:* das ist der Titel mehrerer Vorstellungen in den ersten Jännertagen des Jahres 1918 im Theater im Konzerthaus (Anm.: heute Akademietheater), gespielt und gesungen hauptsächlich von Kindern.[197] Die Musik stammt von Dr. Rudolf Siecynski, dem Komponisten des Ohrwurms »Wien, Wien, nur du allein …«, eingeflochten ein Menuett von Joseph Haydn und ein Marsch, komponiert von Erzherzog Max, dem Bruder Kaiser Karls, in der Regie von Prof. August Stoll, Choreografie von Karl Godlewsky, das Orchester stellen Mitglieder der Wiener Philharmoniker. Es sind auserlesene Kinder, die hier mitwirken dürfen, Kinder mit wohlklingenden Namen: Liechtenstein, Thun-Hohenstein, Pallavicini, Lanckoronski, Forgach, Coudenhove-Kalergi, Waldstein, Colloredo, Wurmbrand etc. Zur Premiere hat sich Kaiserin Zita angesagt. Ungewöhnlich helles Licht verbreiten die Straßenlaternen vor dem Theatereingang – wie in Friedenszeiten kommt es manchem zufällig vorbei kommenden Passanten vor. Nun, man kann Majestät nicht zumuten, im kriegsüblichen Straßen-Halbdämmer dem Hofautomobil zu entsteigen. Eine Weisung »Mehr Licht« rund um das Konzerthaus, in dem sich das Theater befindet, ist offensichtlich an die Elektrizitätswerke ergangen. Drinnen drängen sich die blaublütigen Kleinen aufgeregt um das Guckloch im Bühnenvorhang. Alle wollen die Kaiserin beim Betreten des Zuschauerraums beobachten können. Dann wird es ernst, jedes der kleinen Hoheiten, Durchlauchten und Komtesschen muss zeigen, was Prof. Godlewsky ihnen beigebracht hat. Und gerade weil die Kaiserin alles ganz genau beobachtet, gilt es, nur ja nicht zu patzen. In der Tat wird es eine glänzende Aufführung mit geradezu hymnischen Berichten »über die Meisterleistungen unseres blühenden jüngsten Adels, aber dieses edle Reis selbst auf der Bühne zu beobachten, diese reizenden Sprossen der ältesten Adelsgeschlechter waren auch für den Kinderfreund ein unübertrefflicher Genuß.«[198]

Dann geht es heim im Automobil, außer dem Chauffeur ist fallweise auch der Hofmeister mitgekommen, um sich seines noch ganz aufgeregten Schützlings anzunehmen. Ja, den Hofmeister gibt es auch im vierten Jahr des Krieges in den großen Familien immer noch. Früher, als noch Frieden herrschte, waren das meist Studenten, die im Studium nicht so recht weiter kamen, die auch ein Leben in einer gewissen Behaglichkeit und Saturiertheit bei Leuten von Distinktion zu schätzen wussten. Zwar ist es wie bei jedem Hauspersonal ein Leben der ständigen Verfügbarkeit, aber bei freier Kost und Logis lässt sich das ertragen. Der Hofmeister hat dafür zu sorgen, über die Schulbildung hinaus möglichst viel Wissen zu vermitteln, am Schreibtisch, aber auch auf langen Spaziergängen mit den ihm anbefohlenen Kindern. Er hat darüber hinaus darauf zu achten, dass ihnen tadellose Manieren in Fleisch und Blut übergehen. Dazu muss er freilich selbst ein Vorbild in jeder Hinsicht sein. Gerade bei Tisch sitzen, nur reden, wenn man gefragt wird, die Vielzahl an Bestecken richtig zuordnen und verwenden, nicht lümmeln, und schon gar nicht schlürfen oder schmatzen. Zumeist wirkte er leicht schrullig, »immer ein bißchen zerknittert, geduckt, im ewigen schwarzen Gehrock, der mitunter recht schäbig aussah, diente der verbummelte Student seinen übermütigen Zöglingen und der Familie meist als Zielscheibe mehr oder minder gutmütigen Spottes. Man kannte seine kleinen Eigenheiten, wußte, daß er den Apfelstrudel mit Wein übergoß und die Eiernockerln zuckerte, man lachte darüber und versicherte einander gegenseitig, daß er doch eine ›gute alte Haut‹ sei und gediegene Kenntnisse besitze.«[199] Seinen Zöglingen kann es nicht entgehen, in welcher untergeordneten gesellschaftlichen Stellung ihr Hofmeister ist. Dieser wird zwar auf kleineren Reisen mitgenommen, darf auch an Familiensoupers und auf Andeutung hin an Tischgesprächen teilnehmen, mit dem Herrn des Hauses zuweilen abends eine Partie Schach spielen, aber all dies geschieht meist mit unverkennbarer Gönnerhaftigkeit. Der Einberufungsbefehl zu Beginn des Krieges macht dieser Behaglichkeit den Garaus. Meist ohne Bedauern sehen die Schützlinge ihren Hofmeister in den Krieg ziehen. Endlich frei vom nervigen »Behave yourself« und von oktroyierten philosophischen Disputen! Der Frau des Hauses macht die – wie sie es empfindet – Zügellosigkeit der überaktiven Kinder bald nervös. Ein Ersatz muss her, und so zieht bald ein junger Kriegsversehrter (Anm.: im damaligen Sprachgebrauch Kriegskrüppel) in die Villa oder die Herrschaftswohnung der Leute von Distinktion. »… ehemalige Studenten, die eine kleine Atempause gewinnen wollen zwischen dem Kampf an der Front und dem Lebenskampf. Zumeist haben sie für eine alte Mutter zu sorgen oder eine kranke Schwester zu erhalten. Sehr still sind sie, die jungen Lehrer, wie betäubt gehen sie umher und sind nicht im mindesten geneigt, die neugierigen Fragen ihrer mitleidigen Brotgeber ausführlich zu beantworten. Sie spielen zwar abends mit dem Herrn des Hauses die traditionelle Partie Schach, die zur Distinktion gehört, sie büffeln mit den Jungen die Aufgaben – aber daneben studieren sie, studieren mit eiserner, unbeugsamer Energie. Denn der Krieg und die Erfahrungen haben die Hofmeister hellsichtig gemacht, haben sie darüber aufgeklärt, welches einsame, hilflose Alter der Ausgebeuteten harrt, die ihr Leben nicht auf eigene Kraft aufgebaut haben, sondern auf die Güte und die Dankbarkeit der Menschen rechnen. Der junge Hofmeister von heute wird kein geduldetes altes Hausmöbel – nicht einmal im allerdistinguiertesten Hause.«[200]

Eine Sonderstellung nehmen die Kinder des Kaiserpaares ein. In der bildlichen Darstellung spielten Kinder eines Herrscherpaares schon seit Jahrhunderten eine Rolle. Ursprünglich dienten sie zur bildlichen Dokumentation im familiären Kreis, auch um den eigenen Nachkommen Zeugnis von Glanz und Kultur zu geben. Im 19. Jahrhundert wurde man sich bei Hof bewusst, wie sehr die kleinen »durchlauchtigsten« Erzherzöge und Erzherzoginnen die Popularität der Dynastie zu heben vermögen. Der kleine Erzherzog und spätere Kaiser Franz Joseph, als Dreijähriger bereits in Uniform mit der Fahne in der Hand: das konnte keinen braven Untertanen kalt lassen. Maler wie Amerling, Fendi und Waldmüller wussten durch ihre Kunst den ganzen Liebreiz solcher Prinzen und Prinzessinnen auszudrücken. Mit der Erfindung der Fotografie ergaben sich ungeahnte Möglichkeiten, Familienbilder aus dem Herrscherhaus massenhaft zu verbreiten. Die Kaiserin mit ihren Kindern, später der Kaiser als Großvater oder Großonkel, zuletzt im Weltkrieg mit dem Urgroßneffen, dem dreijährigen Kronprinzen Otto. Das Kind in traulich angeschmiegter Pose, der erste Mann des Reiches als liebendes Familienoberhaupt – automatisch entsteht eine emotionale Bindung zwischen Kaiser und Untertan. Sie suggeriert Zusammenhalt in schwierigen Zeiten, aber auch Tradition und Kontinuität. Mit der Thronbesteigung Kaiser Karls erfahren solche Aufnahmen eine deutliche Steigerung. Wen hätte beim Begräbnis des alten Kaisers der Anblick des kleinen Otto nicht gerührt; ein vierjähriger Bub, blond gelockt, weiß gekleidet mit schwarzer Schärpe zwischen seinen Eltern. Da flogen dem kleinen Erzherzog die Herzen der Zehntausenden zu, die den Weg des Trauerkonduktes säumten.

Der neue Kaiser weiß um die Macht gerade solcher Bilder, weiß auch, dass Popularität das Lebenselixier für jegliche Anhänglichkeit an die angestammte Dynastie ist. Jetzt umso mehr, als das alte Reich einen Kampf auf Leben und Tod führt. Und so erscheinen in der Presse immer wieder reizende Kinderfotos, begleitet von das Herz anrührenden Texten: »Heiterer Frühlingsglanz, fröhliche

Abb. 57: Kronprinz Otto mit seinen Eltern beim Begräbnis Kaiser Franz Josephs

Kindergesichter und helle Locken leuchten uns aus den herzigen Bildern entgegen, welche die vier ersten Kinder unseres geliebten Kaiserpaares bei ihrem frohen Leben und Treiben im Garten der Kaiservilla (Anm.: gemeint ist die Villa Wartholz) darstellen. Ganz Oesterreich-Ungarn weiß es, daß der Monarch und seine Gemahlin das reinste und schönste Familienglück im Kreise ihrer anmutigen Kinder genießen und wenn der Kaiser von den Tagen schwerer Arbeit, von mühsamen Reisen ins Feld abgespannt in seine Häuslichkeit zurückkehrt, dann wird sein Herz weit bei dem Anblick der entzückenden Kinderschar, bei dem heiteren Lachen der Kleinen, die ihn freudig umringen und ihm die Sorgen von der Stirne schmeicheln. Wie ein duftiges Bukett blühen die herzigen Kleinen und in ihren lachenden Augen liegt ihres erlauchten Vaters und der Mutter Glück …«[201]

Wer durch die Straßen Wiens geht, der wird kaum fröhliche Kindergesichter, heiteres Kinderlachen wahrnehmen. Es sind abgehärmte Kindergesichter, fahl, mit matten Augen, die einem auf Schritt und Tritt begegnen. Welch greller Gegensatz zu den anmutigen, gepflegten, gut gekleideten Kaiserkindern, die im Garten umhertollen können! Denkt jemand daran, dass solche Bilder einen gegenteiligen Effekt erzielen könnten; wenn es mancher Mutter schmerzlich bewusst wird, welches Elend der Krieg über ihre Kinder gebracht hat? Hat der

Abb. 58, 59

Rückkehr des Kaisers aus Venetien.

Der Kaiser kehrt nach Baden zurück, im Bahnhof begrüßt von seiner Familie.
Im Innern des Blattes:
Truppeninspizierung durch den Kaiser. — Das neue technische Museum. — Auszeichnung Roseggers.

Die Kaiserkinder beim Spiel: Die Kaiserin führt ihre Kinder auf den Spielplatz.
Kammerphot. Heinrich Schuhmann, Wien.

169

Sozialdemokrat Otto Glöckel nicht recht, wenn er von einer »schwer geschädigten heranwachsenden Generation« spricht? Eines ist klar: Anhänglichkeit an das angestammte Kaiserhaus kann es nur geben, wenn die Untertanen das zum Leben Notwendige haben, ihre Kinder ausreichend versorgen können. Davon kann 1918 keine Rede mehr sein.

In ihrer Fragwürdigkeit offenbart: die überkommenen Werte

»Die Frauen sind auf ihrem Posten ganz von selbst, man brauchte sie gar nicht zu rufen ...«[202] »Die Frauen werden zu Kameraden ...«[203], »Die Frauen haben jetzt mit einem Schlage ihren Platz an der Sonne errungen, die allerdings mit ihrem blutig-rotem Scheine aufsteigen musste, um diesen jähen Wechsel und Sieg zu bewirken.«[204] – so lauteten bei Kriegsausbruch 1914 die Kommentare zur neuen Rolle der Frau. Ihre Arbeitskraft war unentbehrlich in einer Zeit, in der Hunderttausende Männer ihre Werkbank, ihr Büro, ihr Geschäft verlassen mussten, um an der Front für »Gott, Kaiser und Vaterland« zu kämpfen. Die von Patriotismus durchglühten Frauen wussten, was man von ihnen erwartete: »Unserem Herzensbedürfnisse folgend, in diesen schweren Tagen helfen, wo wir können, das Unsrige tun bis an die Grenzen unserer Kraft, mitwirken zum Erfolge der heiligen Sache.«[205] Für Frauen und Mädchen aus bürgerlichen Kreisen hieß das Stricken und Häkeln von Liebesgaben für die Soldaten, Scharpie zupfen und eine Ausbildung als Krankenschwester machen. Doch das konnte nicht genügen. Je länger der Krieg dauert, umso mehr wird die Arbeitswelt der Frauen revolutioniert. Nicht nur als Lehrerin, Telegrafistin oder Kontoristin (Sekretärin) sind sie gefragt, sondern in nahezu allen Berufssparten als Ersatz für die fehlenden Männer. Damit erlangen Frauen eine neue soziale Stellung, sie sind unentbehrlich geworden, das macht sie folglich auch selbstbewusster.

Arbeiten – das galt für Frauen des Bürgertums in Friedenszeiten als »Schande«. Das wäre einem schmachvollen Eingeständnis gleich gekommen, dass der Ehemann als Familienoberhaupt nicht imstande war, die Ehefrau »standesgemäß« zu versorgen. Für solche Wertvorstellungen ist nun kein Platz mehr. Für Frauen aus der Arbeiterschicht waren sie schon zu Friedenszeiten kein Thema. 42 Prozent der Arbeiterinnen waren verheiratete Frauen, die durch wesentlich schlechter bezahlte Arbeit ihr Schärflein zum Familienunterhalt beitrugen – wahrlich keine Minderheit und im internationalen Vergleich ein Rekordwert! Für sie war die Dreifachbelastung als Hausfrau, Mutter und mit einem 12-Stunden-Arbeitstag in einer Fabrik oder einem Handelsunternehmen längst zur erdrückenden Realität geworden. Trotzdem hielt man in der öffentlichen Meinung die Fiktion vom »schwächeren Geschlecht« aufrecht »und die noch heuchlerische, daß man die schwachen Schultern der Frau nicht überbürden dürfe, sie werden

immer deutlicher in ihrer ganzen Hohlheit erkannt«,[206] geißelte die sozialdemokratische Politikerin Emmy Freundlich die Zustände.

Jetzt wird von den Frauen erwartet, als »Soldaten des Hinterlandes« ihren
Mann zu stehen. Gerade in der kriegswichtigen Industrie ist die Arbeitskraft der
Frau unentbehrlich, sei es in Rüstungs-, Metall-, Elektro- oder Chemiebetrie-
ben, auch als Nachrichtenhelferinnen bei der Post oder der Telegrafie. Die Arbeit in diesen Betrieben hat auch für Frauen einen wesentlichen Nachteil. Durch
die Kriegsdienstleistungsgesetze sind die sozialen Bestimmungen außer Kraft
gesetzt. Nachtarbeit, Sonntagsarbeit und eine Arbeitszeit über zwölf Stunden
hinaus sind damit rechtens! Und das bei Stundenlöhnen von durchschnittlich
30 bis 40 Heller. Bei Zuspätkommen werden ihnen aber in vielen Betrieben 20
Heller bis zu einer Krone vom Lohn abgezogen. In der Öffentlichkeit werden
Frauen stärker wahrgenommen als Gaszählerableserinnen, Laternenanzünder-
innen, aber vor allem als Schaffnerinnen bei der Wiener Straßenbahn. Hier ist
1918 mit 54 Prozent ein deutlicher Überhang an Frauen im Personalstand zu
verzeichnen. Frauen sorgen auch für die Reinhaltung der Schienen, kehren die
Straßen oder sitzen auf dem Kutschbock von Schwerfuhrwerken (siehe Taf. 11),
schleppen schwere Koffer als Gepäckträgerinnen anstelle von Dienstmännern.

Doch nicht nur die Arbeitskraft der Frauen ist gefragt, sondern auch ihre
finanzielle Opferwilligkeit. Die Aktion »Gold gab ich für Eisen« zu unterstützen, empfinden die meisten von ihnen als patriotische Pflicht. Und so wandert
schweres Goldgeschmeide ebenso zu den Sammelstellen wie dünne Kettchen
und kleine Ohrringe. Man trennt sich von manchem, das außer Materialwert
mit schönen Erinnerungen verbunden war. Auf dem Schwarzenbergplatz harrt
der »Eiserne Wehrmann« darauf, dass er mit Nägeln aus Gold, Silber und Eisen bespickt wird. Der durch den symbolischen »Verkauf« dieser Nägel gegen
Spende erzielte Erlös kommt Witwen und Waisen gefallener Soldaten zugute.
Es sind gerade Frauen, die sich an derartigen Spendenaktionen beteiligen, um
Solidarität mit schwer Geprüften zu zeigen. Überhaupt sind Sammelaktionen
ohne fraulichen Einsatz nicht vorstellbar. Nicht zu vergessen: die Kriegsanlei-
hen. Es sind viele Frauen, die ihr Erspartes in vermeintlich sicheren Kriegsanlei-
hen anlegen. Der Weg in die Verarmung, vor allem für Frauen des Mittelstandes,
ist damit vorgezeichnet. Aber das werden sie erst wissen, wenn es zu spät ist …

Prekär ist die Lage jener Frauen, die zu Kriegerwitwen werden. Sie stehen
finanziell vor dem Nichts. Es kann nicht ausbleiben, ihnen durch Unterstüt-
zungszahlungen das Leben etwas zu erleichtern, durch einen Unterhaltsbeitrag
und eine Teuerungszulage. Allerdings werden solche Zuschüsse rasch von der
Preisspirale aufgefressen. Trotzdem sind solche Maßnahmen signifikant. Der
Krieg erzwingt eine Art Sozialismus, der zuvor undenkbar war, von dem man
in Friedenszeiten wohl nicht mehr wird abgehen können. So manche, vor allem

Abb. 60:
Straßenbahnschaffnerin im
Dienst

Abb. 61: Frauen
beim Reinigen von
Straßenbahnschienen

173

junge Frau versucht auf eigenem Weg über die Schwere der Zeit zu kommen, unabhängig von Fabrikarbeit und Sozialzuwendungen – mit Prostitution. Sie war in Wien schon vor dem Krieg weit verbreitet. Es sei schwerer gewesen, diesen Frauen auszuweichen, als sie zu finden, schildert Stefan Zweig in seiner »Welt von gestern« die Situation. Das käufliche Gewerbe breitet sich im Wien des Krieges noch mehr aus, denn die Not lockert auch die Sitten. Schätzungsweise 30.000 bis 40.000 Frauen bieten ihren Körper an, viele auch nur gelegentlich, wenn das Geld gar nicht mehr reichen will; »Nichtpassantinnen«, wie Heimito von Doderer (»Die Wasserfälle von Slunj«) diese auffällig vor Haustoren auf und ab gehenden Gunstgewerblerinnen nennt. Sie tragen wesentlich dazu bei, dass sich die Zahl der Infektionen bei unter 20-Jährigen verdoppelt. Das Problem, das so gar nicht in den bürgerlichen Ehrenkodex passt, wird schamhaft verschwiegen. Gar nichts zu unternehmen, wäre aber auch nicht tragbar. 1916 wird in Wien eine Fürsorgestelle für Geschlechtskrankheiten eingerichtet.

Nach wie vor offen ist eine langjährige Forderung: das Frauenwahlrecht. Vom allgemeinen, gleichen und geheimen Wahlrecht, das seit 1906 in der österreichischen Reichshälfte gilt, sind Frauen ausgeschlossen. Schon diese Tatsache spricht dafür, dass sie als minderwertig eingestuft werden. Ebenso verwehrt sind ihnen gleiche Entlohnung und gleiche Bildungschancen. Sie müssen politisch erst erkämpft werden und sind die Hauptanliegen des Internationalen Frauentages, der seit 1912 jeweils am 8. März jeden Jahres begangen wird. Es lässt sich voraussehen, dass man den Einsatz der Frauen im Krieg politisch wird honorieren müssen. Das wird beim Sozialistischen Frauentag am 24. März 1918 in der Volkshalle des Wiener Rathauses deutlich. Der Krieg hat die Frauen verändert, »ein neues, ein reiferes Geschlecht der Frauen heranwachsen lassen, ein Geschlecht, das nicht nur den Mut hat, sein Recht zu fordern, sondern auch die Kraft, es zu erringen. Dieses neue Geschlecht wird mithelfen, auf allen Gebieten des öffentlichen Lebens neue Ziele zu setzen, und mit starkem Geist und leidenschaftlichem Mut mitschaffen, um sie zu erreichen ...[207] Während man im Anfang die willigen und billigen weiblichen Arbeitskräfte nicht genug loben konnte, hört man nun schon aus Unternehmerkreisen, namentlich aus der Munitionsindustrie, daß ›die eigentlich unbotmäßigen Elemente die Frauen sind‹, die sich weder der Betriebsorganisation noch der gewerkschaftlichen Organisation einfügen wollen, weil ihnen auch hier die Schulung des öffentlichen Lebens fehlt. All diese Erkenntnisse werden das Zusammenleben zwischen Arbeitern und Arbeiterinnen in den Fabriken und in den Organisationen verändern, und wenn die Ehemänner aus den Schützengräben heimkommen werden, werden sie nicht mehr die Ehefrauen finden, die sie verlassen haben. Auf den Trümmern des Familienlebens von ehegestern wird sich naturnotwendig unter vielen persönlichen und gesellschaftlichen Kämpfen eine neue Familienform tatsächlicher Gleichberechtigung erheben, die eine wesentliche und unentbehrliche Voraussetzung der demokratischen Gesellschaft ist.«[208] Das Frauenwahlrecht, im kommunistisch gewordenen Russland bereits verwirklicht, in Großbritannien parlamentarisch beschlossen, wird sich auch in Österreich nicht aufschieben lassen, denn »man hat die Frauen nun im Krieg gleichsam auf Hintertreppen in die Verwaltungsausgaben von Staat, Land und Gemeinden eingeführt und damit gezeigt, daß sie heute auch der Bürokratie und der Regierung als ein wertvoller ›Männerersatz‹ erscheinen. Die Demokratie und das Frauenwahlrecht haben ihren Ursprung in den gleichen Quellen, um so dringender ist es, daß auch Weg und Ziel sich vereinen.«[209] In der Gesinnungsweise der Männer wird noch viel Überzeugungsarbeit zu leisten sein. Selbst in der Sozialdemokratie denkt mancher Genosse fortschrittlich, aber innerhalb der Familie ist er zumeist Autokrat, der keinerlei Widerspruch duldet.

Eine verkehrte Welt: das Dienstpersonal

Rar geworden sind im Krieg auch die Dienstmädchen; jene dienstbaren Helferinnen im Alltag, auf die man in keinem »anständigen« Haushalt verzichten will. Wer soll denn sonst in aller Früh den gemauerten Herd in der Küche einheizen und Kaffee kochen, in den Öfen der gesamten Wohnung Kohle nachlegen? Von Staub wischen, kehren, Teppiche ausklopfen, Geschirr waschen, Fenster und Silber putzen gar nicht zu reden! Das ist doch alles selbstverständlich – war selbstverständlich. Für die meist jungen Mädchen vom Lande war das einst ein beruflicher Einstieg für das Leben in der Großstadt. In Wahrheit ein unfreies Dasein durch den Anspruch der »Herrschaft« auf ständige Verfügbarkeit. Keine geregelte Arbeitszeit, Ausgang nur jeden zweiten Sonntag für sieben Stunden, keine Rede von Sozial- und Altersversicherung. Solch ein Leben wollten schon vor dem Krieg immer weniger Mädchen fristen, da war Fabrikarbeit mit fester Löhnung, Arbeitsschluss um 18 Uhr und freiem Sonntag allemal attraktiver. »Heimchen am Herd« ist ebenso rasch unzeitgemäß geworden wie das Dasein am Gängelband einer »Gnädigen«, die nach traditionellen Vorstellungen das Dienstmädchen »abrichten« möchte, also mit den hausüblichen Gepflogenheiten als unumstößlichem Gesetz gefügig machen will. Diese Zeiten sind freilich vorbei, auch weil es überall bessere soziale und finanzielle Bedingungen gibt. Setzt sich dann womöglich die Fanny, Mitzi oder Resi in den Kopf, woanders zu arbeiten oder gar zu heiraten, dann ist ihre »Gnädige« machtlos.

Noch schwieriger wird die Suche nach einer Köchin, jener Fachkraft, die es bis zuletzt verstand, trotz Rationierung etwas Essbares auf den Tisch zu bringen. Wenn alles gute Zureden, das »blöde« Heiraten doch sein zu lassen, nicht fruch-

175

tete, dann blieb der »Gnädigen« nur der Gang zum Stellenvermittlungsbüro. Doch trotz Entrichtung der Einschreibgebühr tut sich nichts. Köchin ist im Moment keine zu haben. Zeitungsannoncen gibt es zwar in Hülle und Fülle, die Schreiben an die angegebene Adresse bleiben aber oft unbeantwortet. Da ist es wohl ratsam, sich selbst dorthin aufzumachen, meint da der Gatte. Nach langer Überwindung entschließt sich die genervte Hausfrau dann doch, den Weg in einen der ihr nicht geheuren Bezirke wie Ottakring oder Hernals anzutreten. Mit leichten Schauern betritt sie die Mietskaserne – die Adresse stimmt – und rümpft gleich die Nase ob des ordinären Geruches nach Kohlgemüse im Stiegenhaus. Mühsam erklimmt sie Stockwerk für Stockwerk, bleibt immer wieder stehen. Wie man nur so wohnen kann? Endlich ist besagte Wohnung erreicht, da wartet bereits die nächste unangenehme Überraschung. Auch andere »Gnädige« haben sich auf den Weg hierher gemacht und sitzen nun im winzigen Vorzimmer oder in der Gangküche, warten, bis sie zur Dienst suchenden Köchin ins Wohnzimmer eintreten können. Da muss man sich ja anstellen! entrüstet sich die neu Angekommene. Mit wachsender Spannung verfolgt sie, wie eine nach der anderen Dame die Wohnung wieder verlässt, nachdem sich im Zimmer die Umworbene eifrig Notizen über die Angebote der Bewerberinnen gemacht hat. Dann begleitet sie, was sie bisher vermied, eine Dame bis zur Türe und verabschiedet sich von ihr. Etwas verlegend lächelnd teilt sie den noch Wartenden mit, dass sie gehen könnten, sie habe nämlich den Posten bei Frau Baronin X bereits angenommen. Die enttäuschten Damen machen ihrem Ärger schon im Stiegenhaus Luft. Da hört sich doch alles auf, unverrichteter Dinge muss man den Heimweg antreten, wie man vor dem Gatten dastehen wird! So eine Blamage, was für eine verkehrte Welt! Alles nur wegen dieses blöden Weltkrieges, damit muss jetzt aber wirklich Schluss sein!

Die letzten ihrer Art: die Prachtbauten

Der Kriegsausbruch 1914 brachte eine unumkehrbare Wende auf einem Gebiet mit sich, an das damals wohl kaum jemand dachte: das Ende der Repräsentationsarchitektur – ob öffentlich oder privat. 1913 schlug diese Art der Baukunst mit dem k. u. k. Kriegsministerium am Stubenring ein letztes stolzes Pfauenrad: Theresianischer Neobarock, so wie ihn Thronfolger Franz Ferdinand als einzig würdig für die Selbstdarstellung des alten Reiches erachtete, gerade was die k. u. k. Armee betraf. Otto Wagner mit seinem, Franz Ferdinand verhassten Baustil durfte nicht zum Zug kommen, obwohl sein Entwurf ein ideales Pendant zu seinem Postsparkassengebäude geworden wäre. Der zyklopenhafte Bau von Ludwig Baumann mit seinem überdimensionalen Doppeladler über dem

Mittelrisalit bildet den Schlussstein in der Reihe der öffentlichen Prachtbauten der Ringstraße, in Betrieb genommen rechtzeitig vor dem Start in den Untergang der alten Welt. Der zweite Repräsentationsbau ist das Wiener Konzerthaus, feierlich eröffnet im Oktober 1913 in Anwesenheit Kaiser Franz Josephs. Ein Werk der Theaterbauspezialisten Ferdinand Fellner und Hermann Helmer. Hier zog auch die Hochschule (heute Universität) für Musik und darstellende Kunst ein. (Anm.: Die Probebühne der Musikakademie wird seit 1924 unter dem Namen Akademietheater als Filiale des Burgtheaters geführt.) Beiden Bauten ist gemein, was zur Repräsentation unbedingt dazugehört: mächtige Walmdächer, Riesenpilaster, Blendbalustraden, Maskenschmuck in Wandfeldern, reich gestaltete Fensterbekrönungen; im Inneren beeindruckende Foyers und Stiegenaufgänge mit viel Marmor oder Kunstmarmor, Pfeilerhallen, ornamentale Deckenmalereien, prunkvolle Kandelaber und Kronleuchter.

Als Schlussstein der privaten Ringstraßen-Palaisarchitektur kann das Palais Pollak-Parnau gelten, errichtet auf dem Grund der 1910 abgetragenen Heumarktkaserne (Schwarzenbergplatz 5), ein Werk des Architekten Ernst von Gotthilf im Auftrag des Textilindiustriellen Bruno Pollack von Parnau, fertig gestellt 1914 (Anm.: 1945 durch Bomben zerstört.). Wie üblich waren Beletage und Souterrain der Familie vorbehalten, die anderen Wohnungen wurden vermietet. Für Architekturkenner war die Bebauung der Ostseite des Schwarzenbergplatzes ein markantes Beispiel dafür, »wie die konservative Richtung der Wiener Architektur sich nach dem Einbruch der Moderne unter Olbrich, Otto Wagner und Josef Hofmann zu regenerieren sucht. Namentlich das der französischen Botschaft gegenüberliegende Zinshaus Nr. 5 von Gotthilf zeigt in glücklicher Weise das Streben, die Tektonik des Baues und seinen organischen Charakter neu zur Geltung zu bringen.«[210]

Der Krieg bringt jegliche Bautätigkeit fast vollständig zum Erliegen. Repräsentative Großbauten werden nur noch vereinzelt fertig gestellt. So die k. k. Exportakademie anstelle der ehemaligen Gaswerke Döbling (Anm.: später Hochschule für Welthandel, heute Wirtschaftsuniversität) in der Franz-Klein-Gasse 1 (Anm.: damals Exportakademiestraße 1), ein vierstöckiger Eisenbetonbau mit 21 Fensterachsen mit Blick auf den Währinger Park, errichtet nach Plänen des Architekten Alfred Keller und eröffnet im März 1917. Man ist stolz auf das monumentale, doch schlichte Gebäude mit Edelputz aus Dolomitin, das steinartig wirkt und von dessen Erhärtung im Laufe der Jahre man sich weniger Erhaltungskosten verspricht. Markant ist der bis in das erste Geschoß reichende Vorbau mit Rundbogenarkaden. Auf bildhauerischen Schmuck wollte man trotz Kriegszeit nicht verzichten. Über den Fenstern im Erdgeschoß sind Masken angebracht, die die fünf Weltteile darstellen. Es sind Werke von Michael Powolny, Franz Barwig, Karl Stemolak, Theodor Stundl und Wilhelm Leyda. In

177

Abb. 62: Die Exportakademie in Wien

der Haupthalle ziehen vier große Wandgemälde die Blicke des Eintretenden auf sich; Ansichten der Hafenstädte Triest, Hamburg, Konstantinopel und New York, gemalt von Adolf Groß, Oskar Laske, Josef Beyer und Alfred Keller.

1918 folgt das Technische Museum gegenüber von Schloss Schönbrunn (13., heute 14. Gemeindebezirk, Mariahilferstraße 212).

1913 wurde der Grundstein gelegt, nun wird es Anfang Mai 1918 ohne jedweden feierlichen Akt eröffnet. Feiern will man erst, wenn der Friede wieder hergestellt ist. Es ist ein eigenartiger Bau im Stil des Eklektizismus, ein Werk des städtischen Baurates Hans Schneider. Auch in diesem Fall war Otto Wagners Entwurf nicht zum Zug gekommen, obwohl er den ersten Preis erhalten hatte. Nun kann man das fertige Haus bewundern: »Aus dem frischen Grün des blühenden Schönbrunner Vorparkes erhebt sich der stolze Bau aus dem Dornröschenschlaf langjähriger emsiger Vorarbeit zum Leben aufklärender Wirksamkeit erschlossen, ein Wahrzeichen vaterländischen Gewerbefleißes, eine Lehranstalt für das ganze Volk, dem Fortschritte von Industrie und Gewerbe dienend.«[211] Wien kann stolz sein, ist doch »ein gewaltiges Kulturwerk mitten im Lärm des Weltkrieges vollendet worden ... ein Denkmal aus der Regierungszeit des Kaisers Franz Joseph; eine Schatzkammer heimischen Gewerbefleißes und eine neue Sehenswürdigkeit von Wien, aufgerichtet von unternehmungsfreudigen Patriziern Wiens, unter Mitwirkung von Staat und Stadt. Unsere jun-

178

Abb. 63: Das Technische Museum in Wien

gen Leute brauchen nicht mehr nach München zu wandern, um im Deutschen
Museum der Isarstadt die Fortschritte von Industrie und Gewerbe zu studieren …«[212]

Ein zweiter Repräsentationsbau trägt die Jahreszahl MCMXVIII (1918) am
Eck der Kreuzung Lisztstraße/Zaunergasse (3. Gemeindebezirk). Es ist der Sitz
des Österreichischen Branntweinmonopols, ein Werk der Architekten Ernst
von Gotthilf-Miscolzy und Alexander Neumann (Schwarzenberplatz 6/Zau-
nergasse 1–3).

Ein Kuppeldach bekrönt den Erkerbau gegen den Schwarzenbergplatz hin,
männliche und weibliche Figuren zieren die Attika. Hauptakzent dieses spitz
gegen den Platz zulaufenden Erkerbaus sind kannelierte Riesenpilaster mit io-
nischen Kapitellen. Monumental, aber mit schlichter Profilierung präsentiert
sich das Portal. Aufwendiger sind die Fensterrahmen und Balkone über den
Risaliten gestaltet. Und auch die üblichen Zierrate dürfen nicht fehlen: Balus-
ter mit aufgesetzten Vasen, eine überdimensionierte männliche Maske, flankiert
von in Wien seit der Barockzeit unverzichtbaren Putten über dem Portal in
der Zaunergasse. Ein gestalterisches Element sind vertikale Rahmenfelder zur
Gliederung der Seitenfronten. Vorhalle und Stiegenaufgang sind mit farbigen
Marmorplatten verkleidet, ins Auge fällt eine dekorative Kugel auf einemBalus-
ter. Mit diesem Bau im Stil des Neoklassizismus hat der Schwarzenbergplatz an

179

Abb. 64: Haus des Branntweinmonopols am Schwarzenbergplatz

der Ostseite einen repräsentativen Abschluss gefunden. (Anm.: Heute als Palais Fanto bezeichnet, ist das Haus Sitz des Arnold-Schönberg-Archivs.) Beide Bauten sind die letzten ihrer Art in Wien. Nie wieder wird man in diesem Stil bauen. Die Ära des Späthistorismus, aber auch des Jugendstils – beide Produkte großbürgerlicher Kunst und Kultur – ist als Folge der Umwertung althergebrachter Ideale durch den Weltkrieg endgültig passé.[213]

Einst Stolz, nun Last: die großbürgerliche Wohnung

Elegant und weitläufig wohnen: das war in Friedenszeiten ein Ideal des erfolgreichen Bürgers. An seinem Heim sollte jeder, der es betrat, erkennen, wie weit er es gebracht hatte. Architekten kannten dieses Bedürfnis nach Repräsentation und bauten demgemäß. In Neubaugebieten entstanden nach 1900 solche Wohnhäuser, meist im Stil des Späthistorismus, vereinzelt mit Zierrat des in Mode gekommenen Jugendstils. Reichlich Fassadenstuck, überkuppelte Erker, Balkone, Loggien, Dachateliers unter Giebeln prägen seitdem den Charakter von Stadtvierteln wie rund um den Arenbergpark auf der Landstraße (3. Gemeindebezirk) oder den Alois-Drasche-Park auf der Wieden (4. Gemeindebezirk). Nicht zu vergessen die zahlreichen Villen in Wiens Nobelbezirken wie Hietzing oder Döbling. Im Inneren war der Salon das Zentrum der Selbstdarstellung, möglichst mit repräsentativem Kamin, selbstverständlich ein eigenes Speisezimmer mit großem Tisch für Familiendiner und gastliche Abende, ein Arbeitszimmer des Hausherrn mit gut bestückter Bibliothek, Schlaf- und Ankleidezimmer; ein eigenes Billardzimmer galt als non plus ultra der großbürgerlichen Wohnung. Badezimmer waren bereits selbstverständlich in der modernen Wohnung, ebenso das oder gar die Dienstbotenzimmer direkt neben der Küche. In bis zu acht Räumen mit Eichenparkett, weiß lackierten Doppelflügeltüren und reichlich Deckenstuck ließ es sich wahrhaft »standesgemäß« leben – in Friedenszeiten, als alles noch seine als unumstößlich geltende Ordnung hatte.

Der Weltkrieg hat auch in diese Welt brutal eingegriffen, manches einstmals so heiß Erstrebte zur Last gemacht. »Die großen repräsentablen Kamine können nurmehr als Ausstattungsstück verwendet werden. Sie sind Theaterdekorationen, Soffitten geworden, Zimmermalereien. Im heurigen Winter haben sie noch keine Kohlen, noch kein Feuer aufgenommen und so hat man es vorgezogen, die sogenannten Salons überhaupt zu schonen. Wie viele achtzimmerige Logis sind nun auf ein paar armselige Räume, auf die bloßen Wohn- und Schlafzimmer reduziert worden! Man verzichtet auf den durch Jahre gezüchteten Komfort, man schläft und ißt und wohnt in einem Zimmer. Alles andere ist ein Ballast geworden, Eisgruben, denen man im weiten Bogen ausweicht. Und um überhaupt nicht in Versuch zu geraten, einen dieser eisgekühlten Räume zu betreten, die sich so vortrefflich zum Konservieren des einst so beliebten argentinischen Rindfleisches eignen würden, hat man jede Tür dreimal verschlossen, als wäre hinter ihnen eine Seuche ausgebrochen. Mein Gott, wie lange hat es gedauert, bis diese Zimmer eingerichtet waren. Wie hat man jede antiquarische Akquisition liebevoll hineingestellt, die alten Familienbilder aufgehängt, die Nippesfiguren und die Photographien kunstvollst arrangiert, die Perserteppiche und die Seehundsfelle auf dem Diwan pünktlich vor jeder Sommerreise in die Mottenfraßversicherung geschickt, die Seidenfauteuils mit der schützenden Leinwand bedeckt und die Jalousien herabgelassen, damit kein Sonnenstäubchen den Schlaf des Salons beschädige. Aber wenn es noch immerhin einen Schutz gegen die Wärme gibt, gegen die Kälte gibt es heute keinen! Und was mühsam behütet, konserviert und gepflegt wurde, erfriert nun … Das Pianino, auf dem sonst um diese Zeit eine Dilettantin der Gesellschaft Strauß'sche Walzer aufrauschen ließ, gleicht einem anderen Orchesterapparat: dem eingefrorenen Posthorn Münchhausens. Ganze Paläste oder zum mindesten palastartige Wohnungen sind nun durch Kohlenmangel verödet … ebenso wie die Wohnungen einerseits nicht geheizt sind, so sind sie andererseits nicht beleuchtet … wer zwei Lichter anbrennen will, muß ganz verschämt die Fenster fest und undurchsichtig verhängen, als würde er die pikantesten Abenteuer oder andere öffentlichkeitsscheue Angelegenheiten in seinem Heim züchten. Das Heim – das ist es eben, was überhaupt aufgehört hat. Ein Heim gibt es nicht mehr. Im besten Falle eine Behausung … Aber es bedarf jetzt allerdings schon wieder Ausgaben und vieler Geduld, um die Wohnung vor dem Ruin zu retten. Niemals sind die Wasserleitungsröhren so häufig gesprungen wie zuletzt. Seitdem die Zeit aus den Fugen ist, folgt ihr ein Möbelstück nach dem anderen in dieser devastierenden Richtung. Der Ofen hat sich in einen rauchenden Vesuv verwandelt, der permanent speit, und will man den Hafner gegen dieses Magenübel zu Hilfe rufen, so ist er ebensowenig für solche Ordinationen zu haben wie etwa der Tischler, wenn Tische oder Stühle ein Bein verlieren. So wird die Wohnung von allen Seiten bedroht, es wächst sozusagen das Unkraut auf ihren einst gepflegten und blühenden Beeten. In der Zeit der Wohnungsnot sind viele Wohnungen plötzlich zu groß geworden und die Fenster bei 7 Grad unter Null zu zahlreich. Man braucht nur ein Erkerzimmer mit drei Fenstern zu inserieren – um es sicher nicht anzubringen. Raum ist in der kleinsten Hütte. Und beinahe in der kleinsten Hütte eher wie im Palast. Denn unter Raum kann man ja wohl nur verstehen: den lebbaren Raum. Alles andere ist Wüste.«[214]

Eine kriegsbedingte Täuschung: die Geschäftsauslagen

Auslagen anschauen gehört wie eh und je zu den Freuden des Wiener Alltages. Speziell Frauen, egal ob »Gnädige« oder Dienstmädchen, haben dafür eine besondere Schwäche, nicht selten zum Leidwesen von Ehemännern und Galans. Wenigstens sehen, was es an Fülle an Waren gibt, auch wenn man sie sich meist nicht leisten kann. Herrliche Kleider, zarteste Dessous, Schuhe von feinstem Leder etc.; noch dazu von Auslagenarrangeuren raffiniert in Szene gesetzt, sodass einem das Herz blutet, dies oder jenes nicht in eleganter Verpackung heimtragen zu können. Dekorierte Auslagen gibt es auch im vierten Kriegsjahr, die Frage ist nur, was dahinter steckt. Das Gezeigte steht nämlich »in einem mehr oder weniger seltsamen Gegensatz zu den Dingen, die man nach der darüberhängenden Firmentafel vermuten würde. Der Besitzer hat das mitunter schwere und nicht selten einträgliche Kunststück gelernt, sich den veränderten Zeiten kriegsmäßig anzupassen. Und aus dem Sichanpassen ist ein Umlernen geworden, mitunter ein sehr gründliches, bei dem der Geschäftsmann meistens eher auf seine Rechnung kommt als seine Kunden. Am stärksten fällt die verwandelte Auslage natürlich bei jenen größeren Stadtgeschäften ins Auge, die jeder noch von Friedenszeiten her kennt. Da ist ein erst im letzten oder vorletzten Friedensjahr eröffnetes Schuhwarengeschäft, das zum Unterschied von den zahllosen englischen und amerikanischen ›Schuhsalons‹ französische Ware verkaufte. Das Geschäft besteht noch, es verklebte bloß das französische Firmenschild. Mit dem zunehmenden Ledermangel schmolzen dann die letzten Schuhe pariserischer Fasson weg, so wie ungefähr die Butter aus den Auslagen der Delikatessenhändler spurlos Sohlenschoner und ein Paar winzige, schillernde Goldkäferschuhchen. Sie wiesen keine Spur von Leder auf, sie waren überhaupt alles andere als Schuhe und sie kokettierten mit der letzten Kollektion violetter und drapfarbener Florstrümpfe, von denen das Paar nicht viel mehr kostete, als der Wochengehalt eines mittleren Postbeamten beträgt. Nun gibt es weder Strümpfe noch sogenannte Schuhe, aber die von einem Luxusarchitekten entworfenen Auslagen sind voller als je. Der Besitzer hat einfach umgelernt, im Schuhsalon bekommt man auszeichnete – Liköre zu kaufen, und wie ausgezeichnet sie sein mögen, kann man daraus entnehmen, daß die billigste, nicht ganz einen Viertelliter fassende Flasche 24 Kronen, also so ziemlich das kostet, was man hier einst für ein Paar Herrenhalbschuhe letzter Pariser Schaffung verlangt hat. Nicht weit davon sind die Riesenauslagen eines zweiten Schuhgeschäftes und in diesen Auslagen fehlt allerdings auch der geringste Hinweis auf eine angeblich bestehende Ledernot. Bloß die Schuhe sind auch hier verschwunden, und all das schöne Oberleder, das es nicht mehr gibt, hat sich in wundervolle, pompöse Reisekoffer und Taschen aus echtem Kalb-, Schweins- und Krokodilleder verwandelt. Aus dem amerikanischen Schuhwarenhaus ist eine Niederlage feinster Wiener Taschnerware geworden, statt Schnürstiefeln werden hier Reisenecessaires verkauft, deren künftige Besitzer es wahrscheinlich nicht nötig haben dürften, sich einen halben Tag für ihre Schnellzugskarte nach Marienbad anstellen zu müssen. In der Kärntnerstraße ist eine große Niederlage allereleganstester Herrenbedarfsartikel, deren angeblich englische Herkunft erst vor ein paar Monaten einige patriotisch fühlende Gemüter in Wallung gebracht hat. Auch diese Auslage hat umgelernt. Es gibt zwar noch immer einige Paar Handschuhe hier, die die Bagatelle von fünfzig Kronen, und sehr nette Lederbrieftaschen, die nur eine Kleinigkeit mehr, nämlich dreihundert Kronen kosten. Aber die ausgezeichneten Rasierseifen, die man hier einst bekam, die Turfausrüstungen vollendeter Gentlemans und ähnliche ›Bedarfsartikel‹ des jungen Mannes von Welt, der hier einkaufte, sind im großen und ganzen doch so ziemlich aus der Auslage verschwunden. Statt dessen zieren sie Flakons von Mundwässern, Kartons von Zahnpasta, eine große Schachtel mit – Suppenwürfeln fehlt nicht, und wenn der junge Mann von Welt von einem Souper bei Sacher hier vorüberkommt, findet er in dieser Auslage die allerfeinsten holländischen Zahnstocher, die sogar etwas weniger als ein Tafelspitz bei Sacher kosten. Weder an Sacher noch an die eigene Vergangenheit erinnert heute das

183

gegenüberliegende Automatenbüfett, dessen blinkende Glasschüsseln – sie sind sogar automatisch drehbar – eine geradezu trostlose Leere überwölben. Nach längerem Suchen entdeckt man zwar immerhin noch einen Rollmops, aber er ist nur ein Möpschen, er erinnert verdächtig an das ›Schwarze unter'm kleinen Finger‹, und mit ihm sich satt zu essen, dürfte man nicht einmal einem Liliputaner zumuten. Dafür figuriert als Vor- und Nachspeise dort, wo es einst Krakauerscheiben, englische Sandwiches und Forellen in Aspik für 20 Heller gab, ein seltsames, viertelfingerlanges Regenwurmwürstchen von unbestimmtem Aussehen, das nur dreimal so viel kostet und sich ›Kakao-dotter‹ nennt. Wo alles sich wandelt, ist es nur in der Ordnung, daß gelegentlich auch die Auslage einer Tabaktrafikantin aufs Umlernen eingestellt wurde. Die Kistchen mit den Trabukos, blonden und brünetten Regalias und mazedonischen Zigarettentabaken sind längst verschwunden, seit sich die ›laufenden‹ Kunden am Fassungstag für zwei ›Ungarische‹ die Beine in den Asphalt stehen. Aber dafür ist die Auslage der Tabaktrafik von der eines Antiquitätenhändlers kaum mehr zu unterscheiden. Kein Tabakblättlein rührt sich mehr hier, von Zigarren spürt man gewiß keinen Hauch, aber die Trafikantin will schließlich leben, was sie von der Stempel- und Markenfassung allein wahrscheinlich nicht imstande ist. Und so verkauft sie echte, alte Marienbader Gläser, Mokkatassen mit Goldrand und Bienenkorbmarke, einen halben Meter antike Goldspitze und gelegentlich sogar ein verräuchertes Bild unbekannter Meister, die bestimmt nie im Leben eine Virginia geraucht haben. Eine andere Trafikantin verlegte sich darauf, ein vollständiges Gemischtwarenlager auf Lager zu halten. In der Auslage merkte man davon allerdings nichts, da ihre Trafiklizenz kaum auf Schuhriemen, grüne Fisolen und Christbaumkerzen lauten dürfte. Aber man bekam sie immerhin dort, wie man ja gelegentlich in einer Feinputzerei ungarisches Backmehl, beim Greisler unter der Hand – nämlich hinter der »Pudl« – ärarisches Sohlenleder für ein Paar Schuhe, und beim Schuster einen Liter Petroleum höchst geheimnisvoller Herkunft bekommen kann. Man bekommt überhaupt alles, man muß sich bloß nicht unverständigerweise darauf kaprizieren, seinen kleinen Vorstadtschneider zum Wenden eines alten Sakkos zu bewegen. Er ›wendet‹ nicht, er hat sich auf einträglichere Wandlungen eingerichtet, man bekommt bei ihm jeden Montag frische Preßburger Mohnbeugel und er hat kein Herz von Stein, hingegen meistens einen Kilo Reis zu verkaufen, der heute den Spottpreis von 64 Kronen kostet und morgen schon teurer, aber trotzdem verkauft sein wird. Und wie es keine Seltenheit ist, in der Auslage einer betriebsamen Milchfrau eine letzte Schachtel von Schmolls Schuhpasta kennen zu lernen, entdeckt man im Schaufenster eines ›Kaffeemagazins‹ ganz plötzlich zehn Kilogramm schönen, weißen, ungarischen Knoblauch, die Kräutlerin hat Zwirn, und ihre Erdäpfel kann man hinten herum bei einer menschenfreundlichen Pfaidlerin kaufen, die ›Verbindungen‹ mit dem Marchfeld hat. In der Auslage liegen sie ja nicht geradezu, aber auch das gehört zu den Kriegswandlungen des Wiener Schaufensters, daß man Schaufenstern überhaupt nicht mehr trauen darf. Man bekommt noch so ziemlich alles, aber nicht aus der Auslage, sondern unter vier Augen, von denen man die eigenen am besten recht fest zudrückt.«[215]

Amtlich ihrer Pietät beraubt: die »schöne Leich«

Dereinst eine »schöne Leich« zu haben, das war der letzte innige Wunsch vieler Wiener. Ein eindrucksvoller Schlussakkord des irdischen Lebens sollte es sein, das meinte man sich und der Nachwelt schuldig zu sein. Mehr Schein als gewesen Sein war hier keine Schande, dafür sparte so mancher viele Jahre. Die Aufbahrung im Salon oder in der »guten Stube«, Trauerkränze, Leichenwagen, Trinkgelder für die Sargträger, nicht zu vergessen der abschließende Leichenschmaus für Verwandte und Freunde: dieser Aufwand war kostspielig. Der Krieg hat all das revolutioniert. In seinem Gefolge hat der Mangel auch mit den pompes funèbres Schluss gemacht. Reich verschnörkelte Leichenwagen, von vier oder sechs Rappen gezogen, Kranzwagen, Trauerkutschen sind in den Straßen Wiens nicht mehr zu bestaunen. Keine schwarzen Läufer im Stiegenhaus von der Wohnungstür bis zum Haustor, keine Trauerdraperie über dem Hauseingang, schon gar kein Trauerportier in spanischer Gala. Herolde oder Laternenreiter für adelige Tote sind überhaupt verboten. Die Standesunterschiede sind auch im Tod auffällig geringer geworden. Nicht einmal genügend Pferde für die Fahrt zum Friedhof sind vorhanden, und die, die noch zur Verfügung stehen, leiden an Auszehrung. Den Fuhrwerksbesitzern fehlt das nötige Futter, reihenweise gehen ihnen die Pferde ein. Deshalb muss der Weg vom Ort der Aufbahrung zum Grab möglichst kurz sein. Viele schmerzt es, auf die Aufbahrung im Haus des Toten, auf die Einsegnung in der jeweiligen Pfarrkirche verzichten zu müssen. Der Not der Zeit gehorchend findet man sich damit ab, dass das nun alles am Friedhof vor sich geht. Amtliche Verordnung ist dafür gar nicht nötig. Für die Überführung von Toten aus dem Lainzer Versorgungsheim und dem Jubiläumsspital zum Zentralfriedhof wird die Straßenbahn herangezogen. Die namentlich gekennzeichneten Särge werden in einen grün gestrichenen »Sammelwagen« mit zwölf seitlich zu öffnenden Fächern hineingeschoben und abends an einen Motorwagen angekoppelt, der zum Zentralfriedhof fährt. In Anspruch nehmen können den Leichentransport per Straßenbahn alle Hinterbliebenen, die nicht das nötige Geld für ein Begräbnis haben.

Durch die große Zahl an Aufbahrungen und Einsegnungen – am Wiener Zentralfriedhof waren es 1917 allein 4408 – reichen die vorhandenen Räum-

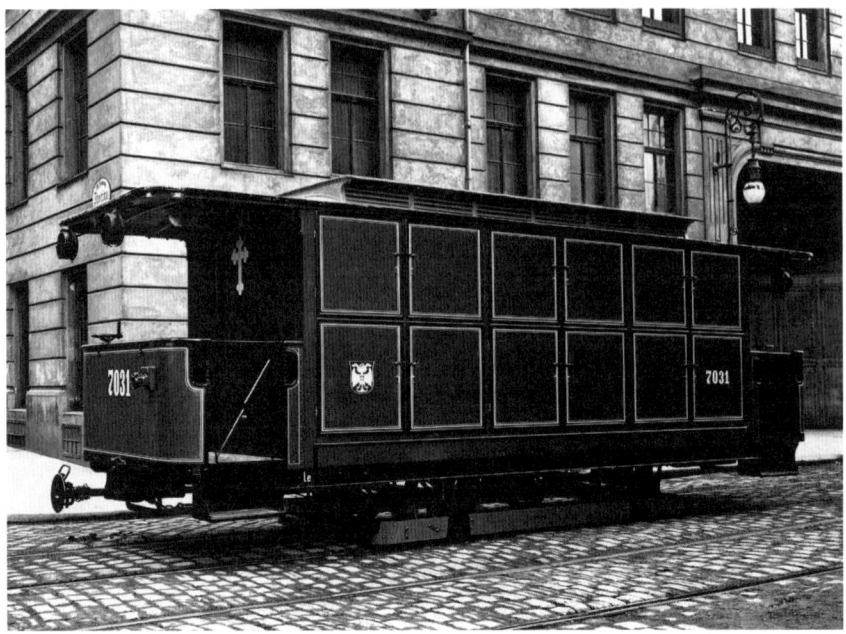

Abb. 65: Der Leichentransportwaggon der Wiener Straßenbahn

lichkeiten nicht aus. Man muss auf die Untergeschoße ausweichen. Zubauten sind dringend erforderlich. Vorbei ist es auch mit dem Brauch, dem beweinten Toten besonders geliebte Gegenstände mit in den Sarg zu legen. War es bisher üblich, dem Toten seine schönsten Kleider anzuziehen, so ist auch das Vergangenheit. In einer Zeit, da die Lebenden nicht mehr genug gute Stoffe besitzen und immer mehr mit Kleidern aus Papier vorlieb nehmen müssen, wäre das bei Toten umso mehr angebracht. Gute Stoffe vermodern zu lassen, wird auch als Verschwendung von Volksvermögen betrachtet. Ein Obersanitätsrat empfiehlt deshalb den Hinterbliebenen, ein »Opfer der Pietät« zu bringen und die für den Toten vorgesehenen Stoffkleider lieber dem Volksbekleidungsamt zu überlassen. Von einer amtlichen Verordnung, wie sie im Königreich Bayern bereits in Kraft ist, sieht man ab. Zu gut in Erinnerung ist das Scheitern Kaiser Josephs II. mit seinem Klappsarg, von dem aus die in Sackleinen eingenähte nackte Leiche in die Grube befördert wurde. Das wollten die Wiener auf keinen Fall hinnehmen. Die Reform des radikalen Utilitaristen auf dem Thron musste rückgängig gemacht werden. Was die Pietät im Umgang mit toten Angehörigen angeht, sind die Wiener seit jeher besonders heikel. Die Frage, was ziehe ich zum Begräbnis an, ist jedoch bedingt durch die Kriegsnot den meisten nicht mehr so wichtig wie früher.

Die »Nekropolen« der Gründerzeit sind 1918 geradezu entzaubert, die figürlich ausgedrückte Beweinung plötzlich nichts anderes als hohler Pathos. Wer reich war, wollte sich auch am Friedhof einen Exklusivstatus sichern. Die überkuppelten Mausoleen, die monumentalen Grüfte, bewacht von bronzenen oder steinernen Todesengeln in reichem Faltenwurf: all dies galt als unverzichtbar. (siehe Taf. 12) Und je neuer der Reichtum war, desto stärker das Bestreben, im Gräberhain aufzutrumpfen; auch in Form von Porträts der Dahingegangenen, sei es als Relief oder als Büste, die Familien- oder Firmenpatriarchen oftmals mit Backenbart nach kaiserlichem Vorbild, im Salonrock, auch die Krawattennadel durfte der Bronzegießer oder Steinmetz nicht vergessen. Und dann die Prahlerei mit ererbten oder erworbenen Titeln und Ehrenzeichen, eingraviert in goldenen Lettern. Ja, auch nachfolgende Generationen von Friedhofsbesuchern sollten wissen, wer man war, und mit Ehrfurcht vor dem Grab verweilen. So glaubten auch stolze Hausherren und ihre Witwen im Tode ihren Status verewigen zu müssen. Der Majestät des Todes prunkvoll zu huldigen, hat sich nun als kostspielige Götzendienerei erwiesen. Herunter gerissen ist die Maske, der Tod als das entlarvt, was er in Wahrheit ist: ein unersättlicher Massenmörder.

Fortgerissen und begraben: die Phäakenstadt

Plebs ventri data – das Volk gibt sich dem Genuss hin: so schildert Äneas Silvio Piccolomini, der spätere Papst Pius II., Wien im Spätmittelalter. Die Wiener wussten offensichtlich schon früh, das Leben mit allen Sinnen bei jeder sich bietenden Gelegenheit geradezu schwelgerisch auszukosten, besonders was die leiblichen Genüsse angeht: ein Vierterl Wein, ein Schnitzerl oder Backhenderl, danach ein Torterl und ein Zigarretterl zum Schalerl Kaffee. Das im Wienerischen so gerne gebrauchte Diminutiv drückt nicht nur besondere Wertschätzung, ja Verzückung aus, sondern soll auch kleine Portionen suggerieren. Man will ja nicht als verfressen oder süchtig dastehen, aber als qualitätsbewusster Genießer. Und auch auf's Feste-Feiern versteht sich der Wiener, je nach Jahreszeit hat alles seine fixe Tradition. Kein Wunder, dass man die Wiener mit den Phäaken vergleicht, jenes Volk der griechischen Mythologie, das sich ungehemmt dem Hedonismus hingab. Doch was ist aus der Phäakenstadt Wien geworden? Wie ein Tsunami hat der Weltkrieg das traditionelle Genießertum mit sich fortgerissen und unter sich begraben. Entsetzt und ungläubig starrt man auf das Trümmerfeld der Freuden und denkt mit Wehmut an die »gute, alte Zeit«, als Wien noch Märchenstadt war, in der fast jeder das »Wien, Wien nur du allein/sollst stets die Stadt meiner Träume sein/dort wo ich glücklich und selig bin/ist Wien, ist Wien, mein Wien« auf den Lippen hatte.

Keine Bälle, keine Krapfen: der Fasching

Das Jahr 1918 hebt mit einer traurigen Erkenntnis an, denn mit dem Drei-Königs-Tag beginnt eigentlich der Fasching – hat er seinerzeit begonnen, muss man sich eingestehen. Erinnerungen an den letzten Fasching der Friedenszeit drängen sich auf. Der Ballkalender war voll mit großen Bällen und Redouten. Zu jedem erschien damals ein Erzherzog als Stellvertreter des Kaisers, was den Glanz eines solchen Festes erhöhte. Lichterstrahlende Säle, ein Gewoge fröhlich gestimmter Tänzer, das war selbstverständlich für Fasching in Wien 1914. Jede Korporation, jeder Verein hatte einen eigenen Ball, zumindest ein Kostümkränzchen. Nicht zu vergessen die Faschingsumzüge in Hernals und in Ober St. Veit, die mit ihren spaßigen Themen zehntausende Zuschauer anlockten. »Der Himmel schien tatsächlich voller Geigen und durch die Straßen, die zu den Sophiensälen führen, rollten allnächtlich die Fiaker, die Privatequipagen und die Automobile. Angeblich ist das alles erst vier Jahre her und doch scheint uns der letzte Friedensfasching durch ein Menschenalter von der blutig-ernsten Gegenwart getrennt. Ebenso wie man sich eigentlich nicht recht vorzustellen vermag, daß es wieder eine Zukunft geben könnte, in der man sich dem heiter harmlosen Lebensgenuß hingeben wird und der genießerischen Daseinsfreude. Vielleicht, die nach uns kommen! … Uns Aelteren sind nicht nur die Kriegsjahre, die wir miterlebt haben, einfach aus dem Dasein wegradiert worden. Wir haben allzuviel verlernt: die Sorglosigkeit, die Unbefangenheit und die Lust, einmal auszutoben, eine Nacht lang den lustigen Narren zu spielen, scheint uns schier unbegreiflich … Was einmal war, klingt uns wie ein Märchen ins Ohr. Vom Faschingskrapfen bis zum Tanzschuh. Wenn einmal der erste Faschingskrapfen wieder in der Auslage eines Zuckerbäckers zu sehen sein wird, gut aufgegangen und behäbig gerundet, leicht gebräunt und dick mit Zucker überstreut, dann werden wir uns verwundert die Augen reiben und einander gerührt in die Arme sinken. Dann wird ein altes Märchen wieder zur schönen Wirklichkeit geworden sein, das Märchen vom Fasching.«[216]

Wie banal scheint im Rückblick die damals teils heftige Fehde um den Tango, den Traditionalisten als anstößig empfanden und für den Walzer eine Lanze brachen. Der walzermüden Jugend war das ziemlich egal, der heiße Rhythmus des Tango war stärker. Waren das damals noch Sorgen, sinniert man jetzt in einer Zeit, in der sich Walzertanz nicht mit Kanonendonner und Maschinengewehr-Geknatter an der Front vereinen lässt. Man hat gelernt, sich dem Ernst der Zeit anzupassen. »Inzwischen haben wir nun bald vier Jahre Krieg und das Unwahrscheinliche ist zur Tatsache geworden, daß man – notgedrungen – mit dem Krieg nicht mehr als grausame Unterbrechung, sondern als Institution rechnet, an die man sich allmählich gewöhnt hat … Getanzt wird noch immer nicht. Es würde natürlich heute ebensowenig statthaft sein wie vor vier Jahren, und die jungen Leute haben immer noch ganz andere Dinge zu tun, als ihre hübschen Tänzerinnen um die Taille zu nehmen, wenn diese das auch ausnahmslos bedauern mögen. Aber einmal sind die Ballsäle finster und ungeheizt geblieben, weil es unschicklich gewesen wäre, sie im Lichterglanz erstrahlen zu lassen. Heute geschieht das aber auch aus Gründen anderer Art. Weil nämlich keine Kohle, überhaupt kein Heizmaterial vorhanden ist, und weil mit dem Licht gespart werden muß. Solche Ursachen sind im ersten Kriegsjahre nicht maßgebend gewesen. Heute ist das anders geworden, in der vierten faschings-, licht- und kohlenlosen Zeit.«[217]

Auch in den Palästen des alten Adels bleibt es weitgehend dunkel. Fasching, das war in Friedenszeiten Hochsaison der adeligen Salonièren. Hier glänzten die Gräfinnen Henriette Larisch, Margareta Lanckoronka, Fanny Sternberg, Gabrielle Andrassy und Gegina Schlick. Ihre Adelsnamen waren dereinst auf Festprogrammen, Redouten, Korsofahrten, Gartenfesten und auch auf Plakatwerbung geradezu eine Garantie für sensationelle Einfälle. Nun treffen die Damen nur noch in kleinen Gesellschaften zusammen, in hohen, schlecht beheizten Salons. Ein kleiner Teetisch mit altem Porzellanservice muss genügen, es ist die Ausnahme, wenn echter Tee oder Kaffee ihr Aroma verbreiten. Bei Ersatzkaffee und sägespänartig schmeckenden Ersatzkeksen tauschen die Damen Erinnerungen aus an Ballmoden, Redouten mit ihren Dominos, an Patronessenestraden und Präsenzlisten. Die Abende der Prinzessin Rosa Croy, bekannt als Croy-Redoute, galten als die glänzendsten und amüsantesten. Die Festräume ihres Palais in der Schönburggasse boten das Bild von Blumengärten mit Treibhauspflanzen in verschwenderischer Fülle. Vor dem Palais standen den ganzen Tag Automobile und Wagen mit Chauffeuren und Kutschern in fürstlichen Livrées, hier konnte man den einfachen Fiaker genauso beobachten wie die goldgeräderte Equipage eines Erzherzogs. Das alles gehört zu einem verklungenen Wien. Und nun? »Der Fasching gibt ihnen nichts mehr zu tun, höchstens Aktionen für die Wohltätigkeit. Aber die Sorge um Kochkisten und dergleichen ist lange nicht so amüsant wie jene kühnen Balldekorationen, die Wien mehrere Wochen lang begeisterten. Es ist bitter, für seine Karnevalsideen keine Verwendung mehr zu haben und zu Hausarbeiten zurückkehren zu müssen.«[218] Das gilt auch für die schon zu Lebzeiten legendär gewordene Fürstin Pauline Metternich, sie war unbestritten die Königin des Feste feiernden Wiens. Knapp vor Kriegsausbruch veranstaltete sie noch eine »Alt-Wiener Walzerjause« im Gedenken an 100 Jahre Wiener Kongress. Nun sitzt sie fröstelnd in ihrem Palais in der Jaquingasse (3. Gemeindebezirk) und strickt mit klammen Fingern Babywäsche für Waisenkinder.

Ihre Gedanken mögen dabei zurückgehen in ferne Zeiten, als sie als Frau des österreichischen Botschafters in Paris den schillernden Glanz am Hofe Napoleons III. erlebte und mit ihrer Freundin Kaiserin Eugenie im Wettstreit lag, wer von ihnen beiden die elegantere Ballrobe des Couturiers Charles Frederick Worth bei den Festen in den Tuilerien zur Schau stellte. Das Deuxième Empire gibt es längst nicht mehr, die Tuilerien sind verbrannt, nur Eugenie lebt noch immer, hoffend, dass Gott ihr gönnen möge, die Revanche für die französische Niederlage von 1870/71 erleben zu dürfen – was tatsächlich der Fall sein wird. Freundinnen sind sie geblieben, seit Kriegsausbruch korrespondieren sie über die Schweiz miteinander.

Auch die adeligen Adoleszentenbälle, eigens arrangiert für junge Herrschaften von Stand, um zwecks späterer standesgemäßer Heirat einander kennen zu lernen, sind Teil einer glücklicheren Vergangenheit. Allzu viele junge Aristokraten sind für »Gott, Kaiser und Vaterland« gefallen. In den gutbürgerlichen Haushalten braucht man sich auch keine Gedanken mehr zu machen, welches Zimmer man ausräumt, um Tanzfläche für einen Hausball zu schaffen. Keine

Abb. 66: Fürstin Pauline Metternich   Abb. 67

Sorge mehr, ob Offiziere als geschätzte Tanzpartner für die jungen Damen tatsächlich kommen werden. Die Tänzer in Salonrock und Salonhose haben allesamt die hechtgraue Uniform angezogen und dienen an der Front. Ihnen kann man höchstens mit einem per Post zugesandten Grammophon Freude machen.

So mancher von ihnen ist bereits gefallen oder liegt jetzt in einem Kriegslazarett. Die einstmals üppigen Büffets, bestellt bei Konditoren mit der Qualitätsgarantie »K.u.k. Hoflieferant« wie Demel, Sluka, Gerstner etc. sind in der Erinnerung ein Schlaraffenland der Gaumengenüsse, das entschwunden ist.

Freilich gibt es da noch andere, die der Ausfall des Faschings um eine schöne Einnahme bringt, denn »Prinz Karneval war ein splendider Herr, der für seine Bedienten und Lakaien sorgte. Mit einem Riesentroß von Pagen zog er einher, denen es unter seiner Herrschaft ganz vorzüglich ging. Sie waren Schmarotzer der großen Feste, die er gab, sie sammelten die Brosamen, die von den Tafeln abfielen, sie begannen zu arbeiten, wenn die anderen die Faulenzerei und das genußsüchtige Luderleben anfingen, sie ließen sich nicht vom Champagnerstrom fortreißen, sondern dienten ihm. Sie begriffen, daß die Schwelgerei Kräfte, ernste tüchtige Arbeitskräfte brauche[,] und stellten sich in ihren Dienst … Sie lebten vom Luxus, vom Fasching, nahmen ein, wo die anderen bloß ausgaben, jene leichtsinnige Zeit sparte nicht mit Kronen und Banknoten, sie lagen auf der Erde verstreut. Man brauchte sich nur bücken, um sie aufzuheben. Ein ganzer Troß emsiger Gehilfen zog hinter dem Prinzen und hinter seinem Hofstaat

191

einher: Kellner, die den Frack nicht als Ballanzug, sondern als Dienstrock an-
legten und die Sektkübel zu den verschwiegenen, damastverhängten Nischen
der Redoutensäle trugen, Palastportiere, die in den Karnevalsnächten in großer
Gala vor der Pforte standen, Wagentüren öffneten und bis zum frühen Morgen
Trinkgelder einkassierten, Volkssänger und Musikanten wurden wieder fidel,
die Schneider bekamen Arbeit, die kleine Hausnäherin verdiente an der Modernisierung eines abgelegenen Dominos und an der neuen Kombination eines
alten Hutputzes, die Geschäftsfräuleins nahmen Arbeit in ihre Stube mit und
bauten aus etwas Tüll und Gschnasschmuck Wunderwerke der Phantasie, die
Blumensalons schafften ganze Gartenanlagen in die Ballsäle, bepflanzten die
Toiletten der Damen, garnierten die Frisuren und ließen mindestens eine Blüte
aus jedem Knopfloch sprießen, die Friseurinnen, die Manicuren und selbst die
Pedicuren – es gab ja Kostümkränzchen, die Sandalen vorschrieben – rasten mit
ihren Täschchen von einer ballrüstenden Kundschaft zur andern, die Konfektion
der Damenspendenspielereien, der galanten, nicht strapazfähigen Nippes- und
Papiermachéwaren florierte, der Seifenkonsum stieg, die Parfümflakons wurden begehrt, Puder und Farbstoffe feierten ihre Hochsaison, der Wäscheverkauf
nahm einen im Interesse der Reinlichkeit durchaus erfreulichen Aufschwung
und von der Luxuskonjunktur profitierten schließlich auch die Türsteher, die
Wagenausrufer, die Dienstmänner; ergraut im schweren schwieligen Transport-
wesen wurden sie die Besteller duftiger Liebesgrüße, trugen parfümierte Brief-
chen und Buketts in ihren harten Händen, numerierte postillions d'amours. Für
die Hausmeister war die Nacht eine Serie von Sperrsechserln und die Fiaker
bekamen jene leichte Fuhr, bei der die Taxen auf die Spesen von Liebesnächten
und Champagnergelagen gehen … Die Werke der Vergnügensfabriken waren
im vollen Betriebe, die Faschingsmühle klapperte fröhlich im Strom der Lebensfreude. Nun steht sie still …«[219]

Für die Nacht zum Faschingssonntag (9./10. Februar 1918) verfügt die Polizeidirektion, »daß Inhabern von Gasthäusern die Offenhaltung der Lokale bis
12 Uhr, Kaffeehäusern bis 1 Uhr nachts auf Ansuchen gegen Entrichtung der
vorgeschriebenen Lizenzgebühren zu gestatten sei. «[220] Eine Verfügung »offenbar in einer plötzlichen Anwandlung von Wiener Fidelitätenerinnerungen …
Wer nicht gerade Zählkellner in einer Bar ist, dürfte diese Verfügung mit mehr
Erstaunen als Vergnügen aufgenommen haben, denn erstens ist doch nur den
wenigsten erwachsenen Menschen so vergnüglich zu Mute, daß sie es gar nicht
mehr erwarten, dem Klavierspieler oder der ›Salonkapelle‹ wieder einmal bis
nach Mitternacht zuzuhören und dazu – wo sind plötzlich alle Bedenken gegen
Geld-, Kohle- und Lichtverschwendung? … Heute morgens aber hat es sich
gezeigt, daß doch die Leute recht haben, die das Leben leichter nehmen. Das
kleine Faschingsfest, das gestern noch so unbegründet schien, ist plötzlich zum

ersten Friedensfest geworden. Gläser werden heute nacht zusammenklingen, nicht nur in der wehmütigen Erinnerung an Wiener Faschingsnächte, die nie mehr wiederzukommen drohten, sondern zur Begrüßung eines lieben Gastes, der im letzten Augenblick gekommen ist, um diesem vierten traurigen Fasching doch noch einen frohen Ausgang zu geben: der erste Friedensschluß (Anm.: mit der von Russland unabhängig gewordenen Ukraine). Also trinke man ihm in der heutigen Nacht zu mit dem Rufe: »Vivant sequentes! – Die Polizei hat's ja erlaubt.«[221]

Die Wiener Theater tun ihr Möglichstes, um dem Publikum zumindest auf der Bühne Faschingsstimmung zu bieten. Im Johann-Strauß-Theater auf der Wieden gibt man »Die Faschingsfee«, eine populäre Operette mit der Musik von Emmerich Kálmán. Und am Deutschen Volkstheater wird die Silvestervorstellung »Der Gardeoffizier«, die so großen Anklang gefunden hatte, mit kleinen Änderungen wiederholt. Am Schluss der Vorstellung werden genügend Straßenbahngarnituren abfahrbereit in alle Richtungen sein, versichert die Tramwaygesellschaft. Im Nachtlokal »Tabarin« in der Annagasse ist für Besucher der Prachtsaal bis ein Uhr früh geöffnet.

Die Jugend aus wohlsituierten Häusern hat in den Jahren vor dem Krieg neben Bällen und Kränzchen eine neue Art des winterlichen Vergnügens entdeckt, aber auch das hat der Krieg in Mitleidenschaft gezogen, denn »Rodel und Ski sind in Acht und Bann getan. Der Wintersport, der sich so kräftig, so viel versprechend entwickelt hat, bedeutet uns bis auf weiteres kaum mehr als eine schöne und gesunde Erinnerung. Heute hören wir aus dem Rathause, daß der Sportverkehr der städtischen Straßenbahnen an Sonn- und Feiertagen ausgelassen wird, und da die Bahnen längst schon keine Rodeln und keine Skier befördern, so werden nur jene Enthusiasten sich künftighin wintersportlich betätigen können, die davor nicht zurückschrecken, ihr Sportgerät huckepack auf den Cobenzl oder nach Mauer zu tragen ... Der Wintersport hat begeisterte Anhänger bei den Angehörigen beider Geschlechter. Vielleicht ist er sogar, so sonderbar es klingt, in der Kriegszeit recht eigentlich ein weiblicher Sport geworden. Die jungen Männer müssen ja die Kraft und die Geschmeidigkeit ihrer Glieder ganz anderswo betätigen. Aber vielen jungen Mädchen waren die Skier ein Ballersatz, die Rodel ein Kränzchensurrogat ...«[222]

Mit Aschermittwoch, dem 13. Februar 1918, endet der Fasching, der diese Bezeichnung weniger als je zuvor verdient hat. »Der Sensenmann, welcher Flitterstaat, Masken und Ballputz unbarmherzig zur Tür hinauskehrt, während das junge Mädchen nach durchtollter Ballnacht beim hellen Morgenlicht im Spiegel die Gestalt ihres Skeletts, von Röntgenstrahlen gezeichnet, zu erblicken glaubt, dieses Bild des Malers gräßlicher Gegensätze, der Brüsseler Wirt (richiger Name Wiertz, Anm. d. Verf.), paßt schon längst nicht mehr auf den Kriegskarneval und

Abb. 68: Skifahren als Ersatz für Ballvergnügen

Aschermittwoch der letzten vier Kriegsjahre. Faschingsstimmung zeigten auch in den drei letzten Tagen des heurigen Faschings nur jene bekannten Gäste von auswärts und ihr Anhang, die in Kaffeehäusern große Zechen zu machen gewohnt sind. So waren Samstag nachts bis 1 Uhr und Sonntagabend Wirtschaften und Lokale überfüllt. Montag und Dienstag zeigte sich ein merkliches Verschwinden jeden Rummels ...«[223] (siehe Taf. 13).

Hunger ist der beste Koch?: die Fastenzeit

Im vierten Kriegsjahr lässt die nun anhebende Fastenzeit den Feuilletonisten Ludwig Hirschfeld ins Sinnieren kommen: »Unter der Voraussetzung, daß Hunger der beste Koch ist, kann man die Wiener Küche jetzt unbedingt eine erstklassige nennen. Von Tag zu Tag kocht dieser Koch besser und raffinierter. Er verwendet immer weniger Material und Zutaten: bald läßt er das Mehl weg, dann wieder das Fett, er braucht schon gar keine Eier mehr und kein Fleisch, und fast hat es den Anschein, als ob er die Mahlzeiten bloß aus Kopfquoten und Kartenresten herstellen würde. Bei dieser erstklassigen und zugleich sparsamen Wiener Küche müßten eigentlich alle vortrefflich gedeihen und wohl-

194

habend und kugelrund werden. Daß merkwürdigerweise gerade das Gegenteil der Fall ist, läßt sich wohl nur auf die echt wienerische Freude am Opponieren und Unzufriedensein zurückführen. Keinem seiner zahlreichen Herren vermag es der Hungerkoch jetzt recht zu tun. Noch nie waren die Hausfrauen so desperat, die Gasthausesser so verbittert. Aber Appetit kommt jetzt nicht während des Essens, sondern er empfiehlt sich schleunigst, kehrt aber sofort wieder zurück, wenn die Mahlzeit vorbei ist. Man ist jetzt immer unzufrieden, hungrig, schlecht oder halb gesättigt, … Schon beim Frühstück, wenn man, sich behaglich schüttelnd, seinen Apfeltee mit Sirup schlürft und mit dem Maisbrot tändelt, wird einem die Schreckensnachricht versetzt, daß sich die Köchin bereits um 5 Uhr früh beim Fleischhauer angestellt habe und dann weinend und bloß mit 30 Deka Gefrierfleisch nach Hause gekommen sei. Diese Deka stammen aus den Kühlhäusern der Gemeinde Wien, von einem im Herbst verstorbenen kommunalen Ochsen, der dann mittags seine traurige Auferstehung feiert und auf dem Teller in eigentümliche prismatische Säulen und Rhomboeder zerfällt: das Mittagessen als Geometriestunde – auch ein Vergnügen … So langt man schließlich, ob man will oder nicht, auf dem Standpunkt Bismarcks an: dem der absoluten Wurstigkeit. Da entsteht sofort die Frage: Was ist eine Wurst? Früher einmal hat die Definition gelautet: ein in Haut eingeschlossenes Geheimnis. Jetzt ist dieses Geheimnis ein offenkundiges und stadtbekanntes: eine charakterlos graue Masse mit wässerigen Höhlen, direkt ein Essen für Vegetarier. Das Mehl, das an allen Ecken und Enden fehlt, ist hauptsächlich in den Würsten versteckt. Was aus Holland und Dänemark importiert wird, ist wieder von einer unerschütterlichen zähen Neutralität und führt nicht mit Unrecht die Bezeichnung Dauerwürste, denn es dauert sehr lang, bis man sich entschließt eine derartige Wurst aufzuessen. Das Wertvollste daran ist die Leinwandhülle, die in gewaschenem Zustand einen hübschen weichen Kragen liefern dürfte. Da bleibt zum Schluß doch nichts übrig, als in die beliebte ungarische Ware zu beißen. Für Geld und böse Worte (vonseiten des Verkäufers) kann man eine ungarische Salami haben: 48 Heller das Deka. Seliger Pratersalamucci, wenn du das erlebt hättest! In jenen fernen glücklicheren Nachtmahlzeiten konnte man für einen solchen Betrag beinahe um seiner selbst willen satt und geliebt werden. Außerdem gibt es noch in jedem besseren Wiener Delikatessen- oder Feinkostladen ungarischen Käse, ungarische Kakes, ungarisches Obst, alles unerschwinglich teuer und daher sehr begehrt. Man hüte sich, an der ungarischen Provenienz zu zweifeln, denn da werden manche Feinkosthändler sehr grob … An die Stelle der Tanzkarte tritt die Fleischkarte, das einst so beliebte Tanzbein muß sich irgendwo anstellen, und wenn sich schon einmal eine Einladungskarte in das Heim des heiratsfähigen Essers verirrt, so bedeutet die obligate Abkürzung in der Ecke U. A. w. g. jetzt etwas ganz anderes: ›Um Appetitlosigkeit wird gebeten‹… der ortsübliche Tanz um den täglichen Bissen wird wohl noch so weiter gehen, bis in den Frühling hinein. Bis dahin wird man geduldig alles hinunterschlucken: das fünfundachtzigprozentige Maisbrot und auch die autoritativen Gutachten über seine leichte Verdaulichkeit und Bekömmlichkeit. Aber einmal muß dieser Ernährungsfasching und die Fastenzeit ein Ende nehmen.«[224]

Die nun kirchlich verordnete 40-tägige Fastenzeit klingt in den Zeiten der schlimmsten Kriegsnot wie ein Hohn. Trotzdem, was christliche Tradition ist, kann nicht einfach aufgehoben werden. Laut *Osservatore Romano* gestattet der Papst immerhin allen Katholiken, auch den Ordensleuten der kriegführenden Länder, die für Samstage in der Fastenzeit vorgeschriebene Fleischabstinenz, wo diese noch kirchlich besteht, auf einen anderen Wochentag zu verlegen. Was das an Erleichterung bringt, ist allerdings fraglich. Aber immerhin: der historische Fastenmarkt am Kalvarienberg in Wien Hernals öffnet wieder seine Pforten. Zumeist gibt es nur Gebetbücher, Geschirr und Spielsachen, vor allem den beliebten »Bamkraxler« – das auf einem Stab rhythmisch herunter hüpfende Holzmännchen – zu kaufen. Die Zeit der so beliebten Naschereien ist vorbei – keine Kalvarikipferln, keine Lebzelten, kein türkischer Honig.

Überhaupt Naschereien! Gibt es die noch, muss man nicht eher von einer Zuckerlelegie sprechen? So heißt es in einem Leserbrief unter Bezug auf die amtliche Verordnung über die Höchstpreise von Zuckerwaren, die hinterlasse einen »bitteren Nachgeschmack. Sie zählt mit einer beinahe ironischen Vollständigkeit Genüsse auf, die es längst nicht mehr gibt, läßt entschwundene Konditoreierinnerungen wieder lebendig werden, und eigentlich müßte diese Zuckerlverordnung das unsterbliche Wort Dantes als Motto an der Spitze tragen: Nessun maggior dolore … kein größerer Schmerz, als sich im Unglück vergangenen Glücks zu erinnern. In den letzten zwei Jahren hatte ich die Begriffe Näscherei und Bonbon völlig vergessen und überwunden, und wenn mich schon dann und wann eine solche süße Sehnsucht anwandelte, so überwand ich sie rasch durch einen Schluck Kriegstee mit Saccharin, die Lethe von Heute. Durch die Lektüre der Verordnung sind aber alle Zuckerlerinnerungen wieder wach geworden. Jeder von uns hat einmal leidenschaftlich genascht, zumindest als Schulbub. Es war aber auch kein Wunder. Der Weg zur Schule führte an mindestens drei Zuckerlgeschäften vorüber und beim Schultor war immer ein Zuckerlmann postiert. Ich sehe ihn noch deutlich vor mir, den kleinen, dicken Mann mit dem einladend lächelnden Gesicht und dem umgehängten Verkaufsbrett, auf dem sein reichhaltiges Warenlager ausgebreitet war … Jetzt naschen die Herren Buben gewiß keine Zuckerln, aber ob ihnen deshalb das Mittagessen von heute besser schmeckt? Eine noch wichtigere Rolle spielten dann in späteren Jahren die Zuckerln in der eleganteren Fasson von Bonbons als kleine Münze der Galanterie. Nach Ueberwindung des ersten sinnigen Blumenstadiums wa-

196

ren Bonbons das beliebteste und eindrucksvollste Zeichen der Aufmerksamkeit, Verehrung und Verliebtheit. Man brachte sie der Tanzschulflamme zum ersten Rendezvous ... was die galanten jungen Herren und verliebten Jünglinge jetzt zum ersten Rendezvous mitbringen: ein Kilo Mehl oder drei Stück frische Eier?«[225]

Ramponiert und traurig: die vierten Kriegsostern

Karfreitag ist es üblich, dass ein Katholik die heiligen Gräber in möglichst vielen Kirchen Wiens aufsucht. Ein Strom der Frommen ist also in allen Bezirken unterwegs, Hausfrauen mit Einkaufstaschen, Kinder, die jetzt Osterferien haben, Urlauber und Invalide. Mit frischem Grün und Frühlingsblumen sind die gezimmerten heiligen Gräber geziert. Auf die früher üblichen Kerzen wird allerdings verzichtet, sie sind im Alltag zu wertvoll geworden, so müssen die Kirchenbesucher mit dem gedämpften Tageslicht vorlieb nehmen, das auf das verhüllte, ausgesetzte Allerheiligste fällt. Am schönsten sind die heiligen Gräber in der Hof- und Burgpfarrkirche, dort halten kaiserliche Leibgardisten in ihren prächtigen Uniformen Ehrenwache.

Ist die Fastenzeit mehr schlecht als recht überstanden, bringt das Osterfest auch keine Gaumenfreuden. Erinnert sich jemand an Ostern 1914, als es hieß: »Unsere gut beschickten Märkte bieten reiche Auswahl ... feinsten Prager und Yorkshireschinken in allen Preislagen. Reiche Auswahl an Karpfen, Lachsen, Seefischen, Scampi und Krebsen bieten die Fischmärkte ... Der Gourmand sowie die schlichte Hausfrau findet auf unseren Märkten alles, was Herz und Gaumen erfrischt ... gekochte gefärbte Eier in prachtvollen Schattierungen.«[226] Vier Jahre später alles vorbei, nicht einmal das Färben von Ostereiern ist erlaubt, denn »nach der Statthaltereiverordnung vom 20. März 1916 ist auch heuer das Färben von Hühnereiern sowie das Inverkehrsetzen gefärbter Hühnereier in Niederösterreich verboten.«[227] 1918 sind wahrhaftig traurige Ostern, diesmal noch im März bei Temperaturen, die keine Frühlingsgefühle aufkommen lassen, im Zeichen von »Schlachtendonner, einem mehr von der Behörde als von der Religion verhängten Fasten und einem durchaus entarteten Klima. Man hat sich den alten Ueberzieher ausbügeln lassen und muß nun doch den noch älteren, schäbigen Wintermantel hervorholen, der gewissermaßen ein Symbol für die Kriegsostern 1918 ist: ramponiert und traurig. In der Zeit der großen Konfiskationen wurden noch rasch einige Wärmegrade, auf die uns die Jahreszeit ein Recht gibt, beschlagnahmt, und da die spärlichen Winterkohlen längst ausgegangen sind, sitzen wir fröstelnd zwischen unseren vier Wänden. Zum Österlichen fehlt uns vor allem das Mehl, zum Osterbraten das Fleisch und selbst der Hase ist aus einem ganz

197

Abb. 69

ungenießbaren Papiermaché, ein dekorativer Gegenstand und keine Bonbonniere ... Die Konditoreien zeigen einen trostlosen horror vacui, nichts als leere, leere Aufsätze, und man kann damit rechnen, daß sie in den Osterfeiertagen selbst über diese für eine Glasfabrik geeigneten Waren die eisernen Rollbalken spannen ... Indessen, es gibt noch Erinnerungen an den Frieden: die Kadettenschüler spazieren in den Straßen, großstadthungrig, vergnügungslüstern, die Theresianisten und die Kalksburger haben wieder Osterurlaub. In früheren Jahren wurden solche Ereignisse mit einer Jause beim Demel gefeiert, mit Eis und Torte. Man wird heuer davon Abstand nehmen müssen und die armen Jünglinge wissen mit dem Urlaubsgeschenk nicht viel anzufangen ... Da sind noch als Ostergäste die Urlauber von der Front und aus der Etappe. Man sieht in den Cafés wieder gute alte Bekannte, die plötzlich verschwanden und nun auf eine Woche wieder heimgekehrt sind. Auch sie bringen, nebst einigen Etappenzigarren, die Sehnsucht nach der Großstadt mit und tauschen dafür eine bittere Enttäuschung ein: Als sie wegzogen, gab es noch Milchkaffee und ein einigermaßen ausreichendes Nachtvergnügen. Nun kann man seinen Urlaub ab 11 Uhr nachts im Bett verbringen ... Es ist ein trübseliges Ostern, dem alle Freude ausgegangen ist.«[228]

Das verlernte Schlendern: Frühling auf der Ringstraße

Nach hartem Winter hält endlich der Frühling Einzug. »Im goldenen Sonnenschein liegt die Ringstraße da. Vor den Kaffeehäusern stehen frisch gestrichene Tische und auf neuen Glanz hergerichtete Sessel. Aus dem Stadtpark duftet üppige Fliederpracht ... Es ist ein Bild, das Frieden atmet und Behagen, von beschaulichem Lebensgenuß und von Daseinsfreude erzählt.

Auch ein Bild nur, über das sich den nächsten Augenblick der graue Nebelvorhang der Wirklichkeit zusammenziehen wird. Muß nicht erst ein Invalide

198

Abb. 70: Im Schanigarten eines Ringstraßen-Cafés

mit einem Prot[h]esenfuß vorüberhumpeln, um dem Träumer den Gegenwarts-
jammer ins Bewußtsein zu rufen? Gewiß, auch im tiefsten Frieden hat es nicht
an armen Teufeln gefehlt, die mit gespannter Aufmerksamkeit, wie hypnotisiert
ihren Blick auf das Straßenpflaster hefteten, nach einem weggeworfenen Zi-
garrenstümpfchen oder einem Zigarettenrest fahndeten. Diese Sammler haben
wohl niemals den Eindruck hervorgerufen, als täte ihnen eine Marienbader Kur
besonders nötig. Aber so eingefallen, so fahl waren ihre Wangen doch nicht
und die Trostlosigkeit nicht so arg, die sich in ihren stumpfen Blicken spiegelt.
Auch war die Jagd nicht so ergebnislos wie jetzt, da der Raucher sich lieber
die Finger verbrennt[,] ehe er darauf verzichtet, noch einen allerletzten Zug zu
machen. Es ist doch nicht der Kaffeehausfrühling der Friedenszeit und fast hat
es den Anschein, als überlegten es sich die Leute zwei- und dreimal, bevor sie
sich entschließen, vor dem Kaffeehaus Platz zu nehmen. Dabei sind die Genüsse, die sie sich vergönnen dürfen, alles eher denn sybaritisch. Im Kaffeeersatz
mit oder ohne Saccharin, in dem Glas Praterwiesentee mit Himbeersaft liegt
wirklich nichts sozial Aufreizendes. Aber darüber kommen die meisten nicht
hinweg, daß auch der Schein des Behagens krampfhaft vermieden werden soll …

199

Gerade in diesen Frühlingstagen kann man es recht deutlich ausnehmen, welch tiefer Riß durch die Wiener Welt von einst und heute geht. Man könnte sagen, daß sich alles in einem ganz anderen Tempo vorwärtsbewegt ... Es ist uns viel Unbefangenheit und Unbekümmertheit abhanden gekommen ...«[229]

Den Glanz des berühmten Ringstraßenkorsos hat der Krieg zum Erlöschen gebracht. Was war das einst für ein Gewoge der eleganten Welt zur Mittagszeit an Sonntagen zwischen Schwarzenbergplatz und Oper bei der Sirk-Ecke! Nach dem ungeschriebenen Gesetz des Sehens und Gesehenwerdens zeigten sich Damen und Herren der Hautevolée in modisch eleganter Aufmachung, in der Schar der Zivilisten Offiziere, die für den farbigen Zauber der Montur sorgten. Und dann die Gigerln in ihrer bewusst schrillen Aufmachung. Sie sorgten für manchen Lacher, manches Kopfschütteln. Jeder schlug eben ganz individuell sein Pfauenrad, für den der Korso die ideale Bühne bot. Der Sommer 1914 hat alles verändert, Leichtigkeit des Seins und Flanierlust sind am Altar des Vaterlandes geopfert worden.

Auf ins letzte Gefecht: die bedrohte Eleganz

Ringstraßenkorso, Pferderennen, Kuraufenthalt: das waren für die Damen der Gesellschaft die Gelegenheiten, sich in neuester Mode zu präsentieren (siehe Taf. 14). Aber kann man in einem Krieg, der nichts unverändert lässt, Modesorgen haben? Ist in Zeiten der Not nicht ohnehin alles egal, was man anhat? Mitnichten! Gerade jetzt zu Zeiten der Tristesse gilt es für so manche Dame, das Banner des Modebewusstseins hoch zu halten, ein Sterben der Eleganz darf keinesfalls hingenommen werden.

Wiener Mode hat immer noch Weltruf, die Branche verweist auf große Erfolge bei Modeschauen in Deutschland und in den neutralen Staaten. Großen Anklang fand dabei die Musikbegleitung beim Vorführen der neuesten Modelle. Höchste Zeit, auch in Wien eine entsprechende Modeschau zu organisieren, an der sich alle führenden Couturiers der Stadt beteiligen. Das will gut vorbereitet sein, und so tritt im Außenministerium am Ballhausplatz ein eigenes Komitee zusammen. Gräfin Czernin, Gattin des Außenministers, und Kriegsminister Stöger-Steiner übernehmen das Ehrenpräsidium, als Protektor hat man Erzherzog Leopold Salvator gewonnen. Es ist Ehrensache, dass die Modeschau einem guten Zweck dienen soll, nämlich dem Witwen- und Waisenfonds des Hoch- und Deutschmeisterregiments. Anfang März 1918 ist es so weit. Die Erwartungen des Publikums werden übertroffen. Denn vor der Toilettenschau, die im großen Konzerthaussaal stattfindet, geht eine Operette mit dem Titel »Die Modebaronin« in Szene, komponiert von Richard Goldberger. Operndiva

Abb. 71: Hutmodelle 1918

Maria Jeritza, gekleidet »in einen duftigen Traum aus Goldspitze auf grünem Silbergrund mit Überwurf aus blaßgrünem Musselin«,[230] singt einen Walzer in D-Dur, der den meisten Applaus erhält. Der Einakter endet mit einem Überraschungseffekt: der Modedesigner in dem Stück wirft, von Liebesschmerz übermannt, die eben eingetroffene Pariser Kollektion ins Feuer. Da öffnen sich Seitentüren und heraus steigen die »Probierfräulein« in neuesten Kleidermodellen – die Modeschau beginnt. Man ist entzückt, auch der Kriegsminister, der es sich nicht hat nehmen lassen zu erscheinen. Vom Kaiserhaus ist allerdings nur Erzherzogin Isabella gekommen. Bewunderung erregen »vorwiegend lange Jacken mit tief eingesetzten, auch kimonoartigen Ärmeln, längere und engere Röcke, die sehr häufig mit einer Tunique oder einer Cafaque überdeckt sind, viele breite gestickte Gürtel, die unterhalb der Taille eingesetzt, diese zu verlängern bestimmt sind, ohne jedoch im großen und ganzen einen einheitlichen Zug in der Mode zu verraten. Einigermaßen befremdlich wirkte die ausschließliche Vorführung von Stoffmodellen in Kostümen, obwohl wir doch infolge des Stoffmangels und der Bezugsscheine einer Seidenmode entgegengehen und die Stoffverschwendung im Ueberwurf liegt«,[231] wird in der Presse doch kritisch angemerkt. Rasch tröstet man sich mit der Tatsache, dass der Strohhut wieder im Kommen ist. Da hat man schon leichte Befürchtungen, dass auch Stroh zur Mangelware werden könnte. Die vorgeführten Pelze lassen keinen Wunsch offen: vom »königlichen »Zobel« bis zum »ordinären« Maulwurf ist hier alles elegant verarbeitet.

201

Abb. 72

Aber nicht einer Seidenmode geht man entgegen, wie vermutet, sondern die Papiermode hat die Herrschaft bereits übernommen. Von ihr war im Konzerthaus nichts zu sehen, dafür aber bei einer Modeschau des Modellhauses am Graben, das die niederösterreichische Gewerbeförderung eingerichtet hat. »Man sah da eine Anzahl von reizenden Straßen-, Garten- und Arbeitskleidern sowie auch Mäntel, die den Beweis erbrachten, daß sich die neuen Kriegsstoffe sehr gut verarbeiten lassen. Am gelungensten erschien uns die Imitation von Leinen, die sich in ihren hellen Farben kaum von ihrem Vorbilde unterschieden und auch die gute Eigenschaft haben sollen, eine mehrmalige Wäsche zu überdauern«,[232] heißt es allzu schönfärberisch in einer Pressekritik. Und wehe, man kommt mit einem solchen Papierkleid in den Regen. Dieses Risiko geht eine »Dame von Welt« lieber nicht ein, sie tröstet sich bei der Modenschau, die die »Wiener Werkstätte« im roten Salon des Palais Esterhazy präsentiert, mit ihren neuesten Kreationen, Frühjahrs- und Sommerkostüme vorzugsweise in schwarz-weiß, die die Silhouette betonen, gürtellose Jacken mit Stickereien etc.

Der Blick in den eigenen Kleiderschrank fällt bei mancher Modebewussten aber recht ernüchternd aus. Auch in den einst verwöhnten großbürgerlichen Haushalten macht sich der Stoffmangel auf geradezu bestürzende Weise bemerkbar. »Ich habe nichts anzuziehen!« – dieser Wehschrei lehrt jeden Ehemann das Fürchten. Was hat die bewährte Hausschneiderin nicht schon alles geändert, gewendet, neu aufgeputzt. Aber nach vier Jahren Krieg weiß auch sie keinen Rat mehr. Im ganzen Haus ist kein brauchbarer Stoff mehr zu finden. Doch halt: da verbirgt sich in einer Truhe ein etwas verschlissener Vorhang aus Seidensamt, weich und anschmiegsam. Der lässt sich immerhin noch zu einem Kleid verarbeiten. Ein Stoßseufzer der Erleichterung: So kann man sich wieder sehen lassen – vorerst jedenfalls. Wo ist die elegante Wienerin der Vorkriegszeit geblieben? Nichts konnte ihr raffiniert genug sein, oftmals orientiert an Pariser Vorbildern. Frankreich ist jetzt Feindesmacht, das kommt selbst auf dem Gebiet der Mode zum Ausdruck. Eine typisch im Stil Gustav Klimts gezeichnete Karikatur, die an Häme nichts zu wünschen übrig lässt, zeigt das »Portrait de Madame La Baronnin Strumpel-Lise«. Zu sehen ist eine stark abgemagerte Dame mit stierem Blick, einen Busen entblößt. An ihre frühere Glanzzeit erinnern nur der Schmuck und das Kleid (siehe Taf. 15).

Trotz Kriegszeit gibt es noch fixe Vorstellungen, was modisch tragbar, bedenklich oder gar völlig abzulehnen ist. So zum Beispiel eine Frau im Hosenrock. Vor dem Krieg hatten es einige Wagemutige zu spüren bekommen, was es heißt, in solcher Aufmachung auf die Straße zu gehen. »Die überspannten Närrinnen, die es gewagt hatten, die Werke einer übergeschnappten Schneiderphantasie spazieren zu führen, wurden von einer hallofreudigen Menge umringt, verspottet und auch tätlich angegriffen. Sie mußten sich in Häuser oder Geschäfte flüchten und dort warten, bis sich die Menge verlaufen hatte, worauf sie schleunigst verdufteten. Die Trägerinnen des Hosenrockes waren eben auffallende Erscheinungen und da sie durch keinerlei zwingende Umstände genötigt waren, ein so verrücktes Kleidungsstück zu tragen, artete die Aufmerksamkeit der Menge aus und ließ sie ihren Uebermut büßen. Als nach Kriegsausbruch viele Arbeiten, die einst von Männern verrichtet wurden, von Frauen übernommen werden mußten, tauchten im Straßenbild die Brotkutscherinnen in Hosen auf. Auch sie fielen auf, gaben aber zu Ausschreitungen der Menge keinen Anlaß. Man begriff sofort das Zweckmäßige ihrer Tracht, rief ihnen höchstens ein harmloses Scherzwort zu und heute beachtet sie niemand mehr.«[233]

Und der elegante Herr? Ja, auch ihn gibt es noch. Für ihn heißt die Frage: steif oder weich – was den Hemdkragen betrifft. Der konservativ Gesinnte wird auf den steifen Kragen keinesfalls verzichten, »diese blütenweiße Zier jedes schlanken oder auch geblähten Männerhalses, ist längst zum fressenden Wurm unserer Ruhe und Zufriedenheit geworden. Er ist an sich sehr kostspielig und kostet heute ungefähr so viel wie ›ehedem‹ ein gutes Mittagessen in einem Ringstraßenrestaurant. Seine Anschaffung ist aber noch das Billigste an ihm, viel teurer kommt seine Erhaltung zu stehen. Die Putzerei, in die man ihn trägt, hat jeden Augenblick einen neuen Preistarif, gegenwärtig zahlt man für das Putzen eines Kragens so viel wie früher für die Anschaffung eines neuen aus ›vierfach Leinen‹. Dabei sieht er gar nicht mehr gut aus, wenn man ihn zurückbekommt. Sein schneeiges Weiß hat sich in ein bläuliches Grau gewandelt, die Kanten sind scharf wie eine Messerschneide, und obwohl gerade das ›Stärken‹ so teuer ist, scheint er gar nicht gestärkt zu sein, sondern schlägt, wenn man ihm die Ecken zierlich biegen will, Wellen wie der Wörther See bei Südwind. Nach der zweiten Wäsche hängen von ihm einzelne Fäden melancholisch herab und nach der dritten reißt wenigstens ein Knopfloch auseinander. Also bleibt nichts übrig, als sich früher oder später doch zum weichen Kragen zu bekehren. Der Entschluß ist nicht leicht. Ein echter ›Gent‹ aus dem Jahre 1914 schwur immer wieder, daß es nicht geht. Man kann geflickte Schuhsohlen tragen, den Anzug so wenden lassen, daß sich die rechte äußere Brusttasche entsetzt nach links flüchtet, man kann alte Pepitahosen aus dem Nachlaß des Großvaters tragen, aber man kann unmöglich im Winter mit einem weichen Kragen durch das Leben wandern. Doch der Gent macht Konzessionen. Zuerst sagte er, mit einem leichten Ueberzieher gehe es immerhin, dann räumte er ein, daß der weiche Kragen sich auch unter dem Winterrock ertragen ließe, vorausgesetzt, daß man einen Sakkoanzug trägt, und neuerdings sieht man den perfekt angezogenen Herrn auch schon mit weichem Kragen im Jackettanzug. Daß es schön ist, kann man mit dem besten Willen und spartanischesten Weltanschauungen nicht behaupten.«[234]

Bei den Herren stößt die Art, wie sie neuerdings den Schal tragen, auf kritische Resonanz. Ist man früher über Extravaganzen hinweggegangen, so muß man sich nun wundern, »daß es in solchen Tagen Leute männlichen Geschlechtes gibt, die sich trotz aller Ermahnungen und Predigten in Mode-Extravaganzen gefallen. Es hat auch früher den Herrn mit dem Schal gegeben, da es doch immer schon in unserem Breitegrad zur Winterszeit kalt geworden ist. Damals jedoch befand sich der Schal, weil er doch den Zweck hatte, seinem Träger Wärme zu spenden, unter dem Winterrock … Heute trägt der Herr den Schal auf dem Winterrock; wahrscheinlich, um diesem warm zu machen, da sonst wohl kein triftiger Grund einleuchtend wäre. Da sieht man Schals in allen möglichen, wilden und aufdringlichen Farben einem entgegenschreien. Bisher machten sich über derlei Annäherungsversuche an die Maoritracht nur die Sportleute über die Skidilettanten lustig, die ihre Unfähigkeit, sich auch nur eine Minute lang auf den Brettern zu erhalten, dadurch wettzumachen suchten, daß sie ihre Hälse mit den buntesten, gestrickten und gestickten, gehäkelten und gewirkten Tüchern und Bändern und Schals umwickelten. Was man sich nun eventuell in den Bergen, auf einem Wintersportplatz gefallen lassen kann, gehört jedoch kaum ins Straßenbild Wiens; was sich in die Schneelandschaft einzuordnen vermag, wird hierorts, in zwei kühn geschlungenen Schleifenenden auf einem Winterrock prangend, Aergernis erregen müssen.«[235]

Im Deutschen Volkstheater ist der Regisseur verzweifelt über den Entschluss der Direktion, Franz Molnars neuestes Stück »Herrenmode« aufzuführen, deutschsprachige Premiere am 25. Jänner 1918. Ein zwangsläufig ausstattungsreiches Stück, denn was der »Mann von Welt« so alles braucht, ist atemberaubend: Seidenhemden, Seidenschals, Seidenstrümpfe, Frackmantel, Zylinder, Lackschuhe etc. – all das ist Mangelware. Wo bekommt man das alles bloß her? Ein Glück, dass ein bekanntes Warenhaus 360 Kartons der begehrten Artikel liefert. Auch die Schauspieler sind bereit mitzuhelfen. Sie stellen ihre Bezugsscheine für diverse Artikel zur Verfügung, bringen einiges aus persönlichem Besitz mit, auch wenn es nur Bürsten und Kämme oder Eau-de-Cologne-Fläschchen sind. Schmerzlich wird klar, dass die Requisitenfrage auch im Theater alles andere in den Hintergrund gedrängt hat. Man spielt dem Publikum eine Welt vor, die es gar nicht mehr gibt.

Auch bei »Kaisers Rock« muss gespart werden. Die Tuchvorräte sind knapp, deshalb gestattet der Kaiser Offizieren und Beamten, die Friedensuniform einschließlich des Waffenrocks im Kanzleidienst und auch außer Dienst zu tragen. Das spart Stoff und verhindert zudem, dass die alten Uniformen durch zu lange Aufbewahrung untragbar werden.

Ohne Indianerkrapfen, ohne Luftballons: die Firmung

Die Zeit der Firmungen war in Wien immer etwas ganz Besonderes. 1918 ist der 19. Mai Pfingstsonntag. Ein sorgenvoller Blick auf den Himmel ist überflüssig, denn diese Tage sind sonnig und warm. »Um so größere Sorgen bereitet die Firmung den Paten, denn sie wissen, daß durch die Not der Zeit mit ihrer Teuerung, mit ihrem Warenmangel, mit ihrer Knappheit an Lebensmitteln und den vielen auch das Glück der kleinen Firmlinge sehr beeinträchtigenden Kriegsverordnungen, ihre Patenkinder in den Erwartungen vielfach enttäuscht werden. Ja, schrieben wir das Jahr 1913! Wie möchten die Straßen der Stadt jetzt belebt sein mit dahinsausenden reichgeschmückten Gummiradlern, mit bescheideneren Landauern und Einspännern! Wie klopften in all diesen Wagen junge Herzen in seliger Lust, immer neu überrascht von unbekannten, ganz unerwarteten Freuden und Genüssen. Was blieb übrig von all diesen märchenhaften Dingen, welche nach der ersten heiligen Handlung im Stefansdome zu folgen pflegten? Nichts wie die den Wagen nachlaufenden Weiber mit den weißen Bändern und den künstlichen Maiglöckchen und die Freuden des Wurstelpraters? Erinnern wir uns doch, wie es einst war! Vor dem Haustor stand am Vormittag schon der Fiaker. Die Pferde, die Peitsche, die Rücklehne des Wagens prangten in reichstem Schneeballen- und Maiglöckchenschmucke und um die Wagenränder liefen dicke Gummireifen. Wohlgenährte Pferde scharrten ungeduldig mit den Vorderfüßen und bissen feurig das Geschirr, daß die Deichselstange ganz mit weißem Schaum belegt war. In diesem Wagen fuhr man zur Stefanskirche. Nachher ging's zur alten ›Tabakspfeife‹ in die Goldschmiedgasse oder zum ›Eisvogel‹ in den Prater, dort wurde das Mittagessen genommen; Backhendeln oder Schweinernes mit allen möglichen Zuspeisen, Nach- und Mehlspeisen, bei deren Nennung allein einem heute das Wasser im Munde zusammenliefe. Bei der ›Tabakspfeife‹ gab es eine schöne Spielorgel, die kam an den Firmungstagen natürlich keinen Augenblick zur Ruhe. Aber der Güter höchstes bedeutete die Fahrt in die Praterhauptallee und ein Besuch im Wurstelprater. Hei, wie da die Pferde ausgriffen bis zum Lusthaus und wieder zurück, von beiden Seiten der Allee wehte der Wind die Kastanienblüten in die Wagen und an den Straßenrändern standen die Spaziergänger und die Neugierigen und sahen sich die feschen Zeugeln, in denen ganz trunken von Glück die Firmlinge saßen: Knaben mit dem ersten schwarzen Anzug und dem steifen, meist blaugefütterten Hut, Mädchen in blendend weißen Kleidern aus kostbaren Stoffen, mit dem Myrthenkränzlein im kunstvoll frisierten Haar. Im Wurstelprater dann trafen sie sich die Kinder der Reichen und die Kinder der Armen. Am Ringelspiel und in der Grottenbahn gab's keinen Klassenunterschied und niemandem von den kleinen Schaukelpferdreitern sah man es an, ob sie mit dem Gummiradler oder mit der Straßenbahn gefahren waren. Beim Konditor richtete sich der Kinder Sehnsucht vor allem auf die Indianerkrapfen, deren übermäßiger Genuß dann meistens die bekannten, im Volksliede festgehaltenen üblen Folgen zu zeitigen pflegten. Ermüdet und abgespannt, mit einem roten Ballon an einer langen Schnur, deren unteres Ende an einem Giletknopf befestigt wurde, trat der Firmling gegen Abend seine Heimfahrt an. Zu Hause erst erwarteten ihn die Geschenke: die goldene Uhr, ein in weißes Glacéleder gebundenes Gebetbuch, goldene Manschettenknöpfe oder andere nützliche Sachen, mit einem Wort, man kam aus den Freuden gar nicht heraus und selbst die Nacht noch war erfüllt mit seligen Träumen von all dem Glück, das dieser Tag dem jungen Herz gebracht hat.

Heute? Nur die Reichen und die Fuhrwerksbesitzer können sich's erlauben, ihre Patenkinder im Wagen zur Firmung zu führen. Selbst der wohlhabendere Mittelstand – wenn es einen solchen überhaupt noch gibt – schreckt davor zurück, um eines sehr zweifelhaften Vergnügens halber 150 und noch mehr Kronen zu opfern. Der Wagen kann heute noch so schön aufgeputzt sein, er wird trotzdem nur ein sehr getrübtes Vergnügen erwecken. Vor allem fehlt einmal der Gummi an den Rädern. Das ist ein Holpern und Stoßen über das in vier Kriegsjahren gänzlich verwüstete Straßenpflaster mit seinen ständig wechselnden Erhebungen und Dolmen, daß man von der Fahrt zur Kirche allein schon genug hat. Die Pferde, meist dürre Klepper, setzen jeder schnelleren Gangart erfolgreichen Widerstand entgegen und haben für das etwaige Ansinnen, dahinzusausen, höchstens einen müden, aber vielsagenden Blick auf ihr mit Haut überzogenes Gerippe. Das Mittagsmahl im Restaurant zu nehmen, würde kaum viel Genuß bringen, dafür aber desto mehr kosten und daheim gibt's auch nur 20 (diese Woche allerdings 30) Dekagramm Rindfleisch per Person, Gemüse und schlechtes Maisbrot, selten Mehlspeise … Aber noch anderes trübt das Firmlingsglück. Sie kriegen keine Indianerkrapfen mit Schlagobers, dafür Ersatzbäckereien, die man gar nicht übermäßig genossen haben muß, um die bekannten üblen Folgen auch im Krieg zu spüren. Sie kriegen aber auch keinen bunten Luftballon, denn den Gummi braucht die Armee, und die Verkäufer, die sonst beim Viadukt der Nordbahn am Ausgang der Prater-Hauptallee und am Eingang des Wurstelpraters ganze Trauben dieser Ballons über ihren Häuptern schweben ließen, sind längst aus dem Praterbilde verschwunden. Die Geschenke daheim sind einfacher, bescheidener, was früher 70 von 100 bekamen, die goldene Uhr samt Kette, werden heuer nur die ganz Reichen kaufen können und die nur um unglaublich hohen Preis und unter großen Schwierigkeiten; denn Uhren sind überhaupt selten geworden, gar erst goldene. Die Gebetbücher werden einen Ersatzleineneinband aufweisen, kurz, alles wird einfacher, bescheidener, ärmlicher sein, als einst …«[236]

Ein Schatten seiner selbst: der Tiergarten Schönbrunn

Mit Kindern in den Tiergarten Schönbrunn zu gehen, ist nach vier Jahren Krieg nicht ratsam, besonders mit Kindern, die die dort gehaltenen Tiere noch zu Friedenszeiten bestaunt und ihnen Futter zugeworfen haben. »Wo ist denn der Pepi«? Soll man dem Kind die Wahrheit sagen, dass der beliebte Elefant im Jänner 1918 an Unterernährung eingegangen ist? Früher schon hat »Lori« und »Greti« das gleiche Schicksal getroffen. Im Elefantenhaus lebt einsam als letzte ihrer Art die in Schönbrunn geborene »Mädi«. Nicht mehr zu sehen sind auch die beiden Moschusochsen, die die Grafen Hoyos und Professor Lorenz von ihrer ostgrönländischen Jagdexpedition 1910 nach Wien gebracht haben. Sie »sind gleich zu Kriegsbeginn infolge der Unmöglichkeit, sie entsprechend zu füttern, verendet und so war ihnen wenigstens das ›langsame Sterben‹ erspart«, berichtet etwas zweideutig das *Neue 8 Uhr Blatt*.[237] Dass so manches Tier den Gnadenschuss erhalten hat, um ihm ein qualvolles Dahinsiechen zu ersparen, wird nicht publik gemacht. Fünf Löwen aus Schönbrunn hat man an den Tiergarten in Budapest abgegeben. Im Affenhaus tollen nur noch zwei der possierlichen Tiere umher. Schon 1915 wusste die Presse zu berichten, es werde auch in der Schönbrunner Menagerieküche Schmalhans Küchenmeister sein. Im Auftrag des zuständigen Obersthofmeisteramtes wurden die Futterrationen gekürzt. Auch für die Tiere gilt »Kriegskost«. Brot und Körner stehen kaum mehr auf dem Plan, dafür »Ersatzkost«: Heu, Spreu mit abgebrühtem Klee. Hauptsächlich Kuttelfleck (Magen) und minderwertiges Fleisch für die Fleischfresser. Naiverweise ging man davon aus, dass den Tieren die gekürzten Rationen und anderes Futter schon nicht schaden würden. Als die Not immer größer wurde, stellte sich die Frage, welche Tiere für menschlichen Genuss geeignet sind: Rin-

Abb. 73: Schussattentat auf einen Eisbären im Tiergarten Schönbrunn

der, Hirsche, Schweine, aber auch Antilopen, Gämsen und Hühner mussten
an die Fleischabgabestelle des Obersthofmeisteramtes gehen. Im März 1918
übernimmt der Tiergarten in Sofia mehrere exotische Tiere aus Schönbrunn,
darunter zwei Leoparden. Insgesamt ist der Tierbestand im ältesten Tiergarten
Europas seit Kriegsausbruch 1914 auf ein Drittel gesunken. 1918 zählt man
nur noch 1.128 Tiere, trotzdem ist von einer Erleichterung der Situation kaum
etwas zu verspüren.

Geht es den Tieren in Schönbrunn nicht trotz allem besser als manchen
Menschen, speziell den Kindern in dieser Notzeit? Wie viel Fleisch muss allein
ein Eisbär bekommen, um überleben zu können? Ein verzweifelter Familienvater entschließt sich im Mai 1918, auf seine Art gegen diese Verzerrung der Verhältnisse zu protestieren. Er feuert aus einer Browning-Pistole mehrere Schüsse
auf einen Eisbären ab. Das Tier wird schwer verletzt, der Mann, ein Landsturm-
schütze, kann rasch überwältigt werden. Er gibt sein Tatmotiv unumwunden zu.
Was er nicht wusste: die Tiere werden hauptsächlich mit Fischköpfen ernährt,
das Fleisch, das an sie gelegentlich verfüttert wird, ist für menschlichen Genuss
völlig ungeeignet.

Im Rausch der Wettleidenschaft: die Pferderennen

Die Freudenau ist das Mekka aller Pferdenarren, deren ganze Leidenschaft der Aufzucht und Abrichtung der schönsten und schnellsten Pferde gilt. In dieser hippomanischenWelt hat sich erstaunlich viel vom Flair der Friedenszeit erhalten. Aristokraten und reich Gebliebene sind hier vollständig versammelt, aber auch die im Krieg reich Gewordenen sind gekommen.

Der gesellschaftliche Anreiz ist womöglich größer als früher, denn »man fährt hinter dem Rücken der großen Zeit und ihrer Strenge hinunter in die wienerische Vergangenheit, in eine Freudenau, die es gar nicht mehr gibt ...«[238] Die Zeitumstände lassen das früher gewohnte Sehen und Gesehen-Werden aber nur in beschränktem Ausmaß zu. »Es fehlt vor allem die richtige Derbyouvertüre früherer Jahre, die Fiakerfahrt über die Ringstraße und durch die Hauptallee, es fehlt das bewundernde und beneidende Spalier am Rande. Die Welt hat sich verändert, die Gummiräder sind beschlagnahmt, die Statisten des Spaliers sind verschwunden: die meisten haben keine Zeit zum Bewundern und Beneiden.«[239] Das kann aber den Erfolg einer solchen Veranstaltung nicht hemmen, wie etwa beim 51. Derby am 9. Juni 1918, das einen Massenansturm verzeichnet, »wie man ihn selbst im Frieden nicht gewohnt war. Schon um 1 Uhr waren die Wagen der Elektrischen, die in die Freudenau oder zum Lusthaus fuhren, dichtgefüllt, und bei der Sophienbrücke (Anm.: heute Rotundenbrücke) spielten sich wilde Szenen ab. Manche zogen es vor, zu Fuß in die Freudenau zu gehen, da sie die Aussichtslosigkeit ihrer Bemühungen einsahen, einen Platz zu erhalten ... Um ›Stockerln‹ wurden regelrechte Schlachten aufgeführt. Das Bild, das der Platz bot, war hübsch. Die Heerschar prunkvoller Toiletten hatte zwar nicht stattgefunden, man hatte den leider noch immer ernsten Zeiten teilweise in einer gewissen Einfachheit Rechnung getragen, immerhin sah man aber doch eine ganze Reihe von aparten und schicken Kleidern und Hüten ... Die ersten Rennen erregten, wie dies ja am Derbytag üblich ist, wenig Interesse, als aber die Nummern der startenden Pferde für das Derby ausgezogen wurden, begann ein gewaltiger Sturm auf die Kassen, ein Run, durch den es vielen unmöglich gemacht wurde, ihr Geld zu – verlieren.«[240] Denn es gewinnt nämlich Außenseiter Reichenau, eine Stute aus dem Gestüt Tribuswinkel des Herrn Urban, die bei bisherigen Rennbewerben deutlich zurückgeblieben war. Urban und sein Jockey Esch werden lebhaft akklamiert. Entsprechend lang sind die Gesichter jener, die beim Totalisateur nicht auf Reichenau gesetzt hatten. Unsummen werden an diesem Tag verloren. Die Wettquote auf Reichenau hatte 394 : 10 betragen. »Der Derbytag in der Freudenau hat diesmal einen Paroxysmus der Spielleidenschaft hervorgerufen, der alles bisher Dagewesene in den Schatten stellte ... die Einnahmen des Jockeyklubs übertrafen weit alle Erwartungen. Der

Jockeyklub schwimmt förmlich im Geld infolge der Riesenerträgnisse aller Art, ebenso die Buchmacher. Es war gesteckt voll trotz der hohen Eintrittsgebühr, die zu entrichten war. Leute[,] die 500 bis 600 Kronen verwetten wollten, wurden fast gar nicht beachtet, weil sich die Leute mit den vielen Tausendern nur so drängten.«[241]

Im adeligen Jockey-Klub hat der Krieg durchaus seine Spuren hinterlassen. Die eleganten Klubräume im Philipphof sind der Treffpunkt der Herren, die durch den Vorzug der Geburt eine ganz besondere gesellschaftliche Stellung in der Monarchie einnahmen und die beim alten Kaiser stets ein offenes Ohr fanden. Ihre exklusive Rolle ist nun vorbei. »Der Jockeiklub will keine Ausnahmen zu seinen Gunsten in Anspruch nehmen, und wenn im Frieden die Aristokratie eine wenigstens gesellschaftlich bevorzugte Klasse ist, im Kriege hört jede Bevorzugung auf. Wie alle anderen Klubs und Kaffeehäuser muß der Jockeiklub um 11 Uhr abends die Lichter auslöschen und die Säle sperren. Ohne die Mahnung der reich gallonierten Klubdiener abzuwarten, verlassen Schlag Elf die Klubmitglieder ihre Salons. Der Besuch des Klubs ist auch während des Krieges ein sehr starker, aber die Mitglieder suchen andere Vergnügungen[,] als die waren, welche vordem zur Zerstreuung dienten. Früher hat das Kartenspiel eine große Rolle im Klub gespielt, heute widmen sich die Mitglieder des Klubs der Lektüre von Zeitschriften, Tageszeitungen und der Revuen, die im Klub aufliegen, oder sie pflegen die Konversation. Einige Spieltische sind doch besetzt, aber niemals wird Hasard gespielt, und es wird ausschließlich dem Bridge oder dem Tarockspiel gehuldigt. Die Spielsätze sind die bescheidensten. Aber man unterhält sich auch bei dem niederen Spiel ausgezeichnet und es zeigt sich, daß der gute Spieler, der im Bridge und Tarock eine geistige Arbeit und Unterhaltung findet, nicht um hohe Summen zu spielen braucht, um volles Vergnügen an dem Erfolge des Spieles zu finden. Den ernsten Zeitverhältnissen entsprechend, hat die Küche und der Keller im Jockeiklub heute weit geringere Aufgaben zu erfüllen. Es wird jetzt höchst einfach im Jockeiklub gegessen und auch mit den Getränken kein übertriebener Luxus getrieben. Die Speisen im Klub sind gut zubereitet, aber die Menüs passen sich mit peinlicher Gewissenhaftigkeit den gesetzlichen Vorschriften an. Die fleischlosen Tage werden strenge befolgt. Kein Fettauge ist am Samstag auf den Kunstsuppen zu bemerken. Aber der Ernst der Zeit stört nicht die gute Laune der Klubmitglieder, die aus dem bisherigen Verlaufe des Krieges auf den Endsieg hoffen und auf einen ehrenvollen Frieden, der schon nahe scheint«, berichtet die *Neue Freie Presse*[242] zu Weihnachten 1917, als an der Ostfront bereits die Waffen schweigen und der Friede mit Russland bevorsteht.

Auf Kunstsuppen und dergleichen aus der Klubküche sind die Herren der Aristokratie freilich nicht angewiesen. Gleich nebenan bietet das Restaurant

Abb. 74: Österreichisches Derby 1918

im Hotel Sacher altgewohnte Delikatessen, zum Beispiel für den Mittagstisch: »Gansleberpastete mit Aspik 10 Kronen, Gerstenschleimsuppe 2 K, Karpfen mit Wurzeln 11 K, Roastbeef mit Spinat 11.50, eine Portion Gansl mit Kartoffelpüree 18 K, Gemüsegarnitur 14 K, Spinat mit Spiegelei 5 K, Kochsalat 4 K, Karotten nach Wiener Art 4 K, 1 Stück Pfirsich 1 K, Dunstobst 6 K« usw. Die Abendkarte läßt sich auch gut an: »Lebernockerl 2 K, Omelette mit Speck 8 K, Karpfen mit Wurzeln 11 K, Rindfleisch mit Spinat 11.50, Bratwurst mit Senf 10.50, Grießnudeln 4 K.« Man lebt in Wien auch im vierten Kriegsjahre noch ganz gut, wird aus dieser Speisenkarte ersichtlich, die die *Österreichische Landzeitung*[243] veröffentlicht. Auch daheim müssen die Herren von Adel nicht darben, die meisten von ihnen gehören zu den Großagrariern und sitzen damit an der Quelle der Nahrungsmittelbeschaffung.

Wo sind sie geblieben?: die Wiener Gaumenfreuden

Vornehm speisen brauchte man im Wien der Friedenszeit nicht, um auf seine Rechnung zu kommen. Auch im einfachen Gasthaus gab es eine Reihe liebgewordener kleiner Gaumenfreuden, die man im Alltag nicht missen wollte. Besonders das Gabelfrühstück war seit urdenklichen Zeiten Ausdruck Wiener Lebensart. »Früher einmal bildeten ›ein Paar Heiße‹ das populäre, demokratische, vom Ziegelschupfer wie vom Millionär gleichgeschätzte Zwischenessen zwischen zwei Hauptmahl-zeiten. Vorzugsweise wurden sie als ›Zehnerjause‹, rekte Gabelfrühstück, gewürdigt; man konnte sie aber auch nachmittags zum Tee genießen, und am besten waren sie so um Mitternacht herum zu Bier, Wein oder gar Schampus, wenn der Magen schon wieder eine leichte Leere empfand. Und diese heißen Würstel, die man bei uns aus unklaren Ursachen ›Frankfurter‹, in Frankfurt aber ›Wiener‹ nannte, gab es überall und zu jeder Tagesstunde. Daß man sie einmal nicht mehr bekommen würde, hätte man nie geahnt, und würde man es geahnt haben, so wäre vielleicht dieser sympathische Krieg nicht ausgebrochen. Vormittags um zehn Uhr pflegten nett und sauber gekleidete Bäckerjungen mit Semmelkorb und Wurstkessel durch die großen Bureaus der Ämter zu gehen, und der Amtsdiener genau so wie der Sektionschef begrüßten ihn mit Wohlgefallen. Auch beim Greisler waren sie jederzeit heiß und kalt vorrätig? Das kleinste Kutscherbeisel wie das vornehmste Stadtlokal servierten sie mit ›Saft‹ oder ›Gerösteten‹, nächtlich wieherten sie einem an den großen Straßenkreuzungen fröhlich entgegen, und im ›Tabarin‹ (Anm.: Nachtlokal) und der ›Kaiser-Bar‹ galt es direkt für vornehm, um 3 Uhr morgens Würstel zur Witwe Cliquot zu verzehren. Jetzt sind Würstel eine kostbare Seltenheit geworden, die sich, wenn sie überhaupt zu bekommen sind, nur sehr wohlhabende Leute als Zwischenmahlzeit gönnen können, und dem Amtsdiener wie dem Sektionschef erscheinen sie in Begleitung von Salzstangen nur mehr im Traum. Einen gewissen Ersatz haben die heißen Frankfurter aber jetzt doch gefunden, und zwar in Gestalt des heißen Kukuruz (Anm.: Maiskolben). Vormittags und nachmittags brodelt der Kolben, gar nicht übel duftend, draußen in den Vorzimmern der Bureaus und Aemter im Kochtopf, in der Vorstadt fehlt er auf keiner Speisekarte des Wirtshauses, und im Haushalt dominiert er momentan direkt, weil er verhältnismäßig noch immer billig, rasch zubereitet und nahrhaft ist. Nachmittags kann man jetzt vor einzelnen Automatenbüfetts kleine ›Polonäsen‹ wahrnehmen. Es sind Anstellungen um heißen Kukuruz, der in das Repertoire dieser Lokale aufgenommen wurde. Nicht gerade sehr billig – der Kolben kostet K 1.20, aber schließlich bekommt man ja für dieses Geld sonst überhaupt nichts, und da gerade die Jausenstunde jetzt die Zeit ist, wo man am meisten Hunger hat, so gehen eben die heißen Kukuruze reißend ab.«[244]

Symptomatisch für die Krise ist, dass ab Sommer 1918 nicht einmal mehr im Rathauskeller ein Gabelfrühstück serviert wird. Das so beliebte »Kleine Golasch« oder Würstel in Saft mit einem Seidel Bier dazu sind selbst hier passé. »Man sollte freilich glauben, das Gabelfrühstück verbiete sich von selbst, da außer der Gabel nicht viel Dazugehöriges aufzutreiben ist ... der Lebensmittelnot und den Weinpreisen zum Trotz scheint es doch noch einige Leute zu geben, die diese freundliche Daseinsgewohnheit nicht missen wollen und in der glücklichen Lage sind, die große Zeit im allgemeinen und die Zeit bis zum Mittagessen im besonderen auf dem Umwege über eine nahrhafte und feuchtfröhliche Zwischenstation im Ratskeller durchzuhalten. Mit rauher Hand fährt die Rathauskellerkommission dazwischen und schafft das Gabelfrühstück im Bereich des Wiener Bürgerpalastes ab … Was jedoch das Gabelfrühstück anlangt, tritt jetzt auch der Rathauskeller in die lange Reihe von Gasthäusern, die das ihrige dazu tun, unseren alten, schlechten Phäakenruf gründlich zu entwurzeln. Was für Kämpfe wurden geführt, um die Wiener an westeuropäische Speisestunden zu gewöhnen und ihnen im Zusammenhang damit das Durcharbeiten mundgerecht zu machen! Und wie kläglich sind solche Wiener Weltverbesserer gescheitert! Was ein echter Wiener war, der wollte nicht auf sein Beinfleisch oder seine Frankfurter mit Saft verzichten und ebensowenig auf den Nachmittagsschwarzen im Kaffeehause, den der Markör gleichzeitig mit der kunstgerecht angebrannten Virginiazigarre zu servieren hatte. Tristia ex Ponto! (Anm.: Anspielung auf die Klagebriefe Ovids aus seiner Verbannung am Schwarzen Meer.) Der Elegien wäre kein Ende, wenn man sich nicht rechtzeitig erinnern würde, daß die Wiener in früherer Zeit gewiß des Guten ein wenig zu viel getan haben. Nur daß die Diätkur, die uns allen auferlegt wurde, ziemlich plötzlich und unvermittelt gekommen ist …«[245]

Juli ist die hohe Zeit für Marillenknödel, ein typisch Wienerischer Gaumenschmaus – ob aus Topfen- oder Kartoffelteig, ob in gerösteten Semmelbröseln oder in Mohn gewälzt. »Der ganze lange Naschmarkt ist an einem Julimorgen beherrscht von einem Gedanken und ein[e] Vokabel ist auf aller Lippen. Es heißt nicht Auslandspolitik, sondern Marillenknödel. Alle die blassen, müden Frauen in den endlosen Reihen fühlen sich neubelebt, ein Lächeln schwebt auf den Lippen, wenn sie an die entzückten Gesichter daheim denken, falls es gelingen sollte … Kochrezepte werden ausgetauscht, Ratschläge erteilt. Rühmt die kleine magere Straßenbahnschaffnerin die Vorzüge des Nudelteiges, so schwärmt die alte Tschechin vom Kartoffelteig, der auf der Zunge zergehen muß[,] und eine lange hagere Frau erzählt mit Rührung, daß ihr Mann im Frieden nie weniger als fünfundzwanzig Marillenknödel verspeiste. Die anderen nicken, ein frohes Leuchten liegt auf den vergrämten Zügen. Marillenknödel – das ist ein Stück Küchenpoesie, ein Friedensglanz und manches Opfer wert. Es ist ja nicht so leicht, die ersehnten Früchte zu erbeuten. Da heißt es sehr, sehr früh aus dem Bette schlüpfen, alle Hausarbeit über den Haufen werfen, wenn die erste Elektrische kommt[,] und schleunigst fort zum Kampfe um den Marillenknödel … Marillen sind heute ein Obst, das viel Zeit und Mühe kostet. Allerdings nicht den Züchter, sondern den Käufer. Und wer am Sonntag selbst erbeutete Marillenknödel auf dem Tische hat, dem ist diese Friedenserinnerung wohl zu gönnen. Sie sind redlich verdient.«[246]

Überhaupt ist in Wien kriegsbedingt ein regelrechter Kampf um das so innig geliebte Gustostückel ausgebrochen: »Wir alle waren bis zum Kriegsausbruch fanatische Anhänger des ›Gustostückels‹, überzeugte Individualisten, die im Gast- und Kaffeehaus wenigstens ein jeder nach seiner Fasson selig werden wollten. Wenn rings um den Stephansturm nicht gerade als Lebensregel galt: So viel Köpfe, so viel Sinne; unbestreitbar war es dafür, daß jeder Magen in unserer Stadt seine höchst persönlichen Anforderungen stellte, daß der echte Wiener verächtlich von den Berliner Abfütterungsanstalten sprach und daß das Menü[,] die im vorhinein festgesetzte Speisenfolge ohne Ueberraschungen und ohne Extrawürste[,] sich bei uns niemals recht einbürgern konnte. Wo wäre denn sonst das Recht auf das ›Gustostückel‹ geblieben und der heilige Anspruch des Stammgastes, daß ihm dies und jenes genau bestimmte Rindfleisch reserviert bleiben müsse. Der Krieg hat darin gründlich Wandel geschaffen, beim Rindfleisch und anderswo. Die schmerzlichen Erinnerungen sollen nicht wachgerufen werden, wie beispielsweise aus der verwirrenden Fülle des Wiener Gebäcks das Einheitsbrot wurde, das man glücklich ist, in bescheidenem Ausmaß auf Grund der Brotmarke zu empfangen. Der Krieg ist ein großer Gleichmacher. Er hat an allen Ecken und Enden revolutionierend gewirkt.«[247]

Abschied von der Melange: das Kaffeehaus

Der Wiener und sein Kaffeehaus! Mit Ausnahme von Wein und dem Heurigen verbindet die Wiener Volksseele nichts so sehr wie mit diesem wahrhaft als Genussmittel bezeichneten heißen Getränk aus gerösteten und gemahlenen Kaffeebohnen. Das Erbe jenes »friedlichen Genußmittel-Kreuzzugs« (Hans Weigel) als Folge der zweiten Türkenbelagerung wird hier in allen möglichen Variationen genossen – mit mehr oder weniger Milch oder ganz ohne, auch mit verfeinernden Zugaben wie Schlagobers, Likör etc. Das Kaffehaus ist in Wien schon längst eine Lebensanschauung geworden. Und nirgendwo sonst wird der Stammgast mehr verwöhnt als in seinem Kaffeehaus. Doch was hat der Krieg aus all dem gemacht! Die Zufuhr von Kaffeebohnen ist durch die Seeblockade nicht mehr möglich. Also muss man zu allerhand Surrogaten greifen, die als Streckungsmittel beigemengt werden, so da sind Gerste, Zichorien, Malz, Zuckerrüben, Feigen, Eicheln oder Lupinen (siehe Taf. 16). Das ist amtlich erlaubt. Doch zum Graus jeden Genießers werden illegal auch nicht entbitterte Rosskastanien, zermahlene Nussschalen, Maiskolben odertängel der Sonnenblume beigemischt. Aber immerhin: so etwas wie Milchkaffee wird immer noch in den Kaffeehäusern serviert. Und selbst damit ist es ab Anfang Dezember 1917 vorbei. Diesmal ist die Milch ausschlaggebend für das amtliche Verbot; die so-

genannten Volkscafés für die Ärmeren ausgenommen. »Damit wird der Früh-
stücks- und Nachtmahlmelange ein Strich durch die Milch gemacht, die immer
spärlicher zu rinnen begann. Keine Raunzerei, aber auch kein Himmelkreuz-
donnerwetter. Wir müssen verzichten, um den Kindern, Greisen und Schwer-
kranken den Milchgenuß zu sichern. Deshalb fügen wir uns ohne Murren in die
Scheidung von dem liebgewordenen Getränk, das zuletzt von der altberühmten
Wiener Melange bloß den Namen trug und sich dem Gschlader bedenklich nä-
herte: Abschied vom Milchkaffee ... Glücklich ist, wer vergißt, was nicht mehr
zu ändern ist ... Mit der Abschaffung der Melange aus den Kaffeehäusern – den
Volkscafés ausgenommen – führte man einen Keulenschlag wider zahlreiche,
mit Abgaben schwer belastete ehrenwerte Geschäftsleute, die schwer zu ringen haben in dieser wirtschaftlichen Not, um die Existenz, um das bürgerliche
Fortkommen. Und nun wird ihnen ein bedeutendes Stück Einkommen entzogen, die Klientel verringert, die einfach ausbleibt und den begünstigten Lokalen
zuströmt, die das Recht zum Ausschänken des beliebten Getränkes besitzen,
das in Wien weder Luxus noch Zeitvertreib, sondern eine Notwendigkeit, ein
Lebensmittel bedeutet.«[248] Getroffen sind vor allem jene, denen das Café nicht
bloß Konsumationsstätte, sondern eine Art Zuhause ist, wo sie geistig schaffen
können. »Das Publikum, das sich in den Kaffeehäusern erster Güte versammelt, rekrutiert sich nicht ausschließlich aus Millionären, Kriegsgewinner[n]
und Favorits der Hexe Fortuna ... die meisten Besucher sind Arbeiter – geistige
Arbeiter –, die heutzutage nicht minder bitter um das Stücklein Brot ringen
müssen, die auch vor Eintritt in die Pflichten des Tages und nach Erledigung
der Obliegenheiten gerne einen Schluck warmen Mokka im Leib verspüren und
einen Blick in die Zeitung werfen wollen. Ohne Widerspruch zu befürchten,
behaupten wir, daß in Wien jetzt hunderttausend Menschen zum Abendbrot
ausschließlich auf Kaffee angewiesen sind. Nun zieht man dem einsamen Spat-
zen sein heißbegehrtes ›Schalerl‹ weg.«[249] Wütende Proteste bei der Genossen-
schaft der Kaffeesieder bleiben nicht aus, aber sie kann den Kaffeehausbesitzern,
die sich vor allem in den Vorstädten dem Ruin ausgesetzt fühlen, nicht helfen.

Außerdem kommt es, wie vorherzusehen war. Da der Besuch eines Volkscafés an keine Bezugskarte gebunden ist, sind diese Lokale schlagartig überfüllt. Leute, die früher niemals diese wenig schönen Lokale aufgesucht hätten,
finden nun nichts mehr dabei. Hier kann man auch vier Schalen (Ersatz)Kaf-
fee hintereinander konsumieren und eventuell auch in mitgebrachte Flaschen
abfüllen. Und auch »über die Gasse« wird anstandslos verkauft. Kein Wunder,
wenn schon nach acht Uhr früh der Milchkaffee in den Volkscafés ausgegangen
ist. »Keine Raunzerei! Keine tränenfeuchten Betrachtungen wegen der raten-
weise erfolgten Entsagung von Beinfleisch mit Essigkren, von Kaisersemmel
und Salzstangel, von Obersschaum, dem Glase ›Pils‹ und von anderen schönen

Sachen, die wie eine Legende anmuten. Dahin, dahin ...«[250] Es bleibt nur die Hoffnung auf bessere Zeiten: »Soll denn wirklich dem Milchkaffee das letzte Stündlein geschlagen haben? Kein Abschied – nein, ein baldiges Wiedersehen. Die Wiener haben Bescheidenheit gelernt ... Das Lackerl Kaffee wollen sie nicht entbehren.«[251] Vorerst kommt es noch ärger. Ab Mai 1918 kann man in den Volkscafés zum Frühstück nur noch Einbrenn- oder Bohnensuppe bestellen. Das sei ohnehin sättigender, meinen die Schönfärber.

Aus ist es ab Jänner 1918 auch mit den sogenannten Luxusmehlspeisen, ob im Café oder im Gasthaus. Die Betreiber werden amtlich verständigt, dass sie ihr Quantum von 20 Kilogramm Mehl pro Woche zwar weiterhin erhalten werden, aber nur mehr Schwarzmehl. Ein herber Schlag für alle »Mehlspeistiger«, denn mit diesem Mehl lässt sich kein Gugelhupf, keine Torte und auch kein Kipferl backen. Schwarzmehl eignet sich nur für Brot und Einbrenn. Umso überraschender ist, dass unter diesen prekären Umständen ein neues Kaffeehaus eröffnet. Sogar ein Luxuscafé namens »Atlantis« im Palais Wertheim am Schwarzenbergplatz (Anm.: heute befindet sich hier eine McDonald's-Filiale) »Schon das Aeußere dieses eleganten, vornehmen und größten Etablissements Wiens verrät die auserlesene, innere Pracht, die, ohne überladen zu sein, von dem edlen Geschmack und Kunstsinn der Besitzer dieses von ersten Künstlern der Architektur, Malerei und Skulptur geschmückten herrlichen Kaffeesalons Zeugnis ablegt. Der große Parterresaal, in Weiß-rot-gold gehalten, macht geradezu einen überraschenden Eindruck, er gleicht eher einem Konzert- oder Theatersaal als dem herkömmlichen Kaffeehausstil. Schon beim Eintritt wird man durch eine Skulptur von der Meisterhand Professor Straßers, darstellend das ›Donauweibchen‹ in den Armen eines eisernen Ritters festgehalten, aufs angenehmste gefesselt.«[252] Ölgemälde und Aquarelle namhafter Künstler sorgen in den Räumlichkeiten, die 1.300 Personen fassen, für Eleganz, die nichts zu wünschen übrig lässt. »Einen besonders anheimelnden und schönen Eindruck macht der Damensalon mit dem Ausblick auf die Ringstraße, an den sich der Damenspielsalon, ebenso der Billardsaal und Herrenspielsalon anschließen ... Recht angenehm fällt den Gästen das Fehlen von Kleiderhaken und -rechen auf, denn drei Garderoben ersetzen diese so oft lästige und häßliche Einrichtung. Durch eine gute, moderne Ventilation wird der schöne Saal, in welchem auch echtes Bier vom Faß wie auch Doppelmalzbier in Flaschen ausgeschenkt wird, vollkommen rauchfrei.«[253]

Abb. 75: Vorstadtcafé mit Sitzkassierin, Kellner, Markör und Gästen

Zu Einheitsmenüs verpflichtet: das Gasthaus

Als ob das Speiseangebot für Gasthausbesucher durch den immer fühlbarer werdenden Lebensmittelmangel nicht ohnehin schon deutlich eingeschränkt wäre, kommt 1918 eine neue Verordnung des Volksernährungsamtes hinzu: das verpflichtende Einheitsmenü. Es gelte, »der Ueberversorgung gewisser Kreise der Bevölkerung im Gasthause nach Möglichkeit zu steuern, indem einem Gaste bei einer Mahlzeit nur eine beschränkte Anzahl von Speisen verabreicht werden darf. Ferner werden die Gastwirte verpflichtet, Hauptmahlzeiten nur innerhalb bestimmter Stunden, deren Festsetzung ihnen überlassen ist, zu verabfolgen. Die gewählten Speisestunden sind jedoch der Behörde anzuzeigen. Um den Gasthausbesuchern die Einnahme einer ausreichenden Mahlzeit zu angemessenem Preise zu ermöglichen, schreibt die Verordnung die Einführung des sogenannten ›Menüzwanges‹ vor, der dem Gastwirte die Verpflichtung auferlegt, regelmäßig eine Speisefolge, dem sogenannten ›Menü‹, abzugeben. Zusammensetzung und Preis der Speisefolge sind der Behörde bekanntzugeben, die dadurch in die Lage versetzt wird, eine wirksamere Kontrolle über die Preisbildung im Gast- und Schankgewerbe auszuüben und gegen übermäßige Preise im Sinne der Preistreibereiverordnung einzuschreiten.«[254] Bei Übertretungen

217

drohen sechs Monate Arrest oder 20.000 Kronen Geldstrafe. Der Menüzwang, der nur die Gastwirte, nicht den Gast selbst betrifft, soll dazu beitragen, die Ungleichheit zwischen Kriegsküchen und Gasthäusern zu vermindern.

Doch wie wirksam ist solch eine Verordnung? Sie »hat eine bedenkliche Aehnlichkeit mit dem bekannten Lichtenbergischen Messer ohne Griff, dem die Klinge fehlt. Man könnte auch sagen: mit einem Strickstrumpf ohne Wade und einem großen Loch in der Ferse. Es ist ein Glück, daß die Gasthauspreise von heute den meisten unter uns die Lust und jedenfalls die Möglichkeit nehmen, zweimal an einem Tage zu Mittag zu essen. Wohlgemerkt die Höhe der Gasthauspreise und nicht etwa die Größe der Gasthausportionen. Der gezückte Bleistift des Zahlkellners wird den ausgehungerten Gasthausgast wirksamer in Zaum halten als der drohend erhobene Zeigefinger des Gesetzgebers. Die neue Gasthausverordnung sagt bekanntlich kategorisch: Zu Mittag einmal Suppe, einmal Fleisch und Beilage, einmal Mehlspeise oder Käse. Der Mann, dessen Eßlust so groß ist, daß er die Unbequemlichkeit nicht scheut, den Winterrock zweimal aus- und wieder anzuziehen, und sich, nachdem er das Mittagsmahl Nr. 1 mit Mehlspeise verzehrt hat, in das Restaurant gegenüber zu begeben und dort ein zweitesmal mit Käse zu dinieren, hat mit der neuen Verordnung überhaupt nichts zu tun. Ihn belastet nur sein schlechtes Gewissen, die Not der anderen und die Ebbe der eigenen Brieftasche. Es gibt aber auch Gasthäuser, die so geräumig und so gut besucht sind, daß sie in einzelne Abteilungen mit verschiedenen Personal zerfallen. Man wird in Hinkunft einen blassen Menschen, den eine erzürnte Kellnerschar umgibt, nicht unbedingt für einen Rockmarder oder einen Zechpreller halten müssen. Im Gegenteil! Das ist ein ärgerer Verbrecher. Er hat sich nach der Mehlspeise noch einen garnierten Liptauer erschwindeln wollen und sich deshalb in eine andere Abteilung des Restaurants hinübergeschmuggelt. Das Traurigste aber ist, daß solche Gesetzes-übertreter nach dem Wortlaut der Verordnung nichts anderes bedroht als die Verachtung aller satten Mitbürger, falls es noch solche gibt, und etwa die Lynchjustiz der Gasthausangestellten. Die Verordnung enthält nämlich keine Strafbestimmungen für diese Uebeltäter, sondern scheint nur seinen Gegenpart, den frevelnden Gastwirt, zu bedrohen.«[255] Zunächst zwei, dann drei amtlich verordnete fleischlose Tage treffen den Großteil der Wiener gar nicht. Beim Gedanken daran können sie meist nur bitter lächeln, denn schon in Friedenszeiten war es ihnen höchstens an Sonntagen möglich, dass ein Fleischgericht auf ihren Teller kam.

Eine erstaunliche Vergnügungspsychose: Theater und Kino

»Unsere Theater, unsere Konzertsäle, unsere Speisehäuser sind voller denn je, von einer Eindämmung der Lebenslust in den verschiedenen Varietés, auf dem Rennplatz, in Weinstuben und Heurigenschenken ist nirgends das geringste zu merken«, stellt die *Neue Freie Presse* fest.[256] Das Bedürfnis nach Vergnügen beschränkt sich nicht auf die noch Wohlhabenden. Ins Theater gehen, war in Wien ständeübergreifend immer äußerst beliebt. Nun aber herrsche geradezu eine Vergnügungspsychose, schildern Kassierer an den Theaterkassen. Auch junge Arbeiter in schäbigen Anzügen und ohne Hemdkragen kaufen mehrere Karten zu 9,80 Kronen das Stück. Sind Logen und gute Plätze bereits ausverkauft, machen die Enttäuschten ihrem Ärger ungeniert Luft. Noch vorhandene billigere Parterre- oder Galeriesitze werden brüsk abgelehnt, man will nur gute Sitze, auch wenn sie weit teurer sind. In den Kassensälen von Josefstädter- oder Carl-Theater herrscht an Freitagabenden beängstigendes Gedränge. Und im Nu sind alle Karten für die nächste Woche ausverkauft. Um sich für bestimmte Vorstellungen Theaterkarten zu sichern, bieten Theaterbesucher, die sich zugleich als Hamsterer betätigen, Fett, Mehl, Butter und andere rare Dinge an. Den Männern an der Kasse werden Zigarren in Kisteln offeriert, nur damit sie Theaterkarten reservieren. Wie das zu erklären ist? Wilde Ausgelassenheit in Untergangsepochen ist ein bekanntes menschliches Phänomen. Aber haben die Leute nicht viel banalere Motive? In den Gast- und Kaffeehäusern gibt es in Wahrheit nichts Verlockendes mehr zu konsumieren. Zu Hause in den meist kalten und finsteren Wohnungen will man auch nicht bleiben. Gesellschaft, etwas Heiterkeit vor dem Schlafengehen ist vielen angesichts rasanter Inflation das Geld wert, um es großzügig auszugeben.

Die steigende Nachfrage nach Unterhaltung freut die Kinobetreiber. Ob leichte Unterhaltung oder Kriegsreportagen – alles ist beim Publikum gefragt.

Neue Lichtspieltheater sind nötig. Ein bedenklicher Trend, findet die *Reichspost,* die der Eröffnung eines neuen Kinos Ecke Neubaugasse/Mariahilferstraße nichts Positives abzugewinnen vermag: »Seit Wochen sind zu einer Zeit, in der man keinen Maurer für eine notwendige Verputzarbeit auftreiben kann und um kein Geld einen gebrochenen Sessel repariert erhält, in dem genannten Hause ganze Trupps von Handwerkern daran, emsig im Untergeschoß das Werk zu vollenden. Alles in Marmor, Kunsttischlerarbeiten, zeitraubende Installateurarbeiten in Menge. Wozu? Damit ein neues Kino den Massen von Näherinnen, Lehrmädchen, Kontoristinnen, Lehrbuben, Schuljungen und Praktikanten die heute ohnedies so kaufschwachen Kronen aus den Taschen lockt, und der gebotene Schund die jungen Seelen frühzeitig verdorben macht. Der Bedarf nach einem Kino, just an dieser Stelle, ist zweifellos ein riesiger, denn gegenüber ist das

Abb. 76

Flottenvereinskino, in der Neubaugasse gegenüber auf zehn Schritte auch ein Kino, weiter in der Neubaugasse noch ein Kino und das Haydn-Kino und noch so an die zehn andere, keines weiter wie fünf Minuten Weges. Ja und die Bevölkerung lechzt nach Kinospielen, das ist klar, denn nichts sättigt so wie diese in unserer brotarmen Zeit. Die jugendlichen Missetäter sind bekanntlich Stammgäste; sie genießen teils ihre Beute, teils lernen sie für ihre junge Laufbahn: eine, ordentlich gekurbelte, bluttriefende Detektivgeschichte ist nicht ohne. Man bildet sich. Der Vater, der ähnliche wallende Regungen sonst durch eine gehörige Tracht Prügel, wohltuend für die Seele, freilich schmerzhaft für ihre Hülle, kühlte, der steht im Felde, die Mutter von Nahrungssorgen überwältigt. Das ist der richtige Boden für einen Kinounternehmer: Kein Brod(!), aber Lichtspiele!«[257]

Das große Geschäft wittern auch Theaterdirektoren. Spielen, was die Leute wollen, am besten leichte Kost. Aus diesen Überlegungen wird das erst vor vier Jahren eröffnete Stadttheater in der Josefstadt in ein Operettentheater umgewandelt. Reine Geschäftemacherei zum Schaden der Kunst, bemängelt der Kulturkritiker der *Arbeiterzeitung:* »Vor ungefähr zwölf Jahren, mit den endlosen Aufführungen der ›Lustigen Witwe‹ und des ›Walzertraums‹ begann die Operettenpest. Der Herd der Seuche war Wien, und eine Schaubühne nach der anderen fiel ihr zum Opfer. So ist das Wiener Kunstleben, dem einst – von seinen musikalischen Traditionen ganz abgesehen – die weltbedeutenden Bretter wirklich eine Welt bedeutet hatten, und das von den tragischen Schauern einer sagenhaft alten Burgtheaterherrlichkeit seinen edelsten Inhalt bezogen hatte, zu einem kapitalistischen Kunstbetrieb entartet, dessen letztes und einziges Ziel ein ausgiebiges Verdienen geworden ist.«[258]

Wo so viel Nachfrage herrscht, da kommt auch die Finanz auf findige Ideen. Seit Palmsonntag 1918 wird deshalb eine Lustbarkeitssteuer von Theatern, Kinos und Varietés erhoben. Man rechnete mit einem Ertrag von etwa einer Million Kronen. Und als ob es einer auch statistischen Bestätigung für den Vergnügungsrausch in Wien bedurft hätte, stellt sich schon zwei Monate später heraus, dass für die städtischen Kassen dreimal so viel, also drei Millionen Kronen, zu erwarten sind.

Gäste diesmal unerwünscht: die Sommerfrische

Gegen Ende Juni jeden Jahres begann in gutbürgerlichen Familien das große Packen. Zwei Monate Sommerfrische gehörten zum jährlichen Ritual. Sommerfrische: welch verheißungsvoller Klang liegt in diesem Wort! Weg aus dem sonnendurchglühten, staubigen Häusermeer von Wien, hinaus in die frische Luft der Wald-, Berg- und Seengebiete der Alpen. Wer kein Landhaus sein eigen nennen konnte, der mietete ein solches oder zumindest ein Stockwerk. Wie damals üblich, zog man »mit Wirtschaft« auf's Land, denn das Dienstmädchen und vor allem die Köchin waren auch dort unentbehrlich. Vom Hausrat einschließlich Besteck und Kaffeeservice musste dementsprechend viel mitgenommen werden, dazu jede Menge Sommergarderobe, Tennis-, Angel- und Wanderausrüstung. Und um Himmels willen: auch Besen und Reinigungstücher durften nicht vergessen werden. Die Tage vor der Abreise waren in den Wohnungen recht ungemütlich, denn es stapelten sich überall die Rohrplattenkoffer. Deshalb ging man zur Freude der Kinder ins Restaurant essen. Fleißig wurde eingemottet, die Sitzmöbel mit Schonbezügen bespannt. Zurück blieb eine von Rolleaus abgedunkelte Wohnung, auf die irgendeine »gute Seele« bis zum Herbst Acht gab.

So war es in der guten alten Friedenszeit, bis der Kriegsausbruch im Sommer 1914 die Sommerfrischler panikartig zurückkehren ließ. »Im zweiten (Kriegssommer) nahmen ihn einige Bevorzugte, die dazu in der Lage waren, höchst schüchtern wieder auf, im dritten begegnete er behördlichen Erschwernissen und in diesem vierten, der in einen fünften überzugehen droht, soll er nun völlig, als ein überflüssiger Luxus(,) aus dem Leben der Städter verschwinden. Wer weder ein Schloß noch eine Villa samt zugehörigem Lebensmitteldepot sein eigen nennt, der wird diesen Sommer, insofern er nicht ein spezifisches Leiden besitzt, das ihn zum Besuch eines Kurplatzes befähigt, in seiner Stadtwohnung verbringen müssen.«[259] Mit einem Wort: »Das geruhsame Sommerfrischeln der Friedenszeit tritt für uns immer mehr in die blaue Märchenferne der Vergangenheit zurück.«[260] 1918 sehen sich viele Urlaubsorte nicht mehr imstande, die Sommergäste ausreichend zu versorgen. So ergeht aus Tirol bereits im Frühjahr eine Vorwarnung: »Im vergangenen Jahre war es noch möglich, die Erholung suchenden Großstädter gastlich aufzunehmen und so gut es eben ging zu verpflegen. Gegenwärtig aber sind die Gemeinden kaum mehr in der Lage, die ortsansässige Bevölkerung mit den notwendigen Nahrungsmitteln, selbst mit

Milch und Fleisch zu versorgen, so daß eine Verpflegung von Sommergästen heuer gänzlich ausgeschlossen erscheint. Es wird daher dringend abgeraten, sich unser sonst so beliebtes Zillertal und den Achensee als Sommerfrische zu wählen. Aus Grünau im Almtal (Oberösterreich) wird uns gleichfalls vom dortigen Wirtschaftsrat geschrieben, daß die Gemeinde heuer nicht in der Lage ist, den Sommerfrischlern auch nur Fleisch oder Gemüse zu liefern, geschweige denn Lebensmittelkarten zu verabfolgen.«[261] Drastisch ist die Lage in Salzburg. Dort hat der Bürgermeister der Stadt amtlich verfügt, dass an Fremde, die sich hier länger als drei Tage aufhalten, keinerlei Lebensmittel ausgefolgt werden dürfen. Dem schließt sich die Bezirkshauptmannschaft an, sodass dort sämtliche Sommerfrischler von der Verpflegung ausgeschlossen sind. Selbst Rodaun – damals noch nicht zu Wien gehörig – warnt Ausflügler und Sommerfrischler vor, hierher zu kommen, da die Gastwirte nichts verabreichen könnten. »Es ist nicht unbegreiflich und bleibt auch in ernstester Zeit entschuldbar, daß hierüber in weiteren Kreisen der städtischen Bevölkerung eine gewisse Bestürzung herrscht und daß die ablehnende Haltung jener Behörden, die bei uns die gute Luft und die grünen Berge verwalten, so gut verwalten, daß jeder Erholungsuchende ferngehalten wird, einer nicht immer schmeichelhaften Kritik begegnet.«[262]

Die Frage, wo man den Sommer heuer im vierten und bald im fünften Kriegsjahr verbringen wird, beschäftigt die Wiener deshalb so früh wie nie zuvor. »›Wer wird denn im Mai vom August reden‹[,] heißt es in der ›Liebelei‹ (Anm.: Theaterstück von Arthur Schnitzler), und dieser Grundsatz, den eine heitere Wienerin in dem Stück verkündet, war im allgemeinen auch ein Grundsatz des Wieners. In diesem vierten Frühling unseres Mißvergnügens aber sehen wir ihn durchbrochen. Man hört in diesem Mai so vielfach in Wien vom August reden, daß es den Anschein gewinnen könnte, als hätten die Wiener im vierten Kriegsjahr wirklich keine anderen Sorgen, als wo sie ihren Sommer verbringen werden. Was leider nicht der Fall ist.«[263] Für viele wird es 1918 dabei bleiben, von blauen Seen, Kuhglockengeläut, Heuduft und hübschen Sennerinnen nur zu träumen. Manchen wird das erleichtert durch ungute Erinnerungen an die Sommerfrische 1917, wenn Gäste aus der Stadt zu hören bekamen: »Weana G'sindel, foats ham, es freßt's uns alles weg!« (Wiener Gesindel, fahrt heim, ihr freßt uns alles weg!) Dorfkinder scheuten sich nicht, Steine nach den Kindern aus der Stadt zu werfen: Kindern, mit denen sie in den vorigen Sommern noch unbefangen gespielt hatten. So etwas erspart man sich diesmal lieber. Außerdem sind Lebensmittel rayoniert, beim Greisler im Dorf kann man also nichts kaufen.

Ein anderes Bild zeichnet die *Arbeiterzeitung*, die von wahren »Freßsanatorien« zu berichten weiß: »Während in den großen Städten und in den Industrieorten der Hunger durch die Straßen wandelt, gibt es, wie unser Linzer Parteiblatt erzählt, in den oberösterreichischen Landorten eine Menge wohlha-

Abb. 77

bender Menschen, die sich pflegen können, Parasiten des Menschengeschlechts. Obwohl fast sämtliche Gemeinden des Landes erklärt haben, sie werden heuer keine Sommergäste aufnehmen, wimmelt es überall von Damen und Herren der ›Gesellschaft‹, besonders aus Wien. Das hat mit dem Heilbadschwindel von Bad Ischl der oberösterreichische Landeshauptmann angerichtet. Fünftausend ›Erholungsbedürftige‹ treiben sich in Bad Ischl herum. Das war natürlich beispielgebend für alle anderen Orte. Kein Mensch schert sich um die Verordnungen oder um die Beschlüsse der Gemeinden. Wenn Ischl seine Sommergäste hat, warum sollen sie nicht auch nach Traunkirchen und Gmunden kommen können? Und wenn überall im Salzkammergut sich dieses Volk breitmachen darf, kann man ebensogut in die Märkte des Mühlviertels, ins Kremstal oder sonstwo hingehen. Tatsächlich findet man denn überall die ›Erholungsbedürftigen‹.«[264]

Für die meisten heißt es: In der Stadt bleiben!

223

»Die Wiener werden sich in diesem Sommer gewiß vielfach damit zu trösten wissen, daß es im Salzkammergut ja doch meistens regnet und daß, wer den Juli und den August dort nicht verbringt, meist nicht viel verloren hat. Ob sie aber deswegen in diesen zwei Monaten sämtlich in Wien bleiben werden, ist mehr als fraglich. Oesterreich ist ein mit Sommerfrischen gesegnetes Land, und alle vermöchte uns auch die findigste Regierung nicht zu verbieten. Nachdem der Oesterreicher Oesterreich entdeckt hat, wird der Wiener jetzt notgedrungen Niederösterreich entdecken lernen und wird freudig überrascht sein von den landschaftlichen Schönheiten, die sich im Halbkreis um unsere Stadt nach allen Richtungen hin auftun.«[265]

»Wien als Sommerfrische … ein ›Kurorte-Ersatz‹, der mit zum Symptom des Durchhaltens geworden ist. Und gerade in diesen schweren Zeitläuften sind die Grenzen zwischen gesund und krank nicht scharf zu ziehen, melden sich Beschwernisse und Gebreste, die das kostbarste Gut, die physische und seelische Widerstandskraft, bedrohen, ist zum mindesten die Nervosität so häufig geworden. Nun denn, die Wiener haben es in diesem Belange besser als andre Großstädter. Sie haben mit dem neuen Dianabad ein Geschenk erhalten, von dessen Bedeutung sie anscheinend bisher noch viel zu wenig wissen … Kein Gesunder, der gesund bleiben, kein Leidender, der genesen will, wird sich fürderhin darauf berufen können, er sei in die Bannmeile von Wien gefesselt und habe deshalb nicht die Möglichkeit, für seine Gesundheit etwas zu tun. Er hat die Möglichkeit, sie liegt vor ihm, er muß nur davon den Gebrauch machen. Sowohl die Gäste des Hotels Dianabad, die solcherart die Vorteile einer komfortablen Kurpension genießen, als die ›ambulanten‹ Besucher werden die Botschaft von den vielen erfreulichen Heilerfolgen als Werber hinaustragen und der Stadt so zu einem neuen Ruhm verhelfen: Wien, dem Kurorte!«[266] Architekt Peter Paul Brang hat auch nichts vergessen, was das Dianabad international vorbildlich macht: Salondampfbäder mit drei Räumen für Einzelpersonen, Salonwannenbäder, »fürstlicher ausgestattet als in dem Heim des vornehmsten Privatmannes, Frisiersalons und unzählbare andere Nebenräume … eine Vereinigung von Kurorten unter einem stolzen Dache! Sie stellen ein wahres Universum aller erdenklichen Heilbehelfe dar, geschaffen, um die der Anstalt reichlich zur Verfügung stehenden Mittel und Energien, Wasser, Wärme, elektrischen Strom, medizinisch-technische Apparate, Moorschlamm, Radium, Sauerstoff, Kohlensäure, Lichtheilverfahren usw. usw., über den Rahmen der gewöhnlichen Badezwecke hinaus auszunützen. Diese Anstalten ermöglichen es jedem, unter Kontrolle seines gewohnten Hausarztes dort in den von Spezialärzten geleiteten Abteilungen sich den verschiedensten Kuren zu unterziehen.«[267]

Voraussetzung dafür ist, dass nicht Kohlemangel die Stilllegung des Badebetriebes erforderlich macht, wie das im Winter 1917/18 der Fall war.

Abb. 78

Abb. 79: Erholungsgebiet Alte Donau in Wien

Wenn schon nicht mehr Grado oder Abbazia im Sommer, dann muss man in Wien mit dem Gänsehäufel oder Kritzendorf vorlieb nehmen. Dies beschert der von Florian Berndl als Badeparadies entdeckten Sandinsel in der Alten Donau – seit 1907 städtisches Strandbad Gänsehäufel – Rekordbesuche, die es in Friedenszeiten nicht annähernd gab. 1917 waren es knapp mehr als 362.000.

Gefallen ist endlich die Besuchsbeschränkung für das Familienbad. Ein Mann konnte es nur in weiblicher Begleitung, eine Frau nur zusammen mit einem Mann betreten. Warum das der Hebung der Moral dienen sollte, war niemandem wirklich schlüssig. Im Gegenteil, damit war schlimmstem Unfug der Boden bereitet, wie die *Reichspost* schon in Friedenszeiten kritisierte. Die weiblichen Badegäste zeigen sich 1918 in züchtigeren Badekostümen und kommen

225

Abb. 80: Kinder erfrischen sich bei einem Spritzwagen

damit einer eigens erlassenen Vorschrift nach. Aber auch anderswo lässt sich in Wien die Sonne genießen und Abkühlung im nassen Element finden, und sei es auf der »schrägen Wies'n« am Donaukanal. Für Kinder ist der Spritzwagen zur Straßenreinigung allemal eine »Hetz«, die nichts kostet.

Ohne lohnende Rastziele: Wienerwald und Semmering

Ein Ausflug in den Wienerwald ist für den echten Wiener unverzichtbar. Doch auch für die vielgerühmte Umgebung Wiens bedeutet der Krieg eine »böse Zeit … Wir wollen nicht darüber Klage führen, daß die weggeworfenen fettigen Wurstpapiere eine ganz ungemeine Abnahme erfahren haben. Sie zählten schließlich niemals zu den hervorragendsten landschaftlichen Vorzügen der vielgepriesenen Umgebung unserer Stadt. Die Besucher des Wienerwaldes sind zwar nicht über Kriegsnacht durch die Bank gesitteter und manierlicher geworden, aber sie werfen kein Wurstpapier mehr weg, aus dem naheliegenden Grunde, weil sie selten in der glücklichen Lage sind, sich Wurst auf die Landpartie mitzunehmen. Die ganze nahrhafte Vergangenheit des Wienerwaldes liegt recht weit hinter uns.

Abb. 81: Wiens Hausberge Leopoldsberg (Bildmitte) und Kahlenberg (links) von der Donau aus gesehen

Es war einmal! … Um alle die kleinen, kleineren und kleinsten Gasthäuser und Buschenschenken ist es jetzt schlecht bestellt. Entweder sie haben überhaupt gänzlich gesperrt und trostlose Verlassenheit breitet sich über ein verwittertes Häuschen, an dessen Fassade ein regenverwaschenes, vom Winde halb zerrissenes Plakat die Lügenmär von einem Backhendel à 1 K. 60 H. erzählt. Oder es bietet sich ein anderes Bild, das am Ende vielleicht noch trauriger anmutet. Ein verarmter Edelmann, der vom Gumpoldskirchner und vom echten Pilsnerbier zum ausschließlichen Himbeerkracherl herabgesunken ist. Das Eldorado der Esser und Trinker war der Wienerwald wirklich schon längst nicht mehr. Er hatte sich sozusagen aus einem derben Materialisten zum Träger des reinen Idealismus entwickelt. Er wurde nunmehr ausschließlich um seiner selbst willen geliebt. Früher hatte die Mehrzahl seiner Besucher die Landschaft als »Zuwag‘ mit in den Kauf genommen. Jetzt war er, der Not gehorchend, etwas anderes als bloße Verdauungsstaffage … Der Wienerwald aber wird mehr oder weniger zu einer ›splendid isolation‹ (glänzende Vereinsamung). Einschränkung des Straßenbahnverkehres, Mangel an anderen Fahrgelegenheiten, schonungsbedürftiges Schuhwerk, das gegen Landpartien zu Fuß, namentlich im Winterschnee, vernehmlichen Einspruch erhebt; über kurz oder lang wird uns ein Ausflug in die Umgebung Wiens eine ebenso weitläufige und abenteuerliche Angelegenheit bedeuten, wie dem Urahnen aus der Biedermeierzeit, der nach Hietzing oder nach Grinzing im Zeiserlwagen oder im Kremser fuhr.«[268]

Was wäre der Wienerwald ohne den Kahlenberg!

227

Er »gehört zu jenen Wiener Inventarstücken, von denen man so oft spricht und schreibt, bis man schließlich ganz vergißt, daß sie wirklich vorhanden sind. Man sagt: der alte Stephansturm, ohne ihn jemals eines aufmerksamen Blickes zu würdigen, man sagt: die blaue Donau, und kommt nie hinunter. Es ist ungefähr wie das Verhältnis zu einem Verwandten, den man nie sieht und der einem völlig fremd geworden ist. Erst wenn es ihm schlecht geht, besinnt man sich seiner und findet wieder den Weg zu ihm. Unser nächster Wiener Verwandter, der Kahlenberg, ist jetzt wieder einmal in eine mißliche Lage geraten. Der Zahnradbahn, von der man ohnehin nie recht wußte, ob sie verkehrt, ist vor einigen Tagen infolge von Kohlenmangel plötzlich der Atem ausgegangen und sie hat den Verkehr eingestellt. Ihre Konstitution war ja nie eine besonders robuste, und auch in besseren Tagen, in denen Kohle noch keine solche kostbare Rarität war, hat sie immer wieder an Atembeschwerden gelitten. Der Kahlenberg war von jeher, das Sorgenkind der Wiener Fremdenverkehrsförderer, aber die Fürsorge und Erziehung, die man dem Kinde angedeihen ließ, war meistens eine problematische und theoretische. Ab und zu tauchten kühne Projekte auf: der Bau eines modernen Riesenhotels und eines Kahlenbergcottage, Übernahme der Zahnradbahn durch die Gemeinde Wien, Elektrifizierung und unmittelbarer Anschluß an die Straßenbahn. Gereizte Lokalpatrioten pflegten zu sagen: wenn der Berg in der Schweiz wäre, was würde man dort aus ihm machen. Da sich aber der Kahlenberg trotz aller schlechten Erfahrungen nicht entschließen konnte, nach der Schweiz auszuwandern, hat er richtig keine Karriere gemacht und es nicht weiter gebracht als zu der uneinträglichen Stellung eines Wiener Wahrzeichens. Der Krieg hat ihm den Rest gegeben. Früher waren die Züge der Zahnradbahn wenigstens von einem halben Dutzend gewissenhafter Fremder überfüllt oder ein in Wien tagender Kongreß fuhr hinauf. Jetzt lebt der alte Berg unbeachtet und unbeschäftigt im Ausgedinge, denn die Einheimischen haben keine Zeit und Muße, hinaufzufahren und die berühmte Aussicht zu genießen. Den Wiener von heute locken nur ganz andere Aussichten: die, etwas Mehl oder Erdäpfel zu bekommen, und wenn man schon Ausflüge macht, so haben sie irgendein Hamsterdorf im Marchfeld zum Ziel. Auf dem Kahlenberg gibt es aber nichts zu hamstern als Stimmungen, und danach ist jetzt keine Nachfrage.«[269]

Der Wienerwald als Ausflugsziel konnte dem Großstadtbewohner schon vor dem Krieg nicht mehr genügen. An Sonn- und Feiertagen in die schönsten Gegenden Niederösterreichs zu fahren, war äußerst beliebt und auch für den Durchschnittsverdiener erschwinglich. Besonders beliebt waren die Wachau im Donautal und der Semmering im südlichen Niederösterreich.

»Wer halbwegs sich ein paar Kronen erspart hatte, der kaufte sich eines der beliebten Fahrscheinhefte in die Wachau um den Spottpreis von 8 Kronen 60 Heller, fuhr mit dem Semmering-Touristenzug um 5 Kronen auf den Semmering

Abb. 82: Der Semmering mit dem noblen Südbahnhotel

und zurück, ging auf die Rax, den Schneeberg kraxeln oder in die Mariazeller Berge. Jeder Zug hatte seinen Vor- und Nachtrain und die Lokalzüge folgten einander in so kurzen Abständen, daß, wie es z. B. auf der Südbahn oft genug geschah, sich die Züge geradezu stauten. Alle Schalter auf den Bahnhöfen waren geöffnet und die Abfertigung ging größtenteils trotz des Massenandranges glatt vonstatten. Man nahm seinen voll gepackten Rucksack mit, angefüllt mit Butterbroten, Salami, Schinken, Käse, Sardinen, Speck und Eiern, kletterte zwei Tage auf den Nullersteigen der Hohen Wand oder in den Abstürzen der Rax herum, um einem natürlichen Tode möglichst aus dem Wege zu gehen, man fuhr nach Mönichkirchen zum Binder, nahm sich ein billiges Zimmer, bekam ein herrliches Essen, das man dann auf der Mönichkirchner Schwaig auf das beschaulichste verdaute, man dünkte sich in Aggstein als wilder ›Scheck von Wald‹ und saß bald nachher wieder als Kulturmensch beim Jedek in Spitz. Man lag auf den Wiesen beim Orterbauer am Semmering und trank einen prachtvollen Oberskaffee oder war beim Laufensteiner in Mariazell einquartiert und stieg auf die Bürgeralpe, kurz, überall fand man Unterkunft und gute Verpflegung und schrieb dann in sein Tagebuch: ›Die heurigen Pfingsten gut verbracht. Verpflegung herrlich. Kosten mäßig.‹ Und wie lang ist das alles her? Keine vier Jahre. Es mutet uns aber an, als läge mindestens ein Jahrzehnt dazwischen. Wo sind die knusperigen Salzstangerln in den Biergärten von Hadersdorf-Weidlingau, Hütteldorf und Liesing? Wo ist das schäumende Krügel Pilsner, das

229

Landgeselchte mit Knödel und Kraut, das sich auf der Speisekarte des bescheidensten Landwirtshauses fand? Wo sind die Zeiten, da selbst beim Panhans (Anm.: Nobelhotel) am Semmering das auf Silber servierte Frühstücksgulasch 1 Krone 50 Heller gekostet hat? Wo sind die Sonderzüge, die eingeschobenen Touristenzüge, die Vor- und Nachtrains? Wohin ist alle Bequemlichkeit beim Reisen? Eine furchtbare Plackerei ist an ihre Stelle getreten, ein Hetzen, Jagen, Aergern … Nein, nein! Die Bahnen haben gewarnt, sich weitere Ausflüge in den Kopf zu setzen[,] und man tut gut daran, diese Warnung treulich zu beobachten. Man wird sich viele Enttäuschungen und Aufregungen ersparen …«[270]

Wider nächtliche Bacchantenzüge: der Heurige

Wenn es schon ratsam ist, auf Sommerfrische und Wienerwaldausflug zu verzichten, so gibt es in Wien eine hervorragende Möglichkeit, Natur und leibliche Genüsse zu vereinen: den Heurigen. Auch in diesem Punkt hatte Joseph II., Schätzer der Menschheit, ein Gefühl für sein Volk bewiesen. 1784 gestattete er den Weinbauern, Wein und Obstmost aus eigener Erzeugung anzubieten, ebenso selbst hergestellte Lebensmittel. Kenntlich gemacht werden solche Lokale seitdem durch einen Föhrenbuschen über dem Hauseingang und eine Buschenschanktafel, die garantiert, dass hier ausschließlich Eigenbauweine ausgeschenkt werden. Die Möglichkeiten für einen Heurigenbesuch in Wien sind nahezu unerschöpflich. Von Salmannsdorf und Strebersdorf nördlich der Donau zieht sich der Bogen der Weinhauerorte über Grinzing, Sievering, Währing bis hinunter nach Ober St. Veit und Mauer. Straßenbahn und Stadtbahn haben für eine bequeme Erreichbarkeit der Heurigenorte gesorgt. Entsprechend groß ist die Frequenz. Hier kann man wahrhaftig die Wienerische Seele baumeln lassen, noch dazu hält fast jeder Wirt auf musikalische Unterhaltung, vor allem mit Schrammelmusik. Einschmeichelnde Melodien, zum Teil von kaum zu ertragender Süßlichkeit, sorgen dafür, dass die Gäste länger bleiben und noch ein paar »Vierterln« mehr konsumieren. Hier hängt der Himmel voller Geigen, mögen die Zeiten noch so grauslich sein. Hier haben Verliebte den idealen Ort, beflügelt vom Wein einander schmachtend in die Augen zu sehen. Für das Alleinsein eignen sich die lauschigen »Wegerln«, die hinter den Heurigen vorbei führen. Wenn noch dazu der Mond alles in sein silbernes Licht taucht, ist die Kulisse für »Wien, Wien nur du allein« perfekt. Soweit die romantische Seite!

Aber all zu viel »Wein, Weib und Gesang« hat seine Schattenseiten: Trunkenheitsexzesse, fluchende, grölende Männer, ordinär kreischende Frauen, Anpöbelungen, ein Hang zu Gewalt. Belästigt von derartigen nächtlichen Bacchantenzügen fühlen sich Einheimische und Sommerfrischler, aber auch Patienten

Das Ende des Heurigen.

Nächstens darf beim höchsten Heurigen höchstens die Kapelle „D'Pompfüneberer" mit ihren Sängern spiel'n!

Abb. 83

in nahe gelegenen Spitälern und Rekonvaleszentenheimen. Die Polizei muss deshalb eingreifen. Sie verbietet das Singen, ab 9 Uhr Abend darf keine Musik mehr gespielt werden, um 10 Uhr ist Sperrstunde. »Der Herrgott zieht den ausgesteckten Arm wieder ein. ›Bewahrt das Feuer und das Licht, daß kein Unglück g'schicht.‹ Oberflächliche Lobredner der alten Wiener Art werden eifrig nach dem Sacktuch suchen, um die reichlich quellende Träne zu trocknen. Sie werden literarische und künstlerische Erinnerungen wachrufen und von einer Wiener Idylle sprechen, die der gepanzerte Fuß des Krieges schonungslos zertreten habe. Nur daß die Sache, wenn man näher zusieht, längst schon weder idyllisch noch auch wienerisch war. Ob all der Wein, der dort in Strömen fließt, tatsächlich Eigenbau ist, aus Grinzinger und Sieveringer Reben gekeltert wurde, bleibe dahingestellt. Das mögen die feineren Zungen ausgepichter Weinbeißer entscheiden. Aber wenn sogar dieses und jenes Viertel eher ›zugereist‹ war, jedenfalls ist es noch immer bodenständiger und unverfälschter gewesen, als die Heurigenmusik von heute. Längst ist das Wiener Lied von dem abgeleierten Walzer oder dem ausgewundenen Schmachtfetzen irgendeiner Durchschnittsoperette übertönt worden. Der Heurige, die Heurigenmusik, nicht in letzter Linie auch das Heurigenpublikum ist ein ganz anderes geworden als ehedem, da es in den Lokalen

231

und ihren Gärten viel sittsamer und ruhiger zuging. Für Beschaulichkeit und stille Weinseligkeit ist allerdings jetzt die schlechteste Zeit.«[271]

Tafeln

Taf 1: 7. Kriegsanleihe. Plakat, Grafik von
Ida Bohatta

Taf 2: Mehlbezugskarte

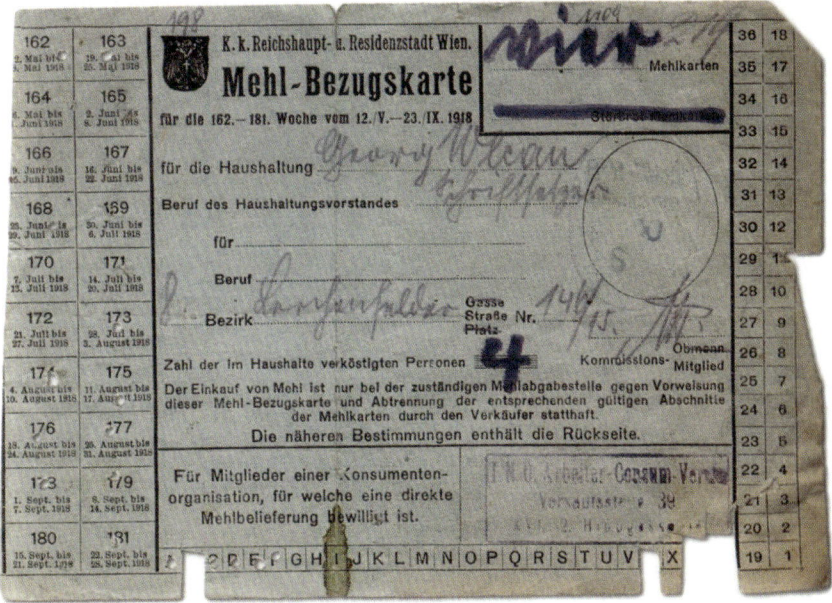

Taf 3: Gemüsegärten, Aquarell von Franz Koppalik, 1916

Taf 4: R.A. Wolf, Wartschlange vor einem Lebensmittelgeschäft in der
Rasumowskygasse, Aquarell

234

Taf 5: Josef Engelhart,
Warteschlange, Gemälde

Taf 6: Karikatur »Beim Hamstern
ertappt«

Taf 7: EMA, Plakat, Grafik von Alfred Offner, 1918

Taf 8: Spiel Mörserbatterie

Taf 9: Bilderbuch »Wir spielen
Weltkrieg«

Taf 10: Brennessel-Sammlung. Plakat,
Grafik von Viktor Leyrer

Taf 11: »Ersatz für die
Eingerückten«, Kutscherin
eines Kohlefuhrwerks,
Aquarell von Moritz Ledeli

Taf 12: Foto Mausoleum
Friedhof Ober St. Veit

Taf 13: Karikatur »Sein letzter
 Fasching«

Taf 14: Wiener Mode für
 Papierstoffe geeignet

Taf 15: Französische
Karikatur auf Klimts
Damenbildnisse

Taf 16: Plakat Korona
Kaffe Ersatzmischung

Taf 17: Gustav Klimt, Altes Burgtheater
Zuschauerraum

Taf 18: Kompositionsentwurf für Klimts
Fakultätsbild »Medizin«

Taf 19: Gustav Klimt, Judith

Taf 20: Gustav Klimt, Adele Bloch Bauer

Taf 21: Gustav Klimt, »Tod und Leben«

Taf 22: Egon Schiele, Mädchen mit
hoch gezogenem Rock

Taf 23: Egon Schiele, Stadtende

Taf 24: Otto Wagner Villa 1 in der Hüttelbergstraße

Taf 25: Otto Wagner Villa 2 in der Hüttelbergstraße

Taf 26: Kolo Moser, Selbstbildnis um 1910

Taf 27: Das von Kolo Moser gestaltete westliche Fenster in der Kirche am Steinhof

Taf 28: Plakat für die 19. Ausstellung der Secession, gestaltet von Ferdinand Hodler

Taf 29: 8. Kriegsanleihe 1918, Grafik
Walter Kühn

Taf 30: Werbung für die
Buntmetallsammlung zur
Munitionserzeugung, Plakat

247

Taf 31: Kundgebung Herrengasse 30.
Oktober 1918, Aquarell von Moritz Ledeli

Taf 32: »Arbeiten und nicht verzweifeln!«,
Zeichnung Der Neubeginn

»Verhängnisvolle Todeskeime«:
Sterben einer Kulturepoche

L ängst liegt der Tod wie ein ständiger Schatten über jedem Einzelnen. Kaum
eine Familie, die in diesem endlos scheinenden Krieg nicht zumindest ein
Mitglied verloren hat. Die täglich publizierten Gefallenenlisten sind zum grau-
sigen Ritual geworden. Abgestumpft in den Gefühlen erledigt man im Alltag
das Nötige. Doch ab und zu wird eine Todesanzeige publik, die einen seelisch
berührt. Da ist einer gestorben, den man kannte, zu dem man eine besondere
Beziehung hatte, meist ohne ihn je persönlich kennen gelernt zu haben. Einer, den man schätzte, ja vielleicht sogar liebte – um seiner Kunst willen. Einer
Kunst, ohne die Wien, ja die Welt wesentlich ärmer gewesen wäre. Man wird
sich bewusst, dass mit dem Dahingegangenen auch eine große Epoche Kultur-
geschichte vorbei ist. Die erste derartige Todesnachricht des Jahres 1918 betrifft
Gustav Klimt.

»Tizian des Wiens der Neunzigerjahre«: Gustav Klimt

Am 6. Februar endet sein außergewöhnliches Leben mit 56 Jahren, verursacht
von einem Schlaganfall vier Wochen davor. Armselig und beengt waren die Verhältnisse, denen er entstammte. Nicht verwunderlich bei einem Vater, der aus
Böhmen nach Wien gekommen war und seine kinderreiche Familie als Gold-
graveurgehilfe mehr schlecht als recht über die Runden brachte. Früh fiel die
Zeichenbegabung des Buben auf, ein Stipendium der Kunstgewerbeschule und
anschließend die Akademie der bildenden Künste ebneten ihm den Weg zu
Anerkennung und Ruhm. Gustav und sein ebenso begabter Bruder Ernst wurden mit Aufträgen bedacht: Plafondbilder für Theater, Palais und öffentliche
Gebäude sowie Theatervorhänge. Die ehrenvollsten Aufgaben hatte der Kaiser
zu vergeben: die großen Deckengemälde im Stiegenhaus des neuen Hofburg-
theaters und die Zwickelfiguren im Foyer des Kunsthistorischen Museums sowie
die malerische Ausschmückung des Jagdschlosses im Lainzer Tiergarten (Her-
mesvilla). Mit ihrem gemeinsamen Studienfreund Franz Matsch schlossen sich
die Brüder Klimt zur »Künstlercompanie« zusammen. Und dieses Malertrio erfüllte die Erwartungen zur »allerhöchsten Zufriedenheit«. Dass Gustav Klimt
noch den Innenraum des zum Abriss bestimmten alten Burgtheaters detailge-
treu samt erkennbaren Stammbesuchern malerisch festhielt, brachte ihm den
»Kaiserpreis« ein. Denn hier offenbarte sich Kunst in der Manier des großen

Hans Makart, allerdings »nicht in breiter, furioser Technik, die auf brillante und naturalistische Massenwirkung ausging, sondern ganz eigentlich Klein- und Feinmalerei war.«[272] (siehe Taf. 17).

Dann aber war es mit der kaiserlichen Gunst vorbei. Dreimal verweigerte Franz Joseph die Ernennung Klimts zum Professor der Akademie der bildenden Künste. Ein Skandal in der Kunstszene, wie ihn Wien noch nie erlebt hatte, war dafür ausschlaggebend. Denn inzwischen hatte der gerühmte Maler eine Metamorphose durchgemacht. Zumal nach dem frühen Tod seines Bruders Ernst 1892 und der künstlerischen Trennung von Franz Matsch suchte er seinen eigenen Weg. Der drohenden Trivialität, nichts anderes als ein Schönheitsmaler in der Gunst der Noblen zu werden, wollte er entrinnen. »Ein Drang zu ganz originalem, vom Gewöhnlichen abweichendem Schaffen beseelte ihn schon damals und führte ihn in die Reihen jener Maler, die nach künstlerischen Ausdrucksmitteln und Formen suchend der Kunstentwicklung neue Bahnen erschließen wollten. Er wurde ein Führer der Sezession und strebte bewußt nach einer Rolle, die man mit der des Michelangelo vergleichen könnte. Kühn setzte er sich über alle Schranken der Konvention hinweg und über alle akademischen Schönheitsmaße, um dafür mit Form und Farbe im Ausdrucksvollen zu schwelgen. So stand er denn bald im Mittelpunkt der Aufmerksamkeit und wurde ein Gegenstand leidenschaftlicher Meinungskämpfe, deren Getöse auch dem völlig Kunstfremden in die Ohren klang ...«[273]

Das lauteste »Getöse« entstand aus dem Auftrag des damaligen Unterrichtsministers Dr. Haertel an Klimt, für die Aula der Wien Universität wandfüllende Bilder zum Thema »Die Vier Fakultäten« zu malen. Was Klimt schließlich präsentierte, löste bei den Professoren der Alma Mater blankes Entsetzen aus. »Da war die Medizin mit ihrem erschütternden, grauenvollen, aufwühlenden Leidensweg von Kranken, Siechen, Sterbenden und Gebärenden, über denen der prunkvoll strahlende Thron der goldenen Göttin Hygiea aufgerichtet steht. Die Jurisprudenz, die den von den Fangarmen der Dämonen und Erynnien gefesselten Verbrecher zum Stuhl der Gerechtigkeit schleppt. Und jene magisch rätselhaft fluoreszierende und oszillierende Philosophie, über deren fahlleuchtendes, von kosmischen Nebeln umdampftes Haupt die Betrachter, die eine platte, kitschig lächelnde und süße Allegorie erwartet haben mochten, die Hände über dem Kopf zusammenschlugen.«[274] Dazu noch viel nackte Haut! Die ehrwürdigen Professoren vermissten jegliche demutsvolle Annäherung des Malers an die hohen Wissenschaften, ihnen mochte auch grauen in Gedanken an Generationen von Studenten, die beim Betreten der Aula obszöne Witzchen reißen würden. Das durfte auf keinen Fall sein und so machten 87 Professoren an den Minister eine Eingabe, dass Klimts Darstellungen abzulehnen seien. Sie seien schlichtweg auch eine Themenverfehlung. »Insbesondere traf dieser Vor-

250

wurf das Gemälde ›Die Philosophie‹, das in der Tat bei all seiner Großartigkeit und eindringlichen Kraft mehr ein Weltmysterium auszudrücken schien als eine symbolische Formulierung des gesetzmäßigen Denkens und des vernunftgemäßen Erkennens. Es war eine künstlerische Verherrlichung der Mystik, aber nicht der Philosophie«, merkt die *Arbeiterzeitung*[275] im Rückblick kritisch an. Ähnliche Vorbehalte macht die *Neue Freie Presse:* »Das Rätselhafte, Mystische seiner Symbolik war meist nur Unklarheit, ein scheinbar tiefsinniger Gedanke nicht selten eine absonderlich aufgeputzte und vermummte Alltäglichkeit. Ihrem Wesen nach sind diese seltsam und geheimnisvoll anmutenden Schöpfungen bloß phantastische Arabesken, die mit dem, was sie darstellen oder versinnbildlichen sollen, nur in einem losen Zusammenhang stehen. Ihr großer Reiz und ihr Wert liegt in der meisterlichen Beherrschung des Kunstgewerblichen, in der originellen Raumverteilung, in der eigentümlichen Schönheit der Linienführung und Farbenzusammenstellung, wie das etwa bei einem Teppich, einer Stickerei der Fall ist, wo die Logik der Darstellung dem ornamentalen Effekt zuliebe oft vernachlässigt, ja vergewaltigt erscheint.«[276] (Siehe Taf. 18).

Die Wiener Millionäre hingegen fanden die neue Ästhetik reizvoll: »Hier gefiel gerade das Unrealistische an Klimt, seine Gabe, holde Frauen der Bourgeoisie, die zarten Gewächse der obern Zehntausend in stilisierte Madonnen und sündhafte Messalinen zu verwandeln (siehe Taf. 19). So ist Gustav Klimt der Maler der eleganten Wiener Dame, der Apologet jenes Frauengeschlechts von 1890 geworden, das sich an Peter Altenbergs Hymnen, an Baudelaires Versen, Schnitzlers kleinen Geschichten berauscht hatte und mit dem Golde des Gatten das etwas triviale Dasein der bourgeoisen Ehe verklärte. Viele dieser schönen Frauenbildnisse werden nicht nur zeitgeschichtlichen Wert behalten, man kann sie auch heute noch mit hohem Genuß betrachten, da eine neue vertiefte Kunst von ihren Jüngern mehr fordert als die malerische Verklärung des bürgerlichen Daseins.«[277] Tatsächlich hat die Faszination von Klimts Frauenporträts auch hundert Jahre danach nicht nachgelassen. Emilie Flöge, Sonja Knips, Serena und Elisabeth Lederer, Eugenia Primavesi, Amelie Zuckerkandl etc.: Wer würde die Namen dieser Frauen heute noch kennen, hätte sie Klimt nicht durch seine Kunst unsterblich gemacht? Klassische Schönheiten waren sie meist nicht, allenfalls pikant. Durch das meist üppig verspielte Golddekor um sie herum wusste Klimt ihnen aber eine besondere Aura zu verleihen. Dass seine »Goldene Adele« (Anm.: Porträt von Adele Bloch Bauer) hundert Jahre später sogar die Politik intensiv beschäftigen würde, hätte sich Klimt nicht träumen lassen. Staatlich verordneter Raub und lange hinausgezögerte Rückgabe an die rechtmäßigen Erben der einstigen Eigentümer bilden den Hintergrund (siehe Taf. 20).

Wo ist Gustav Klimt einzuordnen?, darüber rätselten seine Zeitgenossen. »Er war der Tizian des Wiens der Neunzigerjahre, wie Makart der Michelangelo des Wiener Börsenfrühlings nach Solferino gewesen ist, und wie Makart, ganz allein, ohne Tradition sein Werk schuf und eine neue soziale Schichte für die Kunst zu interessieren verstand, so begann auch Gustav Klimt auf einem Boden, der jeden Zusammenhang mit der künstlerischen Vergangenheit, aber auch jede Fühlung mit der Kunst der Gegenwart verloren hatte. Gab es vor Klimt eine Kunst in Wien? Es gab Ausstellungen im Künstlerhaus, wo alljährlich viele Hundert braver Handwerker bemalte Leinwand zur Schau stellten; es gab ein paar mittelmäßige Porträtisten, Tiermaler und Professoren der Malerei, … aber es gab keine Kunst. Damals wirkte Gustav Klimt revolutionär.«[278] Manche erinnerte Klimts Malweise an Botticelli, andere meinten Ähnlichkeit mit den Präraffaeliten oder Charles de Groux entdecken zu können, aber all das war nicht überzeugend, denn Klimts Stil entwindet sich immer solchen Vergleichen. »Er hat manche Nachahmer gefunden, aber keine Schüler. Als bedeutsame Einzelerscheinung wird er in der Kunst der Geschichte Oesterreichs fortleben.«[279]

Klimts Werke ließen niemanden kalt. »Leute, die sich vordem blutwenig um Kunstausstellungen gekümmert hatten, suchten die Emotionen im Olbrichbau (Anm.: Secessionsgebäude) gern auf – es gab zuweilen wahre Wutanfälle vor hervorstechenden Ausstellungsstücken –, die Vorgänge auf dem Kunstgebiet wurden Tagesgespräch, die bildende Kunst hörte auf, in Wien das im Verborgenen blühende Veilchen zu sein. Die Zeiten Makarts schienen wiedergekehrt zu sein, nur ›im Gegensinne‹ …«[280] Nicht um die Bewunderung ging es vielen, sondern um prickelnde Erwartung, vielleicht Zeugen eines veritablen Skandals zu werden. Wie unterhaltsam war es dann am nächsten Tag, wenn man in der Zeitung lesen konnte, dass der populäre Feuilletonist Eduard Pölzl Klimts »Danae« mit einem »gerollten Apfelstrudel« verglich. Gar zu köstlich!

»Die feinsten Klingen kreuzten sich elegant, und die derbsten Knüppel wurden über seinem Haupte geschwungen. Das biegsame Handgelenk nahm es mit der schwieligen Faust auf. Diesem Kampf um die Grundsätze einer Malkunst blieb der Meister, der ihn entfacht hatte, persönlich fern. Er nahm keinen Anteil daran, er griff nicht ein, schien weder Zeit noch Interesse dafür zu haben, denn ihm lag Wichtigeres am Herzen, das einzig Wichtige: er mußte schaffen, malen – malen … Wie seine Bilder dann wirkten, ob sie Begeisterung entzündeten oder Entrüstung entfachten, das blieb sich ihm anscheinend gleich. Gustav Klimt gehorchte Zeit seines Lebens dem ungeschriebenen Gesetz in seiner Brust, das er zutiefst empfand, und seine Schönheit, die er sich selbst gestaltet hatte, war zugleich seine Notwendigkeit. Deshalb und nicht vielleicht aus innerem Hochmute war für diesen Maler jede Art von Kritik, die wohl- wie die übelmeinende, die einsichtsvoll mahnende wie die hämisch nörgelnde, in gleichem Maße wert- und belanglos.«[281]

Abb. 84: Klimts letztes Atelier in Unter St. Veit

Aber Klimt hat auch wortgewaltige Verteidiger. Der Kunstkritiker Ludwig He-
vesi und der Dichter Hermann Bahr »haben für ihn ihre beredtesten Worte gefunden, seiner Kunst ihre ungemeinen journalistischen Gaben, ihre streitbarste
Polemik, ihre wendungsreichste Wortfülle bereitwillig zur Verfügung gestellt.
Bahr hat in einem eigenen Büchlein: ›Gegen Klimt‹ die bösartigsten Invektiven
der Angreifer für Welt und Nachwelt getreulich angenagelt.«[282] »Beide mußten
wieder bei Adam und Eva beginnen, um dem Wiener darzutun, daß die Kunst
nicht die Aufgabe habe, Anekdoten zu erzählen und die Welt des Spießers getreulich widerzuspiegeln.«[283] Er selbst machte in seiner Rede zur Eröffnung der
»Kunstschau 1908« klar: »... Und deshalb ist es ein ganz vergebliches Beginnen
unserer Widersacher, dies moderne Kunstbewegung todt zu sagen und zu bekämpfen, denn dieser Kampf geht gegen das Wachsen und Werden – gegen das
Leben selbst.«[284]

Für ihn sei nicht entscheidend, wie vielen seine Kunst gefällt, sondern wem
sie gefällt, hatte Klimt einmal klargemacht. Aber Beschimpfungen, Gehässig-
keit und boshafte Intrigen ließen doch Verätzungen in der Seele des nach außen
hin so robust wirkenden Mannes zurück. Und so zog er sich in sein Atelier

zurück. Allerdings nicht mehr in das alte in der Josefstädterstraße 21 gegenüber dem Theater, das hatte er wegen Abbruches 1914 räumen müssen. Seine
neue Wirkungsstätte lag in Unter St. Veit in Wien Hietzing, Feldmühlgasse
11. Inmitten eines romantisch verwachsenen Gartens, »eine eilandhafte grüne
Pflanzenwildnis«, wie der Kunstschriftsteller Arthur Roessler sie beschreibt,
steht das schlichte einstöckige Landhaus, die Fassade weiß getüncht, Fenster
und Türrahmen schwarz.

»Hier schloß er sich in selbstauferlegter Einsamkeit ein, hier verlernte er das
Reden, empfing kaum einen Besuch und führte die wenigen Freunde, die zuweilen zu ihm nach Unter St. Veit kamen, stumm zu den Bildern, von denen soviel
unirdisch strahlender, märchenhaft zarter und inniger Glanz ausging, daß die
kahlen Wände dieses Meisterateliers wie vergoldet vom Glanz scheidender Son-
nen schienen … Die mönchische Einsamkeit, der er sich dort draußen im Frieden der Wiener Landschaft ergeben hat, heilte ihn von dem Irrwahn, daß der
Künstler gegen die Mauer von Dummheit, Neid und Unverstand eines allmächtigen Philistertums, mit dem Kopf anzurennen vermag. In der großen Stille
erkannte Gustav Klimt, daß die Mauer ewig bestehen bleibt. Beethoven hat
ewig besessen gegen diese Mauer vergeblich gekämpft. Trunken von seinen Ge-
sichten und besessen von den tragischen Dämonen rannte er singend durch die
Gassen von Heiligenstadt und hinter ihm schrien die Wiener höhnend: ›A bissl
stader!‹ (Anm.: Etwas leiser) Grillparzer vergrub sich, verwelkte und verdorrte
vor der Zeit, saß oben in seinem vierten Stock und versperrte seine Stücke in der
Schublade, weil es ›eh nichts nützt‹ sie aufzuführen. Der letzte, der vor der großen grauen Mauer des höhnischen Wiener Schweigens stand, ist dann Gustav
Mahler gewesen. Nach zehn Jahren aufreibenden, unbelohnten Schaffens warf
er den Taktstock fort und ging, fuhr nach Amerika, kam nur noch heim, um zu
sterben. Klimt harrte aus in der Wüste des Schweigens und Unverständnisses,
aber er lebte wie ein Fremder in Wien. Man vergaß, daß er noch lebte. Er hätte
dort draußen in Unter St. Veit nicht einsamer sein können, wenn dieses Haus,
in dem er arbeitete, eine aus Blättern geflochtene Robinsonhütte auf einer Insel
der Südsee gewesen wäre.«[285]

Zuletzt arbeitet Klimt an Bildern »Dame mit Fächer« und »Die Braut«, auch
die Kinder der Frau Kurz-Kalban möchte er malen, verschiebt aber die Arbeit
auf bessere Tage. Sie kommen nicht, denn der Tod tritt an ihn heran.

Nicht als Sensenmann, sondern mit rostfarbener Keule in der Hand, so wie
er ihn auf seinem Bild »Das Leben und der Tod« darstellt: mit grinsendem To-
tenschädel, gehüllt in einen von schwarzen Kreuzen auf blauem und violettem
Grund übersäten Mantel (siehe Taf. 21). Zuvor zwingt er den Todkranken noch
ins Wasserbett, denn er hat sich im Spitalsbett wund gelegen. In den Morgenstunden des 6. Februar 1918 hat er ausgelitten.

254

Abb. 85: Klimts Atelier mit unvollendeten Bildern

Und was bleibt von Klimt aus der Sicht des Jahres 1918? »Wien aber hat ganz besonderen Grund, diese schönste Blüte der Klimtschen Kunst mit Wehmut zu betrachten. Gustav Klimt und die schönen Jahre seiner Jugend blieben Episode. Wohl hat er, wie viele seiner Zeitgenossen, über die Grenzen der Werke hinaus befruchtend gewirkt, auf das Leben selbst, auf die Frauen und ihre Mode, und dies so nachhaltig, daß die weitbekannten Wiener Werkstätten wieder so etwas wie einen Wiener Stil geschaffen haben. Aber Wien zu einer Kunststadt zu erheben, hat weder Klimt noch seine Generation vermocht. Mit Gustav Klimt schließt eine Episode ab; das neue Talent muß wieder von vorne beginnen.[286]

»Vom Frost des Todes jäh vernichtet«: Egon Schiele

Wenige Stunden nach Klimts Tod lässt man einen jungen Mann mit Zeichen- mappe unter dem Arm in die Totenkammer des Wiener Allgemeinen Kranken- hauses. Egon Schiele ist gekommen, um den Meister, der sein geistiger Men- tor und Förderer gewesen war, im Tod zu zeichnen. Nichts ist geblieben vom einst so schönen Apostelhaupt, der Bart abrasiert, nur einen für ihn untypischen Schnurrbart hat man übrig gelassen.

Abb. 86: Katzenfreund Klimt im typischen
Malerkittel

Abb. 87: Schieles Zeichnung vom toten
Gustav Klimt

Eine Woche später ist in der Zeitschrift »Der Anbruch« (1. Jahrgang, Heft 3)
ein kurzer Nachruf Schieles zu lesen:

GUSTAV KLIMT

EIN KÜNSTLER VON UNGLAUBLICHER

VOLLENDUNG

EIN MENSCH VON SELTENER TIEFE

SEIN WERK EIN HEILIGTUM[287]

Dass 1918 auch Schieles Sterbejahr sein wird, lässt sich nicht vorhersehen, schon
seiner Jugend wegen – er ist 28 Jahre alt. Als Sohn eines Bahnwärters in Tulln
in Niederösterreich schien ihm keine große Karriere bevorzustehen. Sein zeich-
nerisches, mit Hingabe betriebenes Talent machte sich schon früh bemerkbar.
Ein Glück, dass er als Sechzehnjähriger an der Wiener Akademie der bildenden
Künste studieren durfte beim Historienmaler Christian Griepenkerl. Mit seiner
kompromisslosen Sicht- und Malweise erregte Schiele Ärgernis bei den Mit-
schülern, Hohn und Kränkung begleiteten ihn die drei Jahre seiner Lehrzeit,
gipfelnd in der Schmähung seines Lehrers: »Schiele, Sie hat der Teufel in meine
Schule gekackt!«[288]

1910 wagte sich der scheue Sonderling in einer Ausstellung des Künstlervereins »Hagenbund« erstmals in die Öffentlichkeit. Entrüstung und Gezeter über seine Art zu malen und seine jede bürgerlichen Moralvorstellungen abholden Darstellungen konnten nicht ausbleiben. »Er tat es sicher schon mit der Gewißheit, daß dadurch zwischen ihm und der Außenwelt keine größere oder kleinere Distanz geschaffen werde, als sie schon vorher bestand, wo er noch nichts der sogenannten kunstverständigen Oeffentlichkeit preisgab. Die Verständnislosigkeit und Indolenz eines Publikums über sich ergehen lassen, bleibt das unumgängliche Schicksal eines jeden Künstlers, dem der Magen knurrt. Und wie gerne wäre Egon Schiele allein geblieben, wenn nicht materielle Bedrängnis den Weg aus der Einsamkeit heraus erzwungen hätte. … unbeirrt, von einigen wenigen begleitet und unterstützt, ging der Zweiundzwanzigjährige seinen Weg. Fast sprungweise fortschreitend, getrieben und gehetzt von einer tief innerlichen, intensiven Leidenschaft, die sogar seinem überreifen, einzig dastehendem technischen Können oft und oft vorauseilte … Diese unaufhörliche geistige Unruhe macht es auch, dass Schieles Kunst nie heiter oder gefällig wirken kann. Ein ernster, bis zur Sentimentalität gesteigerter Zug haftet an den Bildern. Doch jedes Objekt, vom profansten Gegenstand bis zum kompliziertesten Menschenkörper[,] gewinnt Form und Ausdruck seiner Leidenschaft.«[289]

Nur weg von Wien, dieser Brutstätte gemeiner Anfeindungen gegen alles Neue! Im malerisch gelegenen Krumau in Südböhmen wollte er frei schaffen, doch auch hier waren die Spießbürger zu Hause, die ihm das Leben vergällten. Er wurde ausgewiesen wegen Anwerbens blutjunger Mädchen als Aktmodelle, musste in Neulengbach einige Tage ins Gefängnis wegen »Anfertigung unsittlicher Zeichnungen und Verführung Minderjähriger« (Anm.: Letzteres war eine Verleumdung.). Was auf das bürgerliche Publikum so irritierend wirkte, war sowohl Schieles unkonventioneller Mal- und Zeichenstil als auch das Thema Weib, wie man damals ganz selbstverständlich sagte. Nicht als Madonna, Heilige, elegante Dame oder süßes Mädel stellt er sie dar, sondern das sexuelle Wesen Frau, begehrend, schamlos ihre Triebe zum Ausdruck bringend. Schock in einer Epoche, in der das »reine« Mädchen und die züchtig waltende Hausfrau als Ideal der Weiblichkeit galten, die wenigsten Frauen es wagten, auf das Korsett zu verzichten, jenen beengenden Panzer, der männliches Begehren aufstachelt, ihn lustvoll zu knacken. Dass das weibliche Genital auch Waffe sein kann, das brachte Schiele tabulos zum Ausdruck: mit hochgezogenem Rock, die blutrote Scham dem Beschauer darbietend, die Augen in Verzückung geschlossen – ein Skandal konnte da nicht ausbleiben (siehe Taf. 22).

Der Aufbruch in die Moderne um 1900 steht neben den Forderungen nach dem Wahlrecht und gleichen Bildungschancen für Frauen konsequenterweise auch im Zeichen einer sexuellen Revolution, was viele nicht wahrhaben wollen.

Alles die Sexualität Betreffende wird mit einem Mantel betretenen Schweigens umhüllt. Sinnenlust gilt als vulgär, als teuflische Versuchung, rechte Christenmenschen vom göttlichen Heilsweg abzubringen. Doch dieser als unumstößlich geltende Moralkodex wird plötzlich in Frage gestellt, sein Unwert zum Thema gemacht; wissenschaftlich durch Sigmund Freud, literarisch durch Arthur Schnitzler oder malerisch durch Gustav Klimt, Oskar Kokoschka und eben Egon Schiele. Sie bringen offen zum Ausdruck: Die Frau hat durch ihr Geschlecht Macht, manchmal sogar vernichtende Macht über den Mann: Macht, die unbewusst Kastrationsängste erzeugt.

Eher mager als schlank und mit gesträubtem, offenbar nie zu bändigendem Kurzhaarschopf entspricht Egon Schiele so recht dem brotlosen Künstler, wie ihn sich der saturierte Bürger vorstellt. Am auffallendsten sind seine großen forschenden Augen, insgesamt »ein Irrläufer des Lebens, der mehr Farbe auf der Palette als Butter auf dem Brot hat.«[290] Wie oft hat er mit devoten Floskeln um Stundung der Miete bitten müssen. Seine Zeichnungen oder Aquarelle an Zahlungs statt anzubieten, hat er nicht gewagt. Nur sein Zahnarzt bildete da eine Ausnahme. Im obersten Stock des damals neuen Hauses Hietzinger Hauptstraße 101 hat Schiele sein Atelier eingerichtet. In seiner Ausstattung ebenfalls für bürgerlichen Geschmack irritierend: »Man fand sich innerhalb eines kalkweißen Mauergevierts von schwarzen Dingen umgeben: schwarzen Kasten, Tischen und Stühlen, schwarzen Vorhängen, schwarzen Seidendecken, schwarzen Polstern, schwarzen Lackdosen und schwarzen gläsernen Aschenschalen, schwarz gebundenen Büchern und schwarzen Vasen auf schwarzen Bordbrettern, schwarzen japanischen Schablonenschnitten in schwarzen Leistenrahmen, schwarzen Tür- und Fensterrahmen. Inmitten dieses Chores vieltonig abgestimmter Schwärzen stand in einem weißen, kuttenartigen Malkittel der junge Künstler vor einer schwarzen Staffelei, auf der eine große gespannte Leinwand lehnte, und pinselte an einem Bilde, in dem alle Farben des Spektrums in edelsteinhafter und blumiger Glut gleichsam aus sich heraus leuchteten«, beschreibt Schieles Förderer Arthur Roessler das Atelier.[291] Schiele empfindet Wien als eine schwarze Stadt, die ihrem Untergang entgegendämmert (siehe Taf. 23). Das Absterbende, dem Tode Zutreibende beschäftigt ihn unaufhörlich. Welkende Blumen, triste Herbstmotive, skeletthafte Männerakte sind deshalb neben den Jungmädchenbildern seine bevorzugten Motive.

Der Kriegsausbruch 1914 greift auch in Schieles Leben ein. Zunächst wegen seiner mangelnden Körperkräfte für untauglich erklärt, findet man ihn bei einer Nachmusterung doch einsetzbar. Wach- und Kanzleidienst können Leute wie er immer noch machen. Die Freizeit zwischendurch nützt Schiele unablässig zum Zeichnen und Malen. Im Sommer 1918 dann ein Lichtblick durch eine neue Wohnadresse: Wattmanngasse 6, ebenfalls in Hietzing. »Das Atelierhaus

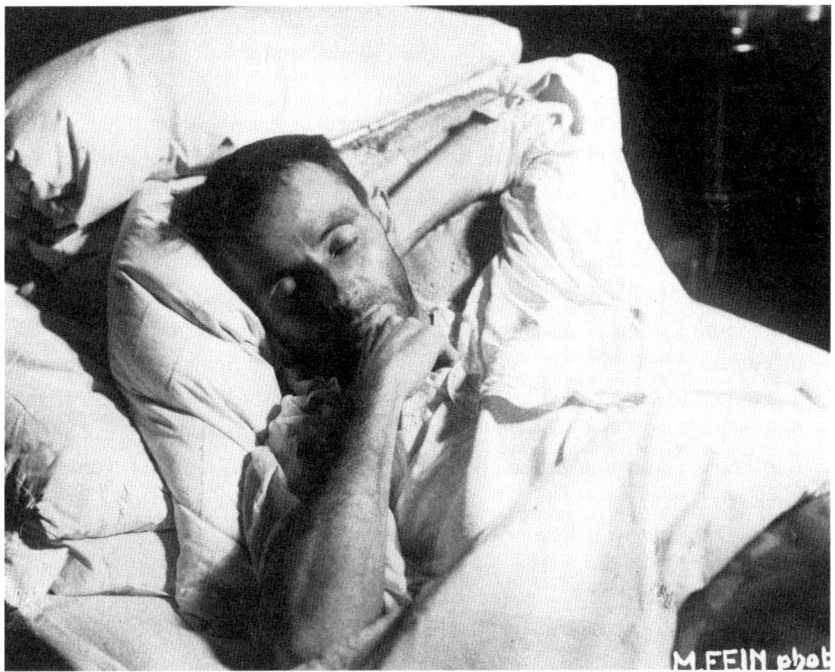

Abb. 88: Egon Schiele auf dem Sterbebett

ist alleinstehend rückwärts in einem schönen Rosengarten ... Dort will ich von neuem beginnen«[292], kündigt er seinem Schwager hoffnungsfroh an. Es wird nichts daraus werden. Eine Pandemie, Spanische Grippe genannt, entreißt ihm Ende Oktober 1918 seine schwangere Frau Edith. Er hat keine Illusionen auf ihre Gesundung, denn zur Grippe kommt wie in vielen anderen Fällen auch eine Lungenentzündung hinzu. »Die Krankheit ist äußerst schwer und lebensgefährlich, ich bereite mich auf das Schlimmste vor, da sie fortwährend Atemnot hat«[293], teilt er seiner Mutter mit. Die Befürchtung bestätigt sich, Edith stirbt, wird auf dem Friedhof in Ober St. Veit beerdigt. Schon auf dem Heimweg vom Begräbnis fühlt sich der junge Witwer krank, ihn fröstelt. Dann ist es binnen Kurzem klar: Edith hat den Todeskeim auf ihn übertragen. In der knapp bemessenen Zeit, die ihm noch bleibt, mögen tief prägende Kränkungen noch einmal in seiner Erinnerung aufgetaucht sein: die Mutter, die seine Kinderzeichnungen aus Zorn über den mangelnden Lerneifer ihres Egon in den Ofen gesteckt hat; der Richter, der eine seiner Zeichnungen über der Flamme der Schwurkerze verbrannt hat; die Enttäuschung durch seinen Schwager Anton Peschka und einen falschen Freund, die beide mit der Fälschung von Schiele-Bildern unsau-

259

bere Geschäfte machten; einzig Edith hat Freude und Erfüllung in sein Leben gebracht. Eine letzte Botschaft hat sie ihm hinterlassen: »Ich habe Dich unendlich lieb und liebe Dich immer mehr, grenzenlos und maßlos. Deine Edith«.[294] Am 31. Oktober 1918 erlischt auch sein Leben in der Wohnung der Schwiegereltern, Hietzinger Hauptstraße 124. Bitter und menschlich tief erschütternd seine Erkenntnis: »Der Krieg ist aus und ich muss gehn!«[295]

»Die deutschösterreichische Kunst hat einen großen Verlust erlitten. Seitdem Kokoschka nach Deutschland gewandert ist, war Schiele als die bedeutendste Individualität der expressionistischen Richtung zu betrachten. Von Klimt her begann seine Entwicklung. Sein dekoratives Raumideal übernahm er von diesem Meister. Und auch die fabelhafte Virtuosität der Schieleschen Zeichenkunst weist auf eine tief aufgenommene mimische Tradition hin. Dann aber schlug der junge Neu-Gotiker eigene Wege ein. Seine steilen asketischen Gestalten, seine getürmten Städtebilder waren morbide und dennoch von suggestiver Kraft getragene Gebilde. Bis endlich in seiner letzten Schaffensperiode eine von dekorativem Ballast befreite, vehemente Prägnanz des Ausdrucksbildes Mensch und Natur wieder in ihr beherrschendes Recht einsetzte. Das große Gemälde der ›Familie‹ in der letzten Schiele-Ausstellung, das Herrnporträt in Gelb, die schwarz-weiße Stadt mit den rosa Dächern sind die ersten Werke jener vielversprechenden Reife, die nun der Frost des Todes jäh vernichtet hat. Egon Schiele hat die Kunst um Formen bereichert, die von eigener zeitgenössischer Bedeutung sind und deshalb darüber hinaus für die Kunst von allgemeiner Bedeutung bleiben werden.«[296]

Im Dezember 1918 – kurz nach Kriegende – sind in der 53. Ausstellung der Wiener Secession Bilder von Gustav Klimt und Egon Schiele, des ersten und des letzten der großen Toten dieses Jahres, zu sehen: »Zwei Bildnisse, ein Mädchen und eine Frau von Klimts feinfühliger Hand[,] sind hier im Hause. Sie sind ganz holde Zartheit, versinken und verschweben in Duft und Hauch. Man kann nicht bestimmter im Unbestimmten sein. Die geistreichste Verfeinerung gibt sich kund. Alles pianissimo, alles con sordino (alles ganz leise, alles gedämpft) … Diese Bilder wirken rein musikalisch. Welcher Gegensatz hierzu der trotzig-wilde, ungebärdige Schiele, der ganz Düsterkeitsfanatiker ist. Er malt einen Büchermenschen unter Büchern, und jedes Buch lebt, hat seinen wilden Formwillen. Dann malt er den Maler Gütersloh, wie er eben zu »lohen« anhebt. Diese beiden Stücke wirken wie gewaltige Plakate. Schiele kam von Klimt her. Klimt ging nach oben, Schiele strebte nach unten. Meister der Fläche waren sie beide. Die Fläche durchzuschlagen, lag ihnen beiden gleich fern. Klimt ließ den Umriß verdampfen, Schiele unterstrich ihn. Im Grau fanden sie sich. Doch Schiele ward alles Grau zum – Grauen.«[297]

»Ein unermüdlicher Rufer im Streite«: Otto Wagner

»Klimt ist tot. Wenn diese blöde Welt wüsste, was sie heute verloren hat!«[298], notiert Otto Wagner am 6. Februar 1918 in sein Tagebuch, nicht ahnend, dass sein Leben etwa zwei Monate später, am 11. April 1918, ebenfalls enden wird. Ein Vergleich der beiden großen Toten drängt sich auf: »Es weht gegenwärtig ein kalter schneidender Wind durch die Wiener Kunstwelt und trägt verhängnisvolle Todeskeime mit sich. Wenige Wochen nach Gustav Klimt betrauern wir Otto Wagners Hingang. Klimt und Wagner, diese beiden Männer, deren Namen auf einem und demselben und wahrlich nicht dem uninteressantesten Blatt der Wiener Kunstgeschichte verzeichnet stehen, haben in ihrem Werdegang manchen Parallelismus aufgewiesen. Von Makartschen Formen sind sie beide ausgegangen. Man denke an Klimts Deckengemälde im Burgtheater und an Otto Wagners Kaiserzelt für den Festzug (Anm.: zur Feier der Silberhochzeit des Kaiserpaares 1879) oder an die Villa in Hütteldorf. Dann aber erklärten beide der Tradition den Krieg. Immer mehr ließen sie ihrer Neigung zum Fremdartigen die Zügel schießen, verloren sich beide wohl auch gelegentlich im Abstrusen. Der Einfluß orientalischer Kunst ließ Klimt sowohl als Otto Wagner das kunstgewerbliche Element stark betonen. Maler und Baukünstler zeigen gleichermaßen spezifisch wienerische Prägung, jene Tendenz zur süßen, gelegentlich süßlichen Grazie und nervösen Eleganz, die sich manchmal den Vorwurf des Schwächlichen, des Femininen gefallen lassen muß«, kann sich die *Neue Freie Presse*[299] eine leicht abwertende Kritik nicht verkneifen.

»Noch ist Klimts Heimgang nicht Phantom geworden, noch ist der Schmerz nicht überwunden, den uns der Tod unseres größten Malers kaum vor Wochen bereitete, so steht neuerlich die Schattengestalt des Todesengels an der Bahre eines unserer Größten – Otto Wagner ist gestorben. Aber er ist nicht wesenlos geworden, die Spur seines genialen Wesens wird immer unter uns sein. Wer Wien sehenden Auges durchwandert, wird den Zeugen seiner Tätigkeit in den verschiedensten Teilen der Stadt, begegnen, wird in dieser schweren Stunde seine Augen zu den ernsten Engelgestalten erheben, die an der Fassade der Kuppelkirche am Steinhof gleich Gestalt gewordenen Gedanken über die Befristung des irdischen Lebens und der Ewigkeit hoch aufgerichtet stehen, Zeichen des Geistes, der dem Staub nicht verfällt. Otto Wagner tot! Um seiner Größe gerecht zu werden, seien Namen genannt wie Meunier, Rodin, Klimt, andere reichen nicht in seine Höhe.«[300]

Otto Wagner stammte aus dem begüterten Bürgertum. Bis zum neunten Lebensjahr von einem Hofmeister zu Hause unterrichtet, waren danach Akademisches Gymnasium und Stift Kremsmünster die weiteren Stätten seiner Ausbildung. Mit sechzehn Jahren studierte er an der Technischen Hochschule in

Wien, es folgten anderthalb Jahre an der königlichen Bauschule in Berlin, wo noch stark der Geist Schinkels nachwirkte. Als Zwanzigjähriger dann Studium an der Akademie der bildenden Künste in Wien, die Opernarchitekten Van der Nüll und Siccardsburg waren seine Lehrer. Vor allem Siccardsburg, der als der »Konstruktive« galt, hatte nachhaltigen Einfluss auf den jungen Studenten. Vorerst baute Wagner ganz im Sinne der Tradition, wie man an seinen Häusern am Graben, dem Arkadenhaus und dem Grabenhof (gemeinsam mit Thienemann) ersehen kann. Aber bereits in dieser Phase vor der stilistischen Schubumkehr machte sich seine eigenwillige Gestaltung immer stärker bemerkbar, wie beim Haus am Schottenring mit dem Rautenmuster. Ein Hang zum Flächigen prägt seine Bauten, selbst der Verzicht auf Fensterrahmungen ist für ihn kein Tabu. Das war Wagner auf die Dauer nicht genug, als bloßer Epigone der Ringstraßenarchitektur mochte er nicht in die Geschichte eingehen.

Eine radikale Zäsur musste her, davon war er zutiefst überzeugt. Zum Glück dachten Künstler anderer Sparten genau wie er. Damit begann für Wagner ein neuer Weg: der Secessionismus. »Die Baukunst unserer Zeit«, 1895 von ihm verfasst, wurde zum richtungsweisenden Werk für alle, die die durch dauernde Stilkopie sichtbar gewordene Anämie der Baukunst gründlich satt hatten und nach Veränderung hungerten. Gerade in einer Zeit, die über so viele technischen Möglichkeiten und neuen Materialien verfügt wie keine vor ihr. Dass Wagner den Stil der Gründerzeit nun als »Fassadenlüge« wertete, konnten ihm die Traditionalisten nicht verzeihen. Und damit begann für ihn ein steiniger Weg. Besonders sein Plan für ein Städtisches Museum am Karlsplatz wurde zum Quell nicht enden wollender Intrigen und Hetzkampagnen. Einflussreiche Adelige wurden beim Kaiser vorstellig, um den Bau neben der Karlskiche zu verhindern – mit Erfolg. Auch ein naturgroßes Fassadenmodell nützte nichts.

Der Widerborstigkeit gegen alles Neue zum Trotz vermochte Otto Wagner dem Stadtbild seinen Stempel aufzudrücken mit der künstlerischen Ausgestaltung der Wiener Stadtbahn, der Vorortelinie, des Donaukanalkais und der Nußdorfer Wehr. Und selbst in der Ringstraßenzone setzte er mit der Postsparkasse ein sichtbares Zeichen der neuen Baugesinnung; auch weit draußen, am Südhang des Gallitzinberges inmitten der Psychiatrischen Heilanstalt Am Steinhof. Die dortige Kirche mit ihren vergoldeten Kupferplatten auf der Kuppel wirkte wie ein Leuchtturm der Moderne über dem Häusermeer Wiens. Alles zweckmäßig mit Rücksicht auf seelisch Erkrankte durchdacht, hell durch Einströmen des Sonnenlichtes, nichts von schummriger Kirchenmystik mit Kerzengeflacker. Viel hatten die Traditionalisten an dem modernen Kirchenbau auszusetzen: »Grabdenkmal eines indischen Maharadscha«, »närrisch verrückter assyrisch-babylonischer Stil«, »Verrückte Kirche für Verrückte« waren nur einige der galligen Kommentare. Denn gerade in der Kirchenbaukunst galt bis

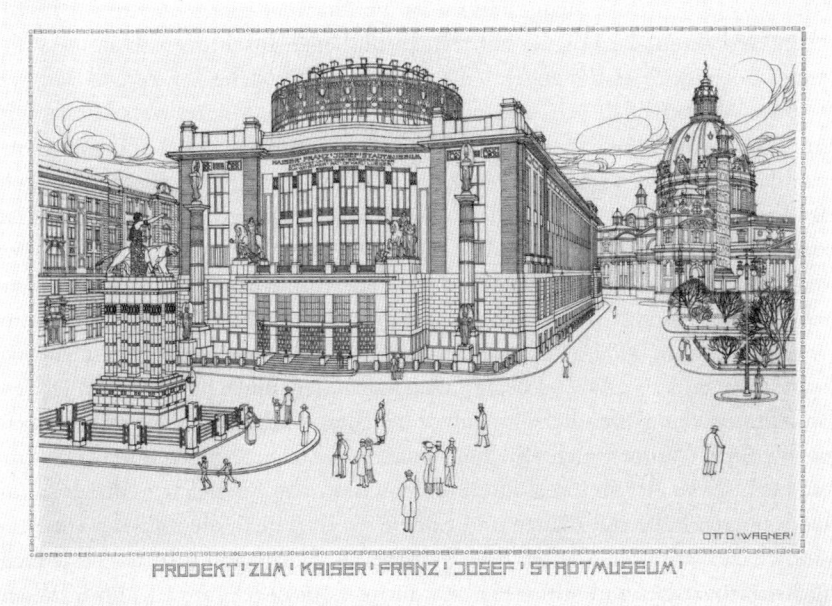

Abb. 89: Das gescheiterte Projekt Otto Wagners für das Stadtmuseum neben der Karlskirche

dahin der Historismus in romanischen und gotischen Formen als einzig würdig; ein Axiom, das Wagner mit der Steinhofer Kirche glänzend widerlegte. Umso überraschender das Lob des Wiener Erzbischofs Piffl, der »förmlich gepackt wurde von der Monumentalität des Baues. Es überwältigte mich das Gefühl, das ist wirklich ein heiliger Ort.«[301] Das nimmt den Kritikern viel Wind aus den Segeln. Thronfolger Franz Ferdinand, der bei der Einweihung der Kirche Wagner seine ganze Verachtung spüren ließ, blieb unbeirrbar dabei: der Maria-Theresien-Stil sei doch der schönste.

Immer mehr verzichtete Wagner auf Fassadendekor, betonte vielmehr den Baukörper an sich. Die Lupusheilstätte in Ottakring (Anm.: heute Teil des Wilhelminenspitals) und die Häuser Döblergasse 4 und Neustiftgasse 40 legen Zeugnis davon ab. Er hatte den Gipfel seiner Meisterschaft erreicht, sein ästhetisches Bekenntnis sich wirkungsvoll geklärt. Nirgendwo kann man den Stilwandel Wagners besser studieren als in der Hüttelbergstraße, wo beide von ihm geschaffenen Villen (Nr. 26 von 1886/88 und Nr. 28 von 1912/13) nebeneinander stehen. Welch ein Unterschied zwischen römisch inspirierter Opulenz einerseits und schlichter Linienführung andererseits! Aber bei beiden Bauten ließ sich der Architekt von zwei Grundsätzen leiten: »*Sine Arte, Sine Amore Non Est Vita*« (Ohne Kunst, ohne Liebe gibt es kein Leben) und »*Artis Sola Domina*

263

Necessitas« (Der Kunst einzige Herrin ist die Notwendigkeit). Zitate aus klassischen Gedichten, die Wagner auf terrakottfarbenen Inschriften als immerwährendes Bekenntnis an der ersten Villa anbringen ließ (siehe Taf. 24 und Taf. 25).

Otto Wagner blieb »ein unermüdlicher Rufer im Streite, stets bereit, mit Tat, Schrift und Wort für seine Grundsätze einzutreten; dabei kein weltfremder Idealist, sondern höchst lebensklug, stets mit Erfolg bestrebt, seine Pläne zu verwirklichen und die jeweiligen Machthaber dafür zu interessieren. Es ist bezeichnend, daß er es verstanden hat, selbst den Bürgermeister Lueger, der weder Verständnis noch Interesse für bildende Kunst besaß, für sich zu gewinnen. Seine ungeniert wienerischen Umgangsformen, sein derber Humor, sein Draufgängertum, wohl auch das Hervorheben des Praktischen, wirtschaftlich Ausnützbaren mag dazu viel beigetragen haben. Jedenfalls hat es in den letzten Jahrzehnten keine öffentliche irgendwie bedeutsame Bauangelegenheit gegeben, zu der Otto Wagner nicht Stellung genommen, die er nicht durch ein Projekt nach seiner Art zu lösen unternommen hätte. Im Vergleich zu dieser kaum übersehbaren Fülle von Plänen und Entwürfen ist freilich die Zahl der von ihm wirklich ausgeführten Bauten eine geringe, an sich genommen ist sie jedoch höchst respektabel und außer Hansen dürfte es in der Neuzeit kaum in Wien einen Architekten gegeben haben, der hier so viele große und umfangreiche Werke ausgeführt hat, wie Otto Wagner.«[302]

1911, mit siebzig Jahren, zieht sich der Jahrhundert-Architekt in die Pension zurück – ohne an Ruhestand zu denken. »Mit leidenschaftlichem Eifer über seine Pläne gebeugt, die, auf dem Arbeitstisch ausgebreitet, in ein Wien von stolzester Herrlichkeit führten, allee- und palastgesäumte Avenuen, mächtige Verkehrsadern, im klarsten Grundriß entworfen und zwingenden, in Schönheit ragenden Zentralpunkten des öffentlichen Verkehrs zustrebend, über diese Pläne gebeugt, zeigte Otto Wagner seinem Besucher mit lebhaften Gebärden eine Welt der größten baumeisterlichen Vernunft und des modernen Schönheitsideals, wie niemand vor ihm und wohl auch niemand nach ihm, eine Welt, die Wien hätte bedeuten können. Wien wollte nicht«, bedauert Dr. Richard Hoisel in seiner Würdigung Wagners.[303]

Es sind Planungen für ein »Wien nach dem Kriege«, 1917 verfasst. Zwölf Großprojekte sind darin aufgelistet, mit allen Details für Denkmalanlagen nach einem erhofften siegreichen Ausgang des Krieges mit Treubundmonument, Siegeskirche, Heldendenkmal, ferner einem Habsburg-Museum, einem Zubau zur Hofburg, Kunstausstellungshallen, dem Portal des geplanten Donau-Oder-Kanals, Warenhäusern, Spitälern und Sanatorien etc. »Es war ein bißchen atemraubend und beim Durchlesen hatte man das Gefühl: Zukunftsmusik eines fünfundzwanzigjährigen Brausekopfes; der Verfasser dieses Aufsatzes war aber der sechsundsiebzigjährige Otto Wagner, ein Mann von scheinbar unverwüstli-

Abb. 90: Wagners Projekt für einen neuen Stadtteil jenseits der Donau

cher Lebens- und Arbeitskraft, den Kopf immer voll mit Entwürfen, von einem
Temperament, um das ihn jeder Jüngling hätte beneiden können, und auch in
seiner äußeren Erscheinung bis dahin nichts von der Hinfälligkeit des Alters
zeigend.«[304]

Bis zuletzt beschäftigte sich Wagner mit den Planungen für ein Kaiser-Franz-
Joseph-Denkmal. Anders als seine früheren Pläne, die den Rathausplatz dafür
vorgesehen hatten, betrachtete er nun den Äußeren Burgplatz (Heldenplatz)
gegenüber dem Maria-Theresien-Denkmal als idealen Standort. Das Burgtor
Peter Nobile's, einzig erhaltenes Stadttor, hielt er offensichtlich für nicht denk-
malwürdig. Franz Joseph besonders zu ehren, dafür hätte Wagner wohl wahrlich
keinen Grund gehabt, denn die Gunst des alten Kaisers genoss er nicht. Weder
bei der neuen Hofburg noch bei der Kaisergruft fanden seine Pläne »allerhöchs-
tes« Wohlgefallen. Lediglich der Kaiserpavillon der Stadtbahn in Hietzing mit
seiner luftigen Eleganz stammt von ihm, mit seiner barockisierenden Kuppel
als Pendant zum Menageriepavillon gedacht. Und doch ist alles neuartig in-
terpretiert. Gebracht hat ihm das weder den Adelsstand noch die Berufung ins
Herrenhaus. Franz Joseph fasste Kunst als bloße Herrscherpflicht auf, nicht
mehr. Und erst recht von der Moderne hielt er nicht viel und war sich wenigstens darin einig mit Thronfolger Franz Ferdinand, der es zu verhindern wusste,

265

dass Wagners Entwurf für das neue Kriegsministerium am Stubenring realisiert wurde. Wagner auch bei Hof zu schätzen, dafür hätte es eines Herrschers
bedurft wie Großherzog Ernst Ludwig von Hessen-Darmstadt. Er berief den
Wiener Architekten Joseph Maria Olbrich, Erbauer des Wiener Secession, nach
Darmstadt und übertrug ihm dort die Leitung einer Künstlerkolonie auf der
Mathildenhöhe. Ernst Ludwig war aufgeschlossen für die neue Kunstrichtung,
speziell für den Stil Olbrichs, der für ihn etwas Sonniges wie bei keinem sonst
hatte. Sogar Räume in seinem Palais in Darmstadt (Anm.: 1943 durch Bomben zerstört) hatte er sich im Jugendstil nach Vorbild der englischen Arts-and-
Crafts-Bewegung einrichten lassen. In der Wiener Hofburg ganz unvorstellbar!

Nun ist Otto Wagner tot. Er teilt »das Schicksal eines Großen innerhalb der
Mauern Wiens, der, von Cliquen verfolgt, sein Licht unter den Scheffel stellen
und auf die angemessene Betätigung seiner genialen Begabung zugunsten eines
kleinbürgerlichen Geistes verzichten mußte. Es hat kaum jemals unter den Architekten der Neuzeit, bis auf Bramante, einen gegeben, der so ins Große, Monumentale strebte; der so geeignet gewesen wäre, den allen künstlerischen und wis-
senschaftlichen Anforderungen entsprechenden Typus der modernen Großstadt
zu schaffen, wie er. Die Pläne sind da. Ganze Stadtteile und Bezirke bauen sich
auf ihnen auf, stolz, überwältigend in ihrer Größe und kristallklaren Schönheit,
gleich einer Vision. Wien hätte durch Otto Wagner das Weltendenkmal eines
Jahrtausends sein können. Vergebens. Nun liegt auf der Bahre, was unsere nie
mehr in dieser Größe wiederkehrende künstlerische Hoffnung war. Man hat ja,
auch in der Heimat, nicht an äußern Ehren gekargt. Er hat Titel und Medaillen
bekommen, aber er fühlte sich eben dadurch auf den Weg des Gewöhnlichen
gewiesen. Mehr als die Heimat anerkannte ihn das Ausland, das ihn überein-
stimmend den größten Architekten der Gegenwart nannte. England, Frankreich,
Amerika, Belgien, Holland, Rußland – alle ehrten ihn bei seinen Reisen wie einen
Fürsten, alle betrachteten es als Ehre, ihn in ihre Architekturgesellschaften aufzunehmen. Aber in Wien konnte er es nicht einmal zum Naschmarktarchitekten
bringen. Er teilt Klimts Schicksal, ewige Ruhe versöhnt seinen Geist ... Sein Gemüt hatte unter den Anfeindungen kaum gelitten, er war nur ein bißchen vorsichtig geworden, zurückhaltend und zurückscheuend davor, in den Meinungsstreit
der Oeffentlichkeit gerissen zu werden. Jeder Zoll an ihm ein echter Oesterreicher,
auch dort, wo er freiwillig aus der Oeffentlichkeit ausschied und resignierte.«[305]

Die Flut der Aufregung über Wagners Baustil ist, auch bedingt durch den
Krieg, verebbt. An manches, was einst so verstörend wirkte, hat man sich gewöhnt: »Otto Wagners Schöpfungen in unserem Stadtgebiete gedeihen zu immer größerer Würde, sie haben das Verletzende des einmal neu Gewesenen, für
dessen Existenz übrigens nur reaktionäre Denkart verantwortlich zu machen
ist, vollständig verloren, ja, sie gewinnen von Jahr zu Jahr in einem erstaunli-

chen Maße an Klassizität. Das ästhetische Bewußtsein der Bevölkerung unter-
warf sich in seiner Auffassungsweise mehr und mehr dem Geiste Wagners. Wie
das alles so kam, daß aus einem tragischen Neuererschicksal ein versöhnender
Schimmer brach, der, wenn auch durch die Gegenarbeit seiner unendlich viel
kleineren Rivalen beträchtlich gedämpft, sich auf die letzten Lebensjahre … wie
der Abglanz eines aufgehenden Gestirns legte und nun geklärt über den frischen Grabhügel fließt?«[306] Mit Wagners Tod und erst recht nachdem Wien
nicht mehr Zentrum eines Großreiches ist, schwindet jedes Interesse, etwas von
seinen Plänen zu verwirklichen. Seine Mappen mit all den großartigen Entwürfen dienen nur mehr zu Studienzwecken in der Nationalbibliothek. »Ein
Friedhof dehnt sich dort, unheimlicher, tragischer als jedes Beinhaus. Es ist der
Friedhof des Nichtgewordenen, des verbrecherisch Verhinderten, der ungebore-
nen Meisterwerke. In jedem Land ist ein solcher Friedhof zu finden, doch nirgends in so verheerendem Ausmaß wie in Wien, jener Stadt, die immer wieder
Genies gebar und sie dann erschlug.« (Berta Zuckerkandl)[307]

»Der unbefangen Kühnste, der kühnste Unbefangene«: Kolo Moser

Einen der Künstler der Wiener Secession hat Otto Wagner besonders geschätzt,
ihn immer wieder zur Mitarbeit an seinen Bauten herangezogen: Kolo (amtlich
Koloman) Moser (siehe Taf. 26). Ob die goldenen Sonnenmedaillons an der
Fassade des Eckhauses Linke Wienzeile/Köstlergasse oder die Glasmosaikfenster der Kirche Am Steinhof, alles wusste er zum höchsten Entzücken seines
Auftraggebers auszuführen. Auch ihm, Jahrgang 1868, war dieser Erfolg nicht
in die Wiege gelegt. Aufgewachsen war er in historischem Gemäuer – der k. k.
Theresianischen Akademie auf der Wieden. Aber sein Vater gehörte nicht zu
jenen, vor denen man buckelt oder salutiert, sondern bei dem als Portier – Pedell
sagte man damals – an der Eliteschule der Monarchie das Buckeln vor »Hoch-
wohlgeborenen« Berufsalltag war. Was mochte der Bub sich denken, wenn er
die adeligen Zöglinge in ihren eleganten Uniformen mit Degen an der Seite
sah? Eine glänzende Zukunft als hoher Staatsbeamter oder Diplomat in Kaisers Diensten war Menschen seiner »niederen« Abkunft automatisch versperrt.
Doch die strebte Kolo Moser gar nicht an. Er wollte nur eines: Zeichnen lernen.
Durch überragendes Talent, Eifer und eine Portion Glück konnte es auch ein
Pedellensohn zu Ruhm und Anerkennung bringen, wie es zu dieser Zeit auch
der Sohn des Pedellen an der Technischen Hochschule namens Karl Lueger
bewies, der zu Wiens legendärem Bürgermeister aufstieg.

Zunächst begann Kolo Mosers Weg als Absolvent einer Handelsschule, danach lernte er die Welt betörender Düfte als Lehrling in einem Parfümeriege-

schäft in der Innenstadt kennen. Den ersehnten Zeichenunterricht finanzierte er von Trinkgeldern bei Botendiensten. Er hatte Erfolg, konnte nun auch die Eltern von seinem heimlich eingeschlagenen Weg überzeugen. Im Kaiserhaus wurde man auf Mosers Talent aufmerksam, er wurde als Zeichenlehrer der Söhne Erzherzog Carl Ludwigs an die Villa Wartholz in Reichenau engagiert. Durch ihn lernte damit auch der künftige Thronfolger Franz Ferdinand den Zeichenstift zu führen. Ein Künstler wie Kolo Moser, aufgeschlossen für neue Wege, war Feuer und Flamme für die Ideen der Secession, gehörte 1897 zu den Gründungsmitgliedern um Gustav Klimt. Bald war klar, dass er weit mehr konnte als nur zeichnen. Was auch immer seinen Händen zur Gestaltung übertragen wurde, er machte ein dekoratives Kunstwerk daraus, sei es eine Petschaft für Gustav Klimt, ein Glasservice für die Firma Bakalovits, die 100-Kronen-Banknote der Monarchie oder die Kaiser-Jubiläums-Briefmarkenserie 1908 und andere Briefmarken. Für Olbrichs Secessionsgebäude entwarf Moser die Glasfenster »Die Kunst«. Seine Gedanken sind in »Ver Sacrum«, der Zeitschrift der Secession, zu lesen. Nichts war ihm zu minder, weder neue Backformen noch Textiliendesign. Gertrude Barrison tanzte in einem von Kolo Moser kreierten Kostüm den »Donauschwalben-Walzer« im neu eröffneten Kabarett »Die Fledermaus«. Auch an der Hofoper wollte man auf seine Kunst nicht verzichten – als Bühnen- und Kostümbildner. Plakate und Buchillustrationen nehmen sich in seinem Oeuvre wie Nebenprodukte aus. Ebenso wusste er sich einen Namen als Ausstellungsgestalter zu machen. Von ihm habe man in Mitteleuropa Bilderhängen gelernt, meint Hermann Bahr bewundernd. Er ist ein Allround-Künstler, »dessen große, träumerische braune Augen einen eigenen Zauber ausüben, als seien sie Bewahrer geheim aufgestapelter Schätze.« (Berta Zuckerkandl)[308]

1904 gründete Moser zusammen mit Josef Hoffmann und Fritz Waerndorfer als Financier die legendäre »Wiener Werkstätte«. Einen besseren Partner hätte sich Hoffman nicht wünschen können. Denn es waren nicht nur Mosers handwerkliches Können und dessen grenzenlose Fantasie, die er schätzte, sondern die Fähigkeit dieses Feuergeistes, andere mitzureißen, zu fördern, wo immer es ging. Wie geschmacklos waren doch in ihren Augen all die industriell gefertigten Alltagsgegenstände, fern jedes Kunstsinns! Wie konnte da der Normalbürger ein Feingefühl für edle Formen entwickeln können? Es sollte doch eine täglich erfahrbare Freude sein, ein Besteck, ein Glas, eine Tasse oder eine Türklinke in die Hand zu nehmen. Und dann erst die Tischlerkunst! Weit entfernt von der eleganten Schlichtheit des Biedermeier, das noch die Maserung des Holzes zur Geltung zu bringen wusste. Jetzt lauter Möbel mit aufgeklebtem Dekor, durchwegs gedrechselten Sesselbeinen, wuchtigen Kredenzen, einem Beichtstuhl ähnlicher als ihrem eigentlichen Zweck. Mit all dem Dekadenten wollte Kolo Moser aufräumen. »Ihm schien die Türschnalle so wichtig wie das Haus;

Abb. 91: Prunkkassette von Kolo
Moser

Abb. 92: Armsessel von Kolo
Moser

der Knopf so wichtig wie das Kleid; der Kasten so wichtig wie der Raum; das Glas, der Teller, das Besteck so wichtig wie der Tisch. Einer Wiedergeburt der Kirchenkunst widmete er sich mit gleicher Inbrunst wie einer Neugestaltung des Bühnenbildes. Und das Bild, die Statue galt ihm gleich den Werken des Griffels, dem Ornament des Buchstabens, dem Schmuck der Typografie. Er anerkannte keine Rangstufen der Kunst. Er kannte Kunst allein. Populär wurde er in Wien eine Zeitlang durch sein Viereckornament. Natürlich nur populär in dem Sinn einer höheren ›Hetz‹. Es wurde darüber gestritten, ob der Moser ein Narr sei, oder ein Schwindler, der Aufsehen erregen will[,] oder beides zusammen, also – so ein Sezessionist! Daß Moser die geometrische Form des Ornaments dem Reißbrettornament der Stehlperiode entgegenstellte, daß er dem lügnerischen Aufputz einer schmählichen Talmiwelt ein Ende machte, indem er die Struktur jeder Gestaltung zum obersten Gesetz erhob und Ornament nur zur Unterstützung, zur Unterstreichung der technischen Funktion dulden wollte, davon verstanden Publikum und Kritik nichts.«[309]

Anfeindungen, aus Unverstand und Missgunst geboren, konnten nicht ausbleiben. Besonders unerfreulich für Moser wurde der Auftrag, an der Kirche am Steinhof mitzuwirken. Als Experte für Kunstverglasung entwarf er die Glasmosaikfenster und auch das Altarbild »Die Verheißung des Himmels«. Die konservativ gesinnte kirchliche Baukommission hatte viel daran auszusetzen. Da kam ihr der Umstand gerade recht, dass Moser nach seiner Heirat mit Editha Mautner von Markhof zum evangelischen Glauben übertrat. Solch ein Apostat durfte an einer katholischen Kirche keinesfalls mitwirken, da half selbst Otto Wagners Fürsprache nicht. Moser wurde der Auftrag für das Altarbild entzogen und Carl Ederer damit beauftragt. Moser, zutiefst verbittert über diese Zurücksetzung, ließ sich dazu hinreißen, Ederer des Plagiats zu bezichtigen. Ein unschöner Geschworenenprozess im Mai 1908 war die Folge. Moser verlor ihn und entschuldigte sich, was Ederer nicht davon abhielt, dass er sein vorläufig in Karton ausgeführtes Altarbild entfernen und vernichten ließ. Ein neuer Entwurf war nötig, den der Maler Remigius Geyling lieferte. Er orientiert sich an Kolo Mosers ursprünglicher Version. Für die Ausführung bedurfte es eines Experten der Wiener Mosaikwerkstätte: Leopold Forstner. 1913 war das Werk vollendet und konnte eingeweiht werden. Die Querelen von damals sind längst Staub der Geschichte, geblieben sind Mosers überwältigende Glasmosaikfenster, die das Kircheninnere in zauberhaftes Licht tauchen. Kein bemaltes Glas mit Schattierungen kam hier zur Anwendung, die Wirkung beruht auf der Zusammenfügung verschiedener Glasstücke, alle in Pastelltönen gehalten. Einzigartig die Engel mit ihren riesigen Flügeln, mit Pfauenfedern dekoriert (siehe Taf. 27). 1907 verließ Kolo Moser die »Wiener Werkstätte«, widmete sich nun hauptsächlich der Malerei. Bis schließlich die bestürzende Diagnose kam: Kehlkopf-

270

krebs. Qualvoll war dieses jahrelange Leiden, bis ihn der Tod am 18. Oktober 1918 in seinem Haus Landstraßer Hauptstraße 138 davon erlöst.

»Von den Künstlern, die die Wiener Sezession gründeten, war Kolo Moser der unbefangen Kühnste, der kühnste Unbefangene. Wo immer es im Wiener Kunstgewerbe etwas zu reformieren gab, sah man Kolo Moser mit Ausdauer, Unerschrockenheit, Geschmack und erstaunlicher technischer Geschicklichkeit am Werke. Begnadet mit einem außerordentlich verfeinerten Instinkt für die im Material enthaltenen praktischen und ästhetischen Wirkungsmöglichkeiten und voll eingeborenen Verständnisses für deren technische Herausarbeitung ...«[310] Man erinnert sich mancher seiner Eigenarten, etwa des von ihm in Mode gebrachten Schachbrettmusters, seiner Anfänge als Illustrator humoristischer Blätter und seiner späteren Versuche als Maler: »Er fand, daß diese Arbeiten zu sehr bloße Abbilder blieben, zu wenig Kunstwerk sind; denn er hatte erkannt, daß in der Idee die Natur zwar vollkommen ist, daß die Idee jedoch in ihr nie vollkommen zum Ausdruck gelangt und daß jeder kunstschöpferische Akt sich in inniger Verbindung mit einer verfeinerten Verwertung besonderer künstlerischer Ausdrucksmittel befindet. Was Moser in seiner Leidenszeit hervorbrachte, war ein neuer Beginn, eine wertvolle Verheißung, die für die Zukunft ungemein hochwertige Bildkunst versprach, der jedoch das Schicksal die Erfüllung verwehrte. Kolo Moser, von der Natur mit Begabung geradezu verschwenderisch ausgestattet, hatte viele Ziele erreicht, starb aber schließlich sozusagen am Wege vor Erreichung des letzten Zieles, das er sich gesteckt. Sein fünfzigjähriges Leben, das überreich an Taten und gesegnet mit Erfolgen war, klang nicht harmonisch aus, sondern brach vorzeitig schrill dissonierend ab.«[311]

Kolo Mosers künstlerischer Werdegang war zuletzt von tiefer Resignation geprägt: »Was er als Lehrer in der Kunstgewerbeschule zur Blüte brachte, was er als Schöpfer einer neuen Ausstellungsregie aussprach, was er in der Wiener Werkstätte sowohl als Former einer edleren Lebenshaltung wie auch als rein cellinesk schönheitsfeiernder Künstler, was er in der Staatsdruckerei als Regenerator des Buchschmuckes bedeutete, all dieser tausendfältige ausstrahlende Reichtum eines kunsttrunkenen Wesens, ist weit über Oesterreichs Grenzen hinaus Weckruf gewesen. Dann aber faßte ihn der Ekel. Nicht etwa die Verbitterung eines sich nicht anerkannt fühlenden Künstlers, Tieferes, Allgemeineres bewegte ihn. Er verlor den Glauben an jene Weltanschauung, deren Prophet er gewesen. Das Analphabetentum der Menschen dieser Zeit, die im Buch der Kultur nicht zu lesen wissen und die lesen zu lernen er unternommen hatte, erkannte er als unausrottbar. Gegen taubstumme Blindheit sich zu stemmen, dies fühlte er als Vergeudung seiner ihm heiligen Kraft ... In der Stille seines Ateliers, das für ihn bald Eremitenklause wurde, versenkte sich der Künstler in ein ehrfürchtiges Suchen nach dem erlösenden Sein der Erscheinung ... Ihm, dem

Edelmenschen, der sich stolz und vergrämt von einer Welt abgewandt hatte, die sein Jugendtraum und seine Mannestat ersehnte, in Christbaumfeier erglänzen zu lassen, ist es wenig um Anerkennung zu tun gewesen. Er hatte schon längst die Kerzen am heiligen Baum ausgelöscht. Er illuminierte nicht mehr – zu der Menschen Lust. Aber in sich ließ er das Feuer nicht erlöschen, das heilige Feuer seiner Kunst, seiner anbetenden Natur, seiner reinen Seele. In diesen Herbsttagen, da Oesterreich verweht, ist Kolo Moser gestorben. Einer jener ganz seltsam großen Künstler, von denen es einst heißen wird, er hat Europa veredelt. Er war ein Oesterrreicher durch und durch.«[312]

»Sicher geleitet von einer ungeheuren Kraft«: Ferdinand Hodler

Sehr stark inspiriert waren die Wiener Secessionisten wie Gustav Klimt oder Kolo Moser von der Malweise des Schweizers Ferdinand Hodler. Mosers Bilder gleichen dessen Vorbild so stark, dass sich Kunstfälscher diesen Umstand zunutze machten und Bilder Mosers mit falscher Hodler-Signatur zu deutlich höherem Preis verkauften. Hodlers Leben endet ebenfalls im Jahre 1918, am Pfingstsonntag, dem 19. Mai – Herztod im Alter von 65 Jahren. Mit Klimt und Moser gemeinsam war ihm die Herkunft aus bescheidenen Verhältnissen, die Wurzeln in traditioneller Vedutenmalerei und ein Kunstskandal zu Beginn seiner Karriere. Der Stadtrat von Genf hatte Hodlers Bild »Die Nacht« als anstößig empfunden und die geplante Ausstellung untersagt. Zuviel nackte Haut in der Stadt Calvins, der sein Leben lang mit der Bibel in der Hand gegen sündige Fleischeslust gewettert hatte. Doch Hodlers Karriere als Maler ließ sich davon nicht aufhalten. Außer in Paris wurde man auch in Wien auf ihn aufmerksam. Man lud ihn ein, 1904 seine Werke in der 19. Ausstellung der Secession zu präsentieren und auch das Plakat dafür zu entwerfen. Er verwendete dafür den unteren Teil seines Bildes »Der Traum«, das einen männlichen Akt, ausgestreckt auf einer Wiese, zeigt (siehe Taf. 28).

Die von Kolo Moser gestalteten Schauräume und Josef Hoffmanns passende Möbel bildeten den idealen Rahmen, um Hodlers Gemälde wirkungsvoll in Szene zu setzen. Die Ausstellung wurde ein durchschlagender Erfolg. Zwölf der mehr als 30 ausgestellten Bilder fanden einen Käufer, die meisten erwarb der Industrielle Karl Reininghaus. Hymnisch preist Peter Altenberg den Maler aus Genf: »… mit der Poesie des weisen und kühlen Endgereiften gibst Du Natur und Menschen wieder! Voll Tiefe und Einfachheit bist Du! … Seinen Weg geht Ferdinand Hodler schnurgerade, dem Schicksale seiner Organisation blindlings, ohne Zaudern, wie einem heiligen Gebote folgend, sicher geleitet von einer ungeheuren Kraft in ihm, ein starker einfacher Wanderer auf Gipfeln!

Abb. 93: Hodlers und Klimts Engelschöre im Vergleich

273

Rundum auf Gipfeln! Rundum blickend, aber von oben – herab!«[313] Wichtiger als Verkaufszahlen sind freilich die Auswirkungen auf die Kunst. Hodlers Bild »Der Auserwählte« hinterlässt bei Gustav Klimt tiefen Eindruck. So tief, dass Klimt sich nicht scheut, Hodlers Gruppe über dem Boden schwebender Engel zum Vorbild für den letzten Teil seines Beethovenfrieses »Chor der Paradiesengel« zu machen. Die Ähnlichkeit ist verblüffend.

Hodler wiederum ist von Klimt derart angetan, dass er dessen »Judith« (I) kauft: das einzige Klimt-Bild, das je in die Schweiz verkauft wird. (Anm.: Es kam nach 1945 nach Österreich zurück.) Mit Egon Schiele wiederum verbindet Hodler in den Sujets die Todesthematik, beeinflusst durch den tragischen Krebstod seiner Lebensgefährtin Valentine Godé Carel 1915, die er in ihrem Leid auch zeichnerisch festhält. Noch 1914 übersiedelte er in Genf in eine von Josef Hoffmann gestaltete Wohnung.

Kritik an seinem Lebenswerk bleibt in den Nachrufen nicht aus: »Hodler galt, es ist noch gar nicht so lange her, für einen Revolutionär. Das war damals, als er sich, einer der Ersten, von dem Formalismus der Sezession zu befreien suchte und nach einem neuen Ausdruck rang. Heute freilich sucht man vergeblich etwas Revolutionäres in seinen Bildern. Die vielen monumentalen Wandgemälde, die er geschaffen hat, sehr bekannt wurden bei uns die Gemälde für die Aula der Jenenser Universität, waren nicht neuartig in einem geistigen Sinne, sie waren es wiederum nur in der Form, die bald zur Formel wurde. Wer einmal ein Bild von Hodler gesehen hatte, der hatte das ›Hodlerische‹ sehr bald heraus. In seiner allerletzten Zeit suchte Hodler neue Wege. Allein, er hatte nicht die Kühnheit, sich ganz von seiner alten Manier zu befreien: er fand nur eine grandiose Karikatur seiner selbst, die oft bespöttelt und lächerlich gemacht wurde. Zweifellos ist aber mit Hodler ein sehr bedeutender Maler von ungewöhnlicher Eigenart dahingegangen.«[314] »Er hat fanatische Anhänger und ebensolche Gegner; unter beiden auch solche, denen man Verständnis und Kunstgefühl in hohem Grade zubilligen muß. Egger-Lienz, der ähnliche Ziele, mit ähnlichen Mitteln verfolgt wie Hodler, ein Künstler, der nicht nur als Schaffender bedeutend ist, sondern auch viel über seine Kunst nachgedacht hat und seine Gedanken mit der Feder trefflich auszudrücken versteht, will ihn absolut nicht gelten lassen, und er steht keineswegs mit diesem Urteil vereinzelt da. Andere wieder sehen in Hodler den stärksten Künstler der Gegenwart. Das kommt daher, weil, wie wir schon früher gesagt haben, daß die Ideenwelt, die durch Hodlers Kunst verkörpert wird, ganz und gar in Empfindungen und Anschauungen wurzelt, die in weiten Schichten jetzt die herrschenden sind und die durch ihren Radikalismus die einen abstoßen, die anderen anziehen, alle interessieren. Ob aber das Interesse für diese Kunst auch noch lebendig bleiben kann, wenn die geistige Bewegung, der sie entspricht, der Vergangenheit angehören wird, steht dahin …«[315]

Ferdinands Hodlers Werk wurde auch vom Weltkrieg überschattet – auf beklemmend skurrile Weise. Er gehörte zu einer Gruppe von Künstlern, die die schwere Beschädigung der einstigen französischen Krönungskathedrale in Reims durch deutsche Truppen als Akt der Barbarei brandmarkten. Die Universität Jena, für deren Aula Hodler einst ein großes Gemälde zum Thema »Auszug der Jenaer Studenten im Jahre 1813« (Anm.: im Kampf gegen Napoleon) gemalt hatte, beschloss daraufhin als Zeichen der Ächtung, die Sicht darauf durch eine Bretterwand zu verstellen. 1918 werden Stimmen in der deutschen Kunstwelt und in der Presse laut, den Blick auf das Bild wieder freizugeben – ohne Erfolg. Der Verwaltungsausschuss der Universität Jena sah keine Veranlassung, den früheren Beschluss aufzuheben. »Das Bild bleibt also vernagelt und die Professoren auch.«[316]

»Seine Wärme durchglühte das kalte Haus«: Alexander Girardi

Freitag, der 15. Februar 1918 ist ein besonderer Tag in Wiens Theaterwelt. Eine Wagenauffahrt vor dem Burgtheater erinnert an Glanzzeiten, als noch Frieden in Europa war. Das Haus ist ausverkauft. Wie üblich sind die Operngucker auf die Hoflogen gerichtet und die Erwartungen werden nicht enttäuscht. Kaiserliche Hoheiten sonder Zahl haben Platz genommen und richten ihrerseits ihre Blicke auf das Haus, in das die Zuschauer diesmal ungewohnt pünktlich strömen. Die Damen tragen hauptsächlich schwarz in Seide oder Samt, die Herren in Zivil sind im Smoking gekommen. Vorbei die Zeiten des Juwelengeglitzers in den Stammlogen des Adels und der mit Orden behängten Fracks. Der Krieg hat auch die Eleganz der großen Welt auf ein Minimum reduziert. Damen in hellen Kleidern fallen in dieser Düsternis auf, ebenso junge Herren in den Uniformen der Einjährig-Freiwilligen oder der Fähnriche. Man flüstert einander Namen zu, denn auch Minister und hohe Würdenträger, als Stadtschönheiten bekannte Damen, Künstler und Künstlerinnen, Maler und Schriftsteller, Größen der Industrie und der Finanzwelt sind fast vollständig erschienen. Erwartungsvolle Spannung liegt in der Luft. Sie gilt einer einzigen Person: Alexander Girardi. Er wird an diesem Abend das erste Mal am Burgtheater auftreten. Eine Premiere der besonderen Art, die auch den berühmten Volksschauspieler in Lampenfieber versetzt. Er spielt an diesem Abend an der vornehmsten Bühne Wiens den Fortunatus Wurzel in Ferdinand Raimunds »Der Bauer als Millionär«.

Auf die Minute genau hebt sich der eiserne Vorhang. Ovationen begrüßen Girardi schon beim ersten Auftritt, mehrmals muss er sich verneigen, bevor er zu Wort kommt. Schon nach Ende des ersten Aufzugs ist das Publikum nicht zu halten: »Hoch Girardi! Bravo Girardi!«, braust es durch das Haus, stehend huldigt ihm das Publikum, auch die Mitglieder der kaiserlichen Familie. Nicht

enden wollender Applaus erst recht am Ende der Aufführung. In der Künstler-
garderobe ein Meer von Blumen, Lorbeerkränzen und Geschenken. Burgthea-
terdirektor Max von Millenkovich gratuliert Girardi persönlich zu dem überwältigenden Erfolg. Ja, es war richtig, ab nun auch Volkstücke an der Hofbühne
aufzuführen. Draußen vor der Bühnentür warten Hunderte von Enthusiasten
auf ihr Idol. Das Gedränge ist so groß, dass der Gefeierte das Haus nicht verlassen kann. Die Sicherheitswache muss ihm den Weg freimachen. Vor dem Hotel
Klomser in der Herrengasse, Girardis Absteigequartier in Wien, wird er neuerlich stürmisch gefeiert. Spät kommt Wien an diesem Abend zur Ruhe.

Überschlagend das Lob in den Zeitungskritiken am nächsten Tag: »… seine
Wärme durchglühte das kalte Haus, seine Gestalt füllte die weite, unwirtliche
Bühne, seine Rede, sein Sang spottete der fragwürdigen Akustik des Raumes.
Er mag auf einem Brett im Dorfwirtshause stehen oder in weiten Hallen eines prunkenden Palastes, er mag zu Königen sprechen oder zu Bettlern, sein
ist die Herrschaft über jede Örtlichkeit, über jedes menschliche Wesen durch
die Kraft der einzigartigen Persönlichkeit, die den Namen Alexander Girardi
trägt. Daß ihn Jubel grüßte, Jubel jedes seiner Worte begleitete, sich immer mehr
steigerte bis hinauf zum Aschenliede, braucht das noch ausdrücklich gesagt zu
werden?«[317] Girardi hat den Höhepunkt seiner künstlerischen Laufbahn erreicht: Er ist Hofburgschauspieler! Wer hätte das dem Sohn eines Schlossers
aus Graz vorausgesagt, noch dazu, wo er ohne Schauspiel- und Sprechausbil-
dung den Weg auf die Bühne gewagt hatte. Sogar als Sänger hat er reüssiert,
ohne je Gesangsunterricht genommen zu haben oder auch nur Noten lesen zu
können. Unvergessen sein Auftritt im Rokokokostüm mit dem Couplet »Nur
für Natur hegte sie Sympathie …« Den Walzer als Einlage hat er Johann Strauß
zäh abgetrotzt. Der Erfolg gibt ihm recht. Rasch wird er der souveräne Be-
herrscher der großen Wiener Operette, die mit ihrer goldenen und silbernen
Ära ihre Glanzzeit hat. Blassen Figuren mittelmäßiger Librettisten versteht er
Leben einzuhauchen und sie populär zu machen. Girardi ist im Besitz des Zau-
berschlüssels, der ihm alle Herzen öffnet. Doch auch modernes Theater spielt
Girardi nun am Burgtheater, auch wenn es eine Nebenrolle ist wie die des Musi-
kers Weyring in Arthur Schnitzlers »Liebelei«. Herzklopfen hat er, dieser Rolle
gerecht zu werden, noch dazu wo der Dichter noch lebt. Schüchtern wendet
er sich an Schnitzler, um ihn um Rat zu bitten. Dieser ist höchst erstaunt. So
unsicher kann ein umjubelter Bühnenstar wie er sein; ob es außer Größenwahn
vielleicht auch einen Bescheidenheitswahn gibt? Aber wie Girardi ihm dann
probeweise im Salon Zuckerkandl den Weyring vorspielt, greift dem Dichter
ans Herz, macht ihn sprachlos. »Sie kommt nicht wieder«, sind Weyrings letzte
Worte, als seine von Liebesschmerz über den Duelltod ihres Geliebten überwältigte Tochter Christine davonstürzt.

Abb. 94: Alexander Girardi am Burgtheater in der Rolle des Fortunatus Wurzel in Ferdinand Raimunds »Der Bauer als Millionär«

»Er kommt nicht wieder!«, ist am 20. April 1918 klar. Wien erwacht an diesem Tag und kann es nicht fassen: Girardi ist tot! »Wer ein Wiener war, dem blieb einen Augenblick das Herz stehen«, bemerkt der Theaterkritiker Rudolf Holzer.[318] Was niemand, auch Girardi selbst nicht wusste: Er litt an fortgeschrittener Diabetes. Wegen einer wunden Zehe hatte er sich ins Spital begeben, nichts Ernstes befürchtend. Aber es war so schlimm, dass die Ärzte sich zur Amputation eines Unterschenkels entschlossen. Der Patient spürte davon nichts mehr. Das Schicksal ersparte ihm weiteres Leid. Und so bleibt ihm keine Zeit, sich taub zu stellen, als es heißt: »Mach keine Umständ', geh!« Ganz plötzlich tritt der Tod an sein Krankenbett, nimmt ihm jede Möglichkeit, der Welt Ade zu sagen. Dreizehn Mal hat er am Burgtheater mit seinem Können alle verzaubert, bevor sich der Vorhang für ihn für immer senkt.

Trauer und Betroffenheit, echt wie kaum sonst, beherrschen die Nachrufe: »Ungezählte werden diesen Verlust auf das innigste als einen persönlichen empfinden. Sie werden wie bei dem Tode eines vertrauten Freundes fühlen, daß ihr Leben an Freudigkeit, an Helle und Heiterkeit verloren hat, daß es irgendwie ärmer geworden ist. Wien ist noch immer, trotzdem wahrlich auch hier Ernst und Schwere der Zeiten durchlitten werden, die warmblütige, impulsive Theaterstadt, die große Menschendarsteller mit enthusiastischer Liebe über das Grab hinaus begleitet ... Ein langer Zug unvergeßbarer Gestalten wandelt vorüber, wenn dieser volkstümlichste, noch in der Erinnerung laut umjubelte, von brei-

277

tem Lachen oder nachdenklichem Lächeln umklungene Name laut wird. Wir sehen gravitätisch drollige Operettenfiguren, umgaukelt von Straußschen und Millöckerschen Walzerweisen, den Zigeunerbaron, den Vogelhändler, den Armen Jonathan; wir sehen Raimundsche ›Sonderlinge des Herzens‹, den Valentin, den Aschenmann, die kein andrer so aus dem Innersten nachzuleben und nachzuformen vermochte; wir sehen, wenn wir uns der letzten Theatermonate erinnern, den Vormärzdichter Sauter und den alten, gütigen Musiker aus der ›Liebelei‹. In all diesen ungezählten Gestaltungen brach überall etwas Unwägbares, mehr mit dem Gefühl als mit Worten Auszusagendes durch: das Oesterreichische, die wundervolle Mischung des alten, behaglichen mit dem neuen, schwung- und farbenfrohen Wien.«[319] »Die Melodie seines Wesens aber klingt in den Herzen Hunderttausender nach wie eine nie verklingende, tief in das irdische Sein dringende Weise.«[320] Das gilt auch für den vierten Stand: »Viele Hunderte Arbeiter erinnern sich noch des Wiener Abends im Rahmen der Arbeiter-Symphoniekonzerte, da Girardi, auch sonst immer bereit, Arbeiterfeste wie etwa die Maifeier, verschönern zu helfen, an den unheimlich gefüllten Saale des Ottakringer Arbeiterheims das ›Aschenlied‹ (aus dem Bauer als Millionär) und das ›Hobellied‹ (aus dem Verschwender) sang; da stand nicht mehr ein Schauspieler, ein Sänger vor ihnen, sondern eben jener schicksalsgebeugte Fortunatus Wurzel, eben dieser brave Valentin. Man verstand ihn nach seiner inneren Gestaltungskraft, aber auch nach seinem Wort.«[321]

Wien ist wahrhaftig ärmer geworden, »Nun hat der Krieg auch für Wien eine neue Zeit heraufgeführt. Wir wissen noch nicht, wie sie sich gestalten, wieviel sie an Wiens Atmosphäre ändern wird. Aber das eine ist sicher: die Zeit, die ehedem war, wird nicht wiederkehren. Wir werden neue Maße an die Dinge legen, wir wachsen in ein neues Wien hinein. Jenes alte Wien, von dem wir so sehnsuchtsvoll schwärmen und dessen Überreste wir bei jedem unserer Schritte suchen, es wird immer mehr zum Traume sich verflüchtigen. Ein alter Wiener, der Wien in jeder Geste und in jeder Silbe trug, hat die Augen geschlossen, ein Mund, der tausend Schlagworte der Lustigkeit zu erfinden und zu prägen gewohnt war, ist verstummt. Wiens Trauer um Alexander Girardi war echt. Die Menschenmassen, die sich auf dem Wege drängten, den sein Leichenzug nahm, ahnten, was diese Totenfeier bedeutete. Sie grüßten ergriffen eine sterbende Zeit. Armes neues Wien!«[322]

»Weltdichter des österreichischen Alpenlandes«: Peter Rosegger

Am 26. Juni 1918 tritt der Wiener Gemeinderat zu einer routinemäßigen Sitzung zusammen. Bevor man zur Tagesordnung übergeht, verkündet Bürgermeister Weiskirchner eine Trauerbotschaft: »Heute mittags ist in Krieglach Peter Rosegger, ein großer deutscher Dichter und Denker, im 74. Lebensjahre dahingeschieden. Wer den Lebensgang Roseggers überblickt, findet in ihm den treuesten Sohn des deutschen Volkes in Oesterreich (lebhafte Zustimmung), den begeisterten Sänger seiner Waldheimat und einen tieffühlenden, für alles Edle, Hohe und Schöne begeisterten Mann. Der Wiener Gemeinderat hat durch Erheben von den Sitzen seiner tiefen Trauer über das Hinscheiden des Gefeierten Ausdruck gegeben und Sie erlauben, daß ich namens des Gemeinderates den Angehörigen ein Kondolenztelegramm übermittle: ... Die Wiener Bevölkerung fühlt in diesem Augenblicke die ganze Größe des Verlustes und betrauert den Tag, der uns den gottbegnadeten Dichter unserer deutschen Heimat entrissen hat. Unsterblich werden seine Werke ein kostbarer Schatz bleiben für unsere Kinder und Enkel und werden die Liebe wachhalten, die dem Verewigten folgen wird, solange deutsche Herzen in Unseren Landen schlagen ...«[323] Auf Weisung des Bürgermeisters wird auf dem Rosegger-Kindergartengebäude in der Vorgartenstraße (20. Gemeindebezirk) eine Trauerfahne gehisst.

Eine wirkliche Beziehung zu Wien hat der »Waldbauernbub« aus der Steiermark freilich nie gehabt. Die Stadt, erst recht die Millionenstadt war ihm ein Gräuel, ein Seelen zerfressender Moloch. Dass in den Volksbüchereien seine Bücher neben denen von Ludwig Ganghofer zu den gefragtesten gehören, muss ihm wie eine Bestätigung seiner Ansicht gewesen sein. Drückte sich darin nicht die Sehnsucht der Stadtmenschen nach dem Unverfälschten, nach dem Einssein von Mensch und Natur aus, nach rauschenden Wäldern, kristallklarer Luft und Selbstbesinnung? Er war »ein Weltdichter des österreichischen Alpenlandes, ohne gleichzeitig der Repräsentant der Reichshauptstadt zu sein: trotz mannigfacher Beziehungen zu Wien, vor allem zu Ludwig Anzengruber und seinem Kreis, ist er in Wien nie heimisch geworden. Er war lange eine geistige Großmacht im österreichischen, im deutschen Volke, ja in Europa, bevor man in Wien von ihm gebührend Notiz nahm. Er kam nie ins Herrenhaus und erst in allerletzter Zeit, als sein Leben schon zur Rüste ging, verlieh ihm die verständnisvolle Gnade des jungen Monarchen das Großkreuz (Anm.: des Franz Joseph- Ordens). Die österreichische Tragik: hier aber konnte sie nicht lähmen und verbittern wie bei Grillparzer, diese Seele ruhte fest und gesichert in den naturgegebenen Grundlagen, sie war erfüllt von der Sonne und dem Hauche des Waldes: mit der Ruhe des sokratischen Weisen hat der Greis die Ehrungen und den Zuruf der ganzen Welt, wie früher mannigfache Kämpfe auf sich genommen.«[324]

Ansehen, ja Ruhm: Wer hätte das dem Sohn eines Bergbauern und einer Köhlerstochter aus Alpl in der Steiermark je zugetraut? Im Gegenteil: Für den Bergbauernstand in der rauen Buckligen Welt, ja selbst für den regelmäßigen

279

Schulunterricht körperlich zu schwach, sah es in seiner Kindheit ganz danach aus, als müsste er ein Leben lang von den Starken mitgetragen werden. Schließlich aber war er als Halbwüchsiger imstande, einen wandernden Schneidermeister als Lehrling von Ort zu Ort zu begleiten und sich »auf der Stöhr« mit Nadel und Zwirn seinen Unterhalt zu verdienen. Doch der Bub hatte eine reiche Fantasie, gespeist von Bibel und Volkskalender. Bald versuchte er sich an eigenen Texten. Was den Schneidermeister ärgerte – welch unnütze Kritzeleien! – erregte die Aufmerksamkeit von Sommergästen. Das ermutigte Rosegger, Texte an die *Grazer Tagespost* zu schicken. Redakteur Dr. Adalbert Svoboda war so angetan von dem jungen Talent, dass er ihn nach Graz einlud und ihm dort den Besuch der Akademie für Handel und Industrie ermöglichte. Dem ersten veröffentlichten Buch »Zither und Hackbrett« in obersteirischer Mundart folgten Erzählungen und Romane. Der Erfolg seiner Bücher ermutigte ihn, sich als freier Schriftsteller in Graz niederzulassen. In den Sommermonaten zog es ihn – er war mittlerweile verheiratet – in die alte Waldheimat nach Alpl, der er immer aufs Innigste verbunden blieb. Seine Leser waren fasziniert, denn hier »offenbart sich eine eigene Welt, die lange unbeachtet geblieben ist: … die ›gute alte Zeit‹[,] von der da die Rede ist; in der das Streichholz neu war und der Kaffee, die Petroleumlampe und gar das Teufelswerk, die Eisenbahn. Aber auch ihr Pfiff war in Alpl nicht mehr zu hören, so wenig als die Glocken der nächsten Pfarrkirche. Bücher meinte man, stammten alle nur aus alter Zeit, mache man jetzt gar nicht mehr. Die Einfalt der guten alten Zeit, vervielfacht durch Armut, durch Weltfremdheit und Weltferne … Die bäuerliche Abneigung gegen die Herren, gegen das Militär, gegen Gerichtssachen hat er nie verleugnet, sie geht bis zur Störrigkeit, die sich von diesen Dingen lieber nicht einmal ein klares Bild machen will und gern bei überkommenen Vorstellungen verharrt. Ein anderes Stück echtes Bauerntum, nämlich seine Schalkheit, steckt in den Wendungen … In Roseggers Schriften rauscht ja ein Brunnen der alten deutschen Bauernsprache. Auch sein Hochdeutsch noch ist steirische Mundart; und wie seine Ausdrücke und Wendungen von Anschauung, von Vorzeit, von Mythologie, gesättigt sind, was ihm an Brauch und Hausrat, an Glauben und Aberglauben gegenwärtig ist, das alles macht eine Welt aus, die uns anheimelt und wo's uns warm wird, ein Stück altes Deutschland, wo es am unbekanntesten war, eine untergehende, eine schon untergegangene Welt.«[325]

Gegen diesen Trend stemmte sich Rosegger mit aller Macht. Die Modernisierung der Landwirtschaft ließ sich freilich nicht aufhalten. Genossenschaften und Raiffeisenkassen, Zuchtbetriebe und Viehverwertungsstellen waren die Markenzeichen eines gesellschaftlichen Umbruchs, der auch die Welt des Bauerntums in den Grundfesten erschütterte. Landflucht setzte ein, immer weniger Gesinde war auf den Bauernhöfen heimisch. Dazu kam die Aufforstung

Abb. 95: Geburtshaus Peter Roseggers in Alpl

urbarer Gründe zu Jagdzwecken durch alt- oder neuadelige Großgrundbesitzer. Gerade in der Obersteiermark, in der Rosegger seine Wurzeln hatte, gingen um 1900 etwa 25.000 Hektar Bauernland auf diese Weise verloren. Für den Dichter Grund genug, literarisch auf das Problem aufmerksam zu machen: Jakob der Letzte, ein Roman »voll wetterleuchtender Drohungen«[326] und ans Herz rührender Schicksalsschilderung. Was freilich keinerlei Rolle darin spielt, sind die vermehrten Chancen der Landbevölkerung auf Arbeit und Bildung in der Stadt. Selbst der alte Klubbeneggerhof, in dem er aufgewachsen war, war in Roseggers fortgeschrittenem Alter bereits ein Stück untergegangene Welt:

»unbewohnt, ganz schwarz vor Alter, rührend in seiner Armut und Verlassenheit, Garten und Anger verwildert, der Zaun verfallen, alles schon fast zugedeckt vom Wald, und doch mit seinen Fenstern wie mit ewig jungen Augen nach der Sonne lugend. … An dem ganzen ist nichts gemauert als ein bißchen Unterbau und der eigentliche Kern des Hauses: der Ofen, der Herd!«[327] Immerhin gelang der Bau der Waldschule in Alpl, der Roseggers Initiative zu verdanken war. Er setzte zwar ein Zeichen gegen den Trend der Zeit, mehr vermochte er aber nicht zu sein.

Was war sein Geheimnis, das Herz der Menschen unterschiedlichsten Ranges und Bildung zu erreichen? Der Leser spürt, hier schreibt einer nicht um der Form willen, sondern der Autor hat all das geschilderte Leid selbst an Leib und

Seele erlitten, von Kindheit an erfahren, was Armut, Hunger, Ausgestoßensein bedeuten. Und so werden seine Romanfiguren auch lebendig: der Dorfpfarrer und der Sünder, der Winkeldoktor und der Lotterienarr, der Wurzelgraber und der Schaufelbub, das ledige Kind etc. »Und was war sein Unterfangen? Kein anderes als das eines Balzac oder Zola: Dichtung vom Volk. Das Volk ist wie der Urwald. Man kann Büsche und Bäume zeichnen, aber nicht den Urwald. Er wurde nicht müde, die Büsche und Bäume zu zeichnen, die menschgewordene Natur. ... Ein Hauch von Albrecht Dürers Wesen lebte in diesem Genius ... Wenn Delacroiz (Delacroix, Anm. d. V.) erkennt, daß die wahre Größe keine Exzentrizität zuläßt, so ist Rosegger und sein Werk ein großes Beispiel hierfür. Volk bedeutete für Peter Rosegger menschgewordene Natur.«[328]

Und so wurden Roseggers Werke weltbekannt. Die Norddeutschen waren ebenso berührt von der ihnen so fremdartig erscheinenden steirischen Bergwelt wie die Österreicher. Detlev von Liliencron überbrachte ihm bei einem Besuch in Graz »Dank und Gruß Norddeutschlands«. Gottfried Keller, Schweizer Dichter von Weltformat, gehörte ebenso zu Roseggers Bewunderern. Und ein Franzose, Amadee Vulliod, kam 1912 eigens nach Krieglach. Seine Eindrücke fasste er in dem Buch Pierre Rosegger – L'homme et l'œuvre (Der Mann und das Werk) zusammen. Es war das damals ausführlichste Buch über den Dichter der Waldheimat. Literarisch war Adalbert Stifter immer sein großes Vorbild. Als blutjunger Mann hatte er ihn in Linz besucht, den mühevollen Fußweg zu ihm nicht gescheut. Übersetzungen auch ins Hindi und ins Japanische, Ehrendoktorate und Auszeichnungen, die Nominierung zum Literaturnobelpreis 1913 bildeten den Höhepunkt von Roseggers Karriere. Manche stellen ihn in seiner Bedeutung für die Steiermark auf dieselbe Stufe wie Erzherzog Johann, dem dieses Land auf dem Weg in die Moderne so viel zu verdanken hat. »Beide zusammen, Kaisersohn und Bauernsohn, in einer denkwürdigen, echt österreichischen Verbindung haben die Steiermark erschaffen. Eine Regententat – die Erweckung; eine Volkstat – die Erfüllung.«[329]

Und trotz aller Ehren ist beim alternden Dichter auch Resignation zu spüren: »Dreißig Jahre lang habe ich in der Absicht, wahr zu sein, aus mir heraus geschrieben und nun muß ich mir sagen, der Abstand zwischen mir und den Zeitgenossen ist größer als je. Ich bin ganz untauglich für das gegenwärtige geistige Leben und führe eine ganz andere Existenz, eine, die mir selbst immer dunkler wird.«[330] Gleicht er in seiner Sehnsucht nach den wahren Werten des Lebens nicht Leo Tolstoi, ist er ein Tolstoi der deutschen Literatur? Er selbst weiß um solche Vergleiche und vertraut, bescheiden wie er ist, seinem Tagebuch an: »... in Bezug auf die erzählende Kunst könne der Vergleich wohl gar nicht stimmen, denn die ›könne‹ er nicht und die sei ihm gleichgültig, aber »in der Sehnsucht nach sittlicher Vollkommenheit an mir und den Mitmenschen, hierin mag ich

Abb. 96: Rosegger bei einem
Spaziergang im Grazer Stadtpark

wohl so ein kleines Tolstoiserl sein … allerdings ein recht zahmes und bequemes, mit dem großen verglichen. Aber selbst dieser bequeme, scheint es, wäre noch spießig.«[331]

Körperlicher Verfall macht sich in seinem letzten Lebensjahr immer stärker bemerkbar. Herz und Nieren wollen nicht mehr so recht funktionieren, dazu kommen ein Lungenemphysem und zunehmende Arterienverkalkung. Im Dezember 1913 ein letzter Spaziergang im Grazer Stadtpark, ab dann ist er ans Haus gefesselt.

»Was das Leben mir beschieden / es war gut, ich bin's zufrieden / Könnt' ich eines noch erwerben / nur daheim, daheim zu sterben.«[332] Sein Wunsch geht in Erfüllung. Mit einem Waggon erster Klasse, von der Südbahngesellschaft zur Verfügung gestellt, kehrt er heim nach Krieglach. Jetzt ist es an ihm, froh zu sein, »diesen Körper, wenn er unbrauchbar geworden, ablegen zu können, um einen neuen, frischen anzuziehen … Dank ihm für manches schöne Erdenglück, das er dir verschaffte, und entlasse ihn kühl.«[333] So hat er es in seiner Betrachtung »Die Angst vor dem Sterben« seinen Lesern empfohlen. In diesem Sinne nimmt Peter Rosegger am 26. Juni 1918 im Kreis seiner Familie Abschied von dieser Welt.

Deutschnationales Pathos und Nachrufe im Sinne der Kriegspropaganda bleiben nicht aus: »Zu den vielen, vielen Namen ihrer Toten, welche die Steiermark seit vier Jahren zu nennen weiß, zu den kleinen, den unscheinbaren, den unbekannten, setzt sie nun auch den besten Namen, den sie hat … Daß er jetzt

283

mit den andern geht, es erscheint kein Zufall. Er gehört zu ihnen; wollte nie etwas anderes, als zu ihnen gehören, die jetzt alle ihr Leben für eine große Sache einsetzen. Seine letzte Kraft hat er aufgeboten, um, voll eines altdeutschen Sehergeistes, der jungen Mannschaft Segenssprüche nachzurufen. Nun geht er mit den Bergsöhnen, die da im letzten schweren Kampf fallen müssen, hinüber ...«[334]

Für die Steiermark bedeutet das Jahr 1918 den Verlust zweier großer Söhne: »Wir werden ärmer in Oesterreich: auf den größten Volksschauspieler (Alexander Girardi) folgte der größte Volksdichter und bleibt nur die bange, zweifelnde Hoffnung, daß dieselben Volkskräfte, die diese seltenen Männer hervorgebracht haben, noch lebendig sind und aus dem Grauen der Gegenwart in hellere Zukunft hervortreten werden.«[335] Allgemein aber bleibt die Erkenntnis: »Die Menschenwelt verarmt, verödet mit erschreckender Schleunigkeit, und deutlich wird, besonders da, wo es sich um Künstler handelt, daß der eigentliche Wert des Daseins in seinen posthumen Wirkungen zu bestehen scheint.«[336]

Die Kaiserstadt am Bettelstab:
der fünfte Herbst im Krieg

Die großen Ängste: Kälte und Hunger

»Haben sie schon Kohle?« – das ist bereits im August 1918 eine häufig gestellte Frage in den Gesprächen der Hausfrauen auf der Straße, bei der Bassena oder beim Greisler. Die frühe Sorge hat ihren Grund in beunruhigenden Anzeichen der Natur. Schon in den ersten Augusttagen sind die Schwalben Richtung Süden aufgebrochen. »Kühle Tage und sehr häufige Regen haben das Mittel des letzten Sommermonats auf 17,7 Grad herabgedrückt und ihn um 13 Grad kälter gemacht, als er sein sollte. Da auch schon der Juli zu kühl ausfiel, ist der ganze heurige Sommer so kalt geworden, daß die Gefahr besteht, daß der Mais und die Bohnen bei uns nicht ausreifen werden, wenn er noch weiterhin so bleibt. Einen großen Dämpfer der Hitze bildeten die häufigen Regen, die uns noch im August mit 110 Millimeter Niederschlag weit mehr Naß lieferten, als wir bekommen sollten. Nun ist die Hundstagszeit vorüber, in den Alpen wurde es sehr kühl, auf den Höhen fiel Neuschnee«, lautet die alarmierende Bilanz der Meteorologen.[337] Kaiser Karl ordnet Anfang September 1918 an, Wärmestuben für die Armen Wiens vorzubereiten. Gedacht ist an jeweils einen »ihren sozialen Verhältnissen angepaßten Aufenthaltsraum tagsüber, getrennt für Kinder und Erwachsene ... Der Kaiser hat die Bitte des Ministers für soziale Fürsorge Dr. Mataja gestattet, daß die Aktion den Namen ›Kaiser Karl Wohlfahrtswerk. Schutz vor Winterkälte‹ führen darf.«[338] Wegen des frühen Kälteeinbruchs wird das geltende Heizverbot mit 6. Oktober aufgehoben und nicht wie geplant erst am 13. Oktober 1918. Bleibt die Kohle aus, dann muss man zur Selbsthilfe greifen. Auf in den Wienerwald, wo man Klaubholz findet und auch selbst schlägert. Soviel nur geht wird heimgeschleppt. Der viel besungene Wald der Wiener Hausberge wirkt bald arg zerzaust, wie es in einem Lied von Robert Stolz heißt: »Du lieber, du heiliger Wienerwald, man sieht es dir an, den Wienern war kalt. Nur eins kann uns trösten, und geht's auch net gach, bis besser die Zeiten, wächst alles wieder nach.«[339]

Wer einen kleinen Sparofen besitzt, der weiß auch Zeitungsgpapier zu verwerten. In Wasser aufgeweicht, dann zu Kugeln geformt und gut getrocknet, ist es ein gutes Brennmaterial. Sind Transporte mit der kostbaren Kohle unterwegs, ist die Versuchung groß, ein paar Stück »mitgehen« zu lassen. Doch die Oberseite der Fracht ist mit Kalk weiß getüncht. Jedes fehlende Stück würde sofort auffallen. Das hält auch die Kutscher der Pferdefuhrwerke davon ab, einen Teil der Kohleladung »unter der Hand zu verkaufen.«

Wahrhaft düster sieht es auch mit der Versorgung der Haushalte mit Petroleum aus. »Für die kommende Verbrauchsperiode stehen leider wegen der durch den Kohlen- und Materialmangel bedingten verringerten Rohölförderung und der Betriebserschwernisse der Raffinerien geringere Petroleummengen zur Verfügung als im vergangenen Winter. Die an die einzelnen Verbrauchergruppen zur Abgabe gelangenden Petroleummengen werden daher infolge des nach wie vor bedeutenden Bedarfes der Heeresverwaltung gegenüber dem des vergangenen Winters aller Voraussicht nach eine Verminderung erfahren müssen.«[340] Tatsächlich werden die Zuteilungen an die Haushalte gekürzt, nur Heimarbeiterinnen erhalten mehr: am meisten für Dezember und Jänner mit jeweils 1 3/4 Liter. Was nach Vergünstigung aussieht, ist für betroffene Frauen ein Existenzproblem. Viele verrichten ihre Heimarbeiten in fensterlosen Kellerwohnungen. Mit dem zugewiesenen Quantum an Petroleum wird es kaum möglich sein, das Auslangen zu finden.

Noch dringlicher als Kohle und Petroleum ist die Lebensmittelversorgung der Zwei-Millionen-Stadt Wien im bevorstehenden Winter. In Niederösterreich verordnet die Statthalterei eine Verkaufssperre für Gemüse an private Händler: »Die gesamte Ernte in Niederösterreich an Frischgemüse, und zwar Kraut, Kohl, Grünkohl, Kohlrabi, Karotten, Speisemöhren, rote Rüben, Wruken und Stoppelrüben, wird zugunsten der Gemüse-Obststelle des Amtes für Volksernährung für die Zwecke der Versorgung der Bevölkerung angefordert und mit der Wirkung unter Sperre gelegt, daß dieses Gemüse von den Erzeugern, Pächtern und Händlern ausschließlich nur an die behördlich autorisierte Einkaufsstelle, bzw. deren ordnungsmäßig legitimierte Einkäufer verkauft werden darf.«[341] In Mähren, das für die Lebensmittelversorgung Wiens hoch bedeutend ist, richtet der dortige Statthalter einen eindringlichen Appell an die Landwirte: »Gewissenlose Agenten und Unternehmer reisen durchs Land und bieten euch für eure Ernte unerhörte Preise. Widersteht diesen Angeboten! Denkt daran, daß das von diesen Leuten Gekaufte dazu dienen soll, Unternehmern, die den Krieg als Geldquelle betrachten, weitere Riesengewinne zu sichern[,] und diese Waren der großen Masse eurer darbenden Mitbürger verloren gehen, um den Ueberfluß einzelner noch weiter zu vermehren. Denkt daran, daß wir im furchtbarsten Kriege, den die Geschichte kennt, stehen und alles daran setzen müssen, um den wirtschaftlichen Zusammenbruch zu vermeiden.«[342] Zum Schutz der Feldfrüchte vor Diebstahl und Sachbeschädigung werden in Wien zusätzlich zum städtischen Flurwächterdienst Feldwehren gebildet. Damit wird ein Verlangen der Landwirte und Weinhauer erfüllt. Eigens vereidigte Freiwillige, erkenntlich durch eine rot-weiße Armbinde, bewaffnet mit Repetierpistole und Seitengewehr, versehen ihren Dienst in ihren Rayons, zunächst im 10., 18. und 19. Gemeindebezirk. Strenger als je wird die Einhaltung der amtlich ver-

Abb. 97: Kohle für den Winter

Abb. 98: Holzklauben im Wienerwald

ordneten drei fleischlosen Wochentage in den Gaststätten überwacht. Hier wird auch beim renommierten Hotel Sacher keine Ausnahme gemacht und Anzeige wegen Verstoßes erstattet.

Im Gemeinderat konstituiert sich ein aus 30 Mitgliedern bestehender Ernährungsausschuss. Zur größten Sorge gehört die Mehlversorgung der Millionenstadt. Eine Delegation reist eigens nach Berlin, um über weitere Mehllieferungen zu verhandeln. Von deutscher Seite werden dem am 21. Oktober

1918 neu gebildeten Deutschösterreich 10.000 Waggons in Aussicht gestellt. Ein Versprechen, das angesichts der chaotischen Verhältnisse in Berlin nicht eingehalten werden kann. Es ist also notwendig, mit den sich neu bildenden Nachbarstaaten unverzüglich Verhandlungen aufzunehmen. In Abstimmung mit der Donauregulierungskommission wird auch beschlossen, die 34 noch existierenden Schiffsmühlen in das Eigentum der Gemeinde Wien zu überführen und auf ihrem Gelände neue Landungsplätze und Fabriken anzulegen, in erster Linie eine Reisschälfabrik. Mit dem Abbruch der Mühlen wird ein weiteres Stück Alt-Wien verschwinden, doch angesichts der Notlage ist kein Platz für sentimentale Gefühle. Für Bestürzung sorgt die Ankündigung des Amtes für Volksernährung am 19. Oktober 1918, die Fettquote von vier auf zwei Dekagramm pro Person wöchentlich zu senken. Aus praktischen Erwägungen soll die Abgabe vierzehntägig vorgenommen werden. Der Wiener Stadtrat erhebt schärfsten Protest: man nehme diesen Beschluss nicht zur Kenntnis, da er eine »die Lebenshaltung der breiten Bevölkerungsschichten unmöglich machende Maßregel« sei.[343] Bürgermeister Weiskirchner wendet sich in einem Telegramm an den ungarischen Ernährungsminister Prinz Ludwig Windisch-Graetz mit der Bitte, »Eure Durchlaucht wolle verfügen, daß entsprechende Fettmengen aus den ungarischen Beständen für den Wiener Konsum zur Verfügung gestellt werden.«[344] Die Bitte bleibt vergeblich. Ungarn hat die Fettlieferungen an Wien schon im Frühsommer 1918 zur Gänze eingestellt. Am 26. Oktober kommt aber Entwarnung: die Fettquote für Wien wird auf vier Dekagramm pro Person und Woche belassen. Große Sorgen bereitet dem Bürgermeister auch der völlige Ausfall der Milchlieferungen aus Mähren, das seit Ende Oktober Teil der neu gegründeten tschechoslowakischen Republik ist. In einem Telegramm richtet Weiskirchner an die Behörden in Brünn das dringende Ersuchen, die Sperre zurückzunehmen, schließlich komme die Milch auch den in Wien lebenden Tschechen zugute.

Eine ernüchternde Erfahrung: Sommerfrischlers Heimkehr

Wem es trotz Warnungen und Signalen des Nicht-Willkommens gelungen ist, auf Sommerfrische zu gehen, erlebt bei der Fahrt mit der Eisenbahn, wie desaströs sich der Krieg auch hier ausgewirkt hat. Im Inneren der Waggons ist alles, was aus Leder war, längst verschwunden: die Riemen zum Auf- und Niederziehen der Fenster, die Haltegriffe und die Polsterung der Sitze in der I. und II. Klasse. Leder ist kostbar zu einer Zeit, in der es nur noch Schuhe mit Holzsohlen zu kaufen gibt. Wer weiß, auf welche Diebesschuhe jetzt dieses brutal abgeschnittene Leder aufgedoppelt wurde. Ebenso verschwunden sind alle

Metallteile, wie etwa die Aschenbecher aus Nickel. Die Fenster sind meistens zerschlagen, der Ruß der Braunkohle dringt durch den Fahrtwind in die Abteile und macht einem das Atmen schwer. Auf elektrisches Licht bei Einbruch der Dunkelheit braucht man gar nicht zu hoffen, denn die Glühbirnen sind ausgeschraubt oder zerschlagen worden. Das muss man sich schon mit Zündhölzern begnügen, wenn man durch die Gänge der Waggons geht. Ein jämmerliches Bild bieten auch die Schaffner. Hager, in schlotternden abgetragenen Uniformen fordern sie missmutig Fahrgäste zum Vorweisen der Fahrkarten auf. Jeder der Reisenden presst sein Gepäck, vor allem aber seine Lebensmittelpakete ängstlich an sich, als würde er das Familiensilber mit sich führen. Und dann erst die Fahrtdauer! Für Strecken, für die man in Friedenszeiten etwa eine Stunde benötigte, muss man jetzt mit mehreren Stunden rechnen. Ein Glück, wenn die Lokomotive unterwegs nicht ihren Geist aufgibt!

Aber nun ist man das Wagnis Sommerfrische eingegangen und muss zu Herbstbeginn wieder zurück nach Wien. Was war das einst für ein erhebendes Erlebnis, aber selbst die Heimkehr hat sich atmosphärisch merklich geändert: »Das hat früher immer als der schönste Augenblick des Sommeraufenthalts gegolten: die Heimkehr, das Wiedersehen mit Wien und mit der eigenen Wohnung. Dieses Wiedersehen fing schon auf der Lokalstrecke an, bei Vöslau oder Purkersdorf. Mit hochmütiger Geschwindigkeit fuhr der Schnellzug an den Sommerfrischen vorüber, und in den Stationen, bei den Bahnschranken standen sichtlich gelangweilte Sommergäste, blickten dem Zuge respektvoll und neidig nach, weil sie noch auf dem Lande bleiben und sich erholen mußten, um die Miete auszunützen. In Hütteldorf oder Meidling sah man gerührt den ersten Straßenbahnwagen, dann noch die übliche Stockung vor der Einfahrt in die Halle, und endlich war man angelangt. Wartende Angehörige, Küsse, Blumen, liebenswürdige Träger, die ›Küss‹ die Hand, gnä' Herr‹ sagen und sich erkundigen, ob sie das Gepäck zu einem Fiaker oder Autotaxi bringen sollen. Dann der gerührte Einzug in die Stadt, in die eigene Gasse, die Vorübergehenden blicken interessiert und teilnehmend auf den Heimkehrenden, und die Inhaber der Geschäfte, wo man Stammkundschaft ist, ziehen verbindlich das Käppchen. Vorm Haustor wartet schon der Portier, bei der Wohnungstür die Dienstmädchen, das Stubenmädchen mit einem frisch gewaschenen Lächeln und ihrer freundlichsten Schürze, und sogar die Köchin blickt heute menschenfreundlich drein. Die Wohnung ist schon in Ordnung, der Tisch schon gedeckt. Natürlich gibt es nur was ganz Einfaches und ›Geschwindes‹, nämlich Rostbraten mit Rohscheiben und noch etwas Käse und Butter, und weil man sich schon so sehr nach dem Hochquellenwasser gesehnt hat, läßt man sich sofort ein Krügel Pilsner holen. Und nach dem ersten Zug sagt man, behaglich aufatmend: ›Hat man es nötig, wegzugehen, ist's zu Hause nicht am schönsten?‹ ... das war einmal! Jetzt sieht die Sache einigermaßen anders aus. Vor allem fährt man in einem Zuge, in dem das Standrecht gilt, nämlich das Recht, von Salzburg bis Wien zu stehen. Zwischen zwei Koffern in einem Winkel verstaut, ist es schwer möglich, die gewohnten Lokalstreckenstudien zu machen. Nach den Versicherungen der bei den Fenstern Sitzenden sieht es schon recht leer aus und man erblickt bloß einheimische Kinder, die demonstrativ Butterbrot essen. In der Bahnhofshalle gibt es nur Gedränge, Aufregung, Ratlosigkeit: für Küsse ist überhaupt kein Platz. Der Träger sagt gereizte ›I hab' scho g'nua, i kann net mehr nehmen‹, und überläßt es einem, sich selbst in den Kampf der Wagen zu stürzen. Der Einzug in die Stadt kostet vierzig Kronen, aber es ist schade ums Geld, keiner der vorüberhastenden Verbraucher findet es der Mühe wert, auch nur aufzublicken. Im Vorbeifahren konstatiert man, daß die Mienen noch mürrischer geworden sind, die Auslagen noch mehr Leerheit und Blech ausweisen. Die Geschäftsinhaber grüßt man zuerst, aber sie danken kaum, denn sie haben alle Hände voll zu tun, die Preise hinaufzusetzen. Der Portier kommt überhaupt nicht zum Vorschein, und bei der eigenen Wohnungstür muß man lange läuten, bis die verschlafene Donna öffnet. Ihr unwillig erstaunter Gruß: ›Die Herrschaften sind schon da?‹ verrät alles, was an unangenehmen Ueberraschungen wartet: die Wohnung ist noch nicht in Ordnung, das Telephon ist gestört, im Speisezimmer brennt das Elektrische nicht und eingesotten ist auch nicht worden. ›Na ja‹, sagt die Köchin kampflustig, ›wenn ich Pfirsiche um neun Kronen gekauft hätte, wär's der Gnädigen auch nicht recht gewesen.‹ – ›Stell' dich nicht mit ihr her‹, sagt der Gatte, leise beschwichtigend, ›man muß sich jetzt mit den Leuten verhalten‹, und erkundigt sich, was es zum Nachtmahl gibt: Konservenfische und Weichkäse. Vor allem unternimmt aber die Hausfrau eine ängstliche Revision der wohlverwahrten gehamsterten Schätze und Vorräte. Welche frohe Ueberraschung: es ist gar nichts gestohlen, es ist nicht ein bißchen eingebrochen worden. Sollte man am Ende auf der Liste der Einbrecher als Minderbemittelter stehen? Inzwischen hat der Herr des Hauses die angesammelte Post gesichtet. Lauter belanglose Zuschriften, nur eine Zuschrift der Steuerbehörde ist von Belang: ›Ihrem Rekurse kann nicht stattgegeben werden, da das einbekannte Einkommen im Widerspruch zu Ihrem Aufwand und Ihrer Lebensweise steht.‹ ... Und tiefseufzend beißt er in das Liptauerbrot ...«[345]

Was gibt es Neues in Wien? – das ist die natürlichste Frage jedes Wien-Heimkehrers. Rasch wird er fündig. Mit einer festlichen Premiere hat ein neues Kino eröffnet, das als größtes, schönstes und modernstes in Wien angepriesen wird: das Ferdinandskino (später Schweden-Kino) in der Leopoldstadt, Taborstraße 1, gleich neben der Ferdinandsbrücke (heute Schwedenbrücke) über den Donaukanal.

Was sich dem Auge bietet, ist ein wahrer Kinopalast, entworfen von Architekt Emil Reitmann. »Durch drei gesonderte Türen gelangt das Publikum in den großen, im Stil des Deutschen Volkstheaters angelegten Kinosaal. Der luftige, hohe, feingegliederte Saal mit seiner vornehmen Architektonik und der dem Auge wohltuenden Färbung macht gleich beim ersten Anblick einen vorzüglichen Eindruck. Während das Parkett über 800 Sitzplätze faßt, ist die Anlage des Balkons vornehmlich den elegant ausgestatteten Logen gewidmet, die, im Halbkreis angeordnet, von jedem Platz aus günstigsten Ausblick auf die Bildfläche gestatten. Ebenso apart wie geschmackvoll ist die Unterbringung des Orchesters.«[346] Mit einer Überraschung wartet auch das erst im Frühjahr 1914 eröffnete Stadttheater

Abb. 99

in der Josefstadt auf. Der vom Berliner Architekten Oskar Kaufmann entworfene Bau ist durch die Theaterarchitekten Helmer und Fellner außen und innen umgestaltet worden – eine »Wiedergutmachung« dafür, was der Berliner »verbrochen« hat, wie die *Arbeiterzeitung* berichtet.[347] »Durchgreifenden Veränderungen wurde aber besonders das Innere des Theaters unterzogen; vor allem sind die düsteren Farben, die früher vorherrschend waren, hellen, freundlichen Tönen gewichen. Weiß und Gold geben nun dem Zuschauerraum ein prächtiges, dabei keineswegs aufdringliches Gepräge. Sämtliche bauliche Umgestaltungen des Innenraumes sind zweckmäßig und künstlerisch wirksam. Hervorzuheben sind noch die wertvollen Arbeiten des Bildhauers Franz Vogl sowie ein großes, allegorisches Deckengemälde von Alexander Goltz, das Oper, Schauspiel und Operette zur Darstellung bringt. Ueberall, bis in die Züge der Bildfiguren, klingt die heimatliche Note durch.«[348] Eröffnet wird das umgestaltete Theater mit einer Aufführung des »Zigeunerbarons« von Johann Strauß Sohn.

Aber lohnt es sich überhaupt auszugehen, auch jetzt im Herbst, den viele als schönste Jahreszeit in Wien empfinden? »Man spürt beim besten Willen nicht viel von dieser Schönheit. Bei jedem privaten oder beruflichen Schritt in die Öffentlichkeit hat man das unbehagliche Gefühl: es fängt nicht gut an. Die Mängel, Knappheiten und Teuerungen, die Schlampereien, Ärgernisse und Zumutungen setzen heuer noch schärfer ein als sonst. Und hat man den Arbeitstag glücklich hinter sich, dann steht man an dem zwecklos schönen Herbstabend ratlos vor der Frage: Wo verzweifelt man heute abend? Ganz egal, wo man spaziert oder sich niederläßt, es ist überall ungefähr dasselbe: im Restaurant, wo rechtschaffene Menschen bei Hochstaplerpreisen hungern; im Luxuskaffeehaus, wo sich der bescheidene Kriegsverlierer neben den rätselhaft gut gekleideten neuen Besuchern nicht sehen lassen kann, im krampfhaft lustigen Kabarett, in der grundlos übermütigen Bar, überall dasselbe trübsinnige Genuß- und Unterhaltungsschema, überall dieselbe unerschwinglich und ungemütlich gewordene Oeffentlichkeit, die eigentlich nur aus Ueberfüllung, Gedränge und Lärm, zum Teil in Walzerform, besteht, aus Banknotenkonkurrenz, Gereiztheit und schlechten Manieren. Wenn das schon jetzt, am Saisonbeginn, so unerträglich ist, wie wird das erst im November oder im Januar sein? Es ist einfach nicht auszudenken. Rein, als ob die ganze Stadt in fremde Hände geraten wäre, die mit ihr machen, was ihnen beliebt. Das gewesene Wien, in dem wir zu Hause und ansässig zu sein wähnten, ist einfach verschwunden, hat sich beschämt zurückgezogen und ist nur noch da und dort zwischen den eigenen vier Wänden zu finden. Das sind dieselben vier Wände, vor denen man in den Jahren knapp vor dem Kriege eine so merkwürdige Angst hatte. Zu Hause bleiben, den Abend ganz simpel und still bei sich verbringen, das galt damals als unmöglich und rückständig. Jeden Anlaß benützte man, um aus den vier Wänden in die Oeffentlichkeit zu fliehen, von einem Lokal ins andere zu bummeln und möglichst spät schlafen zu gehen: das war damals fesch, modern und weltstädtisch. Wer hat noch heute solche Ambitionen, wer möchte sich heute mit seinen Sorgen in diese irritierende Oeffentlichkeit flüchten. Auch hier hat sich eine große Umkehr vollzogen: man sehnt sich nach der eigenen Wohnung, man flüchtet in die Häuslichkeit, die so ziemlich noch das einzige ist, was man aus den Friedenstagen retten und bewahren konnte. Welche Wohltat, ein Stubenhocker zu sein und ein Spießerleben zu führen, welches Glück, von der Welt nichts zu wissen und gründlich zu ›versumpern‹. Die eigenen vier Wände sind heute ein Ersatz für Restaurant, Kaffeehaus, Kabarett, Bar und Feste, für alles, wovon draußen nur mehr die Dekorationen stehen.«[349]

In der Nacht von Sonntag auf Montag 15./16. September 1918 endet die Sommerzeit. Um 3 Uhr werden die Uhren auf 2 Uhr zurück gestellt, das bedeutet eine Stunde länger Schlaf. Ab nun gelten wieder die gleichen Sperrstunden wie vor dem 15. April: Gasthäuser müssen um 10 Uhr abends schließen, Kaffeehäuser und Bars sowie Vereins- und Versammlungslokale, Klubs und andere Gesellschaftsräume (auch in Privathäusern) dürfen längstens bis 11 Uhr abends offen halten. Im Handel müssen ab nun bis zum 31. März 1919 die Verkaufsräume und Comptoirs spätestens um sieben Uhr abends schließen; nur im Lebensmittelhandel ist die Sperrstunde auf 9 Uhr abends festgesetzt. Im Allgemeinen hat sich die Sommerzeit zur besseren Ausnützung des Tageslichtes gut bewährt, nur die Bauern mögen sie nicht, weil sie noch im Dunkeln aufstehen müssen, um ihr Vieh zu versorgen.

Weniger Einschreibungen, keine Lehrbücher: der Schulbeginn

September bedeutet traditionell auch Schulbeginn. Er steht ganz im Zeichen der schweren Krise, die der Krieg zwangsläufig auch in diesem Bereich mit sich bringt. Auffallend ist, dass dieses Jahr die Klassenschülerzahlen deutlich geringer sind als früher. In Klassen, die einst 50 oder gar 60 Kinder zählten, sind nun oft »nur« 40 oder gar 30 eingeschrieben – also fast die von Pädagogen empfohlene Idealzahl. Als Ursache dieses Phänomens scheidet der starke Geburtenrückgang während des Krieges aus, hingegen trägt die erhöhte Kindersterblichkeit dazu ebenso bei wie die Verschickung vieler Kinder aufs Land, wo sie besser ernährt werden können. Die, die weiterhin in Wien zur Schule gehen, sehen zum Teil besser aus als vor den Ferien – dank eines Landaufenthalts durch Wohlfahrtsorganisationen. Aber wie lange wird das anhalten, trotz des 1916 obligat gewordenen Schulfrühstücks? Schon jetzt zu Schulanfang sind Schulkinder wieder in die lebensnotwendige Jagd nach Lebensmitteln eingespannt, im Unterricht oft müde und nicht aufnahmefähig. Den von den Christlichsozialen beherrschten Wiener Schulbehörden kommt der Rückgang der Schülerzahlen nicht ungelegen. So können Klassen zur Gänze aufgelassen werden, das spart Geld. Und die Schüler? »Es ist sehr schwer, heutzutage Schulkind zu sein, aber anderseits doch auch wieder schön. Denn ein Erlaß des Unterrichtsministeriums gestattet entgegenkommend, daß mit Ausnahme der Lesebücher und der Religionsbücher der Unterricht in geeigneter Weise auch ohne Schulbücher erteilt werden kann. Was für weite Perspektiven tun sich da für einen richtigen Schulbuben auf, welche Möglichkeiten und Ausreden. Denn es ist ein großer Unterschied, ob einem der Lehrer die Jahreszahlen, Naturgesetze und Formeln in die Feder diktiert oder ob man sie zu Hause schwarz auf weiß hat und ›von – bis‹ eifrig büffelt. Auf diese Art haben wir gelernt und gegen unseren Willen mehr Wissen und Bildung im Kopfe behalten[,] als man später im praktischen Leben nötig hatte. Die heutige Jugend, deren Schulbeginn sich im Zeichen des Schulbüchermangels vollzieht, wird die Schulbank mit einem viel leichteren Ranzen verlassen, wird wenig von Ablativ und Vokativ, von den Welfen und Ghibellinen wissen, aber dafür glänzend Kopfrechnen können. Und damit bringt man's heutzutage am weitesten …«[350] Doch nicht nur Lehrbücher fehlen, sondern auch Zwirn, Garn, Wolle, Baumwolle etc. für den Handarbeitsunterricht der Mädchen. Mütter laufen vergeblich von Geschäft zu Geschäft, überall heißt es »Ausverkauft!«

Wie soll man da den Schülerinnen Häkeln, Stricken, Nähen, Flicken etc. bei-bringen, wozu überhaupt dann solche Unterrichtsstunden abhalten?

Eine neue Hiobsbotschaft: die gefährdeten Türklinken

Wie schlimm die militärische Lage bereits ist, wird ersichtlich durch eine Ver-ordnung, Türklinken und alle Beschläge in Häusern und Wohnungen abzulie-fern. Für die Fortführung des Krieges sind Buntmetalle unerlässlich, und für das kommende Jahr reichen die Bestände bei Weitem nicht aus (siehe Taf. 30). Der Wiener Magistrat muss sich ebenso fügen wie Hausherren und Hausparteien. Alle Beschläge, Drücker, Knöpfe und Schnallen aus Messing, Kupfer, Bronze und Rotguss sollen entfernt und durch Produkte aus Eisenblech, Gusseisen, aber auch aus Holz ersetzt werden – Eisen ist nämlich ebenfalls schon Mangelware. Geplant ist, die Klinken in allen 21 Wiener Gemeindebezirken gleichzeitig ab-zunehmen und Ersatzklinken zu montieren, alles unter strenger polizeilicher Kontrolle. Ausdrücklich wird darauf hingewiesen, dass versperrte Wohnungen zu diesem Zweck aufgebrochen werden. Für dabei entstehende Schäden werde kein Ersatz geleistet, ein Rückforderungsrecht bestehe auch nach Friedensschluss nicht, wird ausdrücklich vermerkt. Für alle ist das eine zusätzliche Hiobsbot-schaft. Sperrvorrichtungen aus Holz ! – eine Horrorvorstellung in Zeiten, in der die Kriminalitätsrate in Wien gerade bei Einbrüchen so hoch ist wie nie zuvor. In Wien schätzt man, dass etwa fünf Millionen Kilogramm Messing lukriert wer-den können. 15.000 fachlich versierte Monteure wären notwendig, um die Ak-tion plangerecht durchzuführen. Woher sollen die kommen? Die Kosten werden mit 15 Millionen Kronen veranschlagt. »Eine gewissenhafte Leitung der Aktion der Klinkenauswechslung muß sich alle diese Momente vor Augen halten, um die daraus der Bevölkerung erwachsenden Unbequemlichkeiten und Schwierig-keiten nicht auf ein unerträgliches Maß zu steigern. Nur wenn die Ersatzklinke ihrem Zweck entspricht, können die sich ohnehin ergebenden Störungen und Widrigkeiten gemildert werden. Bei Verwendung ungeeigneter Ersatzklinken müßte sich aber die Beschlagnahme der Messingklinken zu einer ungeheuren Kalamität gestalten, der unbedingt vorgebeugt werden muß«, heißt es aus Fach-kreisen.[351] Aristokraten bangt es um die künstlerisch wertvollen, oft aus der Barockzeit stammenden Türbeschläge in ihren Wiener Palais. So schreibt Fürst Aloys Schönburg-Hartenstein seiner von Wien abwesenden Frau: »Ich will dem Hausadministrator in Wien schreiben, daß doch nicht jetzt im letzten Moment die Türklinken im Palais abmontiert werden sollen. Ich lese fort davon in den Zeitungen. Er soll es hintertreiben, so lange er kann, dann kommt, so Gott will, der Friede und kein Mensch mehr braucht Metall für Munition …«[352]

Mitte Oktober 1918 können alle aufatmen. Die Aktion ist auf unbestimmte Zeit verschoben worden, der Krieg geht zu Ende. Erspart bleibt es damit manchem Hauseigentümer, Dachkupfer abzuliefern. Womit soll man stattdessen das Haus eindecken – bei dem eklatanten Material- und Arbeitermangel! Auch die Requirierung von Kirchenglocken ist nun vorbei. Es waren die Bronzeglocken, die zur Erzeugung von Elektrokupfer und Elektrozinn gebraucht wurden. Die Abnahme und Einschmelzung dieser Kirchenglocken schmerzte traditionsbewusste Christen besonders. Noch dazu wurde der jeweiligen Kirche nur der Metallwert zu einem Spottpreis bezahlt. Und es geht das Gerücht, das gewonnene Reinmetall gelange zum großen Teil über verschiedene Firmen an Händler, die daraus Profit in Millionenhöhe machten. Alles nicht wahr, dementiert die für Metalle zuständige »Zentrale«, Abnahme und Verarbeitung der requirierten Glocken würden von den Militärbehörden streng überwacht. Das ist mit Kriegsende alles obsolet. Das neue Staatsamt für das Heerwesen verfügt Anfang Dezember 1918 die Rückgabe der nicht eingeschmolzenen Kirchenglocken.

Torpediert, aber erfolgreich bewahrt: der Mieterschutz

Die Hausherren sind höchst unzufrieden mit dem 1917 erlassenen Mieterschutz. Er soll bestimmungsgemäß zu Jahresende 1918 ablaufen. Aber ist das angesichts der allgemeinen Notlage realistisch? Bei der Tagung des Reichsverbandes der Hauseigentümer am 1. September 1918 im Konzerthaus kommt es zu stürmischen Auseinandersetzungen. Mieterhöhungen seien angesichts der rasanten Teuerungen unerlässlich, wie solle man sonst notwendige Hausreparaturen bezahlen, lautet das Argument der Hausherren, von denen nicht wenige verschuldet sind. Ein Dorn im Auge ist ihnen auch die Praxis, dass Mieter bei einem Wohnungswechsel unverschämt hohe »Ablösen« vom neuen Mieter verlangen. Damit sei dem Wohnungswucher Tür und Tor geöffnet, begründen die Hausherren ihre Forderung nach Fall des Mieterschutzes. »Dies alles zugegeben, müssen wir aber doch unser höchstes Staunen darüber ausdrücken, daß der Herr Vizebürgermeister Rain (Anm.: von den Christlichsozialen) erklärte, die Stadt Wien werde die Forderungen der Hausbesitzer unterstützen. Wer ist das, ›die Stadt Wien‹? Doch nicht die Bevölkerung, die es wohl nicht mehr erwarten kann, bis die ersehnte allgemeine Mietzinssteigerung eintritt? Es könnte also der Herr Vizebürgermeister unter der sonderbaren Bezeichnung ›Stadt Wien‹ doch nur die Gemeinde- und Stadtratsmehrheit gemeint haben, die ihrer sozialen Zusammensetzung nach ja meist aus Hausbesitzern besteht und ein natürliches Interesse an der Aufhebung des Mieterschutzgesetzes hätte. Es müßte sich aber der Herr Vizebürgermeister doch fragen, ob es besonders politisch klug ist, in einer Zeit, da die Mehrheit der Wiener Bevölkerung unter der unheimlichen Last der täglichen Verteuerung aller Lebensmittel und Bedarfsartikel seufzt, laut hinauszurufen, daß die Herren im Wiener Rathause sehr geneigt wären, auch für eine Erhöhung der Mietzinse einzutreten«, führt die *Wiener Allgemeine Zeitung*[353] ins Treffen. Das Justizministerium weist alle Petitionen nach Abschaffung des Mieterschutzes zurück, vor allem im Wissen um den sozialen Sprengstoff. »Diese Ordnung, eine kriegssoziale Notwendigkeit, deren Beseitigung die größte Verwirrung unter den Mietern erzeugen und sie schließlich unberechenbaren und auch unerfüllbaren Ansprüchen hilflos ausliefern würde, bleibt demnach bis auf weiteres in Kraft«,[354] wird im Oktober 1918 bekannt, in dem die politische Gärung bereits voll im Gange ist. Der Mieterschutz wird sogar noch ausgeweitet: Untermieter werden anderen Mietern rechtlich gleichgestellt, Ablösen verboten. Und Beleidigungen eines Hausherrn sind kein Grund für Kündigung eines Mietvertrages, geht aus einem Gerichtsurteil hervor.

Zwischen Premieren und Streikdrohung: die Wiener Theater

Opernfreunde erleben am 14. Oktober 1918 eine Sternstunde der Musikgeschichte: erstmals wird an der Wiener Hofoper »Salome« von Richard Strauss aufgeführt. 1906 hatte der für die Hoftheater zuständige Obersthofmeister Fürst Montenuovo die Aufführung zu hintertreiben gewusst. Andere Wiener Bühnen haben seitdem die Oper schon aufgeführt, für Kenner aber mangelhaft. Nun aber kann man erleichtert aufatmen: »Heimgefunden! Was Engherzigkeit und Kurzsicht vor zwölf Jahren noch nicht erreicht hatten, was einen Gustav Mahler bestimmte, sein Wiener Amt (Anm.: als Hofoperndirektor) endgültig niederzulegen und des Mißmuts voll in die Fremde zu ziehen: das Aufführungsverbot von ›Salome‹ in der Hofoper, das ist vor aller Welt nun glücklich wieder gut gemacht. Das Werk, von dem man Schaden für Religion, Sitte, Geschmack und weiß Gott was noch alles befürchtete, hat seinen Einzug auf der kaiserlichen Bühne gehalten, ohne daß die Menschheit rund um den Stephansturm darum vom Teufel geholt worden wäre.«[355] Voll des Lobes sind die Zeitungen über Maria Jeritza in der Titelrolle, auch den berühmten »Tanz der sieben Schleier« gelingt ihr vollendet. »Die Raubtiernatur dieser Königstochter, dieses von den perversesten Trieben beseelten Weibes, ist noch bei keiner bisherigen Wiener Aufführung so prägnant zum Ausdrucke gebracht worden wie gestern.«[356] Erik Schmedes als König Herodes weiß das Publikum ebenso zu überzeugen, dazu eine grandiose Leistung des Orchesters unter dem Dirigenten Franz Schalk. »Der Erfolg war ein großartiger, durchgreifender, ueber Schalk und die Darsteller ging ein wahrer Beifallsorkan nieder.«[357]

296

Das Burgtheater, die zweite der Hofbühnen, macht seit den umjubelten Auftritten Alexander Girardis im Frühjahr immer mehr durch interne Krisen auf sich aufmerksam. Nach nur 15 Monaten im Amt ist im Juli 1918 Direktor Max von Millenkovich zurückgetreten. Überraschend hat Kaiser Karl den Diplomaten Leopold Freiherrn von Andrian zu Werburg zum Generalintendanten der k. k. Hoftheater ernannt – ein Amt, das schon jahrzehntelang nicht besetzt war. Andrian, mit unbeschränkten Kompetenzen ausgestattet, vermeidet die Berufung eines Burgtheater-Direktors, sondern setzt ein leitendes Dreierkollegium ein, bestehend aus Hermann Bahr (Chefdramaturg), Max Devrient (Regie) und Robert Michel (Vertreter der Generalintendanz). In der Praxis stellt sich heraus, dass das Triumvirat wegen unklarer Kompetenzen nicht funktioniert. Deshalb wird es aufgelöst, der Schauspieler Albert Heine übernimmt Anfang November 1918 – schon ist die Monarchie in voller Auflösung – das Amt des Burgtheaterdirektors. Er ist der letzte mit kaiserlicher Sanktion. Ein Positives im künstlerischen Bereich gibt es allerdings doch zu vermelden. Nach mehrjähriger Abwesenheit von Wien ist Arnold Korff ans Burgtheater zurückgekehrt. Er wird »von einem dankbaren Erinnerungen zugekehrten Publikum überaus freundlich begrüßt, hat gestern wieder eine seiner besten Rollen, den Hofreiter in Arthur Schnitzlers ›Weitem Land‹, gespielt. Erfreut war man in der Lage festzustellen, daß die Wanderjahre, während der entlegene, ferne Bezirke durchkreuzt wurden, der Künstlerschaft Korffs nicht das geringste anzuhaben vermochten. Er ist heute, nach Alexander Girardis Tod, der wienerischeste Schauspieler; er besitzt Liebenswürdigkeit des Herzens, eine Selbstverständlichkeit der Noblesse und eine Natürlichkeit des Tones und eine in der Tiefe echten Gefühls geborene Kraft.«[358]

Das hat es in Wien noch nie gegeben: Streik an den Theatern! – die Hofbühnen ausgenommen. Ausgerechnet die Schauspieler zeigen plötzlich Solidarität; jener Stand ausgeprägter Individualisten, die oftmals in rücksichtslosem Konkurrenzkampf das jeweils Beste für sich herausholen wollen. Eine möglichst gute Beziehung zum jeweiligen Direktor schien die beste Garantie auf Erfolg und gute Gage. Doch nun richtet sich der Zorn immer öfter auf die einst so umworbenen Direktoren. Sie machten Riesengewinn, gegenüber den Schauspielern zeigten sie sich aber hartherzig und knausrig, so lautet der Vorwurf. Und so kommt es zu einem »Organisationswunder«, wie das die *Arbeiterzeitung* nennt. Der Festsaal des Österreichischen Bühnenvereins ist am 5. Oktober 1918 überfüllt, gleichermaßen Schauspieler und Schauspielerinnen sind gekommen, auch solche, die ihre Forderungen bereits durchsetzen konnten, um sich mit den unzufriedenen Kollegen zu solidarisieren. In der emotional geführten Debatte ist seitens der Schauspieler öfter zu hören: »Wir wollen uns satt essen! ... Die Not, der Hunger, hat uns die Solidarität gelehrt. Wir wollen zu essen haben. Die Direktoren haben ihre Millionen auf Kosten der Schauspieler gesammelt.«[359] Hinweise der Direktoren auf teils bereits erzielte Kompromisse oder schon früher bewilligte Teuerungszulagen fruchten nichts. Der nahezu einstimmige Beschluss lautet: ab 12 Uhr Mittag dieses Tages keine Proben und Aufführungen mehr! Das wirkt. Die Vorstellung, dass alle ihre Theater an diesem Abend finster bleiben würden, das Geld für bereits gekaufte Eintrittskarten zurückgegeben werden müsste, bestimmt die Direktoren zum Einlenken. Nahezu alle Forderungen der Schauspieler werden erfüllt. Es kann uneingeschränkt weitergespielt werden. Damit ist auch die Premiere am neuen Wiener Komödienhaus, vormals Kolosseum (9. Gemeindebezirk, Nußdorferstraße 4) am 12. Oktober 1918 gesichert. Die neuen Inhaber, der Musikverleger Strache und kaiserlicher Rat Höllering, haben das Haus einem kompletten Umbau unterzogen. Eröffnet wird das Komödienhaus mit »Der Bettelstudent« von Carl Millöcker. Die Generalprobe am Tag vorher ist öffentlich, die Einnahmen kommen dem »Schwarz-gelben Kreuz« zugute. Das Johann-Strauß-Theater (4. Gemeindebezirk, Favoritenstraße 8) lockt am 11 Oktober 1918 mit der Premiere von Oskar Straus' Operette »Eine Sommernacht«. Der Komponist dirigiert die ersten Aufführungen persönlich. »Schon wieder eine Operette!«, stöhnt da mancher und nimmt mit Freude zur Kenntnis, dass das Raimund-Theater wieder eine reine Schauspielbühne werden soll. Das hat der zuständige Raimund-Theaterverein auf Antrag Viktor Silberers beschlossen. Die Herrschaft der Operette habe »nicht wenig zur tiefbedauerlichen Verblödung in Wien beigetragen«[360], argumentiert der stadtbekannte Millionär und findet lebhafte Zustimmung. Vorerst heißt es allerdings Geduld zu bewahren, denn der laufende Vertrag mit dem jetzigen Pächter Karczag läuft noch zweieinhalb Jahre.

In der Dauerkrise gefangen: die Wiener Straßenbahn

Kaum mehr zu steigern ist die Wut der Wiener auf die Verhältnisse bei der Straßenbahn. Schon seit 15. August 1918 fährt der letzte Zug, die »Blaue«, vom Ring weg um 9 Uhr 30 abends ab; zehn Linien sind ganz eingestellt worden, alle anderen werden seitdem verkürzt geführt. Dass dafür der erhöhte Abendtarif nicht angewendet wird, ist kaum ein Trost, ebenso wenig der verstärkte Einsatz der Stadtbahn, die für die meisten kein Ersatz darstellt. Außerdem ist sie teurer geworden. Die Einschränkung des Straßenbahnverkehrs gerade in den Abendstunden ist ein schwerer Schlag für alle, die länger in der Innenstadt zu tun haben, und sei es nur wegen eines Theaterbesuchs. Die Großstadt Wien ist damit auf Verhältnisse wie im Vormärz zurückgeworfen.

»Der Wiener Straßenbahnverkehr, der wohl noch lange Monate vor der Sperrsechserlstunde schließen wird, sorgt, da doch für den frühzeitigen Schluß

Abb. 100, 101

einigermaßen Ersatz geboten werden muß, für eine pompöse, feenhaft beleuchtete, an eine Parade gemahnende Abschiedsszenerie. Gegen halb zehn Uhr drängt sich auf den Schienensträngen der Schleifen und Pendel-Endstationen Wagen an Wagen, große Kreuzungspunkte, vor allem die Operngegend, sehen plötzlich aus, als hätte der New-Yorker Broadway seine leuchtenden und lärmenden Verkehrswunder aufgetan. Der Kärntnerstraße entlang hasten nervöse Menschen, denn die ›Blaue‹ leuchtet lockend und drohend zugleich am hellen Ende des Schachtes. Man steigt eilig über fremde Füße, Schleppen, quiekende Hunde, rennt an ein paar Kandelaber und Obstkörben an und beteiligt sich an der wilden Hatz nach dem lockenden Irrwisch, Gott sei Dank! Es ist erreicht …«[361] Dessen ungeachtet wird der Fahrscheinpreis von 22 auf 30 Heller erhöht. Noch dazu sind viele Straßenbahnen durch Überbeanspruchung technisch in einem derart schlechten Zustand, dass Zugsgarnituren immer wieder auf offener Strecke stehen bleiben und abgeschleppt werden müssen.

Nun wird im Oktober 1918 ausgerechnet beim fast einzig übrig gebliebenen Massenverkehrsmittel gestreikt. Schon im September hatten die Arbeiter der Straßenbahnwerkstätte und die Straßenbahner der Direktion der Tramwaygesellschaft ihre Forderungen überreicht: 25 bis 30 Prozent mehr Grundgehalt, 50-prozentige Erhöhung der Teuerungszulagen und deren Einrechnung in die Pension, doppelte Anrechnung der Militärjahre, bessere Arbeitszeiten etc. Eine befriedigende Antwort war ausgeblieben. Christlichsoziale wie sozialdemokratische Gewerkschafter bei der Straßenbahn sind gleichermaßen gereizt. Für sie steht der Entschluss fest: Streik! Dem Ausstand der Werkstättenbediensteten schließt sich das fahrende Personal spontan an, insgesamt etwa 3.000 Straßenbahner verweigern den Dienst, darunter 400 abkommandierte Soldaten. Drohungen der Direktion mit fristloser Entlassung zeigen keine Wirkung. Und so warten Arbeiter, Händler, Büroangestellte und Hausfrauen, die dringend in die Innenstadt müssen, an den Stationen der Vorstädte am 8. Oktober 1918 vergeblich auf »ihre« Elektrische. Es bleibt ihnen nichts anderes übrig, als einen stundenlangen Fußmarsch anzutreten. Die Wagen, die vereinzelt verkehren, werden gestürmt, es wird gedrängt, getreten, geboxt, nur um mitfahren zu können.

Geschafft hat man es damit aber noch nicht. Denn mitten auf der Strecke halten mancherorts streikende Schaffnerinnen die Tramwaygarnituren auf und fordern die Insassen zum Aussteigen auf. Die meisten Insassen denken nicht daran, dem nachzukommen, und bleiben unbeirrt sitzen. Das »Alles aussteigen!« wird energischer, es kommt zu wechselseitigen Beschimpfungen. Da nichts weitergeht, steigen die zornigen Fahrgäste aber schließlich doch aus. Die Polizei schreitet ein, nimmt Schaffnerinnen fest, die die Garnituren am Weiterfahren hindern, und führt sie zu den örtlichen Kommissariaten ab. Eine johlende Menge begleitet sie, viele haben auch Sympathie für die Frauen, schimpfen auf die Polizisten.

Abb. 102: Heilloses Gedränge beim Straßenbahnfahren

Vor dem Wiener Rathaus demonstrieren Streikende. Versammelt haben sie sich unter Vortäuschung eines Spazierganges auf der Ringstraße, die begleitenden Polizisten können somit nicht eingreifen. Plötzlich ballen sich aber die »Spaziergänger« zu einer Kundgebung auf dem Rathausplatz zusammen. Die Teilnehmer werden nun von der Polizei auseinandergetrieben. Auch danach kommt es immer wieder zu Ansammlungen vor dem festungsartig abgeriegelten Rathaus. Neuerlich wird die Menge auseinandergetrieben, einzelne Personen arretiert. Letztendlich können die Straßenbahnbediensteten einige soziale Verbesserungen sowie die Beistellung von Kleidern und Schuhen durchsetzen, auf eine Erhöhung der Grundlöhne und der Überstundenentgelte müssen sie allerdings verzichten.

Papiermangel und Zensurende: die Zeitungen

Der Mangel an Kohle erzeugt auch Mangel an Rotationsdruckpapier. Ein Erlass des Handelsministeriums zwingt daher die Zeitungsherausgeber, ihre periodisch erscheinenden Druckschriften im Umfang weiter einzuschränken, geltend ab 18. Oktober bis 1. November 1918. Die Hauptausgaben der Tageszeitungen dürfen demnach an drei Tagen in der Woche mit höchstens vier Seiten erscheinen, Beilagen sind auf zwei Seiten zu beschränken. Die Sonntagsausgaben werden um ein Viertel des bisher üblichen Umfangs verkürzt. Für Wochenzeitungen gelten acht Seiten. Steigerungen der Auflage oder Vergrößerung des Formats sind unzulässig. Bei Verstößen drohen Strafgelder bis zu 20.000 Kronen oder sechs Monate Arrest. Darüber hinaus kann die Papierzuteilung an eine Zeitung für einen Monat eingestellt werden.

Die Pressevertreter nehmen die Verfügung mit Entrüstung zur Kenntnis. Bei der am 14. Oktober 1918 tagenden Delegiertenkonferenz der Organisation der Wiener Presse macht man darauf aufmerksam, es sei trotz allen Papiermangels »als im Interesse des Staates selbst gelegen, in diesen Tagen, in denen sich das Schicksal von Nationen und Reichen entscheidet, der Presse die Möglichkeit zu geben, die Bevölkerung in ausreichendem Maße über die stündlich wechselnden Ereignisse in der Weltpolitik zu unterrichten und aufzuklären. Eine ausführliche Darstellung der Ereignisse, eine gründliche Belehrung der Bevölkerung allein würde eine verläßliche Garantie für die Aufrechterhaltung der öffentlichen Ordnung und Ruhe bieten. Die beabsichtigte Einschränkung des Umfanges der Zeitungen macht es jedoch kaum möglich, auch nur die notwendigsten, aus den Ereignissen des Tages sich ergebenden Mitteilungen kommentarlos zu registrieren. Die Verringerung des Umfanges der Presse bedeutet aber auch eine ganz außerordentliche Schmälerung des Arbeitsgebietes und damit eine schwere wirtschaftliche Schädigung einer großen Gruppe journalistischer Existenzen ...«[362]

Die Argumente zeigen Wirkung: kaum erlassen, wird die Verordnung rückgängig gemacht. Diese ministerielle Einsicht sei wohl darauf zurückzuführen, »daß in diesen hochpolitischen Zeiten der Oeffentlichkeit Gelegenheit gegeben werden soll, sich auszusprechen und zu den Ereignissen Stellung zu nehmen. Die Oeffentlichkeit ist über diese unheimlich rasche Bekehrung tief gerührt, umso mehr, als wir uns schon ganz nahe dem projektierten Endtermine, als welcher der letzte Oktober angenommen wurde, befinden. Bis dahin ist freilich noch Gelegenheit, die Verordnung ebenso oft neu zu erlassen als sie neu aufzuheben, nämlich, weil heute der 26. Oktober ist, noch fünfmal. Man denke nur, was für ein Vergnügen ein solches Ballspiel für die Zeitungen bedeutet, die auf Grund der aus der Verordnung sich ergebenden Beschränktheit ihre Redaktionsarbeit stundenlang auf den reduzierten Umfang leisten, im letzten Augenblick aber durch die plötzliche Außerkraftsetzung ein volles Blatt machen sollen ... Daß man den Zeitungen die Aufhebung der einschränkenden Verordnung abends um die zehnte Stunde mitteilt, zu einer Zeit, da sie kaum mehr Vorsorgen für ein größeres Blatt treffen können, ist ein neuer Beweis für unsere rasch arbeitende Verwaltung – warum um Gotteswillen setzt man das unterernährte Amtsschimmerl nicht um ein paar Stunden früher in Trab, damit es noch rechtzeitig landet? ...«[363]

Über eines freilich können sich Leser wie Journalisten gleich freuen: die Aufhebung der Zensur. Das Kriegsüberwachungsamt zensierte im Krieg alles, den Post- und Paketverkehr zwischen Hinterland und Front, vor allem aber die gesamte Presse. Anlass, dem berüchtigten weißen Fleck in den Zeitungen einen »Epilog« zu widmen: »Wenn man in diesen Jahren beim Frühstück die Zeitung zur Hand nahm und mitten im Text oder gar vorn auf der ersten Seite den großen Weißen Fleck erblickte, sagte man sofort ahnungsvoll: ›Aha, weiß Gott was da wieder geschehen ist?‹ Am Vormittag munkelte man bereits: ›Wissen Sie, was da konfisziert worden ist? ... Ich habe etwas gehört ..., es ist etwas los ..., es soll nicht gut stehen ...‹ Mittags war es bereits ein pessimistisches Gerücht, nachmittags das Stadtgespräch und am Abend eine Tatsache. Der Zweck des weißen Fleckes, die Beunruhigung der Bevölkerung zu verhindern, war somit erfüllt ... Tagtäglich hat sich diese für die Zeitungen wie für das Publikum auch irritierende, beschämende und lästige Bevormundung wiederholt.«[364]

Nun ist es mit November 1918 vorbei mit den Zensuranweisungen, die den Zeitungen in täglichen Konferenzen von den Vertretern der Ministerien, Militärbehörden und der Staatsanwaltschaft gegeben wurden. »Was war der Sinn dieses Zensursystems? Es sollte eine Metternichsche Mauer sein, die jeden Luftzug von draußen, jede Idee abzuhalten hatte, eine gewaltsame Bevormundung, ein Zwang zur Unmündigkeit. Und was ist der Effekt? Wie sich das Mündel mit jäher Heftigkeit selbst großjährig erklärt, daß ringsum alle Türen aufgerissen werden und ein wirbelnder Luftzug durchs Land fegt, der eine schwere politische und wirtschaftliche Krise zu Folge hat ... Nun hat sich die geknechtete Wahrheit und Wirklichkeit endlich aufgerichtet, das fremde Gerücht ist zum Geschrei geworden, die tausenden weißen Flecke sind auf einmal lebendig. Es ist eine wirre, überlaute und überreizte Zeit, aber sie ist unvergleichlich schöner und besser als die geduckten und eingeschüchterten Jahre, in denen hochmütige Anmaßung und Unfähigkeit am grünen Tisch saßen, in denen eine geradezu dämonische Gschaftelhuberei glaubte den Staat durch weiße Flecke retten zu können. Das war der tragische Irrtum, die tragische Schuld dieses Systems. Kein Staat verträgt es, vier Jahre lang tagtäglich gerettet zu werden, und von diesem gewesenen Oesterreich kann man wahrhaftig sagen, daß es durch seine Zensur zugrunde gerettet worden ist.«[365]

Durch »Strumpf-Sparer« verursacht: das Wiener Notgeld

Löhne und Gehälter auszuzahlen, wird in diesem Herbst 1918 ein Problem. Es sind zu wenige Geldscheine in Umlauf. Das überrascht auf den ersten Blick,

Abb. 103

denn gerade in einer Zeit mit ständig steigender Geldentwertung ist massenhaft Papiergeld vorhanden, während an allem anderen Mangel herrscht. Das Problem ist komplexer: es sind die kleineren Geldscheine, besonders die im Wert von 10 und 20 Kronen, die kaum mehr zu haben sind. Das Phänomen ist auf die immer schlimmer werdende Krise im Alltag zurückzuführen und besonders auf Gerüchte, Bank- und Sparguthaben würden demnächst beschlagnahmt, es stünde ein Moratorium bevor. Das zeitigt Wirkung: es werden riesige Beträge abgehoben, um das Angesparte heim in vermeintliche Sicherheit zu bringen. Die »Strumpf-Sparer« haben also Hochsaison. Attraktiv sind dabei die kleineren Geldscheine, die damit nicht in den Zahlungsverkehr kommen. Die Österreichisch-Ungarische Bank druckt zwar ununterbrochen Geldscheine, aber weit unter Bedarf, trotz Anforderung von Hilfskräften bei der Heeresverwaltung. So sieht sich die Gemeinde Wien gezwungen, ihren Bediensteten Löhne und Gehälter durchwegs mit Zwei-Kronen-Scheinen auszuzahlen. Das führt dazu, dass Möbelwagen erforderlich sind, um die riesige Masse an Geldscheinen ins Rathaus zu transportieren. Die Banknoten werden auf Tischen gestapelt, denn die Tresore sind zu klein.

Solche Zustände sind unhaltbar, deshalb beantragt Bürgermeister Weiskirchner im Gemeinderat die Ausgabe von Notgeld in Form von Kassenscheinen zu

5, 20, 50 und 100 Kronen im Gesamtwert von 50 Millionen Kronen. Diese Kassenscheine in unterschiedlicher Größe sind unverzinslich, werden von der Gemeinde Wien bis 28. Februar 1919 in Zahlung genommen und in der Zeit vom 1. Jänner bis 28. Februar in gesetzlichem Bargeld eingelöst oder nötigenfalls gegen Kassenscheine mit weiterer Laufzeit umgetauscht. Die Gemeinde Wien haftet mit ihrem ganzen unbeweglichen und beweglichen Vermögen. Gültig ist das Notgeld nur innerhalb der Stadtgrenze.

Notgeld wurde während des Krieges bereits in vielen kleineren Gemeinden und auch in Firmen ausgegeben. Jetzt sieht sich auch die Millionenstadt Wien zu einer solchen Maßnahme gezwungen, mit dem schwachen Trost, dass das auch Berlin nicht erspart bleibt. Die Maßnahme wird im Gemeinderat mit 4/5-Mehrheit und damit auch mit den Stimmen der sozialdemokratischen Opposition angenommen.

Ein alles lähmender Todesschatten: die Spanische Grippe

Als ob der Plagen nicht schon genug wäre, kommt eine neue Prüfung auf die Wiener zu, die alles andere in den Schatten stellt: Der Tod in Form einer Pandemie, Spanische Grippe genannt. Die Krankheit macht sich durch plötzlichen Schüttelfrost bemerkbar. Es folgt tagelanges hohes Fieber mit bis zu 40 Grad, trotzdem sinkt oftmals die Pulsfrequenz. Bindehaut, Nasenschleimhaut und Rachenschleimhaut sind gerötet, Schluckbeschwerden, rauer, bellender Husten, begleitet von starken Kopf- und Nackenschmerzen stellen sich ein. Der Kranke fühlt sich benommen, klagt über Schmerzen an verschiedenen Stellen des Körpers. Treten keine Komplikationen auf, dann erholt er sich von der Krankheit relativ rasch. Ist das Immunsystem aber geschwächt, was bei den meisten Menschen als Folge der Mangelerscheinungen im Krieg der Fall ist, dann sorgt eine hinzutretende Lungenentzündung für letalen Ausgang. Bei Obduktionen wird ein starker Belag der Luftwege diagnostiziert, dessen Ursache Eitererreger, Strepto- und Staphylokokken in großer Menge sind. Die Krankheit, bei der ein gewöhnlicher Influenza-Bazillus nicht nachgewiesen werden kann, nahm von Spanien ihren Ausgang. In Wien wurde bereits im Juli 1918 ein starker Anstieg der rätselhaften Krankheit registriert. Viele starben, die Überlebenden haben aber mit schlimmen Darmerkrankungen zu kämpfen. Im Laufe des Septembers kehrt die Krankheit nach Wien zurück und erfasst auffällig viele Kinder und junge Menschen zwischen 20 und 40 Jahren. Trotzdem verzichten die Gesundheitsbehörden auf eine Anzeigepflicht mit dem Argument, das hätte »schon deshalb keinen rechten Sinn, weil diese Krankheit nicht scharf umschrieben ist, weil wir den oder die Erreger der Seuche nicht kennen und weil bei dem massenhaften Auftreten der Seuche eine strenge Isolierung der Kranken undurchführbar erscheint. Es käme auch oft zu Fehlanzeigen, da fieberhafter Schnupfen, fieberhafter Bronchialkatarrh und andere Krankheiten mit ähnlichen Erscheinungen beginnen wie die – spanische Grippe.«[366]

Ärztliche Empfehlungen wie absolute Schonung durch strenge Bettruhe, Konsultation des Hausarztes etc. haben den Charakter von Beruhigungsfloskeln. Spezifische Heilmittel gibt es nicht. Den Ärzten scheint die Spanische Krankheit selbst »spanisch« vorzukommen – ein geheimnisumwitterter Fremdling. Durch die fehlende Anzeigepflicht fehlt eine konkrete Statistik, wie viele Menschen Opfer der Seuche werden. Die Fälle an Grippe und Lungenentzündung werden zusammen registriert. Daraus ergibt sich, dass in der zweiten Septemberwoche 77 von insgesamt 768 daran starben, im Vergleichszeitraum des Oktobers aber bereits 814 von insgesamt 1.753. In der zweiten Oktoberhälfte sind in Wien schätzungsweise 60.000 bis 100.000 Menschen an Grippe erkrankt. Höchste Zeit, dass die Behörden jetzt Maßnahmen ergreifen. Schon deshalb, weil bereits klar ist, dass Menschenansammlungen die größte Gefahr der Ansteckung darstellen. Aber wie soll man ihnen entkommen, wenn man sich täglich um Lebensmittel anstellen muss und sich in überfüllte Straßenbahnen zwängt? Vergnügungsstätten aber sind nicht lebensnotwendig. Und so wird auf Antrag des Landessanitätsrates von Niederösterreich durch die Statthalterei per Erlass die Schließung aller Theater, Konzertsäle, Kinos, Tanz- und Theaterschulen sowie ein Verbot der Pferderennen bis auf Weiteres verfügt. Den Theatern gesteht man zu, noch am Sonntag, dem 20. Oktober 1918 zu spielen, alle anderen müssen an diesem Tag bereits geschlossen halten. Das Zugeständnis haben die Theaterdirektoren mit Hinweis auf den guten Vorverkauf durchgesetzt. Ob das Sinn macht, fragt man sich Kopf schüttelnd: So »bleibt es jedermann unbenommen, sich morgen Sonntag im Theater, im Konzert oder in einer Singspielhalle die unumgänglich notwendigen Bazillen zu verschaffen, während die Kinos beispielsweise schon binnen 24 Stunden gesundheitsgefährlich sind und auch die Tanzschulen bereits unverzüglich auf Grippeferien geschickt werden. Auf halben Wegen und zu halber Tat, mit halben Mitteln zauderhaft zu streben. Im großen und im kleinen behält Grillparzer soweit recht. Dafür kann er tausendmal fortfahren: Ja oder nein, hier ist kein Mittelweg. Eine österreichische Behörde fordert immer einen solchen. Das ist auch diesmal der Fall gewesen. Die Theaterdirektoren haben sich mit Berufung auf den guten Vorverkauf noch eine Gnadenfrist durchgesetzt, noch einen Abend, an dem gespielt werden darf. Eine Gunst, die dem jüngeren Kinobruder versagt bleibt, trotzdem auch er bereit wäre, sich mit dem ehernen Schild des ›Geschäft ist Geschäft‹ zu wappnen. Es läßt sich darüber streiten, ob die allgemeine Vergnügungssperre zu dem erwünschten und erhofften Ziele führen wird. Darüber können eigentlich nur

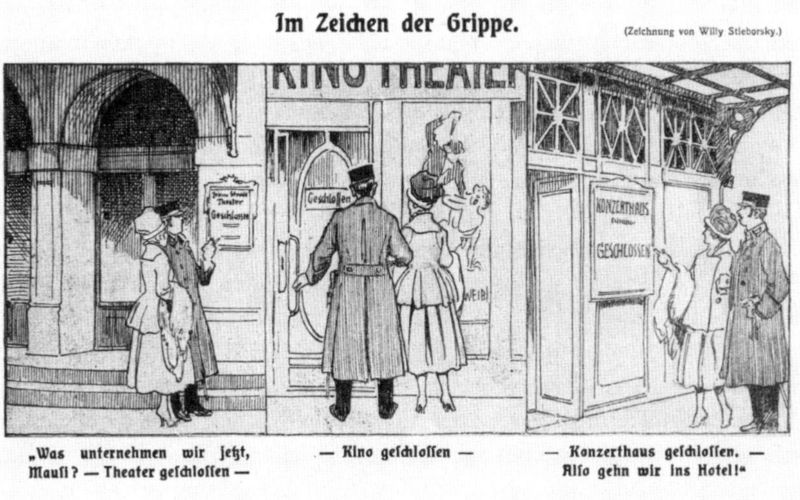
Im Zeichen der Grippe.
(Zeichnung von Willy Stieborsky.)
KINO THEATER
Geschlossen
KONZERTHAUS
GESCHLOSSEN
„Was unternehmen wir jetzt, Mausi? — Theater geschlossen —
— Kino geschlossen —
— Konzerthaus geschlossen. — Also gehn wir ins Hotel!“

Abb. 104

Aerzte und Bakteriologen urteilen und die zucken mit den Achseln und scheinen der übrigens auch dem Laien einleuchtenden Ansicht zu sein, daß die Grippebazillen, die sich noch immer eines beneidenswerten Inkognitos erfreuen, ihre Maskenredoute nicht ausschließlich im Theater und im Kino veranstalten, daß ihnen die überfüllte Straßenbahn, ja sogar irgendein schlichtes Lokal, in dem die Leute sich dicht aneinandergepreßt um ein Lebensmittel drängen, ebenso lieb und sympathisch ist. Auch wird der Zweifel laut, ob diese Sperrungsidee am Ende nicht auch einen jener ausgezeichneten Einfälle bedeutet, um den unser altes Oesterreich, natürlich bevor es noch ein Bundesstaat war, regelmäßig zu spät kam. Vielleicht hätten die gesperrten Theater und Kinos mehr gefruchtet, wenn man nicht gewartet hätte, bis die Epidemie ihren Höhepunkt erreicht hat oder gar schon im Abflauen begriffen ist.«[367]

Tatsächlich nehmen die Theater und Konzertsäle sowie sämtliche Kinos mit 1. November 1918 ihren Spielbetrieb wieder auf. Die Sperre der Schulen – ein Hort höchster Ansteckungsgefahr – bleibt noch bis 5. November aufrecht. Seit 17. Oktober ist der Unterricht eingestellt. »Herrlich, schulfrei!« freuen sich da die wenigsten der gesund gebliebenen Kinder, denn nun werden sie umso mehr beansprucht, die Mutter in den täglichen Besorgungen und Pflichten zu unterstützen.

Verschärft wird die Krise im Gesundheitssystem durch fühlbaren Ärztemangel. Waren in Wien in Friedenszeiten etwa 3.000 Ärzte im Einsatz, so sind es jetzt nur 1.800 – ohne Einrechnung der Spitalsärzte. Die praktischen Ärzte sind überfordert. Außerhalb seiner Ordinationszeiten macht ein Allgemeinmediziner durchschnittlich 30 Hausbesuche, das bedeutet 15 Arbeitsstunden, errechnet die Wiener Ärztekammer. Die Wohnungen, in die er kommt, sind größtenteils entsetzlich. Die meisten bestehen nur aus Zimmer und Küche, sind schmutzig und schlecht beleuchtet. Der Kranke teilt mit drei oder vier Personen das Zimmer. Ein Zustand, der jeder Genesung im Wege steht. Soziale Enge und Mangel an Reinlichkeit sind aber kein Grund, den Patienten in ein Spital zu überweisen. Einziger Ausweg: Verdacht auf eine schwere Erkrankung wie Lungen- oder Bauchfellentzündung. Kein Spital kann einen solchen Fall ablehnen. Stellt sich dann dort heraus, dass die Erkrankung nicht so schlimm ist, besteht kaum Aussicht, den Patienten wieder zu entlassen. Die überlasteten Krankentransporte weigern sich zumeist, den langen Weg in einen der Außenbezirke durchzuführen. Den Kranken ist der Spitalsaufenthalt nur recht, denn hier sind sie besser versorgt als in ihrer stickigen, überbelegten Wohnung. Daraus folgt ein akuter Mangel an Spitalsbetten. Die Militärverwaltung macht einen Teil ihrer Spitäler für zivile Seuchenopfer frei, zum Krankentransport stellt sie auch 20 Autos zur Verfügung, allerdings zum Mietpreis von 200 Kronen pro Stück und Tag.

Unter der Last der Epidemiefolgen stöhnen auch Wiens Apotheker. Ihre Arbeit hat sich vervierfacht, es mangelt an Hilfskräften, aber auch an Arzneien wie dem besonders nachgefragten Aspirin. Spiritus, Zucker, ja selbst die notwendigen Glasgefäße sind unzureichend vorhanden. Patienten müssen oft mehrstündige Wartezeiten in Kauf nehmen, bis sie die verschriebene Arznei ausgehändigt bekommen. Die Wartenden sind gereizt, lassen den Apotheker ihre Ungeduld spüren. Es kann nicht ausbleiben, dass sich auch bei der Bahn Folgewirkungen der Epidemie bemerkbar machen. Es sind so viele Bahnbedienstete erkrankt, dass der Schnell- und Personenverkehr einschneidend reduziert werden muss – vom notorischen Lokomotiven- und Kohlemangel abgesehen. Die Maßnahme gilt vom 20. Oktober 1918 an für die Dauer von vier Wochen. Schnellzüge auf der Nordbahn nach Krakau und Lemberg verkehren teilweise überhaupt nicht. An alle Besitzer eines Telefonapparates wird appelliert, nur absolut wichtige Gespräche zu führen, da das Personal die Arbeitsbelastung kaum mehr bewältigen kann.

»Der Totentanz nimmt kein Ende«: Allerheiligen und Allerseelen

Der Massentod in Wien ruft eine neue Not hervor: den Mangel an Särgen. Obwohl die Sargerzeuger mit Hochdruck arbeiten, können sie den Bedarf nicht decken. Die städtische Leichenbestattung ist damit außerstande, Begräbnisse im üblichen Zeitrahmen durchzuführen. Ein charakteristisches Beispiel von den

Zuständen wird in der Presse geschildert. Hier ist von einem Familienvater aus Ottakring zu lesen, dessen siebenjähriger Sohn zu Hause gestorben ist. Dem Vater bleibt nichts übrig, als sich auf die Suche nach einem Sarg zu machen. Er kann einen in einer Sargfabrik auftreiben, trägt ihn nach Hause und legt das tote Kind hinein. Aber wie soll er den Sarg nun zum Friedhof bringen? Diese Aufgabe übernimmt die Feuerwehr. Das Begräbnis wird gleichzeitig mit 14 anderen vollzogen. Es dauert vier Stunden, bis der Kindersarg in das Grab versenkt wird. Die Frauen der Familie bestanden nämlich auf einem kirchlichen Begräbnis. Der zuständige Pfarrer hatte wegen Arbeitsüberlastung erst Stunden später dafür Zeit. Auch die Totengräber arbeiten im Akkord, manchmal unterstützt von Freiwilligen.

Selbst die Tradition, zu Allerheiligen und Allerseelen zu den Wiener Friedhöfen zu fahren, macht die Grippeepidemie 1918 vielen unmöglich: »Aus gesundheitlichen Rücksichten und mit Rücksicht auf die zahlreichen Erkrankungen der Bediensteten der städtischen Straßenbahnen kann daher der auch für heuer in Aussicht genommen gewesene verstärkte Straßenbahnverkehr zum Zentralfriedhofe und zu den übrigen größeren Gemeindefriedhöfen nicht stattfinden. Es entfallen auch die übrigen bisher alljährlich von der Gemeinde zur Erleichterung des Gräberbesuches getroffenen Maßnahmen. Die Friedhöfe werden ausnahmslos bei Eintritt der Dunkelheit geschlossen. Die Bevölkerung wird daher gebeten, den Gräberbesuch auf einen geeigneteren Zeitpunkt zu verschieben.«[368] »Die Toten werden dieses Jahr ihres kalendarisch verbrieften Rechtes auf Pietät beraubt … Auf der Ringstraße wird man die großen Wegweiser vermissen, welche die Ausgangspunkte der Wägen nach Simmering (Anm.: zum Zentralfriedhof) kennzeichneten, und diese Waggons selbst werden heuer an Stirn- und Rückwand nicht mit Kränzen geschmückt sein, weder mit den prunkvollen und kostbaren Blumengewinden aus den vornehmen Salons der Inneren Stadt noch mit den bescheidenen, schüchternen Immortellenkränzen, deren unscheinbare Blumenkelche manchmal freilich mehr und heißere Tränen getrunken haben. Die Pietätlosigkeit ist gestattet, mehr sogar: Sie ist behördlich angeordnet worden. Weil die Totenstadt in den letzten Wochen zu viel[e] Besucher bekam, die sich kein Retourbillett mehr lösen mußten, wird der Zuzug seitens der Lebenden ferngehalten, die vor Grippegefahr und Ansteckungsmöglichkeit geschützt werden sollen. … Wo man hinschaut, wird eingebuddelt, eingescharrt und eingegraben. Politische Begriffe, Systeme, Überzeugungen, Gesinnungen, Traditionen und dergleichen mehr. Der Totentanz nimmt kein Ende.«[369]

»In allen Fugen kracht es«:
das Sterben Alt-Österreichs

Wien, Sonntag 16. Juni 1918: »Aus dem Kriegspressequartier wird gemeldet: Gestern früh hat nach mehrstündiger machtvoller Artillerievorbereitung der von der italienischen Presse mit erkennbarer Nervosität immer wieder angekündigte und von der italienischen Heeresleitung gewiß mit ebensolcher Spannung erwartete österreichisch-ungarische Offensivstoß an der ganzen Südwestfront eingesetzt. Von der Piavemündung bis zum Ortler, im Lagunengebiet und dem von Weinreben durchzogenen Gelände der Ebene ebensowohl wie im wildzerklüfteten Gebirgsland und in den Regionen des ewigen Eises sind unsere Truppen an vielen Stellen in die Stellungen des Gegners eingedrungen und haben ihm Graben um Graben in erbittertem Ringen entrissen. Trotz der infolge der letzten Regenperiode hochgehenden, mehr als kilometerbreiten Piave haben die Truppen der Generalobersten Freiherr v. Wurm und Erzherzog Josef an mehreren Stellen den Uebergang unter dem Schutze der ausgezeichnet wirkenden Artillerie erzwungen. Die Truppen des Generalobersten Freiherrn v. Wurm haben in breiter Front am Westufer der Piave Fuß gefaßt. Truppen des Generalobersten Erzherzog Josef haben sich in überraschendem Stoß in den Besitz eines großen Teiles der kahlen, dominierenden Höhen des langgestreckten Montellorückens gesetzt. Prächtiges Arbeiten der technischen Truppen hat unter dem machtvollen Feuer der vereinigten Batterien unserer Infanterie zum Uebergang und im Verein mit dem Überraschungsmoment trotz schwierigster Gelände- und Kampfverhältnisse zu vollem Erfolg verholfen. Auch an der Tiroler Hochgebirgsfront hat der Gegner unserem ersten wuchtigen Anprall nicht standgehalten. Selbst das Heranziehen stärkerer Reserven und das schnelle Eingreifen schon bereitgestellter Angriffstruppen konnte den Erfolg des Tages nicht ausgleichen.«[370] So lautet der mit verbalen Fanfarenstößen verkündete Beginn einer großen Offensive an der italienischen Front. Vierzehn Divisionen sind Mitte Juni 1918 angetreten, um in der »Albrechtsschlacht« den Sieg über die Italiener vom Oktober 1917 zu erneuern. Diesmal ohne deutsche Unterstützung, denn die deutsche Oberste Heeresleitung braucht eine Entlastung ihrer Westfront und hat zu dieser Offensive gegen Italien gedrängt.

Passend zur Meldung über den scheinbar alles überwindenden Heldenmut der Soldaten des Kaisers sind am 17. Juni 1918 auch im Wiener Rathaus kämpferische Töne zu hören. Dort findet der »Deutsche Volkstag« statt. Am Rathaus-

turm weht eine mächtige schwarz-rot-goldene Fahne, Volkshalle und Arkadenhof sind gleichfalls mit Fahnen in schwarz-rot-gold, schwarz-gelb und rot-weiß,
den Farben der Stadt Wien, reich geschmückt. Büsten Kaiser Karls und Kaiser
Wilhelms inmitten von Blumenarrangements zieren die Estrade in der Volkshalle und die Rednertribünen im Arkadenhof. Es herrscht dichtes Gedränge,
denn alle, denen deutsches Wesen am Herzen liegt, sind gekommen: die Wiener
Stadträte, Gemeinde- und Bezirksräte, die Vertreter der Volksräte aller Kronländer, der deutschen Schutzvereine, der deutschnationalen und christlichsozialen Organisationen aus Wien und der Provinz, die deutsche Studentenschaft
der Wiener Hochschulen in Farben, ebenso deutschnationale und christlich-
soziale Studenten sämtlicher Universitäten Österreichs, viele Bürgermeister und
Gemeinderäte der deutschsprachigen Provinzstädte. Wiens christlichsozialer
Bürgermeister Weiskirchner kehrt seine deutschnationale Seite hervor, gilt es
doch die vermeintliche Bedrohung des Deutschtums in Österreich zu bannen:
»… Nicht durch siegreiche Gewalt feindlicher Waffen sind wir bedroht, nein,
sondern durch innere Staatsnot, erzeugt durch Untreue und Hochverrat. Gegen die äußeren Feinde haben uns unsere Soldaten in heldenmütigem Kampfe
verteidigt. Gegen die inneren Widersacher rufen wir alle Deutsche, Mann für
Mann, zum heiligen Kampfe für die Lebensexistenz unseres Volkstums auf. Die
Grundbedingung unserer Existenz ist das untrennbare Bündnis mit dem Deutschen Reiche einerseits und die Schaffung der inneren Ordnung im Staate anderseits … Es geht nicht weiter an, daß die slawische Hochflut von Nord und
Süd sich ungehemmt ins deutsche Land ergieße. Wir verlangen zum Schutze
unserer Kinder, daß Dämme aufgerichtet werden, um unseren Besitz zu wahren … Wir verlangen im deutschen Lande das Verbot des Verkaufes von Grund
und Boden an Nichtdeutsche und fordern, daß die Zukunft unserer Kinder in
deutschen Schulen sichergestellt werde. Ein Blick auf unsere Wiener Mittel-
und Hochschulen zeigt uns, daß für unsere Jugend in unseren heimischen Bil-
dungsstätten fast kein Platz mehr vorhanden ist, weil auswärtige und fremdvöl-
kische Studenten diesen Platz eingenommen haben … Das Deutsche Reich hat
mit uns um Triest gekämpft, weil es sich dort um die Zukunft der Mittelmächte
handelte. In den vielen Schlachten am Karst und in den Alpen haben wir diese
Blutopfer nicht gebracht, damit wir durch einen südslawischen Staat vom Meere
abgeschnitten werden. Der Weg zur inneren Ordnung im Staate heischt aber
gebieterisch volle Einigkeit. Sind wir einig, dann mag Tod und Teufel reiten, wir
Deutsche haben nichts zu fürchten.«[371] Stürmischer Applaus der Anwesenden
ist ihm sicher.

Mit den hehren Tönen der Frontberichterstattung ist es bald vorbei. Schlecht
ernährt, schlecht ausgerüstet, dazu Dauerregen mit Hochwasser im Gefolge endet die Offensive in einem Desaster mit hohen Verlusten: 11.000 Gefallene,

80.000 Verwundete, 25.000 Vermisste. Der Gegner war wohl informiert über Beginn und Strategie der k. u. k. Armee, da die Telefonleitungen angezapft waren. Technisch weit überlegen sind die Italiener durch Verstärkungen der Franzosen und Briten, besonders im Luftkampf; daher müssen die völlig entkräfteten und deprimierten Soldaten des Kaisers in die Ausgangsstellungen zurückgezogen werden. Für die siegreichen Alliierten ist klar, dass Österreich-Ungarn mit seiner »Hungeroffensive«, wie sie es treffend nennen, nachhaltig geschwächt ist. Amerikanische Verstärkung an dieser Front ist nicht mehr nötig. Als ob der schlechten Nachrichten nicht genug wäre, wird in diesen Tagen bekannt, dass Österreich-Ungarns jüngstes, erst im Jänner 1914 vom Stapel gelassenes Schlachtschiff »Szent Istvan« in der Adria torpediert und versenkt worden ist. 80 Mann Besatzung werden vermisst, die anderen konnten gerettet werden.

Die moralische Wirkung der Niederlage ist höchst bedenklich, denn auch in der k.u.k. Armee rumort es wie noch nie. Bei der Meuterei der Matrosen von Cattaro ist es nicht geblieben. Am 12. Mai 1918 meutert die Ersatzmannschaft des Infanterieregiments Nr. 17 in Judenburg in der Steiermark. Dort werden die Jesuitenkaserne gestürmt, Vorratsmagazine und Munitionsdepots geplündert und am Bahnhof die Fernmeldeapparate zerstört. Fast alle der 1.200 meuternden Soldaten, meist Slowenen, die sich in die Heimat durchschlagen wollten, werden aufgegriffen. Aber es bleibt kein Einzelfall. Zu ähnlichen Ereignissen kommt es kurz darauf in Murau und Radkersburg und auch in Städten der ungarischen Reichshälfte.

Bei einem militärischen Misserfolg dieser Größe kann das Parlament nicht schweigen. Das Abgeordnetenhaus tritt zu einer Debatte über die Vorgänge an der Südwestfront am 24. Juli 1918 zusammen – geheim und ohne Protokoll. Trotzdem ist das dort Gesagte im Nachhinein bekannt geworden, da ein Teilnehmer privat mitstenografierte. Der Abgeordnete Karl Leuthner, einer der glänzendsten Redner der Sozialdemokraten, geißelt schonungslos die Versäumnisse der Armeeoberkommandos in Vorbereitung und Durchführung der Offensive: »Welche menschliche Phantasie kann die Greuel schildern, die sich dort an den Ufern des Piave abgespielt haben. Wer kann die Stimmung derer weitergeben, die sich verlassen fühlten, die keine Waffen trugen, denn ihre Gewehre waren ja zu leeren Hülsen geworden, denen keine Nahrung zugeführt werden konnte. Wer kann die Qualen von Tausenden von Verwundeten schildern, die dort tagelang ohne Hilfe am Ufer lagen, im Sonnenbrand des Südens, während in ihren Augenhöhlen, in ihren Mundhöhlen Maden sich wanden und sie in der unbeschreiblichsten Pein hinübergehen mußten, den Weg vom Leben zum Tode, ohne Hilfe zu finden, ohne einen menschlichen Trost zu haben, hingestreut als Sterbende unter die Kadaver der Pferde und unter die Leichen der Menschen. Und wie hat sich dann der Rückzug vollzogen? Das ist eine Tat,

Abb. 105: Die Offensive der k. u. k. Armee an der Piave

die sie vollbracht haben, indem sie hier zögerten. Und was sie zögern ließ? Die
Furcht vor dem Eindruck, den es auf die Öffentlichkeit machen würde. Das war
der Mord an Tausenden, und schlimmer als Mord, das war Verbrechen, wodurch
Hunderte und Tausende unserer Söhne und Brüder einer Folterpein preisgegeben worden sind, die keine Phantasie religiösen Wahnsinns in die Hölle verlegt
hat.«[372] Und wie gehe die militärische Führung mit den geschlagenen Soldaten
um? Sie behandle sie wie Verbrecher, unterziehe sie erniedrigenden Verhören,
die tiefe Verbitterung erzeugen müssten, beklagt Leuthner. Nicht die Bolschewiken, sondern die Offiziere seien es, die die Revolution vorbereiteten. »Wir stehen leider nicht vor dem Ende des Krieges, aber wir stehen zweifellos vor dem
Zusammenbruch eines Systems. In allen Fugen kracht es, überall wird fühlbar,
daß es so nicht weitergeht, daß so oder so das Ende herannaht.«[373] Immerhin
erfährt die Öffentlichkeit von der Tatsache der geheimen Sitzung und von dem
Umstand »daß Genosse Leuthner durch eine große Rede das ganze Haus förmlich faszinierte; alle Teilnehmer an der Debatte berichten, daß die Rede von
allen Parteien mit leidenschaftlicher Bewunderung angehört wurde«, berichtet
die *Arbeiterzeitung*.[374]

»Härteste Probe im Duchhalten«: noch weniger Brot

Eben rollt die Offensive an der Piave an, da erreicht am 17. Juni 1918 die Wiener eine neue Hiobsbotschaft: die neuerliche Kürzung der Brotration, und zwar auf die Hälfte: »Die Brotkrise, die infolge der unzureichenden allgemeinen Versorgung Oesterreichs mit Mahlprodukten schon seit längerer Zeit bald da, bald dort zum Ausbruch gekommen war, um nach kürzerer oder längerer Dauer wieder zu verschwinden, hat nun auch Wien erreicht. Die Ernährungsschwierigkeiten des zu Ende gehenden Wirtschaftsjahres haben den Höhepunkt erklommen. Der Bevölkerung wird jetzt die härteste Probe im Durchhalten auferlegt … Bald nach Neujahr hatte es sich gezeigt, daß sowohl das Ergebnis der Ernte von 1917, trotz des pessimistischen Maßstabes, der angelegt worden war, noch überschätzt worden ist, als auch, daß das Ausbringungssystem gegenüber den drei ersten Kriegsjahren nicht nur keine Besserung, sondern eine Verschlechterung der Sachlage nach sich gezogen hat. Es mußte Mais in ausgedehntestem Maße zur Streckung der Broterzeugung herangezogen werden. Der Zusatz an Mais war viel stärker als in den Jahren 1916 und 1917 und erreichte zuweilen einen Grad, daß die Bäcker außerstande waren, aus dieser Mischung ein halbwegs genußfähiges Brot herzustellen. Die Bevölkerung ertrug die unbekömmliche Qualität des Hauptnahrungsmittels mit großer Geduld, die um so anerkennenswerter ist, als die Kartoffelquote in Oesterreich sich wesentlich geringer stellt als im Deutschen Reiche und in Ungarn …«[375] Und wo bleibt das Getreide aus der Ukraine, wo die Wirkung des hochgelobten »Brotfriedens«? »Die großen Transportschwierigkeiten haben aber bis jetzt die Zuflüsse aus der Ukraine nicht jene Höhe gebracht, die ausreichen würde, um der Bevölkerung die volle Brotquote bieten zu können«, heißt es dazu ernüchternd.[376] Die *Arbeiterzeitung* wirft der Regierung unter Ministerpräsident Seidler schwere Versäumnisse vor: »Noch vor Wochenfrist taten die maßgebenden Amtsstellen so, als ob sie die Hoffnung hätten, daß auf Grund von Vereinbarungen mit Deutschland, für die wir einen sehr erheblichen Gegenwert zu leisten hatten, die Brot- und Mehlversorgung halbwegs aufrecht erhalten werden wird. Diese von Deutschland zugesagte Hilfe scheint nun nicht geleistet zu werden, und daher der Zusammenbruch der Brotversorgung! Alle maßgebenden Stellen hätten die Pflicht, ungesäumt Deutschland und Ungarn aufmerksam zu machen, daß die Ernährungsverhältnisse in Oesterreich ganz unhaltbar geworden sind und daß die nötigen Aushilfen von beiden Staaten ungesäumt geleistet werden müssen. Die österreichische Bevölkerung kann doch nicht verhungern, während Deutschland, namentlich aber Ungarn noch immer h a l b w e g s erklägliche Nahrungsmittelrationen hat. Auf diesem verschiedenen Stand können und dürfen die Ernährungsverhältnisse in den Ländern der Mittelmächte nicht gehalten werden. Man soll die

österreichische Regierung auch in der Lebensmittelversorgung unter Kuratel
stellen, dagegen ist nichts zu sagen, verdient hat sie es, bevormundet zu werden;
aber für die Fehler der Regierung kann man doch die Bevölkerung nicht mit
Hunger strafen.«[377] Kuratel für die Regierung! – ein wahrhaftes kühnes Wort,
das überraschenderweise von der Zensurstelle geduldet oder übersehen wurde.

In dieser Krisensituation appelliert der Parteivorstand der Sozialdemokraten
an die Genossen, »sich zu keinen Unbesonnenheiten hinreißen zu lassen, sondern in aller Ruhe die Beschlüsse des Wiener Arbeiterrates abzuwarten. Wir
richten diese Bitte an die ganze Arbeiterschaft; besonders eindringlich aber an
die Eisenbahner und die Arbeiter der Lebensmittelindustrie. Jede Störung des
Eisenbahnverkehrs und der Arbeit in der Lebensmittelindustrie würde die Not
furchtbar vergrößern, der Arbeiterschaft selbst den schwersten Schaden zufügen.
Für selbstverständlich halten wir es, daß sich alle klassenbewußten Arbeiter und
Arbeiterinnen von Straßenexzessen fernhalten, die der Ehre und Würde der Arbeiterschaft nicht entsprechen.«[378]

Dieser Appell bleibt wirkungslos, zu groß ist die Erbitterung über die neuerliche Kürzung der Brotration. Wien wird von Streiks und Ausschreitungen
erschüttert. »In etwa 120 zumeist großen Industrieunternehmungen stellten
insgesamt etwa 47.000 Arbeiter die Arbeit ein. Größere Gruppen von Streikenden – zumeist jugendliche Elemente und Frauenspersonen – versuchten in Fab-
riksbetriebe einzudringen und Arbeitswillige zum Anschlusse an die Bewegung
zu zwingen. Hiebei wurden in einigen Fabriksgebäuden mehrere Fensterscheiben durch Steinwürfe zertrümmert. Ferner wurden von den Demonstranten –
hauptsächlich im X., XV., XVI., XVII., XX. und XXI. Gemeindebezirke – mit
Brot und Mehl beladene Wagen überfallen, Straßenbahnzüge angehalten und
in einigen Fällen in boshafter Weise beschädigt, sowie in mehreren Geschäftslokalen Fensterscheiben durch Steinwürfe eingeschlagen. Die Sicherheitswache,
die mehrfach mit Steinen beworfen wurde, mußte in einigen Fällen gegen die
Demonstranten mit blanker Waffe einschreiten, um dem gewalttätigen Treiben
der Excédenten ein Ende zu bereiten. Durch das rasche und energische Vorgehen der Wachorgane wurde die Menge in allen Fällen daran gehindert, größeren
Sachschaden anzurichten. Insgesamt wurden etwa 250 an diesen Excessen beteiligte Personen verhaftet und in strafgerichtliche Untersuchung gezogen oder
polizeilich bestraft«, gibt der Polizeibericht für die Tage zwischen dem 17. und
20. Juni 1918 anschaulich wider.[379]

Ab 24. Juni 1918 normalisiert sich die Lage, in den bestreikten Betrieben
wird die Arbeit wieder aufgenommen. Mehr denn je steht der innere Friede auf
dem Spiel, wenn nicht bald der allgemeine Friede hergestellt wird. »Der Arbeiterrat von Wien fordert daher, daß sich die österreichisch-ungarische Regierung
nicht nur bereit zeige, jederzeit in Verhandlungen über den allgemeinen Frieden

ohne Annexionen und Kontributionen und über die Gründung einer Liga der Nationen einzutreten, sondern daß sie sich auch bereit erkläre, selbst möglichst bald die Regierungen der feindlichen Länder zu Friedensverhandlungen auf dieser Grundlage einzuladen.«[380] Und er warnt die Regierung nachdrücklich davor, sich zur Ausschaltung des Parlaments und zum Rückgriff auf das auf Paragraf 14 beruhende Notverordnungssystem wie seinerzeit unter Graf Stürgkh verleiten zu lassen.

»Ehrenpflicht« für alle Patrioten: Mörsertage und 8. Kriegsanleihe

Auch wenn ein Erschöpfungsfriede durch Kapitulation sich immer deutlicher abzeichnet, wird offiziell alles daran gesetzt, die Achte Kriegsanleihe zu einem vollen Erfolg zu machen. Patriotische Appelle allein genügen nicht, am besten man präsentiert der Bevölkerung Österreichs Wunderwaffe: den 30,5-Zentimeter-Mörser.

In jeder größeren Stadt der Monarchie werden sogenannte Mörsertage veranstaltet. Am Wochenende 6./7. Juli 1918 ist diese Artilleriewaffe in Wien vor dem Volksgarten aufgestellt. Spektakel ist garantiert. Die Musikkapelle des Deutschmeister-Infanterieregiments Nr. 4 spielt auf, Flieger kreisen über dem Platz und werfen Propagandaflugzettel zugunsten der Kriegsanleihe ab. Der Andrang des Publikums ist ungeheuerlich. Am Sonntag werden weit mehr als 100.000 Besucher auf dem Heldenplatz registriert. Wer nicht kommen kann, der hat an den beiden folgenden Tagen Gelegenheit, den feldmäßig eingebauten Mörser auf der Jesuitenwiese im Prater zu bestaunen. Ein verdeckter Geschützstand samt den Unterständen für Bedienungsmannschaft, Munition und Telephondienst liefert ein anschauliches Bild, wie solch ein Riesengeschütz an der Front funktioniert. Geschulte Artilleristen erklären den Umstehenden die Details und simulieren Laden und Abschuss des Geschoßes. Man kann wahrhaft stolz auf den 30,5-Zentimeter-Mörser sein, denn er ist ein Produkt österreichischen Erfindergeistes. An allen Fronten kam dieses Geschütz zum Einsatz und hat aus militärischer Sicht »Hervorragendes« geleistet.

Psychologisch geschickt arrangiert, ist an jedem Ausstellungsort eine »Mörser«-Zeichenstelle für die achte Kriegsanleihe aufgebaut (siehe Taf. 29). Sie dient zur Anmeldung der Zeichnung, die Einzahlung muss man bei der Bank erledigen. Jeder, der sich dazu entschließt, erhält dazu eine Erinnerungsbroschüre mit Denksprüchen und Illustrationen. »Es ist Ehrenpflicht der Wiener Bürger, sich an diesen Zeichnungen zu beteiligen und den Mörsertagen zu einem großen und in die Augen fallenden Erfolge zu verhelfen.«[381] Haben die Prager mit 104 Millionen Kronen gezeichnet, dann kann Wien als Reichshauptstadt kei-

Abb. 106: Der 30,5 Zentimeter Mörser

nesfalls zurückstehen! Der Kaiser ist mit gutem Beispiel vorangegangen. Er hat mit zwölf Millionen Kronen aus den Privat- und Familienfonds diese Kriegsanleihe gezeichnet, wie man aus der Zeitung weiß. Und auch volkswirtschaftlich sei es höchst vernünftig, dem Staat auf diese Weise Kredit zu geben, denn »jede Milliarde, die gezeichnet wird, verringert den Notenumlauf und hält die Teuerung in ihrem wahnsinnigen Laufe auf und deshalb handelt jeder einzelne nur in seinem eigensten Interesse, wenn er dem Staate möglichst viele Banknoten auf dem Wege der Kriegsanleihezeichnung zur Verfügung stellt.«[382]

Sechs Milliarden Kronen: auf diesen Erfolg der achten Kriegsanleihe kann man wahrhaft stolz sein. Denn dieser Erfolg ist »umso höher einzuschätzen, als während der Zeit, da die Kriegsanleihe zur Zeichnung aufgelegt war, die politische Stimmung im Lande der Zeichnung nicht besonders günstig war. Es dringt eben das Bewußtsein immer mehr ins Volk und in alle Finanzkreise, daß die beste Kapitalsanlage jetzt doch die Kriegsanleihe ist. Werbetätigkeit der Banken, der Postsparkasse, der Presse, der Lehrer, die Mörsertage usw. haben eine Aufklärung in die Bevölkerung gebracht, die zu diesem Erfolg führte … diese sechs Milliarden zeigen das Vertrauen der Bevölkerung in den Staat und somit das Vertrauen, daß das Land den Krieg so überstehen wird, daß sein wirtschaftlicher und finanzieller Bau mit dem Beginn des Friedens aus seinen überreichen Quellen zurückgeben wird, was es im Kriege erborgt hat.«[383] Die Fata Morgana eines doch noch möglichen Sieges, der Gewinn in Form klingender Münze verspricht, übt noch ihre Wirkung aus. Durchhalten, heißt die Parole. An eine Friedenskundgebung ist in dieser Atmosphäre nicht zu denken. Rührt sich nicht wenigstens in der Presse eine Stimme der Vernunft – so formuliert, dass sie der Zensor nicht mit einem weißen Fleck auszutilgen vermag? Tatsächlich wird der aufmerksame Leser fündig – in der *Arbeiterzeitung*: wahrscheinlich als bewussten Kontrapunkt zu den kriegspatriotischen Aufwallungen der Masse und der bürgerlichen Presse am »Mörser«-Sonntag, dem 7. Juli 1918. Das Zentralorgan der Sozialdemokraten nimmt den bevorstehenden vierten Jahrestag des Kriegsbeginns am 28. Juli 1914 zum Anlass: »… Es ist die unheimlichste Verblendung, von der Fortführung des Krieges einen Erfolg zu erwarten, der dem, was der Krieg verschlingt, irgendwie gleichkäme; man opfert in einem Tage mehr, als je durch den ganzen Krieg gewonnen werden könnte. Gewonnen? – aber der Krieg ist ja nur Verlust, gleicher Verlust für Sieger und Besiegte! Und dieses Tun, das ebenso sinnlos wie verbrecherisch ist, soll noch in einem fünften Jahre fortgesetzt werden? … das Allerschrecklichste: nach vier Jahren blüht noch keine Hoffnung auf, daß wir in absehbarer Zeit das Ende erschauen werden! Tag um Tag verrinnt, Monat reiht sich an Monat, die Jahre schwellen an und nirgendwo keimt die Hoffnung, daß doch endlich der Tag kommen werde, der schöne Tag, wenn endlich der Soldat heimkehrt in die Menschlichkeit und die Welt aufatmen kann, daß wenigstens das Grausigste des Krieges, das Morden ohne Unterlaß, aufgehört hat. Ist das Gewissen in der Welt ausgestorben, daß vier Jahre Krieg noch nicht ausgereicht haben, das Verbrecherische der Fortsetzung des Krieges zu fühlen und sich in dem Entschluß zu vereinen, endlich, endlich Schluß zu machen und die Menschheit von der täglichen und stündlichen Schändung aller menschlichen Empfindungen zu befreien?[384]

»Wiener, lernt die Italiener kennen!«: d'Annunzios Propagandaflug

Freitag, 9. August 1918 ist ein klarer sonniger Tag in Wien. Plötzlich tauchen vom Süden kommend sechs Flugzeuge über dem Stadtgebiet auf. Das Geschwader fliegt so hoch, dass es vorerst für eine einheimische Formation bei einem Übungsflug gehalten wird. Doch das erweist sich rasch als Irrtum, als Flugzettel in den italienischen Farben abgeworfen werden.

Jetzt ist klar: Feindflugzeuge über Wien! Selbst wenn ihr Startplatz etwa 500 Kilometer weiter weg liegt, ist das jetzt dank stärkerer Flugmotoren möglich. Den Rückweg eingerechnet müssen die Flugzeuge eine Distanz von bis zu 1.300 Kilometern zurücklegen. Die Alpen als natürliche Festung sind jetzt nicht mehr unüberwindlich. Bomben auf Wien abzuwerfen, diese Gefahr bestehe allerdings nicht, versichern Flugexperten. Eine solche Last könnten die

Abb. 107: Abwurf italienischer Propagandazettel über Wiens Innenstadt, im Bild rechts oben der Stephansdom

Flugzeuge auf diese große Distanz nicht tragen, das Ganze mache eher den Eindruck einer sportlichen Leistung. Auch liege Wien zudem weit günstiger als Paris oder London, aber auch als die rheinischen und süddeutschen Städte, die immer öfter von der Luft aus bombardiert werden.

Zahlreiche Wiener verfolgen auf der Straße das interessante Schauspiel, nirgendwo ist eine Spur von Beunruhigung, geschweige denn Panik festzustellen. Sofort wimmelt es von Polizisten, um die Flugzettel rasch einzusammeln. Die Bevölkerung wird darauf aufmerksam gemacht, dass die Zettel als Produkt feindlicher Propaganda nicht behalten und schon gar nicht weiter verbreitet werden dürfen. Wer dagegen verstoße, mache sich des Hochverrats schuldig. Was wirklich darauf steht, kann man aber bald in der zensierten Presse lesen:

Wiener! Lernt die Italiener kennen! Wenn wir wollten, wir könnten ganze Tonnen von Bomben auf Eure Stadt hinabwerfen, aber wir senden Euch nur einen Gruß der Trikolore, der Trikolore der Freiheit. Wir Italiener führen den Krieg nicht mit Bürgern, Kindern, Greisen und Frauen. Wir führen den Krieg mit Eurer Regierung, dem Feinde der nationalen Freiheit, mit Eurer blinden, starrköpfigen und grausamen Regierung, die Euch weder Brot noch Frieden zu geben vermag und Euch nur mit Haß und trügerischen Hoffnungen füttert. Wiener! Man sagt von Euch, daß Ihr intelligent seid, jedoch seitdem Ihr die preußische Uniform angezogen habt, seid Ihr auf das Niveau eines Berliner Grobians herabgesunken, und die ganze

319

Welt hat sich gegen Euch gewandt. Wollt Ihr den Krieg fortführen? Tut es, wenn Ihr Selbstmord begehen wollt! Was hofft Ihr? Den Entscheidungssieg, den Euch die preußischen Generale versprochen haben? Ihr Entscheidungssieg ist wie das Brot aus der Ukraine: Man erwartet es und stirbt, bevor es ankommt. Bürger Wiens! Bedenkt, was Euch erwartet, erwacht / Hoch lebe die Freiheit! Hoch lebe Italien! Hoch lebe die Entente![385] Es stellt sich rasch heraus, dass unter den Flugpiloten der italienische Dichter Gabriele d'Annunzio ist, der eigentliche Initiator des waghalsigen Unternehmens. Er landet trotz Verfolgung durch Flugzeuge der k. u. k. Armee glücklich in Venedig und wird dort mit einer Tapferkeitsmedaille ausgezeichnet.

Ab jetzt muss Wien mit weiteren derartigen unerwünschten Besuchen rechnen. An die Bevölkerung wird appelliert, die schon seit April 1917 in den Hausfluren ausgehängten Verhaltensmaßregeln im Falle eines Luftangriffs ernst zu nehmen: »Ohne Hast Deckung in den Hauseingängen suchen. Ist dies nicht möglich, lege man sich auf den Boden. Haustore müssen für Schutzsuchende offen bleiben. Dächer und Balkone dürfen nicht betreten werden. Zur Nachtzeit sind alle Lichtquellen sofort abzublenden. Der Fuhrwerksverkehr jeder Art ist sofort einzustellen. Nichtexplodierte Bomben sind unberührt liegen zu lassen, die Fundstelle ist sofort anzuzeigen. Im Falle einer Bedrohung der Stadt durch feindliche Flieger wird der Fliegeralarm verfügt. Dieser erfolgt durch fortgesetztes Ertönen der Sirenen, Signalblasen durch Militär und Feuerwehr und Pfeifensignale der Wache. Die Beendigung des Alarms wird durch Glockenläuten angezeigt.«[386] Tatsächlich haben sich beim Erscheinen der italienischen Flieger auf den Straßen Gruppen gebildet, die höchst interessiert die Formation verfolgen; so als wären sie Zuschauer bei einer Flugschau in Aspern. Dass für sie Gefahr drohen könnte, auf diesen Gedanken kamen sie nicht. Es ist ja auch kein Luftalarm gegeben worden. Es ist nötig, Vorsorge für den Fall neuerlicher Feindflüge zu treffen, es werden Abwehrbatterien und Flugabwehrstaffeln aufgestellt. Neben den Fragen des Luftschutzes gilt es der feindlichen Propaganda entgegenzutreten: »Von dem Inhalte dieses von oben kommenden Segens kann man sich leicht eine Vorstellung machen, wenn man erfährt, daß der eine der drei in verschiedenen Fassungen niedergegangenen Aufrufe von dem verkommenen Gaukler d'Annunzio gezeichnet war, während die beiden anderen Aufrufe unter aufreizenden, zum Hochverrat herausfordernden Redensarten, es der Bevölkerung nahelegen wollten, einen Friedensschluß zu erzwingen. Es braucht kaum noch gesagt zu werden, daß die anfängliche Spannung der zum Zeugen des absonderlichen Besuches der Bevölkerung alsbald der harmlosesten Stimmung wich ... Wirklich gehört die ganze unglaubliche, bei unseren Feinden allverbreitete Unkenntnis der Gesinnung unserer Bevölkerung dazu, um vorauszusetzen, die albernen Waschzettel, die uns von den italienischen Freundschaftsheuchlern zugeworfen werden, könnten auf unsere Bevölkerung einen tieferen Eindruck machen.«[387]

Wer freilich den Text der italienischen Propagandazettel unvoreingenommen studiert, wird einige der darin enthaltenen Wahrheiten nicht leugnen können. Brot und Frieden, nichts davon hat sich bewahrheitet. Wo ist es geblieben, das Korn aus der Ukraine? Was denken sich jetzt die Hausfrauen, die im Februar am Ballhausplatz Außenminister Czernin als Bringer des »Brotfriedens« gehuldigt haben? Geht es ihnen jetzt besser? Wahrlich »trügerische Hoffnungen«, wie es da heißt. Nicht zu leugnen ist, dass die Monarchie mehr denn je dem Diktat der deutschen Heeresführung unterworfen ist, die Monarchie die preußische Uniform tragen muss. Diese Kriegsfortführung bis zum »Siegfrieden«, was hat sie bisher gebracht? Eine Welt von Feinden und die immer wahrscheinlichere Aussicht, dass dieser Weg – wie hier wörtlich angesprochen – in den »Selbstmord« führt!

»Ach, es geht nicht mehr!«: der Zerfall der Mittelmächte-Allianz

Unterdessen hat sich an der deutschen Westfront im August 1918 die Lage gedreht. Die Deutschen sind zum Rückzug gezwungen, der feindlichen Übermacht weichend. Dass die Stimmung gekippt ist, hat Kaiser Karl bei seinem Besuch im Großen Hauptquartier zu spüren bekommen. Die Euphorie im Frühsommer ist Niedergeschlagenheit im Spätsommer gewichen. Immer deutlicher zeichnet sich ab, dass ein Waffenstillstand unumgänglich sein wird, sollen Ententetruppen nicht deutsches Gebiet besetzen. Das osmanische Heer ist ebenso wie die Armeen Deutschlands und Österreich-Ungarn am Ende seiner Kraft. Die Araber, denen die Briten Unabhängigkeit von den Türken versprochen haben, sehen sich ihrem Ziel immer näher. Die Frage ist, ob Bulgarien, das kleinste und schwächste Glied im Verband der Mittelmächte, an der mazedonischen Front durchhält. Immer öfter taucht der Name seines Königs Ferdinand im September 1918 in den Zeitungsberichten auf, sei es sein Besuch bei Kaiser Karl in Wien oder die voneinander unabhängigen Besuche der Könige von Bayern und Sachsen in Sofia. Nach außen wirkt das wie protokollarische Usancen zwischen verbündeten Monarchen. Über ihren Hintergrund weiß man noch nichts, aber dann wird es offenbar: Bulgarien kapituliert am 25. September 1918. Ferdinand dankt ab, überlässt den Thron seinem Sohn Boris (III.).

Für die Monarchie ist der Zusammenbruch Bulgariens ein schwerer Schlag. Die Landbrücke zum osmanischen Verbündeten existiert nicht mehr, die Mitte Europas steht für die Truppen der siegreichen Entente offen. Die k.u.k. Armee muss die besetzten Gebiete in Serbien, Montenegro und Albanien räumen. In

Wien steigt die Nervosität. Am 30. September 1918 bittet die Kaiserin namhafte Persönlichkeiten zur Gründung einer weiteren Kinderhilfsaktion in die Hofburg, darunter den Herausgeber und Chefredakteur der christlichsozialen *Reichspost*, Dr. Friedrich Funder. Jeden zieht Zita in ein persönliches Gespräch. Als Funder an der Reihe ist – sie kennt ihn von früher flüchtig – fragt sie nach seiner Meinung zur aktuellen Lage.»›Was glauben Sie, lieber Doktor, werden wir durchhalten? Ich habe so große Angst!‹ Es war mir bei diesen Worten, sie stehe vor mir nicht mehr als die Kaiserin, sondern als eine arme Mutter, die um ihren Gatten und ihre Kinder bangt und die in ihrer Not zwischen all den Etikettemenschen auf ein Zeichen der Liebe und Treue wartet.«[388] Funder spricht Zita Mut zu in einer Weise »wie man gar nicht zu einer Kaiserin spricht, sondern zu jemandem, den man in tiefer Qual sieht, für den man alles tun möchte.«[389] Das längere im Flüsterton verlaufende Gespräch zwischen den beiden ist auch Kriegsminister Stöger-Steiner aufgefallen. Als Funder ihm berichtet, er habe Majestät Mut zugesprochen, antwortet der Minister ganz offen: »Ach, es geht nicht mehr. Es fehlt an der Front an allen Ecken und Enden.«[390]

Diese für die Monarchie katastrophale Entwicklung zeitigt innenpolitisch unmittelbar Folgen. Die Tschechen sehen ihre Stunde gekommen. Von den Westmächten bereits als kriegführende Macht auf ihrer Seite anerkannt, fordert der tschechische Nationalausschuss in Prag unter der Führung von Karel Kramář in einer machtvollen Kundgebung am 29. September 1918 die Errichtung eines unabhängigen Staates. Diesem Beispiel folgen die Südslawen, die in Agram (Zagreb) einen Nationalrat der Serben, Kroaten und Slowenen bilden. Ihr Ziel ist allerdings nicht ein Sonderstatus innerhalb des Habsburgerreiches, den die Ungarn halsstarrig verhindert haben, sondern die Vereinigung mit dem Königreich Serbien zum lange ersehnten südslawischen Reich. Auch die Polen Galiziens gründen in Krakau einen Nationalrat. Sie wollen Teil des neu erstehenden Polen sein, frei von der Bevormundung aus Berlin und Wien, dessen Regierungen 1916 ein »Königreich Polen« mit einer ihnen genehmen Marionettenregierung als »Regentschaftsrat« bis zur Klärung der Königsfrage etabliert hatten.

In Wien kann man sich dieser Entwicklung nicht verschließen, die Sozialdemokraten, danach die Christlichsozialen anerkennen das Selbstbestimmungsrecht der slawischen und romanischen Völker im Habsburgerreich. Kaiser Karl versucht diesen Fliehkräften zu begegnen. Er plant ein Völkerministerium, also eine Konzentrationsregierung, in der alle Nationalitäten der österreichischen Reichshälfte vertreten sein sollen. Dazu bestellt er die führenden Vertreter der Parteien zur Unterredung ins Kaiserhaus nach Baden. Fünf Stunden lang hört sich Karl die Standpunkte der insgesamt 30 Volksvertreter an. Mit dem Ergebnis, dass keine Einigung zustande kommt, was Voraussetzung für solch ein

Ministerium gewesen wäre. »Durch die Aeußerungen der Parteiführer zieht sich wie ein roter Faden die Parole von dem Selbstbestimmungsrecht der Völker, die zuerst von den Czechen verkündet und schließlich von allen Nationen Oesterreichs, auch von den Deutschen, aufgegriffen wurde. Die Krone ist bereit, diesem Wunsche der Nationen Rechnung zu tragen. Die Voraussetzung dafür ist die Aufrechterhaltung der Gemeinsamkeit in einer Form, die auch dem Staate als Ganzes die Existenz ermöglicht«, fasst die *Neue Freie Presse*[391] das Ergebnis der Badener Besprechungen zusammen. Folglich muss der Kaiser in diesem Sinn eine andere Lösung suchen.

Ein Katalysator der Auflösung: das Völkermanifest

Am 16. Oktober 1918 setzt Karl seine Unterschrift unter ein Dokument, das als Meilenstein in die Geschichte Österreichs eingeht: das Völkermanifest. Seine Kernaussage lautet: *Österreich soll dem Willen seiner Völker gemäß zu einem Bundesstaate werden, in dem jeder Volksstamm auf seinem Siedlungsgebiet sein eigenes staatliches Gemeinwesen bildet. An dieser Umgestaltung sollen die Völker durch Nationalräte mitwirken, die, gebildet aus den Reichsratsabgeordneten jeder Nation, die Interessen der Völker zueinander sowie im Verkehr mit Meiner Regierung zur Geltung bringen sollen.*[392] Ein Rettungsversuch, der das alte Reich auf neuer Basis bewahren und die Forderung des amerikanischen Präsidenten Wilson nach Autonomie der Völker der Monarchie erfüllen soll. Wenigstens in der österreichischen Reichshälfte; bei den Ungarn ist jede Hoffnung auf Einsicht in die Notwendigkeit einer Staatsreform vergeblich. Seit Bekanntwerden von Wilsons 14-Punkte-Programm, dessen zehnter Punkt das Habsburgerreich betrifft, sind mittlerweile neun Monate vergangen und mit ihnen das Interesse der Westmächte insgesamt, diesen übernationalen Staat zu bewahren. In schonungsloser Weise kommt dies zum Ausdruck in der Antwortnote auf das Waffenstillstandsangebot aus Wien. Den Staat Österreich-Ungarn gibt es aus der Sicht Washingtons nicht mehr – ein geschichtlich beispielloser Akt. Karl gibt sich dennoch der Illusion hin, dass das einigende Band der Krone im neuen Bundesstaat unverzichtbar sei. Hoffnungen auf eine Föderation der Donaustaaten hegen auch die Sozialdemokraten, allerdings aus wirtschaftlichen Notwendigkeiten. Man ist doch in dieser Hinsicht aufeinander angewiesen, sagt die Vernunft. Sie ist in diesem Herbst des Umbruchs aller Werte allerdings keine politische Kategorie, alles ist national aufgeheizte Emotion, die sich rücksichtslos austoben will, alles Trennende vor Verbindendes stellt. Die Folgen: »Das Räderwerk der österreichischen Zentralregierung greift nicht mehr. Anordnungen der Zentralstellen werden nicht mehr befolgt. Befehle nicht mehr beachtet, selbst nicht mehr von einzelnen Statthaltern. Was sich österreichische Regierung nennt, ist im Augenblicke nur mehr Fiktion, ein Firmenschild auf einem Hause, dessen Gesellschaft erloschen ist. Daran kann auch der Tüchtigste nichts mehr ändern ...«[393]

Wie soll man damit fertig werden? Speziell für Aristokraten, noch dazu jene, die führende Stellungen in der Armee einnehmen, bricht eine Welt zusammen. »Wer jetzt noch existieren will, muß in allen seinen Begriffen umlernen. Schon die Tatsache, daß es eigentlich der Kaiser selbst ist, der bis auf Weiteres, das heißt bis zur erhofften, erwarteten Neukonstruierung den Begriff von Österreich aufgelöst hat, ist schwer faßbar. Daß die Neuaufrichtung auf vollkommen demokratischer Grundlage geschehen soll, würde uns heutzutage zwar nicht überraschen, aber leicht zu verdauen ist das nicht«, beschreibt Generaloberst Fürst Schönburg-Hartenstein in einem Brief aus dem Feld seine Gemütslage.[394] Ähnlich bitter auch die Erkenntnis von Generalmajor Prinz Felix Schwarzenberg nach Veröffentlichung des Völkermanifestes: »Wie sich die Ereignisse überstürzen! Unser liebes altes Österreich verschwunden, und ob sich der neue Bundesstaat Österreich als ein lebensfähiges Gebilde erweisen wird, leider mehr als fraglich ...«[395]

Das alte Reich zerbricht auch an den Ungarn. Sie nehmen das Völkermanifest zum Anlass zur Kündigung des Ausgleichs von 1867, da Österreich in der bisherigen Form gar nicht mehr existiert. Es soll also nur noch eine Personalunion geben mit demselben Monarchen an der Spitze, aber kein gemeinsames Außen-, Finanz- und Kriegsministerium mehr. Zwangsläufig wird den ungarischen Truppen an der Front der Rückzug befohlen, noch bevor dort ein Waffenstillstand ausgehandelt ist. Die k.u.k. Armee hat damit aufgehört zu existieren. Schon am Tag nach Veröffentlichung des Völkermanifestes vermerkt der Leiter der Staatspolizei, Dr. Franz Brandl, in seinem Tagebuch: »In den Straßen ist es unruhig. Gruppen bilden sich, die das Fortdauern des Schießens an der Front bekritteln. ›Aufhören! Es hat doch keinen Sinn mehr!‹ In den Wirtshäusern dasselbe Murren. Generalstreiksgerüchte.«[396] Es gilt also, Ruhe und Ordnung in Wien aufrecht zu erhalten. Für den 21. Oktober 1918, an dem sich im Landhaus in der Herrengasse die Reichsratsabgeordneten zur Gründung eines deutschösterreichischen Nationalrates versammeln, wird die gesamte Sicherheitswache in Wien in Bereitschaft gestellt und der Stadtkommandant Feldmarschallleutnant von Mossig um Assistenz gebeten. Er verfügt über viereinhalb Bataillone und zwei Maschinengewehr-Abteilungen. Die Sozialdemokraten sind alarmiert, als sie gerüchteweise davon erfahren. Victor Adler, begleitet von Otto Bauer, wird in der Polizeidirektion vorstellig. Schwer atmend bezwingt er die zwei Stockwerke, um sich persönlich zu erkundigen, was es mit den polizeilichen Vorkehrungen auf sich hat. Muss eine Aktion gegen die Nationalversammlung befürchtet wer-

324

Abb. 108: Konstituierende Sitzung des deutschösterreichischen Nationalrates

den? Auf keinen Fall, versichert man ihm, dieser Akt sei ja aufgrund des kaiserlichen Manifestes legitim. Man wolle nur wegen etwaiger »Unbesonnenheiten« Vorsorge treffen. Dagegen kann Adler keinen Einwand erheben, er mokiert sich aber über den aus seiner Sicht polizeilichen Übereifer.

Ungestört versammeln sich wie geplant am 21. Oktober 1918 die Reichsratsabgeordneten der deutschsprachigen Gebiete der österreichischen Reichshälfte im niederösterreichischen Landhaus in der Herrengasse.

Es sind insgesamt 232 der im Juni 1911 gewählten Abgeordneten – 102 Deutschnationale, 72 Christlichsoziale, 42 Sozialdemokraten und 16 sonstiger Parteien. Sie kommen aus Bozen in Südtirol, aus Reichenberg in Nordböhmen oder der deutschen Sprachinsel Iglau in Mähren etc. Sie erklären sich einhellig zur Provisorischen Nationalversammlung für Deutschösterreich und wählen ein Dreier-Präsidium, bestehend aus dem Deutschnationalen Franz Dinghofer als Erstem, dem Christlichsozialen Jodok Fink als Zweitem und dem Sozialdemokraten Karl Seitz als Drittem Präsidenten. Diese neue Volksvertretung verspricht in einer Proklamation allgemeine Wahlen und die Ausarbeitung einer Verfassung, die für alle deutschsprachigen Gebiete der österreichischen Reichshälfte gelten soll.

Mitten in den Auflösungserscheinungen kündigt Kaiser Karl am 26. Oktober 1918 in einem Telegramm an Kaiser Wilhelm II. das Bündnis mit Deutschland, die verhängnisvolle »Nibelungentreue« ist Geschichte – auch hier zu spät. Und er ernennt anstelle des erst im August berufenen Max Hussarek von Heinlein einen neuen Ministerpräsidenten: Professor Heinrich Lammasch. Er ist ein international anerkannter Völkerrechtsexperte und Pazifist aus Überzeugung, Mitglied der Politischen Gruppe um den Industriellen Julius Meinl. Schon früher hat er das Angebot des Kaisers, Ministerpräsident zu werden, ausgeschlagen. Nun kann er in dem täglichen größer werdenden Chaos Karls Bitte nicht ausschlagen, auch wenn er über keinerlei politische Erfahrung verfügt. Er soll retten, was noch zu retten ist. Ebenso der neue Außenminister Graf Julius Andrassy der Jüngere. Sein berühmter Vater hatte wesentlich am Ausgleich mit Ungarn des Jahres 1867 mitgewirkt und als Außenminister 1879 das Bündnis mit dem Deutschen Reich geschlossen. Dem Sohn ist es nun überlassen, dieses verhängnisvolle Bündnis zu Grabe zu tragen und Präsident Wilson ein Sonderfriedensangebot zu unterbreiten, dem sich auch das in Auflösung befindliche Osmanische Reich anschließt. Neu in der Regierung sind auch der Universitätsprofessor Dr. Ignaz Seipel als Sozialminister und der Professor an der Technischen Hochschule Dr. Josef Redlich als Finanzminister. Diese letzte k. k. Regierung, das ist allen klar, agiert in einem politisch zunehmend luftleeren Raum. Die k. k. Minister können sich allerdings auf einen erfahrenen Beamtenapparat stützen, seine Übergabe an die neuen Machthaber ist aber nur eine Frage von Tagen.

Als ob nichts wäre: das kaiserliche Hofprotokoll

Inmitten der sich überstürzenden Ereignisse, die die alte Welt unter sich begraben, gibt sich eine Einrichtung davon unbeeindruckt und vollzieht die seit jeher ehernen Regeln: das kaiserliche Hofprotokoll. Ende August 1918, also zwei Monate vor dem Zerfall Österreich-Ungarns und der Kündigung des Bündnisses mit dem Deutschen Reich, absolviert Kaiser Karl offizielle Besuche in Dresden und München. Großer Empfang am Hauptbahnhof Dresden. Der Onkel heißt den Neffen mit Wangenkuss herzlich willkommen – König Friedrich August III. von Sachsen ist der Bruder von Karls Mutter Maria Josefa. Karl in sächsischer Uniform, der König in österreichischer. Abschreiten der Ehrenkompanie, Trommelwirbel, Hymnenklang, Vorstellung der beiderseitigen Gefolge, freundlicher Empfang durch Tausende winkende Neugierige auf den Straßen zum Schloss. Nach kurzem Aufenthalt Weiterfahrt zum Jagdschloss Moritzburg, wo Galatafel für 60 Personen angesagt ist. Ähnlich der protokollarische Ablauf des Besuches in München bei König Ludwig III., einzig mit dem Unterschied, dass die Kaiserin hier nicht mitgekommen ist. Ob in Dresden oder München: man versichert einander der unverbrüchlichen Treue als Verbündete im Krieg, durch die Besuche hat sie »eine solenne Bekräftigung erfahren und der Welt bewiesen, daß von der Nordsee bis zur Adria nur e i n e felsenfeste Mauer besteht, aere perennius!« (Dauernder als Erz)[397]

Am 10. September 1918 gilt es der vor genau 20 Jahren in Genf ermordeten Kaiserin Elisabeth mit Seelenmessen in der Kapuzinerkirche in Wien und in der Schlosskapelle von Wartholz zu gedenken. Wenige Tage später wird auf Allerhöchste Anordnung Hoftrauer anbefohlen für weiland Prinz Eric von Schweden, Herzog von Wästmanland, beginnend mit Donnerstag, dem 26. September durch sechs Tage bis einschließlich 1. Oktober 1918. Für »die Allerhöchsten und höchsten Frauen, dann die Damen« gilt es wieder »in schwarzer Seide, mit Kopfputz und Garnituren von weißen Spitzen und mit echtem Schmucke oder in grauem, eventuell weißem Kleid, mit schwarzen Spitzen und mit schwarzem Schmucke, oder mit Perlen«[398] zu erscheinen. Die in Wien stationierten Generale, Stabs- und Oberoffiziere tragen den Flor am linken Arme. Die Geheimen Räte, Kämmerer und Truchsessen erscheinen in der kleinen Uniform, mit dem Flor am linken Arme, mit angelaufenem Degen auch außerhalb des Dienstes. Am 19. September fährt das Kaiserpaar in die Wiener Hofburg, um in feierlicher Form die Kunde von der Thronbesteigung des neuen Sultans Mehmed VI. zu notifizieren.

Dazu ist eine hohe osmanische Delegation eingetroffen, angeführt von Prinz Abdur Rahim Effendi, auch ein Schwiegersohn des Sultans ist mitgekommen. Die Kaiserin empfängt den Prinzen gesondert in Audienz. Danach wird die Delegation samt Außenminister und den Herren der Botschaft in das St.-Stephans-Appartement gebeten. Es ist zum Déjeuner angerichtet …

Die Kaiserin freut sich in diesem Herbst über die Verlobung von Prinz Felix mit Prinzessin Charlotte von Luxemburg (der künftigen regierenden Großherzogin). Felix ist einer jener Brüder Zitas, die im Krieg in österreichischen Diensten stehen – anders als ihre Brüder Sixtus und Xavier, die an der Front der Entente kämpfen. Für seinen selbstlosen Einsatz zur Rettung Kaiser Karls aus Lebensgefahr hat Felix die goldene Tapferkeitsmedaille erhalten. Bei einem Frontbesuch war Karl 1917 in die Hochwasser führende Torrente geraten und drohte mitgerissen zu werden. In voller Montur sprang Felix in den Fluss und rettete zusammen mit anderen seinem Schwager das Leben. Mit besonderem Stolz erfüllt das Kaiserpaar die Erstkommunion seines erstgeborenen Sohnes, Kronprinz Ottos. Der feierliche Akt findet am 2. Oktober 1918, dem Schutzengelstag, in der Schlosskapelle der Villa Wartholz statt; dort, wo seinerzeit auch Karl zur Erstkommunion gegangen war. Seine erste Hostie empfängt der bald Sechsjährige aus der Hand von Kardinal Piffl, der auch telegraphische Glückwünsche und den besonderen Segen Papst Benedikts XV. aus Rom überbringt. »Aber so still und verinnerlicht dieses Fest auch begangen wurde, konnte es

Abb. 109: Der letzte Sultan Mehmed VI. bei seiner Inthronisation

doch nicht ganz der Oeffentlichkeit verborgen bleiben. Zumal in den Klöstern, wo sich vor acht Tagen die erste Kunde verbreitete, wurden die Vorsteher geradezu durch die spontane Freude der Kinder zu einer Mitfeier gezwungen. Soweit sich die Tatsachen bisher fassen lassen, dürfte man für Wien allein ungefähr zwanzigtausend Mitkommunikanten annehmen.«[399]

Das Kaiserpaar und die Kinder – dieses Anliegen rückt jetzt stärker denn je in den Mittelpunkt der Berichterstattung. Karl und Zita wissen, dass familiäre und zeremonielle Pflichten in dieser Notzeit drittrangig sind, ihr sozialer Einsatz hat absoluten Vorrang. Um dieser Erwartungshaltung gerecht zu werden, setzen beide einen ungewöhnlichen Akzent: sie empfangen am 26. September 1918 persönlich heimkehrende Wiener Kinder, die dank dem »Kaiser Karl Wohlfahrtswerk. Kinder aufs Land« in Ungarn auf Erholung waren. Die etwa 400 Kinder sind überrascht, als sie den festlich geschmückten Landungssteg der DDSG (Anm.: Donau-Dampfschifffahrtsgesellschaft) am Praterkai sehen, dann über einen eigens für sie ausgerollten Läufer gehen und vom Kaiserpaar höchstpersönlich willkommen geheißen werden. Ansprache von Vizebürgermeister Hierhammer, Intonieren der Volkshymne durch eine Militärkapelle und

328

Abb. 110: Kronprinz Otto als
Erstkommunikant

Abb. 111: Kaiserin Zita besucht
ein Kriegerwaisenheim in
Ottakring

Schiffsbesichtigung sind im kaiserlichen Willkommen inbegriffen. Den Kindern, die die Hymne mitsingen, ist aber nur eines wichtig: die Pakete, die sie aus Ungarn mitbekommen haben, gefüllt mit nahrhaften Genüssen.

Schon am nächsten Tag besucht die Kaiserin die neu eingerichtete Tagesheimstätte für Kriegerwaisen in Ottakring, Sandleitengasse 41.

Die Kinder erhalten hier Unterricht nach dem Volksschullehrplan, auch Fertigkeiten im Handwerken oder im Gemüseanbau werden vermittelt, zusätzlich gibt es ein Spielzimmer. Alles besichtigt Zita: die Küche, wo sie eine Kostprobe des Gekochten nimmt, die Vorratsräume und das große Esszimmer, das auch als Turnzimmer genutzt werden kann. Draußen auf dem Spielplatz warten die Kleinen auf die Landesmutter, brechen in Hochrufe aus und singen die Volkshymne, die sie vorher fleißig geübt haben. Zur Belohnung gibt es Zuckerln und Bildchen. Die Kinder sind fast durchwegs barfüßig– jetzt Ende September, wo die Erde nicht mehr warm ist … Auf der Rückfahrt zur Hofburg entlang der Ottakringer Straße werden Zita – wie die Zeitungen vermerken – »von einem zahlreichen Publikum ungemein herzliche Ovationen bereitet.«[400] Alles nur monarchistische Propaganda? Keineswegs, denn wann ist je eine Kaiserin oder der Kaiser höchstpersönlich in den »rötesten« Bezirk Wiens gekommen? Das ungewöhnliche soziale Engagement der Landesmutter, die keine Berührungsängste mit den Vorstadtproletariern zu kennen scheint, wird hier durchaus geschätzt.

Die in Wien nach Konstituierung des deutsch-österreichischen Nationalrates spürbar werdende Unruhe erfasst auch den Kaiserhof. Am 22. Oktober 1918 wird der Hofzug für eine Reise nach Ungarn fertig gemacht, der große Umfang des Gepäcks lässt auf einen längeren Aufenthalt schließen. Dem Kaiserpaar ist es vor allem um die Sicherheit seiner fünf Kinder zu tun. In Gödöllö sieht man sie besser gewährleistet. Als wäre alles beim alten, wird dem Herrscherpaar in Debrecen ein enthusiastischer Empfang bereitet. Ein Trugbild – denn Karl wird klar, dass seine Anwesenheit in Wien dringend erforderlich ist. Er kehrt zusammen mit Zita nach Schönbrunn zurück. Die Kinder bleiben in Gödöllö. Dann der Schock: Revolution in Ungarn! Das verändert alles, die Kinder sind in Gefahr, als Geiseln genommen zu werden. Polizeikommissär Steinhäusl wird beauftragt, sie in einem Automobil nach Wien zu bringen. Er fährt zur Sicherheit einen großen Umweg und übergibt sie spätabends am 31. Oktober 1918 in Schönbrunn den bange wartenden Eltern.

Davon abgesehen beginnen Macht und Magie der alten Autoritäten fühlbar zu schwinden, speziell durch einen Verfall der Sitten, etwa was die vorgeschriebenen Ehrenbezeugungen betrifft. Das Kriegsministerium reagiert mit einem eigenen Erlass: »Es ist die befremdende Erscheinung wahrgenommen worden, daß vielfach Mitgliedern des Allerhöchsten Kaiserhauses nicht die vorgeschriebene Ehrenbezeigung durch ›Frontmachen‹ geleistet wird. Der Umstand, daß dies sogar gegenüber Höchsten Herren unterlassen wird, welche infolge ihres hohen militärischen Ranges und ihrer markanten Erscheinung amtsbekannt sind, und daß diese Unterlassung hauptsächlich bei jüngeren militärischen Personen beobachtet wurde, läßt darauf schließen, daß die Bestimmungen über die Art der Leistung der Ehrenbezeigung gegenüber Allerhöchsten und Höchsten Herrschaften nicht überall bekannt sind. Die Kommandanten der Truppen (Vorstände) haben daher ehestens bei den ihnen unterstellten Offizieren und der Mannschaft durch erneute Belehrung Abhilfe zu schaffen. Auch mehren sich die Anzeigen, daß auf belebten Straßen unter fälschlicher Auslegung der Bestimmungen des Punktes 352 des Dienstreglements 1. Teil, wonach auf Promenaden nur bei der ersten Begegnung zu grüßen ist, überhaupt gar nicht gegrüßt wird. Abgesehen davon, daß die Kärntnerstraße, der Graben und der Kohlmarkt keine Promenaden sind und nach den lokalen Verhältnissen bloß die Ringstraße von der Oper bis zur Weihburggasse zur Korsozeit als Promenade zu betrachten ist, so wird diesbezüglich bemerkt, daß die angezogene Bestimmung nur für jene Geltung hat, welche das Gedächtnis haben, sich jene Höheren auch zu merken, welchen sie schon die Ehrenbezeigung geleistet haben. In zweifelhaften Fällen ist eben zu grüßen, selbst auf die Gefahr einer Wiederholung.«[401]

Einen »weiteren Markstein auf dem Wege zu einer Demokratisierung«, wie das die *Arbeiterzeitung* voll Häme betitelt, setzt das Kriegsministerium, »wonach denjenigen durchlauchtigsten Frauen Erzherzoginnen, die Ehen mit nichtsouveränen Häusern eingehen, die für kaiserliche und königliche Hoheiten vorgeschriebenen Ehrenbezeigungen nicht gebühren, zur Danachachtung in Erinnerung zu bringen und zu verlautbaren, daß von diesen Erlaßbestimmungen dermalen betroffen werden: Margarete Fürstin von Thurn und Taxis, Anna Fürstin zu Hohenlohe-Bartenstein, Maria Christine Prinzessin zu Salm-Salm, Elisabeth Marie Fürstin zu Windischgrätz, Marie Henriette Prinzessin Hohenlohe-Schillingsfürst, Elisabeth Gräfin von Waldburg-Zeil-Lustenau-Hohenems und Hedwig Gräfin zu Stolberg-Stolberg«.[402] Scheinbar völlig unberührt vom denkbar dramatischsten Umbruch, »der alte k. u. k. Staatshämorrhoidarius schmiert weiter seine Ukase«, höhnt die *Arbeiterzeitung*.[403] Den Soldaten in den Kasernen bleibt es aber nicht erspart, verstärkt zu üben, wie das »Frontmachen« geht und wie und woran die nicht standesgemäß verheirateten Erzherzoginnen zu erkennen sind …

Parallel dazu wird in der Öffentlichkeit das Sterben der alten Ordnung umso stärker wahrnehmbar. Selbst der Stephansdom bildet da keine Ausnahme. Er ist als Ort von Hochzeiten der Aristokratie sehr beliebt. Der Tradition entsprechend trägt der Bräutigam aus diesem Anlass seine prachtvolle Hofuniform. Einst bestaunt, erregt sie nun im Oktober 1918 bei so manchem Kirchenbesucher Unwillen. »Unzeitgemäße Maskerade« und andere hämische Bemerkungen werden gezischt. Der Hochzeitstag bleibt so manchem blaublütigen Hochzeitspaar nicht nur in angenehmer Erinnerung ...

Ganz eigene Sorgen hat das k.k. Unterrichtsministerium in diesem Herbst 1918. Es wurde nämlich konstatiert, dass »beim Singen der österreichischen Volkshymne musikalische und andere Fehler gemacht werden, worauf die Militär-, Erziehungs- und Bildungsanstalten aufmerksam gemacht wurden. Das Ministerium hat eine einheitliche Melodie der Volkshymne beim Schulunterricht, besonders das richtige Atmen beim Singen und die korrekte Aussprache des Textes vorgeschrieben. – Uns wäre lieber, das Unterrichtsministerium sähe mehr darauf, daß die Kinder auch genug reine Atemluft in der Schule haben, was durch Freimachung der vielen noch immer vom Militär besetzten Schulen leicht zu erreichen wäre«, merkt die *Arbeiterzeitung*[404] an. Dazu gesellt sich unfreiwillige Komik: Ein Lehrer macht darauf aufmerksam, dass dieser Erlass auch den Taubstummenanstalten zugegangen ist.

»Das endgültige, furchtbare, schreckliche Ende«: der Tod der Monarchie

Der Kaiser übergibt die Flotte dem südslawischen Nationalrat – sehr zum Unwillen Italiens. Zwei wagemutige italienische Offiziere bringen im Kriegshafen von Pola Haftminen am Flaggschiff der k.u.k. Kriegsmarine, der »Viribus Unitis«, an und versenken sie. 350 Marinesoldaten kommen durch die Explosion ums Leben.

Viribus unitis, Franz Josephs Leitspruch, hat sich mit der Versenkung dieses Kriegsschiffes symbolhaft als frommer Wunsch erwiesen. Die zerstörerischen Gegenkräfte sind am Ende mächtiger. Auf Befehl der Ententemächte werden die restlichen Kriegsschiffe des besiegten Gegners nach Korfu überstellt und dort aufgeteilt. Die Donauflottille wird den Ungarn überlassen – sie wird später zwischen Rumänien und Südslawien aufgeteilt. Den alten Gewalten, tödlich geschwächt, bleibt nichts anderes übrig, als die Waffen zu strecken und sich auf Gedeih und Verderb den Siegern auszuliefern.

Am 28. Oktober 1918 wird in Prag die Republik Tschechoslowakei ausgerufen, gebildet aus den bisherigen Kronländern Böhmen, Mähren, Österreichisch-Schlesien und der Slowakei, dem bisherigen Oberungarn. Der Zerfall des alten Reiches ist damit unwiederbringlich besiegelt, denn die Länder der Wenzelskrone bildeten seinen unverzichtbaren Schlussstein. Das Haus Habsburg-Lothringen wird von den Tschechen für abgesetzt erklärt, die Symbole des alten Staates von den Amtsgebäuden entfernt. Am selben Tag macht der Kaiser in Wien »eine Probe auf seine Popularität«, wie der Leiter der Staats-

Abb. 112: Das Schlachtschiff »Viribus unitis«

polizei Dr. Franz Brandl in seinem Tagebuch festhält: »Beide Majestäten fuhren um die Mittagsstunde im offenen Wagen langsam aus der Burg heraus auf den Ballhausplatz, auf dem sich in diesen Tagen immer etliche hunderte Personen in Erwartung von Ereignissen sammelten, ließen dann den Wagen in die Schauflergasse abbiegen und fuhren durch das Schauflergassentor wieder in den Burghof hinein, worauf dann der Wagen Befehl nach Schönbrunn erhielt. Auf dieser Rundtour war das Kaiserpaar allerdings Gegenstand herzlicher Ovationen. Das ist eben die suggestive Kraft, die der Majestät entströmt. Aber was bedeuten diese ›Zufälligen‹ gegenüber der großen Masse der gleichgültig Abseitsstehenden und gegenüber dem Uebelwollen der wenigen Aktiven, die die Gleichgültigkeit zur Feindschaft aufzupeitschen verstehen!«[405]

Am 31. Oktober 1918 bricht auch in Ungarn die Revolution aus. Erzherzog Joseph, als Homo regius oberster Vertreter des abwesenden Königs, bleibt nichts anderes übrig, als die Regierung dem »roten« Grafen Mihály Károlyi zu übertragen. Am selben Tag wird Graf Stephan Tisza, der einst so mächtige Ministerpräsident Ungarns, in seiner Villa von drei revolutionären Soldaten erschossen. Er hatte entscheidenden Anteil an der Kriegserklärung an Serbien 1914, hatte die möglichst rasche Königskrönung Karls noch vor Ende 1916 durchgesetzt, ja an der Krönung als stellvertretender Palatin mitgewirkt; und das, obwohl er kein Katholik, sondern Calvinist war. Nun liegt er tödlich getroffen in den Armen seiner Frau. Die *Arbeiterzeitung* resümiert: »Welch ein Tag! In seinem Rahmen

333

drängen sich Ereignisse zusammen, die wie Flammenzeichen aufsteigen und der ganzen Erde das Ende Oesterreichs verkünden. Das endgültige, furchtbare, schreckliche Ende!«[406]

Die schwerste Demütigung steht aber noch bevor: der Waffenstillstand mit Italien. Die Front ist durch die Auflösung der k.u.k. Armee nicht zu halten. Der Gegner brennt auf Revanche. Die Schmach der Niederlage ein Jahr zuvor in der 12. Isonzoschlacht soll durch einen wahrhaft großen Sieg getilgt werden. Entsprechend demütigend werden die Bedingungen für die Waffenstreckung ausfallen. Und genauso kommt es. Die Verantwortung dafür will die provisorische Regierung Deutschösterreichs nicht übernehmen, die soll ihrer Ansicht nach der Kaiser als »Allerhöchster Kriegsherr« allein tragen. Die Frage ist: Weiterkämpfen bis zu Vertragsabschluss oder sofortige Einstellung aller Kampfhandlungen? Das Armeeoberkommando entscheidet sich für das »Sofort«. Wie könnte man völlig sinnloses Blutvergießen verantworten? Außerdem verweigern auch schon deutschösterreichische Soldaten den Gehorsam. Am 3. November 1918 wird in der Villa Giusti in Padua der Waffenstillstand zwischen der Monarchie und den Alliierten unterzeichnet. Auf Befehl des Armeeoberkommandos schweigen ab 1 Uhr 20 die Waffen. Die Italiener stellen erst 24 Stunden nach Unterzeichnung des Waffenstillstandes die Kämpfe ein. Zeit genug, um noch etwa 300.000 k.u.k. Soldaten zu italienischen Kriegsgefangenen zu machen. Italien hat den gewünschten Triumph: den Sieg von Vittorio Veneto!

Demontiert, herab gerissen, entwertet: die alten Symbole

Die dramatische Entwicklung wird im Stadtzentrum Wiens deutlich spürbar. »Das Antlitz der Wiener Straßen hat sich in den letzten Tagen so verdüstert, daß einem vor dem Ernst seiner Züge nach gerade bange wird. Das ist nicht mehr das gewöhnliche Wien von einst, selbst nicht mehr die hoffnungsfrohe Stadt, die sie noch heuer im lachenden Frühling war. Man hat ihr den stolzen Titel Haupt- und Residenzstadt genommen und niemand weiß augenblicklich, welches Schicksal ihr bevorsteht, ebensowenig als man eine Vorstellung hat, was aus all den Prachtgebäuden wird, deren Bezeichnung mit dem Wort ›Hof-‹ beginnt. Werden aus dem Hoftheater Nationaltheater, aus den Hofmuseen Nationalmuseen und welche[r] Verwendung gehen die Gebäude der Hofburg, der Hofstallungen entgegen? Wenn Deutschösterreich wirklich eine Republik wird, wie es scheint, dann werden die alten Wiener, die sozusagen in dem Begriff Kaiserstadt aufgewachsen sind, sich nicht leicht an die Folgen des Umsturzes gewöhnen; sie werden sich in dem Bewußtsein, fast im Handumdrehen Republikaner geworden zu sein, fremd vorkommen, so wie der ›alte

Steffel‹ jetzt verwundert in die veränderten Straßen blickt. Auf Schritt und Tritt begegnet man jetzt in Wien Erscheinungen, die die neue Zeit kennzeichnen. Die fünf Burgtore sind tagsüber bis auf zwei geschlossen. Für die Wiener, die am Ring vorüberkommen und zur Hofburg hinblicken, sind die alten braunen, versperrten Tore ein ungewöhnlicher Anblick. Wenn es dunkel wird, bleibt nur mehr eines der Tore für Fußgänger geöffnet, die Durchfahrt wird ganz gesperrt. Bei der Bellaria drängen sich die Leute zu den verschiedenen Haltestellen der Straßenbahnlinien. Von einem einzigen Lichtmast aus wird das Gewirr der im Halbdunkel hin und her eilenden Passanten, die zwischen den großen Regenpfützen möglichst trocken durchzukommen trachten, schwach beleuchtet. Auch aus dem fast verödeten Volksgartencafé dringt nur der gelbe Schimmer weniger Lichter durch den feuchten Herbstnebel und die Konturen des nahen Parlaments, das seine Bestimmung als Haus der österreichischen Völker verloren hat, verschwinden fast im Dunkel der Nacht. Die meisten Straßenbahnzüge fahren mit unbeleuchteten Signalscheiben und mit ganz verfinsterten Beiwagen, in denen die Fahrgäste wie die Heringe zusammengepfercht stehen und wie schwarze gespenstige Schatten auf den Trittbrettern hängen. Am Rathausturm, unter dem einst die hellerleuchteten Spitzbogenfenster des Festsaales von festlichen Empfängen Kunde gaben, ist nicht einmal mehr die große Uhr erleuchtet. Das ganze Rathausviertel ist in der Kriegsfinsternis versunken und nicht nur die Eingänge zum Rathaus, sondern auch die zum Rathauskeller sind abends gesperrt. Beim Schottentor herrscht lebhafte Bewegung. Die finsteren Straßenbahnzüge kreuzen nach allen Richtungen. Aber die schlechte Straßenbeleuchtung hemmt den Verkehr. Plötzlich hört man laute Rufe. Was ist geschehen? In einer der Alleen am Schottenring sammeln sich die Neugierigen um eine Schar junger Burschen, die einen Offizier auffordern, die Rosette von der Kappe zu entfernen. Aber die ›Republikaner‹ begnügen sich nicht, die militärischen Fußgänger auf der Straße zu überfallen, sie schwingen sich auch auf die fahrenden Straßenbahnzüge unter Pfiffen und Schreien und zwingen die Wagenführer, so rasch zu bremsen, daß die stehenden Fahrgäste umfallen. Ein paar Soldaten dringen in den Wagen und sehen nach, ob die mitfahrenden Militärpersonen die Rosetten entfernt oder mit schwarz-rot-goldenen Bändchen überzogen haben. ›Keine Angst, es geschieht Ihnen nichts!‹, ruft der eine der jungen Soldaten den entsetzten Damen zu, dann sagt er: ›Alles in Ordnung, Weiterfahren!‹ Und während der Zug sich wieder in Bewegung jetzt, springen die ›Rosettenvisitierer‹ ab und verschwinden in einem auf dem Kai vorbeiziehenden Trupp Soldaten, die in die Rufe ›Hoch die Republik!‹ ausbrechen. In der Rotenturmstraße flutet der Abendverkehr durch die Stadt. Die meisten Geschäfte, die jetzt auch tagsüber nur von wenigen Kunden besucht werden, schließen bald nach Einbruch der Dunkelheit, sodaß die Auslagenbeleuchtung verlischt und die Straße bloß von wenigen düsteren Laternen beleuchtet wird. Die finsteren Seitengassen sind ganz still. Aber auch der Stephansplatz, der Graben und die Kärntnerstraße bieten abends ein trauriges Bild. Wenn die Geschäfte schließen, hastet alles nach Hause; nur an der Sirk-Ecke und vor den großen Ringhotels erhält sich der Abendcorso in bescheidenem Umfang. Was ist aus der schönen Wienerstadt geworden![407]

In den Tagen des Umbruchs ist es gefährlich, auf Uniformen die Abzeichen der k. u. k. Armee zu tragen. Die Offizierssterne am Kragen, die schwarz-gelbe Kokarde auf den Kappen oder gar an die Brust geheftete Kriegsauszeichnungen sind für Revolutionäre eine Provokation. Für sie sind nur rote Kokarden und rote Armbinden akzeptabel. Und wehe, einer der Soldaten mit den alten Emblemen weigert sich, diese abzulegen. Sofort wird er von einer aufgebrachten Menge umringt, es setzt Fußtritte und Faustschläge ins Gesicht für die »kaiserlichen Hunde«, die »Offizierschweine«. Zivilisten der untersten Schicht, darunter auch Frauen der schlimmsten Sorte, gesellen sich sofort dazu, stoßen mit grellem Geschrei Verwünschungen aus: »Schlagt sie tot!« Blut aus der Nase, Blut am Boden neben den gewaltsam herabgerissenen Abzeichen – wenn es so ausgeht, kommt so mancher Attackierte noch glimpflich davon. Mit Schimpf und Schande in Wien »begrüßt«, statt Dank des Vaterlandes für jahrelange Entbehrungen und ständige Todesgefahr an der Front: das werden die Betroffenen nie vergessen. Mit diesem »verfluchten Gesindel« werden sie eines Tages abrechnen, das steht bei ihnen fest. Die neu heraufdämmernde Zeit ist jetzt schon fluchbeladen. Der Racheschwur, der dieser Demütigung entspringt, bestimmt für so manchen den politischen Lebensweg, auch für den späteren Heimwehrführer und Vizekanzler Ernst Rüdiger Fürst Starhemberg. Und selbst ein amtierender Minister bleibt von der Attacke von »Rosettenvisitierern« nicht verschont. Der Wagen des Kriegsministers Stöger-Steiner wird vor dem Ministerium am Stubenring angehalten. Neben ihm sitzt Feldmarschallleutnant Karl von Bardolff, einst Leiter des Civilkabinetts von Thronfolger Franz Ferdinand, im Wagen. Beide verweigern die Abnahme der Kokarde. Daraufhin wird eine Wagenscheibe mit Steinen zertrümmert, der Minister blutet am Kopf. Beiden wird die Kokarde gewaltsam herunter gerissen. Siegestrunken zieht der Mob weiter. Den hohen Herren hat man es gezeigt! Und schon grölt einer ein in diesen Tagen beliebtes Lied: »Wer wird unsre Ringstraßn kehrn? Die noblichten Herrn mit die guldenen Stern, die werdn unsre Ringstraßn kehrn!«

K. u. k. Hoflieferant: diese einst werbewirksame Aufschrift passt nicht mehr in die neue Zeit. Die jeweiligen Firmeninhaber lassen sie nun eiligst entfernen, übermalen oder verhüllen. Wofür sie oft jahrelang beim Obersthofmeisteramt mit einem »alleruntertänigsten Gesuch« antichambriert hatten, einen Tausend-Gulden-Schein beigelegt, ist über Nacht nichts mehr wert, ja womöglich geschäftsschädigend. Wer Offizieren die schwarz-gelben Kokarden herunter-

Abb. 113: Abnahme eines Doppeladlers

reißt, für den scheint auch die Hemmschwelle gering, Auslagenscheiben eines solchen »buckelnden« Hoflieferanten einzuschlagen. Angst geht um, manche der Geschäftsinhaber lassen die Rollbalken herunter. Sich als Demokrat zu zeigen, ist das Gebot der Stunde, manchen scheint das als kläglicher Versuch, sich von seiner eigenen Vergangenheit zu distanzieren. Aber besser, man ist jetzt ein ganz einfacher Tischler, Schuhmacher, Bäcker, Juwelier etc. – ohne jede Beziehung zum Hof.

Am auffälligsten ist die Wandlung an den Tabaktrafiken zu sehen, fast alle haben das ›k. u. k.‹ entfernt. Kontraproduktiv sind bei Hotels und Restaurants auch Namen wie ›Habsburg‹, ›Krone‹, ›Österreichischer Kaiser‹ ›König von Ungarn‹ etc. Das Gremium der Hoteliers weist die Hotelbesitzer an, solche Namen unkenntlich zu machen oder Umbenennungen vorzunehmen. Und so heißt plötzlich das ›Erzherzog Karl‹, das traditionsreiche Hotel in der Kärntnerstraße, nach seinem Eigentümer Schindler. Sogar das Wappen und der kaiserliche Adler am Tor des Theresianums werden abgenommen. Ausgerechnet die Pflanzschule des höheren Beamtentums des Habsburgerreiches tut nun so, als könnte sie ihre feudale Vergangenheit leugnen. Das sei »schlicht und einfach ein Verrat am Brotgeber. Dieses Institut, in das ja fast nur Knaben aus adeligen Familien aufgenommen wurden, hat von der Gnade der Habsburger gelebt, gehörte zur spanischen Hofetikette und zur Hofluft der Habsburger. Wenn die Leiter dieses Instituts der Meinung sind, daß diese Zeiten vorbei sind, dann gibt es für sie nur eine Möglichkeit: Die Buben nach Hause schicken und die Schule zusperren. Diese Herren haben kein Recht, sich vor den Augen aller Welt von den Habsburgern loszusagen«, heißt es dazu kritisch in einem Zeitungskommentar.[408]

Der Staatsrat Deutschösterreichs fordert von den Hofstallungen sechs Automobile und zehn Equipagen für eigene Zwecke an. Die Kronen werden abmontiert.

Die Throne stürzen. Zeit, mit der Monarchie als Staatsform abzurechnen, wie das die Sozialdemokratie in der *Arbeiterzeitung* macht, auch deswegen, weil es bei den Christlichsozialen immer noch die Tendenz gibt, den neu gegründeten Staat Deutschösterreich als Monarchie zu gründen. Die gesamte Geschichte habe doch den Beweis erbracht, »daß die erbliche Monarchie, die auf dem dümmsten der Zufälle, nämlich auf dem der Geburt beruht, geradezu naturnotwendig zur Auslese der Unbedeutenden und Minderwertigen führen muß … Aber besteht die Monarchie nur aus dem Monarchen und ist damit ihr Widersinn schon erschöpft? Mitnichten! Denn mit der Monarchie ist unlöslich das verknüpft, was man nur unvollkommen ausdrückt, wenn man es Hof nennt. Das ist das dichte Gewebe des Schranzentums aller Arten, jene Anhäufung von Lakaientum, das in seinen Ausstrahlungen die ganze Denk- und Gefühlsweise des Volkes verpöbelt. Das sind die Hintertreppen, ist die Kamarilla, das ist der Sammelpunkt aller reaktionären, antidemokratischen Elemente. Das ist der sündige korrumpierende Einfluß auf die Staatsgeschäfte, mit dem nicht einmal ein politischer Kampf, weil es eben unsichtbare Gewalten sind, möglich ist … Daß der Hof nicht etwas Zufälliges ist, zum Wesen der Monarchie gehört, ersieht man schon daraus, daß der letzte Kaiser, der zur Einfachheit und Schlichtheit neigt, an dem frevlen Unsinn dieser Tausende[n] von Lakaien, vom Obersthofmeister hinab bis zum Türsteher, nichts zu ändern versucht oder vermocht hat. Der Hof ist kein bloßes Familienleben, er ist eine politische, soziale und gesellschaftliche Macht, die aus der Monarchie unmittelbar erfließt und von der nur schlimme Wirkung ausgeht. Und die gefährlichste Seite des Hofes sind eben die Erzherzoge, bei denen die Macht mit ihrer Tätigkeit in erbitterndem Gegensatz steht. Erwägen wir nur, was wir uns da haben gefallen lassen müssen. Es gibt heute, nach dem letzten Ausweis, 31 Erzherzoge und 55 Erzherzoginnen, vor denen allen wir Ehrfurcht haben mußten! Man denke nur: E h r f u r c h t – die übrigens auch für alle verehrten und unverehrten Toten geheischt wurde! Nicht der leiseste Tadel, nicht einmal die bescheidenste Kritik durfte sich ihnen nahen, von denen nicht wenige auch in der Politik eine verhängnisvolle Rolle gespielt haben! Das ›kaiserliche Haus‹ ist einfach ein Staat im Staate, eine Macht über den Staat.«[409]

Die Erzherzoge haben während des Krieges stark an Reputation verloren, allen voran Erzherzog Friedrich, dessen Versagen als Armeeoberkommandant

338

nicht zu leugnen war. Außerdem hat er als Großlieferant von Milch an die Stadt Wien überhöhte Preise verlangt und ist damit zu den Kriegsprofiteuren zu rechnen. Erzherzog Leopold Salvator wiederum hat unsaubere Geschäfte mit Dörrgemüse gemacht und sich für eine Erfindung in der Autotechnik Prozente pro Wagen zahlen lassen. An und für sich sind solche Geschäfte nicht verboten, zeigen aber, wie unsensibel einige Mitglieder des Kaiserhauses agiert und damit insgesamt dem Ruf der Dynastie geschadet haben. Die Frauenrechtsaktivistin Rosa Mayreder notiert in ihr Tagebuch: »Das fluchwürdige Reich ist zerfallen; und wenn es für die Deutschen in Österreich noch eine Möglichkeit der Regeneration gibt, so kann sie jetzt eintreten.«[410]

Bis in die Endzeit seiner Herrschaft verleiht der Kaiser Adelsprädikate. In der Kriegszeit war eine regelrechte Inflation an neuen Adelstiteln zu verzeichnen. Inflation heißt Entwertung durch allzu große Menge. Längst war bekannt, dass man diese Titel käuflich erwerben konnte, man brauchte als Zivilist nur auf Meriten in Handel oder Industrie zu verweisen. Am 25. Oktober 1918 – schon amtiert die deutschösterreichische Nationalversammlung – ehrt Kaiser Karl 22 Personen mit dem »Edler von« oder »Freiherr von«, auch einen, der sich nun »von Felskampf« nennen darf. Als letzter wird mit 5. November 1918 der Großindustrielle Eduard Hardy derartig ausgezeichnet. Und nun kann man damit gar nichts anfangen. »Wie viele der zahllosen Neugeadelten der Kriegszeit haben schwere Opfer gebracht, um sich und ihren Nachkommen den Adelstitel zu erwerben, den sie jetzt, nach so kurzem Besitz, wieder verlieren müssen. Ihre Anstrengungen waren, ebenso wie ihre Geldauslagen und Adelstaxen, vergeblich: der Adelstitel war für sie nicht viel mehr als eine Fata Morgana. Kaum glaubten sie ihn zu besitzen, wird er ihnen geraubt und über ihr kunstvolles, farbenleuchtendes, neues Wappen von der neuen Zeit ein dicker Strich gemacht.«[411] Die neue Zeit, in der der Mensch nicht erst beim Baron anfängt, bringt Heraldiker und Wappenmaler um ihr Brot. Sie sind gezwungen, sich einen zeitgemäßeren Beruf zu suchen. Verbittert ist mancher Beamter. Seine ganze Karriere hindurch hat er bei eher kargem Gehalt gehofft, dass ihm die noch kargere Pension mit dem kleinen »von« versüßt wird, er damit aus der Masse der »Niemande« herausgehoben wird. Dass ihm diese Freude jetzt genommen wird, das wird er der Republik nie verzeihen …

4. November: Namensfest des Heiligen Karl Borromäus (Carlo Borromeo), Namenspatron schon Karls VI. und auch seines Nachfahren Karl I. von Österreich. Wie die Tradition es gebietet, werden in den Kirchen Wiens Kaiserämter zelebriert. Im Stephansdom sind außer dem Apostolischen Nuntius die von Karl ernannten Minister sowie zahlreiche Würdenträger, Stadt- und Gemeinderäte versammelt; allesamt in zivil, auf die übliche Auffahrt vor dem Dom hat man verzichtet. Die Gewissheit des endgültigen Abschieds von Alt-Österreich

drückt die Stimmung. Feierlich erklingt nach dem Tedeum die Volkshymne. Da wird so manches Auge feucht. Von »heftigem Weinen und Schluchzen« berichtet die *Reichspost*[412] von der Messe in der überfüllten Piaristenkirche Maria Treu in der Josefstadt beim Absingen der Volkshymne. Stimmungsmäßig anders verläuft die Friedensbittandacht bei den Karmeliten in Döbling. Sie wird zu einer großen patriotischen Kundgebung »durch begeisterten Abgesang der Volkshymne durch Tausende und Abertausende und auf der Straße in Form von sich immer wieder erneuernden brausenden Hochrufen auf Frau Erzherzogin Maria Theresia (Anm.: Stiefgroßmutter des Kaisers), die an der Andacht teilgenommen hatte. Die Kundgebungen für die Dynastie und den Monarchen setzten sich bis zur Billrothstraße fort.«[413] In der Schlosskapelle von Schönbrunn wird zu Ehren des Heiligen ebenfalls eine stille Messe gelesen. Der Kaiser ist mit seinen beiden ältesten Kindern Otto und Adelheid gekommen, die Kaiserin fehlt. Die Anspannung der letzten Tage haben Spuren in seinem Gesicht hinterlassen. Blass, übernächtigt und tieftraurig lässt er die Messe über sich ergehen, beim Beten birgt er manchmal das Gesicht in den Händen. Bange ist Karl mit Blick auf die Zukunft. Wie lange wird er noch in Schönbrunn bleiben können, wird eine aufgehetzte Volksmenge des Schloss erstürmen wie 1792 die Tuillerien in Paris, droht ihm und seiner Familie ein gewaltsames Ende wie der Zarenfamilie in Jekaterinburg im Juli dieses Jahres 1918? Nichts ist auszuschließen.

Wo sind die Leibgarden, deren oberste Aufgabe die Sicherheit der kaiserlichen Familie ist – die Arcieren-, die Trabanten- und die Ungarische Leibgarde? Was unternimmt ihr Befehlshaber Franz Conrad von Hötzendorf, der nach seiner Entlassung als Generalstabschef mit diesem Amt betraut worden ist? Er, der einst in der Armee Vergötterte, der diese Funktion geradezu als Schmach empfinden musste, denkt gar nicht daran, seinem Kaiser in äußerster Not beizustehen. Und wo bleibt der Oberst der Leibgarden, Generaloberst Viktor von Dankl, zugleich Garnisonskommandant von Wien? Er lässt sich in Schönbrunn in diesen Tagen kein einziges Mal blicken, nicht einmal zum Namenstag des Kaisers, an dem viele dem Herrscher ohne Reich ihre Loyalität versichern. Und so greift die Auflösung auch in den Leibgarden um sich, die meisten schließen sich dem großen Treck in ihre Heimatländer an, die nun unabhängige Staaten geworden sind. Die Ungarische Leibgarde verlässt ihren traditionellen Sitz im Palais Trautson (Anm.: damals Hofstallstraße Nr. 8, heute Justizministerium). Das ungarische Wachbataillon, das das Hauptkontingent der Bewachung von Schloss Schönbrunn stellt, zieht am 2. November 1918 ab. Die Sicherheit ihres Königs kümmert die Ungarn nicht mehr, sie folgen dem Ruf der revolutionären Regierung in Budapest heimzukehren. Ersatz von der Wiener Garnison gibt es keinen. Die Regimenter 14 und 49 aus der Umgebung von Wiener Neustadt erhalten zwar Marschbefehl, auf dem Weg nach Schönbrunn setzen sich die

meisten aber ab. Lediglich die Offiziere und 14 Mann treffen schließlich am Be-
stimmungsort ein. Keine echte Verstärkung für die wenigen Gardisten, die sich
zum Bleiben entschlossen haben. Im Ernstfall kann das Schloss nicht verteidigt werden. Da erscheinen völlig überraschend Militärakademiker aus Wiener
Neustadt und auch Kadetten der Traiskirchner Akademie. Blutjung, aber zum
Äußersten entschlossen, den Kaiser und seine Familie zu schützen. Karl ist tief
gerührt über diese Treue, denkt aber nicht daran, sie je einzufordern.

»Wir Gardisten waren jetzt zu wenig nütz, außer unserer Person konnten wir
dem Kaiser nichts bieten. Unsere Garden waren eigentlich von jeher nur zu Re-
präsentationszwecken verwendet worden. Ihre Bewaffnung und ihre Uniformie-
rung war teils mangelhaft, teils höchst unmodern und zu jeder ›kriegerischen
Tätigkeit‹ ungeeignet«, gibt Prinz Erwein Lobkowitz in seinen Memoiren offen
zu.[414] Die Gardisten sind jetzt um ihre eigene Sicherheit besorgt. Nur nicht
auffallen, lautet die Devise in der Zeit der Anpöbelungen und Misshandlungen
aller ersichtlichen Exponenten der sterbenden Kaiserzeit. Und so wendet sich
das Kommando der Gardisten an das neue Staatssekretariat für das Heerwesen
mit der Bitte, einige feldmäßige Mäntel auszufolgen. Der Bitte wird stattgegeben. Ausgesucht groß, ausgesucht kräftig, ausgesucht schön, trugen die Leibgardisten wesentlich zum Nimbus Wiens als Kaiserstadt bei. Jetzt ist es damit
vorbei, auch der Burggendarm ist Vergangenheit. »Damit verschwinden Gestalten aus dem Straßenbild, die schon immer anmuteten wie lebendig gebliebene
Reste längstvergangener Zeiten. Man wird ihnen nicht mehr begegnen, den
himmelhohen kräftigen Männern mit den langen weißen Mänteln und der un-
nahbaren stolzen Haltung, die heute noch als Trabantengardisten in den kaiserlichen Gemächern Dienst machen. Einen Dienst, der eigentlich nichts ist und
war als strammster militärischer Müßiggang. Während draußen an der Front
Millionen und Millionen verbluteten oder den Mühseligkeiten des Nachschub-
dienstes erlagen, stand der Gardist pumperlgesund und wohlgenährt auf dem
spiegelblanken Fußboden eines kaiserlichen Gemaches, angetan mit schneewei-
ßer Lederhose, scharlachrotem Waffenrock und silbernem Helm mit weißem
Roßhaarbusch, die altertümliche, kunstvoll ziselierte Hellebarde im Arme, und
bewachte irgend ein majestätisches Himmelbett oder einen allerhöchsten Samt-
fauteuil. Sein etwas weniger farbenprächtig ausgestatteter Kamerad von der
Leibgarde-Infanterie im schwarz-grünen Kleide, mit schwarzem Roßhaarbusch
und Ledersäbel am lackierten Riemenzeug, verrichtete einen ähnlichen Dienst
auf den Stiegen, Gängen und an den Toren kaiserlicher Schlösser. Nicht nur als
Auslese aus den am schönsten gewachsenen Unteroffizieren der Armee, sondern auch als Anwärter für besser bezahlte Dienststellen in höheren Aemtern
war der Burggendarm ein von gutgestellten Mädchen vielbegehrtes Exemplar
des starken Geschlechtes. Auch sein Abschied ist bereits geschrieben, genau so

wie der des Gardereiters auf langbeschweiftem Schimmel und des ungarischen Gardisten mit gelben Stiefeln, Kalpak, roter Attila und Pantherfell. Vergangene Herrlichkeit, die jedoch nur von jenen Leuten vermißt werden wird, die den Stadtumgang zu den unentbehrlichen Einrichtungen des Staates zählen. Wir werden die prachtstrotzenden Uniformen nicht vermissen und können deren bisherige Träger bei ihrem Uebertritt in das bürgerliche Leben nur als Mitarbeiter an den großen Werken der national aufstrebenden Völker willkommen heißen. Möge ihnen gegenüber der Dank vom Hause Oesterreich anders ausfallen, als der Dichter ihn gekennzeichnet hat.«[415]

An Treuebekundungen fehlt es in diesen Novembertagen 1918 nicht, auch seitens eines besonderen Mannes. Admiral Nikolaus von Horthy, letzter Oberbefehlshaber der k.u.k. Flotte, eilt nach Schönbrunn, um dem Kaiser die befohlene Übergabe der Flotte an den kroatischen Nationalrat als vollzogen zu melden. Schmerzerfüllt kommt er dieser Pflicht nach, bricht in Tränen aus. Überwältigt von so viel Loyalität ruft Karl seine Frau herbei, um ihn zu trösten. Plötzlich springt Horthy auf, nimmt Habtacht-Stellung ein und schwört mit erhobener rechter Hand: »Ich werde niemals ruhen, bis ich Eure Majestät wieder auf Ihre Throne in Wien und Budapest zurückgebracht habe.«[416] Wird er seinen Schwur halten?[417]

Dramatisches Ringen um jedes Wort: des Kaisers Verzicht

In Schloss Schönbrunn herrscht dieser Tage ein Kommen und Gehen. Konferenzen, Audienzen, Vorträge lassen den Kaiser nicht zur Ruhe kommen. Alles dreht sich um die Frage: Wie soll es weitergehen, nachdem den alten Autoritäten die Macht entglitten ist? Kluger Rat ist teuer in dieser drückenden Atmosphäre, in der der imperiale Rahmen gar nicht mehr wahrgenommen wird. Finanzminister Redlich erinnert sich später: »Der herrliche Blick aus dem Adjutantenzimmer in den Park stimmte mich nicht freudig, ich hatte das Gefühl, an einer Szene, einer historischen, aber nicht großartigen Tragödie teilzunehmen … In dem Adjutantensaal die reizende Gräfin Bellegarde, die selbst wie eine leibhaftige Rokoko-Marquise über das Parkett schreitet, und die eleganten diensttuenden Offiziere, und über dem Ganzen ein Hauch des Vergehens, des Verfalls und zugleich auch feinster, wenn auch müde gewordenen Kultur! Wird das, was sich hier bald breitmachen wird, diese Kultur verstehen und fortbilden können?«[418]

Kaum ist ein Vorschlag ins Auge gefasst, hat sich die politische und militärische Situation schon wieder grundlegend geändert. Maßgebend wird die Nachricht aus Berlin: Kaiser Wilhelm II. hat abgedankt und ist in die Niederlande ins Exil geflüchtet. »Glänzenden Zeiten führe ich Euch entgegen!«, hatte er den Deutschen zu Beginn seiner Herrschaft versprochen. Nun ist Deutschland seit 9. November 1918 Republik. Damit ist Karls Stellung als Kaiser erst recht nicht mehr haltbar. Doch wie soll man dies unter Wahrung seiner Würde bewerkstelligen? Ein offizieller Thronverzicht, wie Wilhelm ihn unterschrieben hat, kommt für Karl nicht infrage. Sein fester Glaube an das Gottesgnadentum seiner Krone lässt das nicht zu. Die Kaiserin, die bei den Beratungen anwesend ist, bestärkt ihn darin. In dieser Situation offenbart sich ihre Kämpfernatur: »Niemals kann ein Herrscher abdanken. Er kann abgesetzt, kann seiner Herrscherrechte für verlustig erklärt werden. Gut. Das ist Gewalt. Sie verpflichtet ihn nicht zur Anerkennung, daß er seine Rechte verloren habe. Er kann sie verfolgen, je nach Zeit und Umständen – aber abdanken – nie, nie nie! Lieber falle ich mit dir hier, dann wird Otto kommen. Und wenn wir alle fallen sollten – noch gibt es andere Habsburger!«[419] Einer schmachvollen Absetzung durch die neuen Machthaber will Karl aber auch entgehen.

Gibt es irgendeine Hilfe, vielleicht von außen? Da wäre ja die Kirche als traditionelle Stütze des Thrones. Wiens Erzbischof Kardinal Piffl wäre wohl der geeignete Mann, um bei den Christlichsozialen seinen Einfluss geltend zu machen, sie an ihre stes betonte Kaisertreue zu erinnern. Nun könnten sie sich für die Beibehaltung der Monarchie im neuen Staat einsetzen. Karls Sekretär Baron Karl Werkmann überbringt den Vorschlag, vom Kaiser in einem Brief niedergeschrieben, dem Kardinal zu früher Morgenstunde in dessen Palais in der Rotenturmstraße. Sofort macht sich Piffl auf zu Prälat Hauser, dem Zweiten Vorsitzenden der Nationalversammlung. Die Antwort, die der Kardinal sendet, ist für den Kaiser niederschmetternd: Karl würde es den christlichsozialen Abgeordneten beim Votum leichter machen, würde er sich schon von vornherein bereit erklären, auf seine Herrschaftsrechte zu verzichten und die Frage der Staatsform der kommenden Konstituante zu überlassen. Dann vielleicht ein Appell an den Adel, sich schützend vor den Thron zu stellen? Diese Idee wird ebenso so rasch fallen gelassen, wie sie aufgetaucht ist.

Nachdem jede Hoffnung auf Rettung in letzter Sekunde geschwunden ist, beginnt ein zermürbender Kampf, um dem Kaiser seine Unterschrift unter ein sorgsam formuliertes Verzichtsdokument abzuringen. Wort für Wort, Satz für Satz gilt es abzuwägen. Der Kaiser, seine Minister und die hinzugezogenen Sozialdemokraten Karl Renner und Karl Seitz müssen darüber einig werden. Heraus kommt ein Meisterstück diplomatischer Formulierung, an der Sozialminister Dr. Ignaz Seipel (Anm.: der spätere Bundeskanzler) entscheidenden Anteil hat. Die Begriffe Thronverzicht oder Abdankung kommen darin nicht vor, das Ganze hat den Charakter eines Provisoriums. Die Kernaussage lautet: »... *Nach wie vor von unwandelbarer Liebe für alle Völker erfüllt, will ich ihrer freien Ent-*

faltung Meine Person nicht als Hindernis entgegenstellen. Im voraus erkenne Ich die Entscheidung an, die Deutschösterreich über seine künftige Staatsform trifft. Das Volk hat durch seine Vertreter die Regierung übernommen, Ich verzichte auf jeden Anteil an den Staatsgeschäften …«[420] Nur der Hinweis, wie sehr die Zeit drängt, wie sehr die Gefahr einer Erstürmung Schönbrunns durch linksradikale Elemente mit allen unabsehbaren Folgen, auch für die Kinder des Kaiserpaares, wachse, wenn der Kaiser die Unterschrift weiterhin verzögere, bringt Karl zur Einsicht. Er setzt seinen Namenszug darunter. Eiligst wird das Dokument der Staatsdruckerei überstellt, und schon bald stehen Menschentrauben vor den Litfaßsäulen, um das amtliche besiegelte Ende Alt-Österreichs zu lesen. Danach gilt es für die Minister, um Amtsenthebung zu bitten. Diese Endgültigkeit lässt kein Auge der Herren trocken, ärger als bei einem Begräbnis ist es für sie beinahe eine physische Pein. Zum Abschied Orden, für einige die Würde Geheimer Rat und Pensionsbewilligungen. Die soeben entlassenen Minister sind am Ende ihrer Kraft, sie scheiden von ihrem allerhöchsten Herrn im Bewusstsein, das Äußerste getan zu haben, um ihn auf seinem letzten politischen Gang zu stützen. Abwenden konnten sie ihn nicht. »Nun ist das alte schwarz-gelbe Österreich für immer tot!«[421], sagt der eben entlassene Finanzminister Redlich beim Hinausgehen zu seinen bisherigen Ministerkollegen. Was jetzt kommt, darauf haben sie keinen Einfluss mehr.

Der nun offiziell entmachtete Kaiser – er trägt bereits Zivilanzug – verlässt mit seiner Familie noch am Abend dieses 11. November 1918 Schloss Schönbrunn, in dessen Hof bereits Volkswehr Stellung bezogen hat. Zuvor ein letztes kurzes Gebet in der Schlosskapelle mit der Bitte um Wiederkehr an diesen Ort. Bewegender Dank und Abschied an jeden Einzelnen des Hofstaates im Zeremoniensaal. Dann führt der letzte Gang über die Stiege hinunter in die Schlosseinfahrt, wo sieben Autos abfahrbereit stehen. Die Militärakademiker und Kadetten sind in Doppelreihe zur Verabschiedung des Kaisers angetreten. Haltung bewahren fällt ihnen sichtlich schwer in diesem Augenblick, da sie für ihren allerhöchsten Herrn nichts mehr tun können. Ein letzter Blick auf das Schloss, in dem an einem düsteren Novemberabend Karls Herrschaft begonnen hat und nun nach knapp zwei Jahren an einem ebenfalls düsteren Novemberabend endet. In einem Wagen das Kaiserpaar mit den Kindern, nur das jüngste, Karl Ludwig, fährt in einem eigenen Wagen in den Armen seiner Aya, Gräfin Kerssenbrock. Kaum zu glauben, dass vor acht Monaten für diesen »purpurgeborenen« Prinzen in Wien 101 Salutschüsse abgefeuert wurden. Wer erinnert sich jetzt an die damals kolportierte »Mitfreude der allezeit kaiserlichen Wiener«, an das Festgeläute der Kirchen, die Huldigungsszenen vor dem Kaiserhaus in Baden, die Glückwünsche des Wiener Bürgermeisters, der »Lenzgeborene« möge ein Bote des Friedens sein? Nun fährt der Säugling, ahnungslos von dem, was rund um ihn vorgeht, mit Eltern und Geschwistern einer bangen Zukunft entgegen. Am Schluss der Wagenkolonne »kleine Begleitung« und Leibgardisten in feldgrauer Uniform. Im Schutz der Dunkelheit geht die Fahrt des Nie-mehr-Wiedersehens hinaus beim Meidlinger Tor über die Schönbrunner Straße zum Kärtnerring, über den Stubenring vorbei am Kriegsministerium zum Aspernplatz (heute Julius-Raab-Platz) und entlang des Franz-Josefs-Kais. Dann überqueren die Automobile die Ferdinandsbrücke (heute Schwedenbrücke), weiter geht es durch die Praterstraße und die Kronprinz-Rudolf-Straße (heute Lasallestraße) über die Reichsbrücke nach Stadlau, Hirschstetten, Groß-Enzersdorf bis zum Jagdschloss Eckartsau, wo die Familie »vorläufige Séjour« nimmt.

»Kaiser Karl ... geht in eine ›Zurückgezogenheit‹, wo die Verantwortlichkeiten schweigen. In den Bedrängnissen, die der Tag dem Volke auferlegt, kann selbst der Rücktritt eines Kaisers die Gedanken nicht zu längerem Verweilen bringen, weil jeder einzelne Mensch von den Stößen, die ihn fortwährend erschüttern, von den Wirkungen der Ereignisse auf sein eigenes Haus, auf seine Familie und auf seinen Beruf abgelenkt wird. Kaiser Karl ist politisch nur ein kleines Bruchstück und zwei Jahre der Lehrlingszeit auf dem Throne sind bei den verwickelten Zuständen in Oesterreich und in Ungarn viel zu wenig. Das Urteil darf mit seiner Jugend und mit dem Kriege rechnen, in den er hineingestellt wurde und von dem er sich nicht losringen konnte. Da begann er herumzutasten, dann kamen die Irrtümer in der Wahl der Personen und der Politik, dann hatte der Kaiser zu fühlen, was früher ohne seine Schuld an Fehlern sich aufgehäuft hatte, und schließlich wurde die Führung so unsicher, daß eine der ältesten europäischen Großmächte wie Zunder verrauchte. Das hat die Welt niemals vorher gesehen. Der Kaiser muß tief empfinden, was ihm geschehen ist, und da kann ihm jeder menschlich näherrücken, der die Fähigkeit hat, ein so ernstes und so ungewöhnliches Schicksal zu begreifen ...«[422]

»Wien ist von morgen an nicht nur eine deutsche Stadt, sondern eine Stadt in Deutschland, in der deutschen Republik. Dies mag für uns Wiener der sinnfälligste Ausdruck des ungeheuren Umsturzes sein, den wir in diesen Tagen miterleben. Kaiser Karl hat auf seinen Anteil an den Staatsgeschäften verzichtet. Er behält den Titel eines Kaisers, erklärt aber gleichzeitig, daß er die Entscheidung Deutschösterreichs über seine zukünftige Staatsform anerkennt. Nun wird Deutschösterreich morgen seine Umwandlung in eine Republik und seinen Anschluß an die deutsche Republik verkünden. Von der kaiserlichen Würde bleibt somit nichts anderes übrig, als der Titel. Aber das Wort, das der Kaiser über die Anerkennung unserer zukünftigen Staatsform gegeben hat, verbürgt uns, daß der morgige Tag in Ruhe und Frieden verlaufen wird und daß auch der kaisertreueste Offizier keine Veranlassung haben kann, seine Waffen gegen den Willen des Volkes zu erheben«, zieht auch das *Neue 8 Uhr Blatt*[423] eine erste Bilanz,

345

nicht ahnend, dass der Republik an ihrem Geburtstag von ganz anderer Seite
Gefahr drohen könnte …

Melancholie im November: eine Schönbrunner Elegie

Schönbrunn und der alte Kaiser: das gehörte im Empfinden der Wiener untrennbar zusammen. Gibt es einen Ort, an dem man besser die Atmosphäre
Alt-Österreichs erfühlen kann? Grandezza und Grazie, Eleganz und bürgerlich
anmutende Schlichtheit, Zeremoniell und unbeschwerte Lebenslust, kaiserliche
Exklusivität und Zutritt der Öffentlichkeit – hier verschmolzen diese Gegensätze zu unvergleichlicher Harmonie. Ein kleines Stück »Felix Austria« (glückliches Österreich), geprägt von einmaligen Persönlichkeiten: Maria Theresia, die
dem Schloss seine bauliche Gestaltung durch Nikolaus Pacassi gab, die so gerne
im Pavillon im Tiergarten frühstückte, das geliebte Kipferl in den Milchkaffee
tauchend oder eine »Schokoladi« schlürfend, dazwischen ihrem Franzl (Kaiser Franz Stephan) einen liebevollen Blick zuwerfend. Ringsum die seltenen
gefiederten und vierfüßigen Tiere, in den »Tierbehältnissen« kreischende, gur-
rende oder klagende Laute von sich gebend. Maria Theresias Kinder, die hier
unbeschwerte Tage verlebten mit Ballett, Schäferspiel und selbst inszeniertem
Theater; der leidenschaftlich gärtnernde »Biedermeier«-Kaiser Franz, dem das
Schloss die typische Farbe, das Schönbrunn-Gelb, verdankt. Selbst die Erinnerung an seinen Kurzzeit-Schwiegersohn Napoleon, als Besatzer zweimal ein un-
gebetener Gast in Schönbrunn, ist nicht mit Bitterkeit erfüllt. Wie stolz wusste
er die Freitreppe herabzuschreiten, wie gebieterisch die Parade seiner Truppen
im Schlosshof abzunehmen, wie aufmerksam den von ihm ausgewählten Stü-
cken von Racine etc. in der Loge des Schlosstheaters zu lauschen. Die Not, die
er auch über die Wiener durch seine Kriege brachte – sie ist längst vergessen.
Leicht und elegant die Gloriette mit Blick über das großzügige Blumenpar-
terre vor dem Schloss, wie eine von Natur hingezauberte Stickerei, in der Ferne
die Silhouette der Stadt. So heiter wirkt dieser zierliche Bau, dass er vergessen
lässt, dass er ein Kriegerdenkmal ist, Mahnmal für die Abertausenden in blutigen Schlachten des Siebenjährigen Krieges Gefallenen. Ein Krieg, der auch
in Amerika und Asien geführt wurde – der wahrhaft erste Weltkrieg! Trotz
großer Opfer hat er Maria Theresia das geraubte Schlesien nicht wiederzugeben vermocht. Bezaubernd der barocke Garten mit den sorgsam geschnittenen
Laubwänden, gepflegt von Hofgärtnern in grünen Schürzen, dazwischen immer wieder raffiniert in Nischen gesetzte kühle Steinfiguren – mythologische
Gestalten, die in solch einem hochherrschaftlichen Park nicht fehlen durften.
Und hie und da, meist zu früher Morgenstunde, auf bekiesten Wegen schreitend

Abb. 114: Schloss Schönbrunn mit der Gloriette im Hintergrund

Kaiser Franz Joseph in »Kommandoadjustierung«, ohne Säbel, aber mit Spazier-
stock, an Blumen riechend, den Stand der Fruchtreife exotischer Kübelpflanzen
prüfend, »allergnädigst« ein Wort an einen seiner Gärtner richtend. Geglückte
Synthese ist der Schönbrunner Park auch als Landschaftsarchitektur: barocke
Symmetrie, spielerische Leichtigkeit des Rokoko, melancholisch überhauchte
Romantik künstlich geschaffener Ruinen und antikisierender Obelisken, am
Rande Zugeständnisse an englische Gartenkunst.

Am 16. Februar 1914 lud der alte Kaiser zur Soirée dasante nach Schönbrunn – das letzte Mal, dass die prunkvollen Gemächer des Schlosses Schau-
platz eines höfischen Festes waren. Die Botschafter der Großmächte als gela-
dene Gäste ließen sich vom Charme Schönbrunns verzaubern. Wenige Monate
später verließen sie nach Hinterlegung der Kriegserklärungen die Hauptstadt
des nun feindlichen Habsburgerreiches. Das am politischen Horizont schon
lange drohende Gewitter entlud sich mit ganzer Wucht, brachte auch die Lichter
in Schönbrunn zum Verlöschen, die Tanzmusik zum Schweigen und selbst die
Jugend des Hofes in feldgrauer Uniform an die Fronten. Zurück blieb ein ver-
einsamter Herrscher, der an seinem Schreibtisch in Sysiphos-Manier nie kleiner
werdende Aktenberge abarbeitete und auf diese Weise glaubte, sein bröckelndes
Reich zusammenhalten zu können. Manchmal nahm er im unfreundlich gewordenen Schlossgarten ein Defilée seiner Truppen ab. Franz Josephs Tod beraubte
das Reich der stabilisierenden Zentralfigur. Schönbrunn war seit November
1916 nicht mehr das, was es gewesen war, auch wenn manches unter dem jun-

gen Nachfolger, der nach Laxenburg und Baden wechselte, gewohnheitsmäßig fortgeführt wurde. Dass in diesem Schloss dem Reich der Habsburger nach 640 Jahren Dauer der Totenschein ausgestellt wird, wer hätte das je gedacht?

Nach der Abreise der kaiserlichen Familie ist der Zauber Schönbrunns fürs erste entschwunden: »Beim Hietzinger Tor merkt man es schon, daß der Novembertermin, von dem die Hausherren in Rudolfsheim und Ottakring nicht Gebrauch machen dürfen, hier zu einer nie geträumten, tragischen Aktualität gelangt ist. Die Weltgeschichte ist der unerbittliche Hausherr, der sich mit seiner Aufkündigung an kein Mieterschutzgesetz zu halten braucht. Throne bersten, Reiche zittern, und so verwundert man sich nicht einmal, Schönbrunner Schloßgendarmen zu sehen, die beim Hietzinger Tor in Hemdärmeln ihre Koffer auf einen Streifwagen laden. Hingegen erinnert man sich, die erfreulich wohlgenährten und stämmigen Burschen, die ihnen bei dieser Umorientierung ins Zivil behilflich sind, noch vor vierzehn Tagen in Amt und Würden gesehen zu haben. Damals waren sie jenes halbe Dutzend vom Krieg seit vier Jahren enthobener Hofreitknechte, die jeden Morgen, stämmig, blaurasiert und unendlich hochmutsvoll die Pferde aus dem Schönbrunner Marstall auf die benachbarte Höhe des Küniglberges (Anm.: heute Standort des ORF-Zentrums) spazieren führten. Nun stemmen auch sie ihre Koffer, weswegen natürlich nicht befürchtet werden muß, daß die schönen Schimmel und Schecken ihren nächsten Spaziergang zu einer Meidlinger Pferdeausschroterei unternehmen werden. Jedenfalls auf die tägliche Kavalkade werden die Hietzinger definitiv verzichten müssen, und es entspräche diesem demokratisch gewordenen Zeitalter, wenn wir die beschäftigungslos gewordenen Gäule nächstens fern von Schönbrunn einen Milchwagen ziehen sehen würden. Die Zeichen des Umsturzes mehren sich, wenn man durch das weit offene und völlig unbewachte Hietzinger Tor in den ungeheuren, melancholisch leeren Park eintritt. Die zum Schloß führende Allee ist in einem unverhüllt defekten Zustand, woran teils der November und teils die seit vier Jahren eingerückten oder anderwärtig beschäftigten Hofgärtner Schuld tragen. Statt der pensionierten Majore, die hier ihren täglichen Vormittagsspaziergang absolvierten, begegnet man nur ab und zu einem Schloßbediensteten, und er trägt die graue Hoflivrée mit den silbernen Knöpfen, diese Uniform einer abgetanen Epoche, wahrscheinlich nur darum, weil ein abgelegtes Zivilsakko gegenwärtig unter Trödlern achtzig bis hundert Kronen wert ist. Und fast jeder von ihnen ›zieht aus‹ oder hilft beim Umzug von Kollegen mit und fährt mitten durch die ehrwürdig alten theresianischen Kastanienalleen das demokratischste Gefährt aller Novembertermine, einen mit seinen Habseligkeiten, unter denen fast niemals ein Kartoffelsack fehlt, angestopften Schiebkarren … Die kleinen, einsamen Boskette und Buchenrondelle sind verwahrlost und verwildert und die breite Kiesstraße am Kammergarten ist dicht mit gelbem Herbstgras überwuchert. Ein lumpenstarrendes altes Weib, das zum weiland Schönbrunner Hofstaate nur sehr entfernte Beziehungen unterhalten haben dürfte, rafft Abfallholz zusammen. Der Lärm von Holzschlägern hallt durch die große Stille des Parkes. Zuweilen bellt der letzte Menageriewolf klagend und hungrig, und in ihrem Rokokopavillon sitzen die blauen und roten Papageien auf ihrem gelben Messinggestell wie entthronte, bekümmert schwatzende Hofdamen, die diese Welt nicht mehr verstehen. Seltsam sieht das große, gelbe Schloß aus, das ganz einsam am Ende des ungeheuren Gartenparterres liegt. Das Schilderhaus ist leer, und sogar den Laufsteg, auf dem man, solange die österreichische Welt besteht, den Posten auf und ab wandern sah, hat man weggeräumt oder zu Brennholz verheizt. Kein Gendarm steht in der breiten Schloßdurchfahrt, in der die großen Götteröfen stehen. In einem der Höfe sieht man Maurergerüste, Leitern und Kalkbottiche, aber der Hausherr, der die angefangene Renovierungsarbeit bezahlen würde, ist gestern für – unbestimmte Zeit weggefahren, und die Maurerweiber feiern. Irgendwo stehen noch die Tafeln herum, auf denen mit großen Buchstaben ›Gesperrt‹ steht. Man steigt über sie hinweg, und hätte jemand den frevelhaften Einfall, die Klinke der Holzpförtchen, die in den Kammergarten (Anm.: bisher Exklusivbereich der kaiserlichen Familie) führen, niederzudrücken, würde ihn wahrscheinlich niemand hindern, auf den Wegen spazierenzugehen, über die vorgestern noch ein durchlauchtigster Kronprinz des Erzhauses sein wollenes Räderpferdchen zog … Auf der obersten Galerie des Schlosses stehen ein Paar Wachsoldaten und unterhalten sich vom vierten Stock mit ihren Kameraden, die vorne bei der Schloßhauptwache abrüsten. Die Gewehre sind in ihren schwarz-gelb gestrichenen Ständern unordentlich durcheinander geworfen … ein grauhaariger Bediensteter erzählt einigen Leuten, daß der Kaiser vor seiner Abfahrt nach Eckartsau noch einmal die Beamten, die Wachen und Bedienten versammeln ließ, um sich von ihnen mit ein paar sehr herzlichen Worten zu verabschieden. Er betonte, wie schwer ihm dieser Abschied falle, und es fiel ihm sichtlich nicht leicht, inmitten der erschütterten und gerührten, zum größten Teil alten Leute seine Fassung zu bewahren. Nun sind die Gemächer, die vor wenig[en] Monaten neu instandgesetzt wurden, leer und verschlossen. Und von der prunkvoll breiten Freitreppe, über die vor zwei Jahren der Sarg des toten Kaisers Franz Joseph hinabgetragen wurde, steigen mit schweren Stiefeln die niederösterreichischen Wachsoldaten in den Hof hinunter, um zur Menage zu gehen.«[424]

»Zu lebendiger Wirklichkeit geworden«: der Staat Deutschösterreich

Neuschöpfung in der Herrengasse: das provisorische Grundgesetz

Mittwoch, 30. Oktober 1918: Im niederösterreichischen Landhaus tagt zum zweiten Mal die Provisorische Nationalversammlung für Deutschösterreich (siehe Taf. 31). Es gilt dem neu entstehenden Staat eine Notunterkunft zu zimmern über dem schon gelegten Grundstein. Ein »Staatsrat«, bestehend aus 22 Mitgliedern, übernimmt die Regierungs- und Vollzugsgewalt. »Damit ist dem einmütigen Willen des deutschen Volkes entsprechend der deutschösterreichische Staat zu lebendiger Wirklichkeit geworden, und dieser Staat wird fortan von frei gewählten Vertrauensmännern des deutschen Volkes selbst regiert werden … Die Behörden des bisherigen österreichischen Staates leisten der Uebernahme der Verwaltung durch die neue Volksregierung keinen Widerstand. Es besteht daher kein Grund, diese Behörden zu bedrohen. Gewalttätigkeiten können die Uebernahme und Ausübung der Regierung durch die Vertrauensmänner des deutschen Volkes nicht fördern, nur erschweren«,[425] heißt es geradezu beschwörend in einem Aufruf an die Bevölkerung, gezeichnet von den drei gewählten Präsidenten des Staatsrates: Franz Dinghofer (Deutscher Nationalverband), Johann Nepomuk Hauser (Christlichsozial) und Karl Seitz (Sozialdemokrat).

Bereits an diesem Tag wird Deutschösterreich zu einem Bestandteil einer deutschen Republik erklärt, die es noch gar nicht gibt, aber deren Konturen sich abzeichnen. Der Thronverzicht Kaiser Wilhelms II. wird unumgänglich sein, um den Krieg zu beenden. Noch in der Nacht zum 31. Oktober 1918 wird die erste Regierung Deutschösterreichs gebildet, mit dem Sozialdemokraten Dr. Karl Renner als Staatskanzler, die Ressorts werden von Staatssekretären aus den drei beteiligten Parteien geleitet. Die Sozialdemokraten sind sichtlich die treibende Kraft bei der Bildung des neuen Staates, ohne dass sie über die parlamentarische Mehrheit verfügen. Dass es eine reine Zweckgemeinschaft der drei großen Parteien ist, daran lässt Victor Adler von Beginn an keinen Zweifel: »Wir deutschen Sozialdemokraten nehmen an den Arbeiten dieser Versammlung teil, weil sie im gegenwärtigen Augenblick das einzig mögliche Parlament Deutschösterreichs ist. Wir wollen mit Ihnen, unseren Klassengegnern, keine Parteigemeinschaft bilden, kein Bündnis, keinen Burgfrieden schließen, wir bleiben Gegner, wie wir immer Gegner waren.«[426]

Der k. k. Ministerpräsident Heinrich Lammasch fügt sich ins Unvermeidliche und legt die Regierungsgewalt in die Hände der Provisorischen Regierung.

Formell überschneiden sich damit zwei Gewalten: die alte, die mit jedem Tag schemenhafter wird, verkörpert durch Reichsrat, Ministerratspräsidium und k. k. Ministerien; die neue in Gestalt der Provisorischen Nationalversammlung, der Staatskanzlei und der neuen Staatsämter. Sie gewinnt zunehmend an Kontur durch die Gewissheit, dass die Zukunft ihr gehört. Die neuen Autoritäten sind freilich nur für die deutschsprachigen Gebiete zuständig, sie können folglich in den alten Ministerien nur Sektionen übernehmen. So etwa Victor Adler als Staatssekretär für Äußeres am geschichtsträchtigen Ballhausplatz, wo einst Kaunitz, Metternich, Andrassy oder Aehrenthal große Politik machten. Jetzt ist nicht einmal ein k. u. k. Minister des Äußeren mehr da. Nach dem überstürzten Abgang des wenige Tage amtierenden Julius Andrassy des Jüngeren leitet dort der erste Sektionschef, Ludwig Freiherr von Flotow, das Ministerium. »Die neuen Herren lernen regieren, und da gibt es Sitzungen von früh bis abends und spät in die Nacht. Ein Glück, daß die alten Beamten noch da sind!«, notiert Polizeirat Dr. Brandl in sein Tagebuch.[427]

30./31. Oktober 1918: Welch geschichtsträchtige Tage, welch ein geschichtsträchtiger Ort! Damals vor genau 70 Jahren hatte die kaiserliche Armee das aufständische Wien zurückerobert. »Der heldenmütige Kampf der Wiener Arbeiterschaft im Oktober 1848 hat an jenem Tage sein furchtbares, blutiges Ende genommen; das kaiserliche Heer, das in Wien einzog, nahm blutige Rache an denen, die bis zur letzten Stunde gekämpft hatten für die deutsche Republik. Mit der Niederlage Wiens war die Niederlage Deutschlands besiegelt: die Nationalversammlung in Frankfurt wurde auseinandergejagt, die im März erstrittenen Volksrechte vernichtet und drei Dutzend Fürsten richteten wieder ihre Herrschaft in den deutschen Staaten auf. Und wieviel immer in der Welt sich seither geändert, was immer das Volk seither der an jenem Tage triumphierenden Reaktion abgerungen hat: von der deutschen Republik war seit siebzig Jahren keine Rede mehr. Heute aber hat die Wiener Arbeiterschaft an ihre große Ueberlieferung wieder angeknüpft. Heute hat sie die Fahne wieder erhoben, die sie vor siebzig Jahren verstecken und vergraben mußte …« schreibt voller Genugtuung die *Arbeiterzeitung*[428] und vereinnahmt die Revolution von 1848 als heldenmütigen Kampf der Arbeiter, obwohl der vierte Stand damals nur eine marginale Rolle gespielt hatte. Unbestritten ist die Bedeutung der Herrengasse als Ort, an dem die Revolution am 13. März 1848 ihren Ausgang nahm. Im irrtümlich offen gebliebenen Hof hielt damals der Sekundararzt Dr. Adolf Fischhof eine zündende Rede, die ihre Wirkung nicht verfehlte. Als der Hauptmann Czermak und seine Soldaten durch Steinwürfe verletzt wurden, eröffneten die Klosterneuburger Pioniere das Feuer. Sechs Tote blieben zurück – die März-Gefallenen. Dabei hätte es schlimmer kommen können. Nur dem Mut des Oberfeuerwerkers Johann Pollet war es zu verdanken, dass nicht aus einer Kanone auf die Volksmenge geschossen wurde.

Nun, siebzig Jahre später, haben sich die Verhältnisse gedreht, im Landhaus sitzen die gewählten Vertreter des Volkes. In der Herrengasse ist am Mittwoch, dem 30. Oktober 1918 kein Weiterkommen für Fußgänger. Dicht an dicht steht eine tausendköpfige Menschenmenge vor dem Landhaus.

In der Masse der dunkel gekleideten Menschen sind bloß rote oder schwarz-rot-goldene Fahnen die einzigen Farbtupfen. Sichtliches Zeichen, dass Sozialdemokraten und Deutschnationale die Herrengasse beherrschen. Die Christlichsozialen glänzen durch Abwesenheit, ihre Hunderttausenden Anhänger haben es sichtlich vorgezogen, daheim zu bleiben. Die Menge ist zunehmend nervös, man möchte umgehend informiert werden, wie die Debatten drinnen verlaufen. Ob alles glatt verläuft, die immer noch habsburgtreuen Christlichsozialen womöglich das eine oder andere Ziel sabotieren? Im Landhaussaal weiß man um die wachsende Unruhe draußen. Deshalb tritt bald ein Sozialdemokrat, bald ein Deutschnationaler auf den Balkon und berichtet über den Debattenverlauf. Nur keine Zweifel, die Republik wird kommen, tönt es von den Sozialdemokraten. Nur keine Zweifel, der Anschluss an Deutschland wird kommen, beruhigen Deutschnationale. Es kann nicht ausbleiben, dass die unterschiedlichen Erwartungen zu Spannungen in der Menge führen. »Internationales Gesindel!« – »Hohenzollernknechte!« geht es hin und her. Was ist wichtiger: die Republik oder der Anschluss? Noch ist Deutschland Monarchie an diesem Tag, die Deutschnationalen scheint das nicht zu stören. Für die Sozialdemokraten wäre das nicht hinnehmbar. Handgreiflichkeiten ob der Meinungsdifferenzen bleiben aber aus. Dass in Wien immer noch der Kaiser formell regiert, spielt an diesem Tag keine Rolle. Keine Stimme wird gegen ihn laut, aber auch keine für ihn. Die einen haben bald genug, sie gehen und machen anderen Platz im Gedränge der Herrengasse. Das Wichtigste ist bereits verkündet, da tritt als letzter Redner der Wiener Bürgermeister Weiskirchner auf den Balkon. Ein hundertfaches »Pfui!« empfängt ihn. Nein, diesen Christlichsozialen will die Menge unten nicht anhören. Allzu sehr ist Weiskirchner Symbol des dahinschwindenden kaiserlichen Wien, gewählt auf der Basis des ungerechten Klassenwahlrechts. Auch damit wird nun endlich Schluss gemacht. Weiskirchner kehrt unverrichteter Dinge in den Landhaussaal zurück. Er ist Bürgermeister mit Ablaufdatum.

Die Arbeiterschaft fühlt sich als Sieger des Tages, für sie ist klar, dass der neue Staat nur eine Republik sein kann. »Das Staatsvolk des alten Oesterreich ist gewesen, der Volksstaat von Deutsch-Österreich ist erstanden. Unter Jubel erstanden, der aus vielen tausend Männerkehlen durch die Herrengasse brauste und bewies, daß vor den grauenvollen Ruinen ein sieghafter Optimismus steht, der entschlossen ist, neues Leben daraus erblühen zu lassen, das über die Trauer um

Abb. 115: Menschenmenge in der Herrengasse am 30. Oktober 1918

das im Weltenbrand unwiederbringlich Vernichtete und um die Hunderttausende hingeopferten Männer allmählich die Oberhand gewinnen wird. ›Hoch die Republik – die Republik Deutschösterreich!‹« feiert die *Arbeiterzeitung*[429] das Ergebnis des 30. Oktobers 1918, obwohl ein Beschluss über die Einführung der Republik noch aussteht.

Vielen fällt es nicht leicht, das schwarz-gelbe Österreich und seine bislang unerschütterlich scheinende Ordnung über Nacht aufzugeben. So kann Wiens Erzbischof Kardinal Piffl »den furchtbaren Gedanken nicht fassen, daß die Ereignisse des Weltgeschehens stärker sein sollen, als der treue Herzschlag von Millionen Oesterreichern, für die bisher die unverbrüchliche Losung galt: ›Gut und Blut für unsern Kaiser; Gut und Blut für unser Vaterland!‹ Nein, dieser Geist kann nicht sterben! Er hat jedem Oesterreicher das Leben lebenswert gemacht, er war der Rettungsanker in den Stürmen schwerer Heimsuchung, er war unser Siegespanier im uns aufgezwungenen Kampfe, er gab uns Mut zum Leben, er war uns Trost im Sterben. Mag im Augenblick uns die Zukunft noch düster umwölkt erscheinen, die Sonne des altösterreichischen Geistes wird von neuem aufgehen und Oesterreichs Völkern wieder strahlen und leuchten!«[430] »Das Leben lebenswert gemacht ... Rettungsanker ... Siegespanier ... Trost im Sterben?«: hat dieser Mann nicht begriffen, dass es damit vorbei ist?, fragt sich

353

Abb. 116: Aufstellung der neuen Volkswehr in der Roßauer Kaserne

da mancher kopfschüttelnd oder schwer erzürnt. Alles doch hohle Phrasen aus der Welt von gestern, die sich selbst das Grab geschaufelt hat ...

Für die deutschösterreichische Regierung geht es bei solchen Gesinnungen in diesen Tagen umso mehr darum, sich der Loyalität von Beamten und Soldaten zu versichern. Priorität hat die Polizei, die meist noch in den alten Uniformen mit kaiserlicher Kokarde im Einsatz ist und damit einen schweren Stand hat. »Weg mit der kaiserlichen Polizei!« ist ein allerorten gehörter Schlachtruf. Johannes Schober, der mit dem Kaiser in ständiger Verbindung ist und versucht, ihm in dieser schweren Zeit beizustehen, bietet deshalb dem Staatsrat seinen Rücktritt an. Er wird aber gebeten, im Amt zu bleiben. Dafür werden er und die anderen höheren Polizeibeamten von einer Deputation des Staatsrates in der Polizeidirektion am 1. November 1918 »in Eid und Pflicht« genommen. Ab jetzt tragen Wachleute anstelle der alten Kokarde rot-weiß-rote Bändchen als Zeichen, dass sie der Autorität der neuen Regierung unterstehen.

Dringend geboten ist die Schaffung einer eigenen bewaffneten Truppe, eine Volkswehr soll es sein.

Federführend sind auch hier die Sozialdemokraten, die in Julius Deutsch als Unterstaatssekretär den richtigen Mann haben als Organisator im Kriegsministerium, das nun in »Staatsamt für das Heerwesen« umbenannt wird. In dem erst 1913 fertiggestellten Prunkbau am Stubenring geht es dieser Tage drunter

354

Abb. 117: Das Werbelokal der Volkswehr in der Deutschmeister-Kaserne

und drüber: »Hunderte von vorsprechenden Soldaten und Offizieren im Saale der Soldatenrates, Schreien und Brüllen. Im übrigen die Kanzleien leer, die Beamten auf den Gängen, die Kantine zum Bersten voll, die Aufsichtsorgane betrunken.«[431] Für Sonntag, den 3. November 1918 sind Soldatenversammlungen in allen Wiener Bezirken angesetzt, um eigene Soldatenräte zu wählen. Das geplante Volksheer soll auf demokratischer Basis entstehen. In allen Kasernen Wiens werden eigene Werbekanzleien eingerichtet. Freiwillig in die Volkswehr Eintretende sind aller Verpflichtungen in ihren bisherigen Truppenkörpern ledig, beziehen aber weiterhin Sold. Wer durch Tapferkeitsmedaillen erworbene Rechte und Bezüge hat, dem werden diese garantiert.

Das Wichtigste ist, das sich allerorten durch die Demobilisierung der k.u.k. Armee abzeichnende Chaos zu bannen.

Deshalb erlässt der Staatsrat einen dringenden Appell: »Das Land ist in Gefahr! Die Armee löst sich in Unordnung auf. Die Soldaten der nichtdeutschen Gebiete ziehen in ihre Heimat. Aber auch die deutschen Soldaten verlassen leider, offenbar ermüdet durch die lange Kriegsdauer, ihre Kader, ohne zu bedenken, daß eine nicht ordnungsgemäß durchgeführte Demobilisierung die Gefahr einer ungeheuren Arbeitslosigkeit und maßlosen Hungers und Elends heraufbeschwört, daß sie Plünderung, Verwüstung, Brandstiftung in bedrohliche Nähe rückt. Die Gefangenenlager verlieren ihre Bewachung, die freiwerdenden Italiener, Russen und Serben verlassen ihre Lager und überfluten das Land. Dieser Gefahr muß sofort und ohne Zögern begegnet werden, soll nicht neues Blutvergießen unser schwergeprüftes Volk bedrohen, soll nicht der Rest dessen, was wir uns noch aus dem Kriegselend gerettet haben, zugrunde gehen, sollen nicht Zehntausende Männer, Frauen und Kinder dem Hungertod verfallen.«[432]

Von Tag zu Tag wird die Lage in Wien kritischer. Gerade am 30. Oktober 1918, an dem die provisorische Regierung Deutschösterreichs die Macht übernimmt, vermerkt der Polizeibericht: »In den Straßen klirren einige Fensterscheiben. Die Polizei geht an die Arbeit, reitet Attacken und verhaftet. Bald ist wieder Ruhe ... Abends wird die Lage kritisch. Plötzlich sind zweitausend Mann wildester Mob vor der Roßauerkaserne, in der sich der Garnisonsarrest befindet, und stürmen. Schon ist das Tor der Kaserne eingedrückt, als es der Wache gelingt, die Leute abzudrängen und zu zerstreuen. Gleichzeitig strömt aus der Leopoldstadt eine mehrtausendköpfige Menge vor das Kriegsministerium und schreit: ›Friede! Friede!‹ Fünfzehnhundert Menschen sind im Nu auf dem Michaelerplatz versammelt und schreien: ›Pfui Lammasch!‹, weil er noch nicht zurückgetreten ist. Dreitausend aus Ottakring stehen vor dem Parlament und verlangen des Kaisers Abzug. Es hat bis nach Mitternacht gedauert, bis die am heutigen Tage völlig ausgepumpte Polizei ohne militärische Hilfe wieder Ordnung in die Straßen gebracht hat. Es sind übrigens keine 42 Kompanien mehr in Wien. Vielleicht noch zehn, die anderen sind weggelaufen. In der Nähe von Schönbrunn ist kein Demonstrant zu sehen gewesen, weder einer gegen, noch einer für den Kaiser ...«[433]

»Letzte Ausläufer der Fronten«: die Wiener Bahnhöfe

Der Krieg kehrt an seinem Ende dorthin zurück, von wo er vor mehr als vier Jahren seinen Ausgang genommen hat: zu den Wiener Bahnhöfen. Damals, im Sommer 1914, frenetisch bejubelt als Heilsbringer, jetzt, im Herbst 1918, in heillosem Durcheinander von Niederlage und Auflösung. Dazwischen ein vierjähriges Inferno, das alle Werte zertrümmert hat. »Wiener Bahnhöfe ..., fast für jeden von uns Ueberlebenden bedeuten sie eine schmerzliche Stunde. Eine Stunde, in der man einem lieben nahen Menschen das Geleite zum Bahnhof gab, einem Sohn, einem Bruder, einem Freund, der einem, feldgrau verkleidet, eingeschnürt und bepackt, schon irgendwie entrissen war. Man fuhr mit ihm durch die vom patriotischen Straßenlärm erfüllten Gassen, man stand mit ihm im Bahnhofsgewühl der Soldatenkoffer und Rucksäcke, der Landsturmmänner und Offiziere, man trug ihm seinen Mantel, kaufte ihm ein Buch oder erwies ihm sonst irgendeine hilflose Abschiedszärtlichkeit. Man suchte nach guten

Abb. 118: Soldaten und Kriegsgefangene warten vor dem Wiener Nordbahnhof auf ihre Heimreise

herzlichen letzten Worten und konnte nur unbeholfen sagen: ›Schreib' bald …, viel Glück …‹, erwog im letzten Moment noch Möglichkeiten und Aussichten und kam so bis zur Ausgangstür. Weiter durfte damals, in diesen furchtbar geordneten Zeiten, der Angehörige nicht, außer er hatte Protektion, die damals sogar zum Abschiednehmen nötig war. Dann konnte man noch eine Weile winken und dem Zug nachblicken, und für manchen der Zurückbleibenden ist der winkende Arm, das flatternde Taschentuch die letzte Erinnerung geblieben … Nun ist die Tragödie bei ihrer letzten, trotz allem versöhnlichen Szene angelangt: die Heimkehr der Soldaten. Mancher hat sich diesen historischen Moment etwas anders vorgestellt: Einzug durch Triumphpforten, jubelndes Spalier, Reden, Musik, Hurra. Aber auf diese Lesebuch- und Ansichtskartenherrlichkeit läßt sich verzichten, und alle Enttäuschung und Resignation vermag das Gefühl dieser Tage nicht zu trüben: es ist zu Ende, es gibt nur mehr eine Ankunftsseite, die Soldaten werden wieder Bürger und kehren heim … am stürmischsten staut sich der Strom der großen Heimkehr auf den vier Bahnhöfen, die die letzten Ausläufer der Fronten sind: der Ost- und Südbahnhof, der Westbahnhof und der Nordbahnhof. Dort hat schon die ganze Umgebung nur die eine Farbe und den einen Sinn: Soldaten, Soldaten, dazwischen Gefangene und wieder Soldaten.

357

Auf dem vom Novembernebel schmutzigfeuchten Straßenpflaster liegen überall leere Konservenbüchsen umher, jene ständige Soldatenspur. Auch der Troß der Nachläufer und Gaffer fehlt nicht. Frauen und Kinder, kriegsmäßig verwilderte Straßenjungen und jene Burschen, deren verdächtige Hüte allein schon wie ein Delikt anmuten. Ein sonderbares Jahrmarktstreiben mit gewiß nicht ganz einwandfreien Handelsgeschäften hat sich hier entwickelt. Der Verkauf von teuren, unheimlich aussehenden Leckerbissen und Zigaretten ist noch das Harmloseste. Minder harmlos sind die Geschäfte, bei denen die Soldaten die Verkäufer sind. Es wird ein schwunghafter Handel mit ärarischen Ausrüstungsgegenständen getrieben. Decken, Brotsäcke, Menageschalen finden einen reißenden Absatz, Lebensmittel werden unter dem Höchstpreis abgegeben. Aber auch Bajonette und Gewehre werden an den Mann gebracht und noch häufiger an halbwüchsige Burschen und Buben ... Vor dem Bahnhofseingang patrouillieren junge Soldaten mit aufgepflanztem Bajonett und Sturmhaube. Aber diese Kampfmittel, die hoffentlich bald endgültig verschwunden sein werden, dienen nicht dem Kampf und der Vernichtung, sondern der Ordnung und Friedenssicherung. Es geht auch alles ganz geordnet und geregelt zu. Jeder wegfahrende Soldat muß beim Eingang seine Waffen abliefern, und man kann nicht sagen, daß ihnen der Abschied vom Schwert oder Bajonett an ihrer Hand besonders schwer würde. Mit dem heiteren Winken war es ohnehin nicht weit her. Im Vestibüle drängen sich abgenützte schwarze Soldatenkoffer, abgetragene Rucksäcke, die endlich in den dauernden Ruhestand gehen dürfen, stehen Gruppen von Offizieren aller Nationalitäten in alter Verträglichkeit und Freundschaft abschiednehmend beisammen ... Alles gewohnte Bahnhofsleben ist ausgestorben. Die Kassen sind geschlossen, niemand kauft die neuen Romane und die illustrierten Zeitschriften, nicht einmal das frische Bier und die Schnäpse beim Büfett finden Abnehmer. Die Soldaten haben keine Zeit und Lust, sich aufzuhalten. Sie wollen nur in den nächsten Zug einsteigen und wegfahren. Manche scheinen es derart eilig zu haben, daß sie sogar alles Ueberflüssige zurücklassen. In einem Winkel bei der Gepäckskasse liegen aufgeschichtet allerlei herrenlose Monturstücke: Mäntel, Kappen, Zeltblätter, Brotsäcke, Wäsche, alles sehr abgetragen und schmutzig, aber es gibt doch genug Interessenten, die darin wühlen, die suchen und gustieren ... Diese weggeworfenen und zurückgelassenen Ueberbleibsel machen einen seltsamen Eindruck; ein Restenausverkauf des Krieges um jeden Preis ... Ein Zug nach dem andern fährt, mit Soldaten voll bepackt, aus der Halle. Ohne Hurra und Juhu, ohne pathetische Ansprachen, ohne Hymne und Gesang. Ganz still vollzieht sich die Heimkehr der Soldaten ...«[434]

Es herrscht Chaos auf Wiens Bahnhöfen. In diesem November 1918 durchqueren täglich etwa 100.000 Heimkehrer und in ihre Heimat strebende ehemalige Kriegsgefangene die Metropole des zusammengebrochenen Reiches.

Abb. 119: Matrosen der aufgelösten k.u.k.Marine treffen aus Pola am Wiener Südbahnhof ein

Zwischenfälle bleiben nicht aus. Etwa 300 entlassene russische Kriegsgefangene, die am Nordbahnhof auf ihren Heimtransport warten, versuchen zu plündern. Die Bahnhofswache eröffnet daraufhin das Feuer. Bilanz: acht Tote und ein schwer Verletzter. Auch am Frachtenbahnhof der Nordbahn treiben Plünderer ihr Unwesen. Die Sicherheitswache schreitet ein. Es kommt zum Schusswechsel, es hagelt Steine auf die Wachleute, die auch zum Säbel greifen. Die Plünderer werden schließlich überwältigt, 20 Personen verhaftet, mehrere Wachleute sind durch Schüsse und Steinwürfe verletzt.

Die Wiener Hausregimenter treffen am Abend des 10. November 1918 von der italienischen Front kommend in Wien ein, das Deutschmeisterregiment am Matzleinsdorfer Frachtenbahnhof. Außer zahlreichen Ehefrauen und Kindern sind der neue Oberbefehlshaber der Volkswehr, Feldmarschallleutnant von Boog, und der Generalstabschef der Wiener Division, Major Hennig, zum Empfang gekommen. Es gilt, sich der Loyalität der Soldaten zu versichern und sie auf den Staat Deutschösterreich anzugeloben. Das Regiment habe nun die Aufgabe, für Ordnung in Wien zu sorgen, die deutschösterreichische Regierung zähle in dieser Krisenzeit auf die Deutschmeister als neue Volkswehr, appelliert Boog an die Heimkehrer. Nach kurzem Aufenthalt bei ihren Familien sollen sie sich in der Rennweger Kaserne zur Deutschmeister-Volkswehr einfinden.

Auch das Infanterieregiment Nr. 84 trifft an diesem Tag am Westbahnhof ein. Die Soldaten lassen sich vorerst nicht entwaffnen, geloben aber schließlich doch dem neu geschaffenen Staat die Treue. Damit ist die Frage beantwortet, die Polizeirat Dr. Brandl seinem Tagebuch anvertraut: »Gibt es in Oesterreich keinen General, der mit seinen Truppen Wien besetzen würde?«[435] »Heute hatten wir auf ein solches Wunder gewartet ... das Wunder kam nicht«[436], kommt er nach der doch gelungenen Entwaffnung der »84er« zum Schluss.

Dem schwer bedrängten Kaiser durch militärisches Eingreifen zu Hilfe zu eilen – dieser Gedanke drängt sich in diesen Tagen manch »Allzeit Getreuem« auf. Feldmarschall Zvetozar Boroević, der in Klagenfurt die Rückführung der Isonzoarmee befehligt, wäre dazu bereit. Er wartet auf einen diesbezüglichen Befehl Karls, der dazu unbedingt notwendig wäre. Vergeblich! »Ich hatte alles vorbereitet. Die nicht ganz verläßlichen Truppenteile waren mit der Eisenbahn abtransportiert worden. Die in Betracht kommenden wichtigen Eisenbahnstationen bis Wiener Neustadt hatte ich mit verläßlichen Truppen besetzt. In 24 Stunden nach erhaltenem Befehl wäre Wien besetzt gewesen. Jetzt ist alles vorbei!«[437]

Nutznießer der Umwälzung : die Amnestierten

Inmitten der sich überstürzenden Ereignisse öffnen sich für manche Gefangene durch Amnestie die Gefängnistore. Der prominenteste ist Dr. Friedrich Adler, der Sohn des sozialdemokratischen Parteivorsitzenden. Er hat am 21. Oktober 1916 den österreichischen Ministerpräsidenten Graf Stürgkh beim Mittagessen im Hotel Meißl und Schadn erschossen. Ursprünglich zum Tode verurteilt, wurde die Strafe in 18 Jahre Kerker umgewandelt. Friedrich Adler: dieser Name ist zum Symbol für den Befreiungskampf gegen die Ausschaltung des ohnehin mit nur begrenzten Befugnissen ausgestatteten Parlaments und gegen die herrschende Militärdiktatur geworden. Die Nachricht von seiner Freilassung am 1. November 1918 trifft gerade ein, als die Sozialdemokraten ihren Parteitag abhalten. Die Genossen, ohnehin in Hochstimmung über die werdende Republik, brechen in Jubel aus, ihr Held und Märtyrer kehrt in ihre Reihen zurück! »... Es gibt keinen Proletarier bei uns, dessen Herz nicht heißer schlüge, wenn er Friedrich Adlers Name vernimmt, und seine Befreiung wird für alle die allerpersönlichste Freude sein. Aber das Gefühl für den aufrechten Kämpfer, für den reinen Menschen ist nicht auf uns beschränkt; es wirkt über alle Grenzen und Schützengräben, und man kann sich wenige Ereignisse aus Oesterreich denken, die im Lager der feindlichen Welt so starke Bewegung auslösen werden wie die Befreiung Friedrich Adlers. Wir nehmen sie als Gleichnis der gewaltigen Umwälzung, die sich nun vollzieht ...«[438]

Frei kommt auch Paul Kunschak, der 1913 den Sozialdemokraten Franz Schuhmeier in der Nordwestbahnhalle erschossen hat. Es war ein Racheakt für angebliche Benachteiligungen, die Paul Kunschak, Bruder des christlichsozialen Politikers Leopold Kunschak, sozialdemokratischen Gewerkschaftern anlastete. Mit Schuhmeier verlor die Partei einen ihrer glänzendsten Redner. Der Hinrichtung entging der Attentäter nur, weil sich die Witwe des Mordopfers in einem Majestätsgesuch für seine Begnadigung eingesetzt hatte. Kunschak wurde zunächst in die Nervenheilanstalt Am Steinhof eingewiesen, dann ins Gefängnis in Stein bei Krems überstellt, um eine lebenslange Haft zu verbüßen. Zusammen mit Friedrich Adler kann er nun Stein verlassen.

Einen Gnadenakt seitens des Kaisers erfahren jene Matrosen von Cattaro, die im Februar 1918 an der Meuterei in der k.u.k. Flotte beteiligt waren: »In der unsinnigen Annahme, den Frieden mit den Feinden durch Kundgebungen im Innern der Monarchie zur erreichen, hat eine Anzahl von Angehörigen Meiner Kriegsmarine am 1. Februar 1918 im Golfe von Cattaro den Gehorsam verweigert und Gewalttätigkeiten verübt, die nicht nur den altbewährten Ruf Meiner Kriegsmarine gefährden, sondern auch die Kraft Meiner Flotte schwer schädigen konnten. Vier Mannschaftspersonen Meiner Kriegsmarine haben diese militärischen Verbrechen bereits mit dem Tode gebüßt, 879 stehen jetzt als Angeklagte vor Gericht in Cattaro. Trotz der Schwere der Verbrechen, deren die Angeklagten beschuldigt sind, will Ich aber im Vertrauen auf die im langen Kriege trotz aller Leiden und Einflüsse nicht zu erschütternde Treue Meiner alle Nationen der Monarchie umfassenden Armee und Flotte in diesem geschichtlichen Augenblicke soweit Gnade walten lassen, daß Ich die Einstellung des Strafverfahrens gegen jene 348 Angeklagten anordne, die bei Verübung der Tat nicht Rädelsführer, Haupttäter oder Unteroffiziere waren ...«[439] Der Gnadenakt wird durch die politische Entwicklung obsolet.

Unter den politischen Häftlingen, für die sich Ende Oktober 1918 die Gefängnistore öffnen, ist ein Korporal namens Leo Rothziegel. Der gelernte Buchdruckergehilfe hatte während der Jännerstreiks Flugzettel verteilt und sich damit dem Verdacht des Hochverrats ausgesetzt. Seit April 1918 befand er sich in Untersuchungshaft wegen der ihm außerdem zur Last gelegten Verbrechen der Desertion und der Gehorsamsverweigerung Die Anklage wegen Hochverrats wurde schließlich fallen gelassen, in den beiden anderen Anklagepunkten wurde Rothziegel aber zu vier Monaten Kerker verurteilt. Die Strafe gilt durch die U-Haft als verbüßt. Rothziegel ist nun auf Weisung des Militärkommandos frei, er schließt sich der Roten Garde an und übernimmt dort eine führende Rolle.

Kaiserliche Amnestie erfahren jene polnischen Legionäre, die aus ihrer k.u.k. Armeeeinheit desertiert waren und auch einen General als Geisel genommen hatten. Ihnen wurde der Prozess gemacht, der endlos zu werden drohte. Deshalb begnadigt der Kaiser im Oktober 1918 die Angeklagten, um der polnischen Nation sein Wohlwollen auszudrücken. Ihre Ankunft in Krakau gestaltet sich zu einem Triumphzug.

In diesen Tagen taucht plötzlich der Name eines Mannes wieder auf, der im Zentrum eines beispiellosen Skandals in der k. u. k. Armee stand: Adolf Hofrichter. Der einstige Oberleutnant hatte das strenge Ausleseverfahren für die Kriegsschule bestanden, deren Absolvierung Vorbedingung für die Aufnahme in den Generalstab war. Nur die besten 25 von 128 hatten aber tatsächlich eine Chance. Zu ihnen wollte der krankhaft ehrgeizige, vor nichts zurückschreckende Offizier unbedingt gehören. Am besten wäre es, so überlegte er, die vor ihm Gereihten zu beseitigen. Zyankali-Kapseln, als Aphrodisiakum getarnt, sollten diesen Zweck erfüllen. An zwölf Mitbewerber schickte Hofrichter Briefe mit der tödlichen Beigabe. Ein Adressat nahm das Präparat ein und starb. Die anderen hatten zu ihrem Glück nicht davon Gebrauch gemacht. Bald war der Täter ausgeforscht und legte ein Geständnis ab. Wie im Offizierskorps üblich, hatte man Hofrichter eine Pistole hingelegt, um sich selbst zu richten. Dieser Aufforderung zum »ehrenhaften« Abtreten aus dieser Welt kam er nicht nach. Das Urteil lautete schließlich 18 Jahre Kerker. Neun Jahre hat Hofrichter 1918 verbüßt, zumeist in Einzelhaft. An einem Massenausbruch der Häftlinge aus der Militärstrafanstalt Möllersdorf im Umbruch des November 1918 beteiligt er sich nicht, stellt beim Kommandanten aber den Antrag auf Haftentlassung – und kommt tatsächlich frei. Der Weiterbetrieb des Dienstes sei nicht mehr gewährleistet gewesen, rechtfertigt sich die Gefängnisleitung. Hofrichters Antrag auf gnadenweise Erlassung der Reststrafe wird 1919 vorerst abgewiesen, er muss zurück ins Gefängnis – aber nur bis September. Dann wird er doch begnadigt.

Im Dienste der Weltrevolution: die Rote Garde

In den Tagen des Umbruchs sehen die radikalen Kräfte ihre Stunde gekommen. Sie setzen auf die »Macht der Straße«, um auch mit bewaffneter Gewalt der Geburt einer neuen Welt nachzuhelfen. Und sie haben ein großes Vorbild: Sowjetrussland und seinen Führer Lenin. Er ist ein Politiker nach ihrem Herzen, der bei der Umsetzung der klassenlosen Gesellschaft rücksichtslos vorgeht, der keine »faulen Kompromisse« macht wie die ihrer Ansicht nach allzu zahmen Sozialdemokraten hierzulande, wie sich in deren Haltung während des Krieges herausgestellt hat. Eine führende Rolle bei den Kommunisten spielen Kriegsheimkehrer aus dem Osten, die von den Auswirkungen der russischen Revolution beeindruckt sind. Ideologisch gefestigt in den von Karl Radek organisierten Schulungszentren im Dienste des Bolschewismus brennen sie darauf, in der Heimat den Umsturz in diesem Sinne herbeizuführen.

Aufmerksam verfolgt die Staatspolizei diese Bestrebungen. So notiert Polizeirat Dr. Brandl am 31. Oktober 1918: »Abends: große Soldatenversammlung beim Lembacher auf der Landstraße, wo seinerzeit die Rekrutierungen und Musterungen stattgefunden haben. Die Leute bemühen sich, zu einer Führung und Organisation und damit selbst zu Ruhe und Ordnung zu kommen. Die Worte klingen natürlich sehr radikal. Man merkt, daß in der bisherigen Sinnlosigkeit des Redens und Tuns dem Bolschewismus vorgearbeitet wird. Dieser wird immer rühriger. Man hört den Ruf, eine rote Garde zu bilden: der ›Soldaten-, Arbeiter- und Bauernrat‹ nach russischem Muster beginnt in den Köpfen zu spuken. Zweitausend Soldaten, geführt von Offizieren, ziehen mit roten Fahnen vor das Kriegsministerium.«[440] Schon am nächsten Tag versammeln sich »ein paar wüste Gesellen«[441] beim Deutschmeister-Denkmal und werben Männer für die Rote Garde an. Es sind ganz unterschiedliche Leute, die sich angesprochen fühlen: auch Salonkommunisten, Intellektuelle und Dichter, die in romantischer Verklärung sich mitten in der Morgenröte einer neuen Welt wähnen. Unter ihnen Franz Werfel, der in den Kasernen den Rotgardisten aus seinen Werken vorliest. Und sogar einige Adelige haben plötzlich ihr Herz für die »rote Sache« entdeckt.

Die Stiftskaserne in Wien Neubau wird zu ihrem Hauptstützpunkt. Ein traditionsreicher Bau, wie eine Marmorgedenktafel im Hof bezeugt: »Kriegs Pflanz Schul aus allerhöchsten Gnaden Ihrer kaiserlichen und königlichen Majestäten Francisci und Mariae Theresiae für Adelige der Erblandesjugend Offiziere und Söhne zu den künftigen Kriegsdiensten unter der General-Oberdirektion Seiner Exzellenz Herrn Feldmarschall Leopold Grafen von und zu Daun errichtet 1754.« Das kostet die Revolutionäre nur ein verächtliches Lächeln. Adelig musste man damals sein, um Majestät als Offizier dienen zu dürfen. Mit »standesgemäß« ist es ein für allemal vorbei. Auch die traditionelle soldatische Rangordnung gilt in den Reihen der Rotgardisten nicht. Ob Hauptmann, Zugführer oder Rekrut: alle sind gleichgestellt. Abzeichen, Litzen, Sterne, sie alle sind abgeschafft, ebenso Ehrenbezeugungen. Ideologische Sattelfestigkeit, vor allem aber Organisationstalent ist gefragt. Und das hat einer: Egon Erwin Kisch. Jener Prager Journalist, der durch seine Aufmerksamkeit und den richtigen Spürsinn verhindern konnte, dass die Spionageaffäre Redl 1913 unter den Tisch gekehrt würde. In der Armee hat er es zum Reserveoberleutnant gebracht und »nun ist er mit derselben Begeisterung, mit demselben agilen Temperament, mit dem er seinen Roman und die Aufsätze für Zeitungen schrieb, bei der Führung der Roten Garde. Er hat das tintenklecksende Säkulum satt und will diese neue Zeit nicht nur als Zuschauer miterleben, sondern agieren ... Der Prager Dichter hat ein ganz unlyrisches Organisationstalent gezeigt und die Rote Garde, die so

Abb. 120: Die Rotgardisten Egon Erwin Kisch und Leo Rothziegel

leicht in den Ruf einer Truppe von Desperados und Abenteurern geraten könnte, zu einem disziplinierten Körper ausgestaltet, der nicht vergessen hat, daß Ruhe und Ordnung die ersten Pflichten des Bürgers sind und die Pflichten der Roten Garde, sie zu erhalten«, heißt es anerkennend im *Neuen Wiener Journal.*[442]

Eine Fehleinschätzung, denn an Ruhe und Ordnung ist ihnen nicht gelegen, das wäre viel zu bürgerlich. Aus dem Chaos heraus eine Welt nach ihren Prinzipien zu formen, das ist das Hauptanliegen der Rotgardisten. Kritisch sieht man das auch bei der Staatspolizei: »In der Regierung führen die Sozialdemokraten das große Wort, aber auch sie haben die Volkswehr nicht in der Hand. Die ist stark kommunistisch durchsetzt, und die ›Rote Garde‹ bemüht sich, sie ganz zu sich herüber zu reißen. Das Soldatenblatt des Unterstaatssekretärs Deutsch ›Der freie Soldat‹, das radikal genug ist, wird an Schärfe überboten vom ›Roten Soldat‹. Es wird bereits ganz offen von einem bewaffneten Putsch der Volkswehr gesprochen. Aber die Arbeiterschaft ist gegen die Soldateska.«[443] Erst recht verhasst machen sich die Rotgardisten beim Bürgertum. Das tägliche willkürliche Requirieren von Autos, das erzwungene Anhalten von Straßenbahnen, um nach »reaktionären Verrätern« zu suchen, das alles erzeugt ein Klima der Ablehnung gegen die Rotgardisten und auch gegen ihre politischen Arm, die am 3. November 1918 gegründete Kommunistische Partei Österreichs.

Abb. 121: Verbarrikadiertes Geschäft in der Wiener Innenstadt

Überschattet von Trauer und Chaos: der Geburtstag der Republik

Der große Tag bricht an – Dienstag, der 12. November 1918. Nun, da es auch staatsrechtlich keinen Kaiser mehr gibt, steht der Ausrufung der Republik nichts mehr im Wege. Es ist ein Tag mit typischem Novemberwetter, nasskalt und nebelig am Morgen, zu Mittag Regen, dann wird es etwas freundlicher. Davon unabhängig soll er ein unvergesslicher Freudentag sein, ein Tag, wie ihn Österreichs Geschichte nie gekannt hat. Die Straßen sind bereits am Vormittag belebter als sonst, doch vermitteln sie keineswegs den Eindruck, dass sich hier die Hauptstadt eines neuen Staates auf eine fulminante Gründungsfeier vorbereitet. Im Gegenteil! Viele Geschäfte in der Innenstadt haben den Rollbalken herabgelassen, manche sind mit Brettern vernagelt.

Die Gasthäuser sind geschlossen, für den 12. und 13. November gilt ein allgemeines Alkoholverbot. Man fürchtet also Unheil, Zerstörung.

Der 12. November 1918 entpuppt sich schon bei seinem Anbruch als Trauertag, denn Dr. Victor Adler, Gründer und Parteivorsitzender der österreichischen Sozialdemokratie, ist tot. Er ist tags zuvor im Alter von 66 Jahren einem schweren Herzleiden erlegen, das ihm schon jahrelang zu schaffen gemacht hatte. Der Schmerz bei den Genossen sitzt tief: »Mitten in den Wehen und Stürmen einer neuen Zeit, mitten in der unermeßlichen Arbeit, die der Wiederaufbau der zerstörten menschlichen Gesellschaft von uns allen heischt, ist unser geliebter

365

Doktor von uns gegangen … unser heißgeliebter Freund und Führer, der treueste, der beste Mann der Partei, der herrliche Mensch, unser Doktor, zu dem jeder wie zu einem Vater aufblickte und der für jeden der gütigste Berater und Helfer war. O daß uns das Geschick diesen furchtbaren Schmerz jetzt zugefügt hat, wo wir nicht einmal recht Zeit haben, zu weinen, und doch die Tränen aus wundem Herz tief hervorbrechen!«[444] Die tiefe Trauer und auch der Respekt seitens der politischen Gegner zeugen von einem außergewöhnlichen Charakter.

Der Sohn aus jüdischer Prager Kaufmannsfamilie hätte es sich wahrlich einfacher machen können, als sich um die Nöte der Arbeiterschaft zu kümmern. Aber das wohlsituierte Dasein als studierter Mediziner mit einer schönen und intelligenten Frau an seiner Seite konnte ihm nicht genügen. Und so widmete er sein Leben dem Kampf um die Besserstellung der Ausgebeuteten einer herzlosen Klassengesellschaft, nachdem er sein Engagement für die radikal deutschnationalen Bestrebungen eines Georg von Schönerer aufgegeben hatte. Adlers Annäherung an die junge sozialdemokratische Bewegung ergab sich wie von selbst. Sein Eintreten für ihre Anliegen hatte in den 1880er-Jahren unangenehme Folgen: 17 gerichtliche Verurteilungen und insgesamt 18 Monate Haft. Doch er ließ sich nicht beirren, schon gar nicht, als er die himmelschreienden Lebensumstände der Ziegelarbeiter am Wienerberg sah. Ihm gelang es, die zerstrittenen Parteiflügel zu einen und die Partei mit dem Hainfelder Parteiprogramm Ende 1889 neu aufzustellen. Von da an war der Aufstieg der Sozialdemokratie nicht mehr aufzuhalten. Ihr politischer Einfluss wuchs von Jahr zu Jahr, auch durch die Gründung von Gewerkschaften und Genossenschaften sowie durch die Verbreitung der Parteianliegen durch die *Arbeiterzeitung*, die auch von Adler gegründet wurde. Mit der Einführung des allgemeinen und gleichen Wahlrechts 1906 wurde die Sozialdemokratie eine innenpolitisch nicht mehr zu umgehende Kraft. Der Weltkrieg brachte Adler und die Partei in einen schweren Gewissenskonflikt. Wie weit konnte man gehen in einem Krieg, der nach eigenen Anschauungen die schlimmste Ausgeburt des Kapitalismus war, ohne als Vaterlandsverräter dazustehen? Wie leicht konnte innerparteilich Besonnenheit als Verrat an den eigenen Idealen ausgelegt werden? Victor Adler hat es in schmerzlicher Weise in der eigenen Familie erfahren, als der Sohn zum Mittel des politischen Mordes griff, um ein Zeichen des Widerstandes gegen die alten, autoritär regierenden Kräfte zu setzen. Als diese nun an ihr Ende gelangten, hatte er die Genugtuung, an der Formung des neuen Staates entscheidend mitzuwirken, so am Text über die Ausrufung der Republik zusammen mit Karl Renner und Karl Seitz. Am 9. November 1918 ergriff er ein letztes Mal im Staatsrat das Wort. Zwei Tage später hörte sein krankes Herz zu schlagen auf. Wie Mose hat er das Land seiner Verheißung noch sehen, aber nicht mehr betreten können.

Abb. 122: Dr. Victor Adler erlebt die Ausrufung der
Republik nicht mehr

Entsprechend gedrückt ist die Stimmung bei
den Arbeitern, die zu Mittag aus allen Bezirken
der Inneren Stadt zuströmen. Sammelpunkt ist
der Schwarzenbergplatz. In geordneten Reihen,
von Ordnungshütern der Partei eskortiert, ziehen die Genossen, darunter auffällig viele Frauen,
Richtung Parlament, bei den Einmündungen der
Kärntnerstraße, der Babenbergerstraße und der
Bellaria stoßen weitere Genossen dazu. Stille begleitet den Zug der Demonstranten. Nur im An-
gesicht der Hofburg werden Rufe laut: »Hoch
die Republik!«, »Hoch die Freiheit!« Das soll ein
Freudentag sein? Kein Vergleich zu den nationalen Rauschzuständen dieser Tage in Prag, Preß-
burg, Agram (Zagreb) etc., mit Fahnenschwingen,
Jubelrufen, Chorgesängen, herzlichen Umarmun-
gen mit fremden Nachbarn. Gab es das nicht auch einmal in Wien? Ja, damals,
als am 26. Juli 1914 die Nachricht eingelangt war, dass Serbien das Ultimatum
Österreich-Ungarns abgelehnt hatte. Welch ein Freudentaumel hatte damals
ganz Wien erfasst! Krieg, endlich Krieg! Man feierte die ganze Nacht durch an
jenem schicksalsschweren Samstag. Die alte Welt ist darüber zugrunde gegangen, hat Millionen das Leben gekostet. Nun gilt es, an den Neuaufbau staatlicher,
sozialer und wirtschaftlicher Strukturen zu schreiten. Und das in einem Staat,
der sich von Geburt an gar nicht als unabhängig betrachtet, sondern als Teil des
großen Nachbarn, mit völlig offener Grenzziehung und in banger Erwartung
eines Friedensvertrages, der für die Besiegten nichts Gutes verheißen kann.

Bevor die provisorische Nationalversammlung zusammentritt, um den Beschluss über die Verfassung der Republik Deutschösterreich zu fassen, hält das
alte Abgeordnetenhaus seine letzte Sitzung ab. Jenes Abgeordnetenhaus, das
aus den Wahlen vom Juni 1911 hervorgegangen war und insgesamt 516 Volksvertreter aus acht Nationen umfasste. Nun ist es aufgefordert, sein eigenes Ende
zu beschließen. Es sind fast nur die deutschen Volksvertreter gekommen, nur
wenige der anderen Nationalitäten. Der Präsident des Hauses, Dr. Gustav Gross
vom deutschnationalen Verband, gesteht ein, dass die Wiedereinberufung des
Parlamentes im Frühjahr 1917 die in sie gesetzte Erwartung nicht erfüllt hat.
Nach drei Jahren der Suspendierung hätten sich die nationalen Grabenkämpfe
im Abgeordnetenhaus fortgesetzt. Das sei besonders in den jüngsten Sitzungen

zum Vorspiel des staatlichen Zerfalles geworden, durch den das Haus nun keine
Aufgaben mehr zu erfüllen habe. Nach der Verfassung habe das Parlament keine
Handhabe, sich selbst aufzulösen, da diese Kompetenz bisher dem Kaiser zustand, so wäre es wohl das einzig Richtige, die Sitzungen auf unbestimmte Zeit
zu vertagen. Ohne jede Regung wird dieser Antrag bewilligt. Ende der Sitzung
ist um 11 Uhr 25 – der letzte Hauch des alten Parlamentes ist getan.

Das Herrenhaus – Symbol von Adelsprivilegien auf parlamentarischer Ebene –
hat sich überlebt. Sein letzter Vorsitzender, Fürst Alfred Windisch-Graetz, richtet an die Mitglieder des Hauses ein Schreiben, in dem er mitteilt, dass er nach
dem Verzicht Kaiser Karls auf die Regierung sein »durch die Gnade des Monarchen anvertrautes Amt«[445] für erloschen betrachte. Datiert: 12. November
1918. Die neue Regierung hat Windisch-Graetz zuvor formell angezeigt, dass
man ab jetzt den Sitzungssaal der hohen Herren in Anspruch nehmen wird. Er
nimmt dies unter formellem Protest zur Kenntnis, stellt aber zugleich Beamte
und Diener des nicht mehr existenten Herrenhauses den neuen Machthabern
zur Verfügung.

Um 3 Uhr Nachmittag tritt die provisorische Nationalversammlung Deutschösterreichs in feierlicher Form zusammen. Und da Zeiten auch Kleider machen, erscheinen die Beamten an diesem 12. November nicht wie bisher üblich
im Frack, sondern im normalen Straßenanzug, die Diener in gewohnter Livree,
aber mit rot-weiß-roter Armbinde. Die Sitzordnung der Abgeordneten bleibt
wie schon im Landhaus üblich: am rechten Flügel die Christlichsozialen, am
linken die Sozialdemokraten, im Zentrum die Deutschnationalen. Auf der Re-
gierungsbank nimmt in der Mitte Staatskanzler Renner Platz, rechts und links
von ihm gruppiert die Staatssekretäre. Die Galerien sind zum Bersten voll, die
Spannung ungeheuerlich. Stehend hören zunächst alle den Nachruf auf Victor
Adler an, dann folgt der vom Staatsrat der Nationalversammlung unterbreitete
Entwurf über die Staats- und Regierungsform Deutschösterreichs, also Republik und Bestandteil der deutschen Republik. Renner erläutert das Grundgesetz,
hebt die Schicksalsgemeinschaft mit Deutschland hervor: » Unser Volk ist in
Not und Unglück, das Volk, dessen Stolz es immer war, das Volk der Dichter
und Denker zu heißen, unser deutsches Volks, das Volk der Völkerliebe, es ist
im Unglück und tief gebeugt! Aber gerade in dieser Stunde, wo es so leicht und
bequem und verführerisch wäre, seine Rechnung abgesondert zu stellen und
vielleicht von der List des Feindes Vorteile zu erhaschen, in dieser Stunde will
unser Volks in allen Gauen wissen: wir sind e i n Stamm und e i n e Schicksalsgemeinschaft! Heil Deutschösterreich!«[446] Minutenlanger, donnernder Beifall
im Haus und auf der Galerie, wie man ihn an diesem Ort nie zuvor gehört hat.
Dann ergreift als einzig eingetragener Redner seiner Fraktion der Christlichsoziale Wilhelm Miklas (Anm.: der spätere Bundespräsident) das Wort. Um die

Abb. 123: Die letzte Sitzung des alten Abgeordnetenhauses

Einheit der Volksvertretung nicht zu verletzen, haben die Christlichsozialen auf einen eigenen Antrag verzichtet, sie beschränken sich auf eine Stellungnahme. Miklas bringt zum Ausdruck, dass es seine Partei lieber gesehen hätte, wenn nicht die provisorische, sondern die noch zu wählende Nationalversammlung über die endgültige Staatsform entschieden hätte. Formell richtig, aber unter dem Druck der Ereignisse nicht erfüllbar. So wird das Staatsgrundgesetz ohne Zuweisung an den Ausschuss angenommen.

Es ist mittlerweile vier Uhr geworden. Zeit, um dem draußen wartenden Volk die frohe Botschaft über den Beschluss zur Gründung der Republik und den Anschluss an Deutschland feierlich zu überbringen. Parlamentspräsident Dinghofer unterbricht zu diesem Zweck die Sitzung und geht mit den anderen beiden Präsidiumsmitgliedern Prälat Hauser und Seitz, gefolgt von allen Regierungsmitgliedern, auf die Rampe vor der Säulenhalle. Sie blicken in der Dämmerung dieses Novembertages auf ein schwarzes Meer von Menschen, aus dem nur der goldbehelmte Kopf der Weisheitsgöttin Athene und die beiden Fahnenmasten herausragen.

Ob am Rand des Athene-Brunnens, auf den Balustraden der Rampen, den steinernen Rossebändigern, am Gitter des abgesperrten Volksgartens, auf den Dächern der Straßenbahnwartehäuschen, selbst in den Ästen der kahlen Bäume: überall sitzen oder stehen Menschen, die den historischen Moment der Gründung der Republik miterleben möchten. Oben, auf der Rampe ein großes Transparent »Hoch die sozialistische Republik!«

Obwohl von Natur aus mit mächtiger, metallisch klingender Stimme ausgestattet, dringt Dinghofers Ansprache nicht weit. Die meisten verstehen ihn nicht, da ein Megafon offensichtlich vergessen wurde. Dann ist der große Moment da: auf den Flaggenmasten sollen die Fahnen des neuen Staates gehisst werden: Rot-weiß-rot, so wie es die Nationalversammlung auf Antrag von Wilhelm Miklas beschlossen hat. Doch was ist das? Nur die Nächststehenden bekommen mit, dass rund um die Fahnenmasten ein Getümmel entsteht. Nervosität greift um sich. Dann wird weithin sichtbar, was geschehen ist. Rotgardisten haben nur auf den Moment der Fahnenhissung gewartet, um eine wohlvorbereitete Aktion zu setzen. Sie bemächtigen sich der Fahnen, reißen den weißen Mittelstreifen heraus und lassen die kläglichen, ineinander verknüpften roten Stofffetzen hochsteigen – Fanal für die Errichtung einer roten Republik nach Sowjetmuster. Oben auf der Rampe hat mittlerweile Staatskanzler Renner das Gesetz über die Staats- und Regierungsform vor der immer unruhiger werdenden Menge verlesen und das Wort seinem Parteigenossen Seitz überlassen. Niemandem wolle man Steine nachwerfen, gibt sich Seitz versöhnlich, doch von jetzt an gebe es nur eine Heiligkeit, eine Majestät: die Souveränität des Volkes! Danach kehren Parlamentarier und Regierungsmitglieder wieder ins Parlamentsgebäude zurück, Journalisten und Neugierige drängen zum Haupttor nach. Da bahnen sich plötzlich Rotgardisten, teils mit aufgepflanztem Bajonett, teils mit gezücktem Säbel mitten durch die Menge ihren Weg. Seitz redet beschwichtigend auf sie ein – vergeblich. Da fällt ein Schuss. Die Außenjalousie eines Fensters im Parlamentsgebäude wird sofort herabgelassen, das hört sich wie Maschinengewehrfeuer an. Die Rotgardisten fühlen sich angegriffen, wollen sich gewaltsam den Weg ins Innere des Hauses bahnen. Doch das schwere Bronzetor ist bereits geschlossen. Das wollen sie nicht so einfach hinnehmen. Glasscheiben splittern unter den Hieben von Gewehrkolben. Die Rotgardisten feuern in die Halle förmliche Salven ab, die die Menschen dort in Panik versetzen. Die Beleuchtung wird abgedreht, um sie nicht als Zielscheiben sichtbar zu lassen. Eine Kugel trifft den Pressechef des Staatsrates, Ludwig Brügel, ins Auge. Prof. Julius Tandler (Anm.: der spätere Wiener Gesundheitsstadtrat) leistet ihm erste Hilfe. Brügel kommt glimpflich davon, in der Klinik Eiselsberg kann die Kugel extrahiert werden. Blind auf einem Auge bleibt er. Ein zweiter Mann wird durch einen Streifschuss verletzt.

In der Krisensituation ist der Staatsrat bereit, zwei Rotgardisten ins Haus zu lassen. Seitz, Deutsch und Major Hennig verhandeln mit Oberleutnant Peter

Abb. 124: Die Proklamation der Republik am 12. November 1918

Waller und Leo Rothziegel. Die Rotgardisten verlangen eine ehrenwörtliche Erklärung, dass vom Parlament aus nicht auf sie geschossen worden sei, dass sich auch kein Maschinengewehr im Haus befinde. Und sie wollen auch persönlich Nachschau halten. Das wird ihnen zugestanden, aber sie begnügen sich mit der ehrenwörtlichen Erklärung. Die Unterhändler machen ihren Kameraden draußen davon Mitteilung. »Unsere Stunde ist noch nicht gekommen«, sehen die Rotgardisten ein und ziehen ab. Der dilettantische rote Spuk im Parlament ist vorbei. Sie erzwingen lediglich noch, dass der Bürgermeister eine rote Fahne auf dem Rathaus hissen lässt – zusätzlich zu den rot-weiß-roten Fahnen, die sie als »zu aufreizend« empfinden. Ihre Einziehung können sie nicht durchsetzen. Ebenso endet die Besetzung der Redaktionen bürgerlicher Zeitungen wie *Neue Freie Presse* und *Reichspost* durch Rotgardisten nach wenigen Stunden mit einem Flop.

Vor dem Parlament herrscht ein heilloses Durcheinander. Einige sehen sich als Redner berufen, können sich aber kaum Gehör verschaffen, weil ein Arbeiterchor singt. Zwischenrufe ertönen, man will die Rede hören, nicht den Chor. Vielen ist das alles zu chaotisch, sie machen sich auf den Heimweg. Plötzlich sind die oben auf der Rampe abgegebenen Schüsse zu hören. Manche wollen es nicht glauben, doch dann der Entsetzensschrei: »Maschinengewehre!« Panik macht sich breit, allerorten ertönen Hilfe-Rufe. »Deckung suchen!«, heißt die Parole. Aber wo, wenn man drüben beim Volksgarten steht? Männer, Frauen, Kinder klammern sich verzweifelt an das Gitter, auch wenn das völlig unsinnig ist, da es keinen Schutz bietet. Eine wilde Hetzjagd setzt ein, die einen rennen zur Bellaria hinauf zum Volkstheater, andere schlagen die Gegenrichtung entlang dem Franzensring ein, der bald »Ring des 12. November« heißen wird (Anm.: heute Dr.-Karl-Renner-Ring). Frauen und Kinder werden zu Boden gerissen, rücksichtslos trampeln die Nachkommenden über sie hinweg. Wer kann noch kühlen Kopf bewahren in dieser höchst gefährlichen Situation? Einige schon, denn sie gehen daran, Ketten zu bilden. Das rettet manchen aus der Gefahr, niedergetrampelt zu werden. Nur wer eine Hausecke, ein Haustor oder ein Stiegenhaus erreicht, kann sich halbwegs sicher fühlen. Die meisten Haustore sind aber zur Verzweiflung der Flüchtenden versperrt. Aber nicht einmal im Kaffeehaus ist man sicher. Im Palais Lieben-Auspitz am Franzensring, gleich neben dem Burgtheater, geraten die Besucher in Panik, als Rotgardisten das dortige stadtbekannte Lokal (Anm.: heute Café Landtmann) stürmen. Berta Zuckerkandl, die in diesem Ringstraßenpalais wohnt, erlebt somit eine Überraschung: »Ungefähr 50 Personen sind keuchend die Treppe heraufgekommen, drängen sich nun in meinem Vorzimmer. Frauen kreischen, einige fallen in Ohnmacht. Sie alle sind, als das Café gestürmt wurde, durch eine Hintertür in unser Treppenhaus entwischt und in den vierten Stock hinaufgeeilt, um sich weit genug von dem

Straßentumult zu entfernen. So gut wie möglich mache ich Platz. Dann aber, als die Leute ruhiger werden, kann ich mich trotz der tragischen Situation eines Lächelns nicht erwehren. Es sieht aus, als seien wir auf einem Volksball in der Vorstadt. Baron H. ist kaum zu erkennen. Er trägt einen löchrigen Radmantel, einen verbogenen Jägerhut und zerfetztes Schuhwerk. Eine Dame der Hochfinanz, eine der elegantesten Frauen Wiens, ähnelt einer der Grazien, die das Entree fürs WC einzukassieren pflegen. Wo hat sie nur so rasch die zerrissene Bluse und das schmutzige Kopftuch her? Ganz zu Haus in einem Lodenmantel fühlt sich nur der populäre Komiker. Er ist es, der mit immer bereitem Humor die Situation charakterisiert: ›Gut haben wir uns getarnt. A Baron bringt's zustand, wie ein Wasserer auszuschauen. Ich möcht den Wasserer sehen, der mir nix Dir nix (plötzlich, mit einem Schlag) an Baron vorstellen kann!‹«[447]

Was bei einigen in unfreiwillige Komik umschlägt, endet für manche tragisch. Sie erleiden Knochenbrüche, Quetschwunden, Gehirnerschütterungen. Am Ende des Tages sind auch zwei Tote zu beklagen: der 63jährige Eisenhobler Franz Klein und der zehnjährige Karl Blab. Der Bub hatte im Gedränge seine Mutter verloren. Für beide wird der Geburtstag der Republik zum Todestag, sie sind die ersten Toten des neuen Volksstaates. Auf dem Fluchtweg über das feuchte Pflaster bleiben Handtaschen, Hüte, Regenschirme, Schuhe, Brillen, ja sogar dritte Gebisse zurück. Und auch der Sachschaden ist erheblich: zertrümmerte Fensterscheiben, Einschüsse in den Marmorsäulen des Atriums des Parlaments, eine teilweise herabgestürzte Balustrade, verbogene Eisenbalken: so sieht es am nächsten Tag im und vor dem Parlament aus.

Trotz dieser tragischen Vorfälle gibt es aus Sicht der Sozialdemokraten politisch keinen Grund, unzufrieden zu sein, denn »der heutige Tag hat verwirklicht, wofür wir seit Jahrzehnten gearbeitet, seit Jahrzehnten gekämpft haben … Es gibt kein Kaisertum, keine Delegationen, kein Herrenhaus, keine Privilegienlandtage, keine Wahlrechtsprivilegien in den Gemeinden mehr! Alle die Hindernisse, die ein halbes Jahrhundert lang dem Befreiungskampf des arbeitenden Volkes unüberwindliche Schranken gesetzt haben, sind zerbrochen.«[448] Und es ist der dilettantische Versuch, eine Räterepublik zu etablieren, furios gescheitert. Die Rote Garde hat durch ihre Gewaltakte die Sympathien in der Bevölkerung weitgehend verloren. In mehreren Soldatenversammlungen redet Leo Rothziegel zwar immer wieder der Diktatur des Proletariats das Wort, stößt aber überall auf breite Ablehnung.

Einige Aristokraten lassen es sich an diesem 12. November 1918 nicht nehmen, der von der Republik berauschten Menschenmassen nicht achtend in die Schottenkirche zu eilen. Der regierende Fürst Johann II. von und zu Liechtenstein begeht sein 60jähriges Thronjubiläum. In einer stillen Messe wird er der Gnade Gottes anempfohlen – wenigstens hier ist die Welt noch in Ordnung!

Während der Andacht mag es manchem der Blaublütigen schmerzlich zu Bewusstsein kommen, dass das kleine Liechtenstein die einzige Monarchie auf deutschsprachigem Gebiet geblieben ist. Anfang des Monats sah es noch anders aus. Im Deutschen Reich saßen da insgesamt, vom Kaiser und König von Preußen aus dem Hause Hohenzollern abgesehen, 21 Regenten auf ihren Thronen: drei Könige, sechs Großherzöge, fünf Herzöge, der Rest Fürsten. Wo sind sie alle geblieben, die Wittelsbacher in Bayern (seit 1180), die Wettiner in Sachsen (in der Markgrafschaft Meißen seit 1089!), die Württemberger, die Zähringer in Baden etc.? An ihrer Macht war vor 70 Jahren die Revolution in Deutschland gescheitert. Nun sind sie über Nacht weg wie Gespenster, die sich im Licht verflüchtigt haben … Keine Probleme mit den neu geschaffenen Verhältnissen hat Graf Ottokar Czernin, der seinerzeitige Außenminister und Mitglied des Herrenhauses, der über die Sixtus-Affäre zu Fall kam. In einem offenen Schreiben weist er Gerüchte zurück, er sei im Ausland aktiv, um in Österreich einen Bürgerkrieg zu provozieren. »Ich bin im Gegenteil der Ansicht, daß es die Pflicht jedes Bürgers ist, sich hinter die gegenwärtige Regierung zu stellen, und nach besten Kräften dazu beizutragen, daß die Segnungen der Demokratie und der wahren Freiheit den Völkern zukommen. Ein jeder, der jetzt Kampf und Unordnung predigt, ist meiner Ansicht nach ein Feind der Demokratie, der Republik und der glücklichen Zukunft Deutschösterreichs.«[449]

Wie konnte alles so kommen?, fragen sich viele Zeitgenossen. Die einst so kaisertreue *Reichspost* zieht nun schonungslos Bilanz: »Mit dem alten System, das das ungeheure Weltgeschehen nicht zu überleben vermochte, muß auch die Fäulnis verschwinden, die es durchfressen hatte und seinen Zusammenbruch verschuldete. Die Kriegszeit ließ in einen Abgrund von bureaukratischer Unfähigkeit, von Korruption, von Rechtsverwilderung und Herzlosigkeit und hundert andern Lastern blicken, die den stärksten Staat zugrunde richten müssen.«[450]

Beschäftigt mit der schweren Aufgabe, das Nötigste zum Überleben zu beschaffen, sind für die meisten Wiener politische Auseinandersetzungen über die Staatsverfassung oder sentimentale Gefühle über den Zusammenbruch der alten Ordnung zweitrangig. Sie bewegt hauptsächlich ein Wunsch: Ruhe und Ordnung, Rückkehr zur Normalität im Alltagsleben nach Ende des Krieges. Davon kann aber keine Rede sein – im Gegenteil, wie aus dem Polizeibericht vom 20. November 1918, eine Woche nach Ausrufung der Republik, hervorgeht: »Während des ganzen Krieges war die allgemeine Stimmung noch nie so von der Besorgnis wegen der ungünstigen Ernährungslage beherrscht wie gegenwärtig. Man hört allgemein Äußerungen der größten Erbitterung gegen die Tschecho-Slowaken und Ungarn wegen der durch diese Staaten verursachten Lahmlegung der Zufuhr von Nahrungsmitteln und Kohle nach Deutsch-Österreich. Das Bewußtsein, daß dem deutsch-österreichischen Staate auf dem eigenen Gebiete keine Hilfsmittel zur Linderung des Notstandes zur Verfügung stehen und auch keine Möglichkeit wirksamer Gegenmaßnahmen vorhanden ist, wirkt niederdrückend. Die Enttäuschung ist umso größer, als der überwiegende Teil der Bevölkerung nach Abschluß des Waffenstillstandes sich über den militärischen Zusammenbruch mit der optimistischen Annahme getröstet hatte, daß nun wenigstens in wirtschaftlicher Beziehung Aussicht auf eine baldige Besserung der Verhältnisse bestehe. Bei dieser Sachlage wird den politischen Ereignissen eigentlich wenig Aufmerksamkeit geschenkt …«[451] Das Bild vom Lebensmittelmarkt ist katastrophal, abgesehen von der Tatsache, dass sich die Qualität des Brotes etwas verbessert hat. In der Großmarkthalle gibt es weder Rind- noch Schweinefleisch oder Flussfische zu kaufen, Pferdefleisch und Würste sind kaum vorhanden, Geflügel nur in minderwertiger Qualität. Beim Gemüse werden nur Kraut und Rüben sowie Zwiebeln in ausreichender Menge angeboten. Milch ist Mangelware, Obst und Eier sind aus dem Verkauf verschwunden. Die Kartoffelquote ist auf die Hälfte reduziert – ein schwerer Schlag für den Großteil der Wiener. Damit nicht genug: »Die Situation wurde durch den Einbruch der Kälte wesentlich verschlechtert. Nachdem bei all den übrigen Schwierigkeiten jetzt auch die Abgabe von Kohle für den Zimmerbrand sowie die Ausgabe von Petroleum eingestellt ist, herrscht eine geradezu verzweifelte Stimmung …«[452] Wann kommt endlich Hilfe von außen, Hilfe von den Siegermächten? – das ist die vordringliche Frage: »Die Pflicht aller gesellschaftlichen Schichten und deren Machthaber ist gegenwärtig, jeden Vorwand für die Verzögerung der Nahrungseinfuhr und für die Unterjochung durch den Einmarsch der Ententesoldaten zu vermeiden. Das Volk will essen, dem Hunger entfliehen, vor dem Frost behütet sein und zum Frieden kommen, so traurig er auch werden mag. Die Vereinigten Staaten und die Entente sollten bereits wissen, daß keine Minute länger gezögert werden dürfe. Genug der Qualen für sehr unglückliche, hart getroffene, in Mühseligkeit lebende Völker.«[453]

Der November 1918 ist noch dazu extrem kalt: »Für unser Klima ist es ganz ungewöhnlich, daß im November durch mehr als eine Woche lang eine Schneedecke liegt. Heuer war es in den letzten Tagen wie sonst im Jänner. Draußen jeder Baum mit weißem Putz behangen, die Straßen für eine Schlittenbahn geeignet und die Fenster am Morgen oft ganz vereist. Mit einem Durchschnitt von 1,7 Grad unter Null waren die letzten neun Tage so kalt, als ob Neujahr vorbei wäre. Mancher Jänner ist milder ausgefallen …«[454] Weihnachten steht vor der Tür, die erste Friedensweihnacht seit 1913. Wie soll man das Fest des Friedens in dieser Not feiern?

Trotz aller momentanen Lebensfeindlichkeit gilt es den Blick nach vorne zu richten und den Glauben an eine bessere Zukunft nicht zu verlieren: »Mit gro-

Weihnacht 1918.

(Zeichnung von Fritz Osreis.)

„Kinder, gfreuts enk! Der heil'ge Abend bringt endli Wärme und Liacht: Mi'n Chriftbam
wern ma einhazen, und die drei Kerzln ftelln ma als Feftbeleuchtung auf."

Abb. 125

ßen Hoffnungen und voll des redlichsten Willens schreiten wir durch das offene
Tor der neuen Zeit einer Zukunft entgegen, die wir nicht kennen, die wir aber
mit unserem Herzblut mitgestalten wollen ...«[455] (siehe Taf. 32).

Epilog

Wie wird es weitergehen? Mit der Republik Deutschösterreich, mit der entthronten Kaiserstadt Wien? Das als Tor in eine neue Zukunft begrüßte Jahr 1919 wird als Jahr der verlorenen Illusionen in die Geschichte eingehen. Wien wird nicht eine Stadt in Deutschland, wie man sich das vielfach vorgestellt hat. Es war naiv zu glauben, die Siegermächte würden eine Vermehrung des geschlagenen Deutschen Reiches um zehn Millionen deutschsprachige Einwohner und eine Vergrößerung seines Territoriums um mehr als 100.000 Quadratkilometer akzeptieren. Nicht einmal die offizielle Bezeichnung »Deutschösterreich« wird dem neu entstandenen Staat zugestanden. Der Friedensvertrag von St. Germain wird die ganze Härte der Siegermächte gegenüber den Nachfolgestaaten der Monarchie, und damit auch auch gegenüber Ungarn, enthüllen – zum Entsetzen aller Parteien und Volksschichten. Die meisten empfinden ihn als Sturz ins Bodenlose, als tiefe Demütigung, das Anschlussverbot an Deutschland als zynisches Diktat, das jegliche gedeihliche Zukunftsperspektive für Österreich im Keim erstickt. Der Glaube an die Überlebensfähigkeit einer auf sich allein gestellten Republik ist bis auf Ausnahmen nicht vorhanden. Schwer gezeichnet steht Wien ein steiniger Weg der Selbstfindung bevor. Viel zu groß für das klein gewordene Österreich hat die Millionenmetropole selbst gegenüber den Bundesländern als verachteter »Wasserkopf« einen schweren Stand. Einen Lichtblick gibt es vorerst für abertausende Wiener Kinder. Die Kinderhilfsaktionen der Amerikaner und Schweizer bringen ihnen endlich ausreichend Nahrung. In vormals kaiserlichen Residenzen wie Hofburg, Schönbrunn, Belvedere und Augarten-Palais sitzen die Kleinen an großen Tischen und essen sich nach Herzenslust satt. Sie danken es den edlen Spendern mit Huldigungsgedichten und Liedern. In das Parlament der Republik ziehen acht Frauen als Abgeordnete ein – das Frauenwahlrecht ist endlich Wirklichkeit. Der ehemalige Kaiser, der ganz Friedensfürst sein wollte, muss seine Heimat verlassen, seine Familie wird des Landes verwiesen, der Adel wird abgeschafft. Wer hätte sich das noch im Sommer 1918 vorstellen können? Eben sowenig vorstellbar ist es, dass sich eine Katastrophe wie dieser Weltkrieg wiederholen könnte. Und doch werden in den kommenden Jahren die dunklen Kräfte, die nach Revanche schreien, Schritt für Schritt die Oberhand gewinnen. Es ist der abgrundtiefe Hass zwischen den politischen Lagern, der dieser verhängnisvollen Entwicklung Vorschub leistet. Er wird sich schließlich in einem wenige Tage dauernden Bürgerkrieg entladen und danach, nur 20 Jahre nach dem Ende des Weltkrieges, Wien tatsächlich zu einer Stadt in Deutschland machen. Herbeigeführt von einem gebürtigen

Österreicher, der kein Österreicher sein wollte, aber als Heilsbringer umjubelt werden wird von Millionen, gerade auch von Österreichern. Sein Weg der Gewalt wird Wien am Ende eines neuen, weit schrecklicheren Weltkrieges schwer gezeichnet von Terror, Holocaust und Bombenkrieg zurücklassen und ihm für zehn Jahre eine vierfache Besatzung durch die Siegermächte bescheren. Abermals wird für die Stadt ein Weg der Selbstfindung unerlässlich sein, diesmal aber wird er einen ungeahnten Erfolg haben.

Anmerkungen

1   *Neue Freie Presse* 23.12.1917, S. 2.

2   *Reichspost* 31.12.1917, S. 5.

3   *Reichspost* 01.01.1918, S. 8.

4   *Fremdenblatt* 31.12.1917, S. 4.

5   *Fremdenblatt* 30.12.1917, S. 8.

6   *Wiener Allgemeine Zeitung* 30.12.1917, S. 3.

7   *Neues Wiener Journal* 01.01.1918, S. 3.

8   *Fremdenblatt* 30.12.1917, S. 7 f.

9   *Neue Freie Presse* 02.01.1918, S. 8.

10 *Neue Freie Presse* 01.01.1918, S. 1.

11 *Österreichische Landzeitung* 04.01.1918, S. 2.

12 *Pilsner Tagblatt* 19.12.1917, S. 1.

13 *Der Humorist* 01.01.1918, S. 7.

14 *Neues Wiener Journal* 02.01.1918, S. 4 f., gez. Karl Marilaun.

15 Ebd.

16 *Neue Freie Presse* 02.01.1918, S. 7.

17 *Fremdenblatt* 31.12.1917, S. 4.

18 *Illustriertes Österreichisches Sportblatt* 04.01.1918, S. 3.

19 Ebd.

20 *Kikeriki* 13.01.1918, S. 7.

21 *Arbeiterzeitung* 07.12.1917, S. 1.

22 Redlich, S. 364.

23 *Neuigkeits-Weltblatt* 11.12.1917, S. 2.

24 *Reichspost* 01.01.1918, S. 5.

25 *Reichspost* 01.01.1918, S. 7.

26 *Arbeiterzeitung* 01.01.1918, S. 1.

27 *Wiener Bilder* 30.12.1917, S. 4.

28 *Neue Freie Presse* 01.01.1918, S. 1.

29 *Neue Freie Presse* 10.01.1918, S. 1.

30 Ebd.

31 Ebd.

32 *Fremdenblatt* 12.02.1918, S. 1.

33 *Arbeiterzeitung* 13.01.1918, S. 1 f.

34 Kaiser Karl nimmt über den spanischen König Alfons XIII. geheime Kontakte mit Washington auf, um Friedensmöglichkeiten auf der Basis von Wilsons 14-Punkte-Programm und dessen nachfolgenden, allgemein gehaltenen Erläuterungen vom Februar 1918 zu sondieren. Diese Kontakte enden ohne Ergebnis, weil Wien sich auf keine konkreten Zusagen einlassen will.

35 Fejtö, S. 276.

36 *Österreichischer Soldatenfreund* 01.01.1918, S. 2.

37 *Neue Freie Presse* 17.01.1918, S. 9.

38 *Neue Freie Presse* 18.01.1918, S. 2.

39 *Neue Freie Presse* 21.01.1918, S. 1.

40 Bericht der Polizeidirektion Wien über den niederösterreichischen Landesparteitag der Sozialdemokraten, zit. bei Neck, S. 26 f.

41 *Arbeiterzeitung* 27.01.1918, S. 1.

42 Dokumente und Materialien zur Geschichte der Deutschen Arbeiterbewegung, Berlin 1957, Bd. 2, Nr. 26, S. 71–73.

43 *Die Neue Zeitung* 10.02.1918, S. 2.

44 *Wiener Bilder* 17.02.1918, S. 4.

45 Ebd.

46 *Wiener Bilder* 24.02.1918, S. 7 f.

47 *Wiener Bilder* 24.02.1918, S. 8.

48 Redlich, S. 379.

49 *Wiener Bilder* 24.02.1918, S. 8.

50 *Reichspost* 10.02.1918, S. 1.

51 *Neue Freie Presse* 10.02.1918, S. 1.

52 *Arbeiterzeitung* 10.02.1918, S. 1.

53 *Neue Freie Presse* 05.03.1918, S. 2.

54 *Arbeiterzeitung* 05.03.1918, S. 1.

55 *Neue Freie Presse* 08.05.1918, S. 1.

56 *Arbeiterzeitung* 08.05.1918, S. 1 f.

57 *Reichspost* 08.05.1918, S. 1.

58 *Neue Freie Presse* 12.02.1918, S. 8 f.

59 Ebd.

60 *Neue Freie Presse* 12.02.1918, S. 9.

61 Lernet-Holenia, S. 5.

62 Smolle, S. 3 f.

63 *Arbeiterzeitung* 01.06.1917, S. 1.

64 Ebd.

65 Ebd.

66 *Neue Freie Presse* 01.06.1917, S. 1 f.

67 *Reichspost* 01.06. 1917; S. 1 f.

68 *Neues Wiener Tagblatt* 01.06.1917, S. 1.

69 *Arbeiterzeitung* 01.06.1918, S. 2.

70 Feigl, S. 202.

71 Hennings, Bd. 2, S. 19.

72 Brief vom 07.03.1903.

73 *Neue Freie Presse* 01.06.1917, S. 1.

74 *Neuigkeits-Welt-Blatt* 01.09.1917, S. 2.

75 *Fremdenblatt* 11.02.1917, S. 7.

76 *Sport &Salon* 29.07. 1917, S. 96.

77 Das Interregnum im Heiligen Römischen Reich, hier irreführend Deutsches Reich genannt, entstand 1254 nach dem Aussterben der Hohenstaufer, das Interregnum im Herzogtum Österreich 1246 nach dem Aussterben der Babenberger.

78 *Reichspost* 30.04.1918, S. 1 f.

79 *Arbeiterzeitung* 10.01.1918, S. 6.
Die Bourbonen-Särge bleiben bis 1927 in Wien und werden dann auf Initiative Mussolinis an ihren Ursprungsort in das italienisch gewordene Görz zurückverlagert.

80 *Der Humorist* 10.08.1918, S. 2.

81 Brook-Shepherd, S. 62.
82 Smolle, S. 88.
83 *Fremdenblatt* 31.03.1918, S. 2 f.
84 *Reichspost* 31.03.1918, S. 3.
85 *Reichspost* 03.04.1918, S. 1.
86 *Neue Freie Presse* 03.04.1918, S. 1.
87 *Neue Freie Presse* 03.04.1918, S. 2.
88 *Neues Wiener Journal* 03.04.1918, S. 2.
89 *Österreichische Volkszeitung* 03.04.1918, in: *Auszug aus der Tagespresse,* keine Seitenangabe.
90 *Neue Freie Presse* 05.04.1918, S. 1.
91 Brook-Shepherd, S. 88.
92 *Reichspost* 13.04.1918, S. 2.
93 *Deutsches Volksblatt* 15.04.1918, S. 1.
94 *Reichpost* 15.04.1918, S. 2.
95 Es existiert auch ein zweiter Brief Kaiser Karls an Prinz Sixtus vom 9. Mai 1917, der in der Affäre nur eine untergeordnete Rolle spielt. Darin ist von einem Friedensangebot Italiens die Rede. Demnach wären die Italiener zu einem Friedensschluss bereit, wenn Österreich-Ungarn Trentino an Italien abtreten würde. Auf diesen im Gegensatz zu den Bestimmungen des Vertrages von London maßvollen Vorschlag ging Kaiser Karl nicht ein, weil er zu diesem Zeitpunkt darauf wartete, wie die Reaktion aus Paris und London zu den durch Prinz Sixtus überbrachten Vorschlägen lauten würde. Er wollte den Eindruck vermeiden, hinter ihrem Rücken mit Italien zu verhandeln. Die Initiative zu dem Friedensangebot ging vom italienischen Armeeoberbefehlshaber Liugi Conte Cadorna aus und stand im Gegensatz zu der intransigenten Linie von Außenminister Sydney Baron Sonnino.
96 Im Zuge der Enthüllungen über die Sixtus-Affäre wird bekannt, dass es 1917 auch geheime Kontakte zwischen dem französischen Offizier Graf Abdel Armand und dem österreichischen Diplomaten Graf Nikolaus Revertera gab. Die vom französischen Generalstab initiierten Gespräche fanden in der Schweiz statt und endeten im August dieses Jahres ohne Ergebnis.
97 *Arbeiterzeitung* 11.04.1918, S. 1.
98 *Neue Freie Presse* 15.04.1918, S. 1.
99 *Arbeiterzeitung* 13.04.1918, S. 1.
100 Ebd.
101 *Reichspost* 15.04.1918, S. 1.
102 *Reichpost* 17.04.1918, S. 2.
103 Ebd.
104 Ebd.
105 *Wiener Zeitung* 15.04.1918, S. 5.
106 *Wiener Zeitung* 18.04.1918, S. 1.
107 *Reichspost* 18.04.1918, S. 1.
108 *Arbeiterzeitung* 16.04.1918.
109 *Neues Wiener Tagblatt* 15.04.1918, S. 1.
    Als Souverän des Ordens vom Goldenen Vlies wird Dr. Otto Habsburg, ehemals Kronprinz, den Namen Czernins aus der Liste der Ordensritter posthum streichen. Der Orden ist von der Republik Österreich anerkannt.
110 Bericht der Polizeidirektion Wien vom 20.04.1918, zit. bei Neck, S. 49.
111 Bericht der Polizeidirektion Wien vom 27.04.1918, zit. bei Neck, S. 50.
112 *Fremdenblatt* 09.05.1918, S. 7.

113 *Reichspost* 09.05.1918, S. 7.
114 *Neue Freie Presse* 03.07.1918, S. 17.
115 *Neue Freie Presse* 04.07.1918, S. 1.
116 *Neue Freie Presse* 04.07.1918, S. 2.
117 *Reichspost* 02.07.1918, S. 5.
118 Ebd.
119 *Arbeiterzeitung* 14.04.1918, S. 1.
120 Fejtö, S. 284.
121 Nostiz, S. 141.
122 *Neue Freie Presse* 04.02.1918, S. 8.
123 *Reichspost* 15.05.1918, S. 12.
124 *Reichspost* 23.03.1918, S. 12.
125 *Arbeiterzeitung* 15.08.1918, S. 5.
126 *Sport & Salon* 19.5., S. 7 f.
127 Ebd.
128 *Arbeiterzeitung* 11.05.1918, S. 7.
129 *Arbeiterzeitung* 30.07.1918, S. 5.
130 *Arbeiterzeitung* 10.09.1918, S. 5.
131 *Reichspost* 11.03.1918, S. 4.
132 *Reichspost* 12.03.1918, S. 6.
133 *Reichspost* 11.03.1918, S. 4.
134 *Reichspost* 11.03.1918, S. 5.
135 *Reichspost* 11.03.1918, S. 4.
136 Ebd.
137 *Reichspost* 27.03.1918, S. 12.
138 *Reichspost* 31.05.1918, S. 6.
139 Ebd.
140 Ebd.
141 *Neue Freie Presse* 23.05.1918, S. 8.
142 Lobkowitz, S. 325.
143 *Arbeiterzeitung* 16.08.1918, S. 3.
144 *Neue Zeitung* 16.08.1918, S. 3.
145 Ebd.
146 *Neuigkeits-Weltblatt* 17.08.1918, S. 3.
147 *Reichspost* 16.08.1918, S. 11.
148 *Neue Freie Presse* 08.12.1917, S. 1 f., Feuilleton gez. ***.
149 *Reichspost* 26.03.1918, S. 8.
150   *Reichspost* 10.03.1918, S. 8.
151 *Reichspost* 20.03.1918, S. 6.
152 *Neuigkeits-Welt-Blatt* 07.03.1915, S. 11.
153 Reischl, S. 37.
154 *Reichspost* 21.08.1918, S. 2 f., Feuilleton »Der Erdäpfelzug«, gez. J.J.
155 *Neues Wiener Journal* 18.07.1918, S. 8.
156 *Neues Wiener Journal* 18.07.1918, S. 8.
157 *Arbeiterzeitung* 09.03.1918, S. 1.
158 *Arbeiterzeitung* 17.03.1918, S. 2.
159 *Montagblatt* 27.05.1918, S. 2.

160 *Neue Freie Presse* 16.06.1918, S. 10, Feuilleton gez. Ludwig Hirschfeld.
161 K. u. k. Außenminister, der mit seinem Ultimatum an Serbien zum Ausbruch des Weltkrieges entscheidend beitrug.
162 Deutscher Reichskanzler, der Österreich-Ungarn in der Frage des Ultimatums an Serbien wesentlich den Rücken stärkte.
163 Kraus, S. 264.
164 *Arbeiterzeitung* 14.02.1918, S. 5 f.
165 Ebd.
166 *Arbeiterzeitung* 27.08.1918, S. 6.
167 *Arbeiterzeitung* 24.03.1918, S. 6.
168 Bosshardt, S 15 f.
169 *Neues 8 UhrBlatt* 04.04.1918, S. 2.
170 *Fremdenblatt* 03.08.1918, S. 6.
171 Ebd.
172 Ebd.
173 Ebd.
174 *Arbeiterzeitung* 23.03.1918, S. 6.
175 *Deutsches Volksblatt* 09.02.1918; S. 5.
176 *Fremdenblatt* 17.04.1918, S. 7.
177 *Arbeiterzeitung* 09.06.1918, S. 1 f.
178 *Allgemeine Österreichische Gerichtszeitung* 25.05.1918, S. 1 f.
179 *Reichspost* 07.04.1919, S. 3.
180 Reischl, S. 75 f.
181 Ebd.
182 Bosshardt, S. 12.
183 *Arbeiterzeitung* 08.07.1918, S. 4.
184 *Arbeiterzeitung* 14.04.1918, S. 6.
185 *Wiener Zeitung* 28.06.1918, S. 8.
186 *Arbeiterzeitung* 14.04.1918, S. 8.
187 *Reichspost* 02.10.1918, S. 7.
188 *Neues Wiener Journal* 12.01.1918, S. 4.
189 Ebd.
190 *Arbeiterzeitung* 28.04.1918, S. 5.
191 *Arbeiterzeitung* 05.02.1918, S. 5.
192 *Christlich-soziale Arbeiterzeitung* 14.09.1918, S. 6.
193 *Arbeiterzeitung* 08.10.1918, S. 5.
194 Pfoser/Weigl, S. 429.
195 Als Schulreformer des »Roten Wien« wird Glöckel als Stadtschulratspräsident sein Programm der »Freien Schule« in den 1920er-Jahren Schritt für Schritt umsetzen.
196 *Arbeiterzeitung* 14.04.1918, S 8.
197 *Wiener Salonblatt* 12.01.1918, S. 4 f.
198 Ebd.
199 *Arbeiterzeitung* 22.08.1918, S. 3.
200 Ebd.
201 *Wiener Bilder* 28.04.1918, S. 4.
202 *Neue Freie Presse* 08.08.1914. S. 1 f.
203 Ebd.

204 *Neue Freie Presse* 09.08.1914, S. 1 f.
205 *Neue Freie Presse* 11.08.1914, S. 8.
206 *Arbeiterzeitung* 08.03.1914, S. 2.
207 *Arbeiterzeitung* 24.03.1918, S. 3 f.
208 Ebd.
209 Ebd.
210 Baldass, S. 277 f.
211 *Reichspost* 03.05.1918, S. 5.
212 *Wiener Bilder* 12.05.1918, S. 6.
213 Unausgeführt bleiben die Projekte Städtisches Museum auf der Schmelz (heute 15. Gemeindebezirk) sowie der Hauptbau der Österreichisch-ungarischen Nationalbank (9. Gemeindebezirk, Alserstraße2). Die heutige Nationalbank hat ihren Sitz in jenem Bau, der als zu ihr gehörende Druckerei vorgesehen war, auf dem Grund der abgerissenen Alserkaserne. Heute ist hier eine Grünfläche namens Otto-Wagner-Platz.
214 *Neues Wiener Journal* 14.01.1918, S. 3, Feuilleton gez. Egon Dietrichstein.
215 *Neues Wiener Journal* 16.08.1918, S. 11, Feuilleton gez. ***.
216 *Neue Freie Presse* 06.01.1918, S. 8.
217 *Fremdenblatt* 01.01.1918, S. 8.
218 *Neues Wiener Journal* 27.02. 1918, S. 3.
219 *Neues Wiener Journal* 24.02.1918, S. 5, Feuilleton gez. Egon Dietrichstein.
220 *Neue Freie Presse* 04.02.1918, S. 8.
221 *Fremdenblatt* 09.02.1918, S. 3.
222 *Neue Freie Presse* 18.01.1918, S. 8.
223 *Reichspost* 13.02.1918, S. 12.
224 *Neue Freie Presse* 24.03.1918, S. 12, Feuilleton gez. Ludwig Hirschmann.
225 *Neue Freie Presse* 10.03.1918, S. 10.
226 *Reichspost* 10.04.1914, S. 5.
227 *Reichspost* 23.03.1918, S. 6.
228 *Fremdenblatt* 31.03.1918, S. 10.
229 *Neue Freie Presse* 01.05.1918, S. 7.
230 *Neue Freie Presse* 02.03.1918, S. 9.
231 Ebd.
232 *Reichspost* 26.02.1918, S. 14.
233 *Arbeiterzeitung* 20.10.1918, S. 5.
234 *Neue Freie Presse* 06.01.1918, S. 8.
235 *Fremdenblatt* 09.01.1918, S. 7.
236 *Reichspost* 25.05.1918, S. 6, Feuilleton gez. Hans Maurer.
237 *Neues 8 Uhr Blatt* 01.08.1918, S. 2.
238 *Neue Freie Presse* 10.06.1918, S. 5.
239 Ebd.
240 *Neues Wiener Journal* 10.06.1918, S. 2.
241 *Arbeiterzeitung* 11.06.1918, S. 6.
242 *Neue Freie Presse* 25.12.1917, S. 14.
243 *Österreichische Landzeitung* 11.01.1918, S. 2.
244 *Prager Tagblatt* 22.09.1918, S. 3.
245 *Neue Freie Presse* 25.07.1918, S. 7.
246 *Arbeiterzeitung* 13.07.1918, S. 5.

247 *Neue Freie Presse* 05.01.1918, S. 6 f.

248 *Neues 8 Uhr Blatt* 10.12.1917, S. 2.

249 Ebd.

250 Ebd.

251 Ebd.

252 *Fremdenblatt* 22.01.1918, S. 8.

253 Ebd.

254 *Neues Wiener Journal* 05.02.1918, S. 3.

255 *Neue Freie Presse* 06.02.1918, S. 7.

256 *Neue Freie Presse* 12.05.1918, S. 3.

257 *Reichspost* 04.05.1918, S. 12.

258 *Arbeiterzeitung* 02.06.1918, S. 2.

259 *Neue Freie Presse* 12.05.1918, S. 1 f., Feuilleton

260 *Illustrierte Kurortezeitung* 15.06.1918, S. 4 f., gez. R.E. Petermann.

261 *Reichspost* 26.04. 1918, S. 6.

262 *Neue Freie Presse* 12.05.1918, S. 1 f., Feuilleton.

263 Ebd.

264 *Arbeiterzeitung* 22.08.1918, S. 4.

265 *Neue Freie Presse* 12.05.1918, S. 1 f., Feuilleton.

266 *Bade- und Reisejournal* 01.06.1918, S. 9 f.

267 Ebd.

268 *Neue Freie Presse* 18.01.1918, S. 8.

269 *Neue Freie Presse* 18.08.1918, S. 8.

270 *Reichspost* 24.05.1918, S. 6, gez. Maurer.

271 *Neue Freie Presse* 23.05.1918, S. 7.

272 *Neue Freie Presse* 07.02.1918, S. 1 f.

273 *Arbeiterzeitung* 07.02.1918, S. 6.

274 *Wiener Fremdenblatt* 07.02.1918, S. 1 f.

275 *Arbeiterzeitung* 07.02.1918, S. 6.

276 *Neue Freie Presse* 07.02.1918, S. 1 f.
     Die abgelehnten Universitätsgemälde Klimts gingen in Privatbesitz über, sie wurden im Zuge
     von Kampfhandlungen zu Ende des Zweiten Weltkrieges vernichtet.

277 *Prager Tagblatt* 07.02.1918, S. 2, gez. Karl Tschuppik.

278 Ebd.

279 *Neues Wiener Tagblatt* 07.02.1918, S 3 f., gez. Friedrich Stern.

280 Ebd.

281 *Wiener Zeitung* 07.02.1918, S. 17 f., gez. H. kr.

282 *Wiener Zeitung* 07.02.1918, S. 17 f. gez. a. fr.

283 *Prager Tagblatt* 07.02.1918, S. 2, gez. Karl Tschuppik.

284 Katalog Traum und Wirklichkeit, S. 482.

285 *Wiener Fremdenblatt* 07.02.1918, S. 1 f.

286 *Prager Tagblatt* 07.02.1918, S. 2, gez. Karl Tschuppik.

287 Nebehay, S. 187.

288 Dichand, S. 32.

289 *Österreichische Illustrierte Zeitung* 24.11.1918, S 14, gez. Robert Rieger.

290 Martin, S. 114.

291 Ebd.

292 Ebd.

293 Grieser, S. 97.

294 Ebd.

295 Ebd.

296 *Wiener Allgemeine Zeitung* 04.11.1918, S. 3, gez. B.Z.

297 *Wiener Zeitung* 18.12.1918, S. 2.

298 Sheaffer, S. 81.

299 *Neue Freie Presse* 22.04.1918, S. 2.

300 *Fremdenblatt* 12.04 1918, S. 1 f., gez. Ar. Richard Hoisel.

301 Keiblinger, S. 11.

302 *Neue Freie Presse* 13.04.1918, S. 1 f., gez. A.F.S.

303 *Sport und Salon* 21.04.1918, S. 8, gez. Ar. Richard Hoisel.

304 *Neue Freie Presse* 13.04.1918, S. 1 f., gez. A.F.S.

305 *Fremdenblatt* 12.04 1918, S. 1 f., gez. Ar. Richard Hoisel.

306 *Sport & Salon* 21.04.1918, S. 8, gez. Ar. Richard Hoisel.

307 Zuckerkandl, S. 34 f.

308 Zuckerkandl, S. 35.

309 *Wiener Allgemeine Zeitung* 02.11.1918, S. 4, gez. B.Z.

310 *Arbeiterzeitung* 22.10.1918, S. 6.

311 Ebd.

312 *Wiener Allgemeine Zeitung* 02.11.1918, S. 4, gez. B.Z.

313 Dichand, S. 117 f.

314 *Prager Tagblatt* 21.05.1918, S. 2, gez. v.r.

315 *Neue Freie Presse* 21.05.1918, S. 1 f., gez. A.F.S.

316 *Arbeiterzeitung* 08.08.1918, S. 4.

317 *Neue Freie Presse* 16.02.1918, S. 10.

318 *Wiener Zeitung* 04.03.2016, Zeitreisen III.

319 *Neue Freie Presse* 21.04.1918, S. 10 f.

320 *Reichspost* 21.04.1918, S. 7, gez. Otto Howorka.

321 *Arbeiterzeitung* 21.04.1918, S. 2 f.

322 *Sport &Salon* 28.04. 1918 S. 7 / Heft 17, gez. Leo Prerovsky.

323 *Deutsches Volksblatt* 27.06.1918, S. 7.

324 *Fremdenblatt* 27.06.1918, S. 1 f., gez. Dr. Max Pirker.

325 *Neue Freie Presse* 27.06.1918, S. 1 f.

326 *Arbeiterzeitung* 27.06.1918, S. 2 f., gez. Josef Luitpold Stern.

327 Ebd.
Der Klubbeneggerhof wurde nach mehrfachem Besitzerwechsel 1927 vom Land Steiermark erworben und steht seitdem unter Denkmalschutz.

328 Ebd.

329 *Neue Freie Presse* 27.06.1918, S. 1 f.

330 *Fremdenblatt* 27.06.1918, S. 1 f., gez. Dr. Max Pirker.

331 *Arbeiterzeitung* 27.06.1918, S 1 f. gez. Joseph Luitpold Stern.

332 Rosegger, Ausgewählte Werke, S. 468.

333 Rosegger, Ausgewählte Werke, S. 444.

334 *Neue Freie Presse* 27.06.1918, S. 1 f., gez. Max Mell.

335 *Fremdenblatt* 27.06.1918, S. 1 f.

336 *Arbeiterzeitung* 23.05.1918, S. 2. Feuilleton (Autorenkürzel unleserlich).

337 *Arbeiterzeitung* 01.09.1918, S. 6.
338 *Neue Freie Presse* 10.09.1918, S. 8.
339 Hämmerle, S. 51.
340 *Arbeiterzeitung* 02.09.1918, S. 3.
341 *Reichspost* 07.09.1918, S. 6.
342 Ebd.
343 *Reichspost* 18.10.1918, S. 8.
344 Ebd.
345 *Neue Freie Presse* 17.09.1918, S. 1 f., Feuilleton gez. Ludwig Hirschfeld.
346 *Neue Freie Presse* 01.09.1918, S. 11.
347 *Arbeiterzeitung* 15.09.1918, S. 8.
348 Ebd.
349 *Neue Freie Presse* 17.09.1918, S. 1 f., Feuilleton gez. Ludwig Hirschfeld.
350 *Reichspost* 17.09.1918, S. 9.
351 *Arbeiterzeitung* 19.09.1918, S. 5.
352 Privatbrief von Fürst Aloys Schönburg-Hartenstein, zit. bei Neck, S. 59.
353 *Wiener Allgemeine Zeitung* 02.09.1918, S. 2.
354 *Neues 8 Uhr Blatt* 22.10.1918, S. 2 f.
355 *Fremdenblatt* 15.10.1918, S. 1 f., Feuilleton gez. Dr. R. Batka.
356 *Deutsches Volksblatt* 15.10.1918, S. 5.
357 *Wiener Allgemeine Zeitung* 15.10.1918, S. 3.
358 *Fremdenblatt* 07.10.1918, S. 5.
359 *Arbeiterzeitung* 05.10.1918, S. 6.
360 *Arbeiterzeitung* 30.10.1918, S. 6.
361 *Fremdenblatt* 06.10.1918, S. 7.
362 *Neue Freie Presse* 16.10.1918, S. 8.
363 *Fremdenblatt* 26.10.1918, S. 8.
364 *Neue Freie Presse* 03.11.1918, S. 9 f., Feuilleton gez. Ludwig Hirschfeld.
365 Ebd.
366 *Neue Freie Presse* 18.08.1918, S. 8.
367 *Neue Freie Presse* 20.10.1918, S. 7.
368 *Neue Freie Presse* 27.10.1918, S. 9 f.
369 *Neue Freie Presse* 30.10.1918, S. 8.
370 *Neue Freie Presse* 17.06.1918, S. 2.
371 *Neue Freie Presse* 17.06.1918, S. 5.
372 Stenografische Mitschrift der Geheimsitzung des Reichrates vom 24.07.1918, zit. bei Neck, S. 54 f.
373 Ebd.
374 *Arbeiterzeitung* 25.07.1918, S. 5.
375 *Neue Freie Presse* 17.06.1918, S. 6.
376 Ebd.
377 *Arbeiterzeitung* 17.06.1918, S. 1.
378 *Arbeiterzeitung* 18.06.1918, S. 1.
379 Bericht der Polizeidirektion Wien vom 26.06.1918, zit. bei Neck, S. 38.
380 *Arbeiterzeitung* 19.06.1918, S. 1.
381 *Wiener Allgemeine Zeitung* 08.07.1918, S. 3.
382 *Wiener Sonn- und Montags-Zeitung* 15.07.1918, S. 2.

383 *Das interessante Blatt* 25.07.1918, S. 7.

384 *Arbeiterzeitung* 07.07.1918, S. 1.

385 *Neuigkeits Welt-Blatt* 11.08.1918, S. 4.

386 Ebd.

387 *Österreichische Volkszeitung* 10.08.1918, S. 2.

388 Funder, S. 432.

389 Ebd.

390 Ebd.

391 *Neue Freie Presse* 13.10.1918, S. 3.

392 Andics, S. 7.

393 *Reichspost* 24.10.1918, S. 1.

394 Brief Fürst Schönburg-Hartensteins vom 24.10.1918, zit. bei Neck. S. 60.

395 Brief Prinz Felix Schwarzenbergs vom 19.10.1918, zit. bei Neck, S. 62 f.

396 Tagebuch Polizeirat Dr. Brandl, 18.10.1918, zit. bei Neck, S. 69.

397 *Wiener Bilder* 08.09.1918, S. 4.

398 *Wiener Salonblatt* 28.09.1918, S. 8.

399 *Wiener Bilder* 13.10.1918, S. 5.

400 *Wiener Bilder* 06.10.1918, S. 4.

401 *Arbeiterzeitung* 20.10.1918, S. 5.

402 Ebd.

403 *Arbeiterzeitung* 05.11.1918, S. 6.

404 *Arbeiterzeitung* 24.09.1918, S. 3.

405 Tagebuch Polizeirat Dr. Brandl vom 28. 10.1918, zit. bei Neck, S. 88.

406 *Arbeiterzeitung* 01.11.1918, S. 1.

407 *Neues Wiener Journal* 02.11.1918, S. 6.

408 *Neues 8 Uhr Blatt* 12.11.1918, S. 4.

409 *Arbeiterzeitung* 09.11.1918, S. 1 f.

410 Mayreder, S. 194.

411 *Neues Wiener Journal* 18.11.1918, S. 3.

412 *Reichspost* 04.11.1918, S. 4.

413 Ebd.

414 Lobkowitz, S. 346.

415 *Arbeiterzeitung* 05.11.1918, S. 5.

416 Brook-Shepherd, S. 254.

417 Drei Jahre später wird er als ungarischer Reichsverweser Karls Versuch, auf den Thron zurück-
     zukehren, unter Einsatz von Truppengewalt verhindern, ihn festnehmen lassen und den Briten
     übergeben, die ihn ins Exil nach Madeira bringen.

418 Redlich, S. 315.

419 Werkmann, S. 19.

420 *Reichspost* 12.11.1918, S. 1.

421 Redlich, S. 468.

422 *Neue Freie Presse* 12.11.1918, S. 1.

423 *Neues 8 Uhr Blatt* 11.11.1918, S. 1.

424 *Neues Wiener Journal* 14.11.1918, S. 3, Feuilleton gez. Karl Marilaun.

425 *Arbeiterzeitung* 30.10.1918, S. 1.

426 Sitzungsprotokoll des deutschösterreichischen Nationalrates vom 21.10.1918, zit. bei Neck, S.
     81.

427 Tagebuch Polizeirat Dr. Brandl vom 06.11.1918, zit. bei Neck, S. 125.

428 *Arbeiterzeitung* 30.10.1918, S. 1.

429 *Arbeiterzeitung* 31.10.1918, S. 2.

430 *Reichspost* 31.10.1918, S. 7.

431 Tagebuch Polizeirat Dr. Brandl vom 06.11.1918, zit. bei Neck, S. 125.

432 *Arbeiterzeitung* 03.11.1918, S. 1.

433 Bericht der Polizeidirektion Wien vom 31.10.1918, zit. bei Neck, S. 94.

434 *Neue Freie Presse* 06.11.1918, S. 1 f., Feuilleton gez. Ludwig Hirschfeld.

435 Tagebuch Polizeirat Dr. Brandl vom 10.11.1918, zit. bei Neck, S. 126.

436 Ebd.

437 Bericht von Fürstbischof Hefter, zit. bei Neck, S. 122 f.

438 *Arbeiterzeitung* 02.11.1918, S. 1.

439 *Neues 8 Uhr Blatt* 18.10.1918, S. 2.

440 Tagebuch Polizeirat Dr. Brandl vom 31.10.1918, zit. bei Neck, S. 97 f.

441 Tagebuch Polizeirat Dr. Brandl vom 01.11.1918, zit. bei Neck, S. 99.

442 *Neues Wiener Journal* 12.11.1918, S. 5.

443 Tagebuch Polizeirat Dr. Brandl vom 08.11.1918, zit. bei Neck, S. 126.

444 *Arbeiterzeitung* 12.11.1918, S. 1.

445 *Wiener Salonblatt* 23.11.1918, S. 6.

446 van Looy, S. 55.

447 Zuckerkandl, S. 123.

448 *Arbeiterzeitung* 13.11.1918, S. 1.

449 *Wiener Salonblatt* 23.11.1918, S. 6.

450 *Reichspost* 13.11.1918, S. 1.

451 Bericht der Polizeidirektion Wien vom 20.11.1918, zit. bei Neck, S. 158.

452 Ebd.

453 *Neue Freie Presse* 20.11.1918, S. 1.

454 *Arbeiterzeitung* 01.12.1918, S. 5.

455 *Reichspost* 13.11.1918, S. 1.

Glossar

Adjustierung	*österr.* für Dienstkleidung, Uniform
Agraffe	als Schmuckstück verwendete Spange oder Schnalle
Albion	*keltischer* Name für die britischen Inseln, seit der Frz. Revolution abfällig für das gegnerische Inselvolk verwendet
(sich) alterieren	sich aufregen
Anbotszwang	Per Erlass vorgeschriebene Pflicht, bestimmte Waren zum Verkauf anzubieten
Animo	*österr.* Vorliebe, Lust, Schwung
Antependium	*lat.* Verkleidung des Altarunterbaus, meist aus kostbarem Stoff oder aber aus einer Vorsatztafel
Approvisionierung	*aus dem Französischen* Versorgung mit Lebensmitteln
Ärar	alte österr. Amtsprache für Staatsvermögen, Staatseigentum, Adjektiv ärarisch
Arcièren-Leibgarde	1763 von Kaiserin Maria Theresia gegründete kaiserliche Leibgarde
Atout	*frz.* Trumpf
Attila	verschnürter Rock der ungarischen Husaren
ausgepicht	veraltet für raffiniert, in einem bestimmten Bereich speziell erfahren
Ausreibfetzen	*Wienerisch* Putztuch
Ausschroterei	*österr.* von ausschroten = zum Verkauf bestimmtes Fleich fachgerecht zerlegen
Aya	*span.* Hofmeisterin, mit der Betreuung der kaiserlichen Kinder beauftragt
Bandelier	Schulterriemen, Tragriemen
Bartwisch	*Wienerisch* Handbesen
Bassena	*Wienerisch* allgemein benützte Wandbrunnen in Miethäusern
Beisl	*Wienerisch* Gasthaus
Boskett	Gruppe beschnittener Büsche und Bäume
brocken	*Wienerisch* pflücken
Cafaque	in der Damenmode aus kostbaren Materialen gefertigter Überwurf
Cappellan	altmodische Bezeichnung für Kaplan; Plural: Capelläne
cellinesk	im Stil am italienischen Goldschmied Benvenuto Cellini orientiert
Charon	in der griechischen Mythologie Fährmann, der die Seelen der Toten über den Fluss in die Unterwelt (Hades) bringt
Comptoir	*frz.* Geschäftsraum von Kaufleuten
Couplet	*frz.* Gesangsvers, Liedchen, oft mit ironischem Einschlag
Deka	in Wien übliche Wortwahl für Dekagramm (= 10 Gramm), Gewichtsangaben werden in Deka gemacht, nicht wie andernorts in Gramm
Defilée	*frz.* parademäßiger Vorbeimarsch

Déjeuner	*frz.* Frühstück
Delegationen	aus je 60 Mitgliedern der beiden Parlamente (österr. Reichsrat und ung. Reichstag) bestehende Gremien, die einmal im Jahr über die Finanzierung der gemeinsamen Angelegenheiten nach getrennten Beratungen Beschlüsse fassten, aber keine Gesetze beschließen konnten. Die drei gemeinsamen Ministerien der Doppelmonarchie (Außenpolitik, Finanzen und Krieg) waren den Delegationen verantwortlich
Deuxième Empire	Zweites Kaiserreich in Frankreich unter Napoleon III. 1852–1870
Distinktion	*aus dem Französischen* Auszeichnung, Verdienst, Vornehmheit
Domino	Maskenmantel mit Kapuze, Bezeichnung auch für seinen Träger
Drahrer	*Wienerisch* von durchdrehen, abends ausgehen, sich unterhalten, Nachtschwärmer
Einbrenn	*Wienerisch* mit Mehl und Butter angerührte Masse, bundesdeutsch: Mehlschwitze
einsotten	*Wienerisch* für Einkochen von Marmelade
Eiserner Vorhang	nach dem Brand des Wiener Ringtheaters von 1881 mit nahezu 400 Toten mussten alle Theater zusätzlich einen eisernen Vorhang einbauen, um im Ernstfall ein Übergreifen der Flammen auf den Zuschauerraum zu verhindern
Eljen	*ung.* Jubelruf Er/sielebe hoch
Entourage	*frz.* Umgebung, Gefolge hochgestellter Persönlichkeiten
Epaulette	*frz.* Schulterstück auf Uniformen
Eskadron	veraltet auch Eskader, Reiterschar
Etappe	militärisch Nachschubgebiet hinter der Front
Equipage	*frz.* leichte Kutsche
Escarpins	*frz.* leichte, flache Schuhe, meist von Hofbediensteten getragen
Excédent	*aus dem Lateinischen* Streitstifter, Frevler, das Maß Überschreitender
Fez oder Fes	alttürkische rote kegelstumpfförmige Filzkappe für Männer
Fiaker	*Wienerisch* zweispännige Kutsche, Zeugl genannt, auch Bezeichnung für den Kutscher
Fisolen	*österr.* grüne Bohnen
Fleischhauer	*Wienerisch* Metzger
Flor	Armbinde, in der Regel schwarz zum Zeichen der Trauer
Fourgon	*frz.* Transportwagen für schwere Lasten
gach	*Wienerisch* schnell, hurtig
galoniert	*frz.* mit breiten Borten versehen
Gamasche	*frz.* gamache, eleganter Schuhüberzug aus Leder oder Stoff
Gebrest	altmodisch für dauerhaften gesundheitlichen Schaden
Generalauditor	Mitglied der obersten Militärgerichtsbarkeit
Genre	*frz.* Gattung, Art
Geröstete	abgebratene Knödel oder Erdäpfel (Kartoffeln)
Geselchtes	geräuchertes Fleisch

Gigerl	*Wienerisch* Modegeck, Mann, der sich durch schrille Kleidung vom konventionellen Modebild bewusst abheben will, vom Feuilletonisten Eduard Pölzl erfundener Name, durch grafische Gestaltung populär
Golasch	*Wienerisch* für Gulasch, die ungarische Spezialität Gulyás
Greisler	*Wienerisch* kleiner Lebensmittelhändler
Grottenbahn	Vergnügungszug im Wiener Wurstelprater
Gschaftelhuberei	*Wienerisch* Wichtigtuerei, die lächerliche Züge hat
Gschlader	*Wienerisch* minderwertiges, schlecht schmeckendes Getränk
Gschnas	*Wienerisch* wörtlich »wertloses Zeug«, Kostümfest im Fasching mit besonders verrückten Verkleidungen und Accessoires
Gugelhupf	*Wienerisch* aus Rührteig angefertigter Kuchen in spezieller Form
gustieren	*Wienerisch* von Gusto = Geschmack, prüfen, ob einem etwas gefällt
Gustostückel	*Wienerisch* vom ital. gusto = Geschmack, Teil einer Speise von besonderer Qualität, Lieblingsstück
Hamsterer	*Wienerisch* (mit der hier beliebten doppelten Endsilbe) einer, der raffgierig Vorräte anlegt
Hautevolée	*frz.* vornehmste Gesellschaftsschicht, manchmal spöttisch gemeint
Hedonismus	*aus dem Altgriechischen* hedonikós = zum Vergnügen gehörend, in der Antike ausgebildete Philosophie, nach der das höchste ethische Prinzip das Streben nach Sinnenlust und Genuss ist
Heiße, auch Haße	*Wienerisch* Bezeichnung für heiß gemachte Würstel oder Burenwurst
herrichten	*Wienerisch* erneuern, renovieren
Hetman	zu Deutsch Hauptmann, ursprünglich Titel des vom polnischen Königs ernannten Oberbefehlshabers des Heeres, bei den Kosaken Titel des auf ein Jahr gewählten Anführers (russ. Ataman). 1918 Versuch der Deutschen, in der von Russland unabhängig gewordenen Ukraine das Hetmanat als stabilisierenden Faktor wieder einzuführen
Hetz	Wienerisch ausgelassenes Vergnügen
Hippomanie	*aus dem Altgriechischen* übertriebene Leidenschaft für alles, was mit dem Pferderennsport zu tun hat
Homo regius	in Ungarn amtierender Vizekönig, persönlicher Vertreter des Kaisers als König von Ungarn
Hygiea	in der griech. Mythologie Göttin der gesundheit, Tochter des Asklepios
Immediateingabe	ein unmittelbar an das Staatsoberhaupt gerichtetes Gesuch
Immortellen	*frz.* eigentlich Unsterbliche, strohartige Blumen, die für Dauersträuße und Kränze geeignet sind, z. B. Strohblumen
Invektiv	*lat.* Invectivus = schmähend, absichtlich beleidigende Äußerung
Irredenta	*ital.* unerlöst, mit der Parole von der terra irredenta (unerlöste Erde) unterstrichen italienische Nationalisten ihre Forderung nach Anschluss der italienisch-sprachigen Gebiete Österreich-Ungarns an Italien

Irrwisch	Flattergeist, Titel einer Erzählung von Anton Tschechow
Kakes	altmodische Schreibweise für Kekse
Kalpak	ungarische landestypische Kopfbedeckung, hohe zylindrische Mütze, meist aus Lammfell mit seitlich herabhängendem, beutelförmigem Tuch
Katzelmacher	*österr. umgangssprachlich* verächtlich für Italiener, kommt von venezianischen cazzo = Zinnlöffeln, die einst von eingewanderten italienischen Handwerkern angefertigt wurden
Kavalkade	prachtvoller Reiteraufzug
Kipferl	*Wienerisch* halbmondförmiges, in Wien sehr beliebtes Gebäck
kirre	gefügig machen
k.u.k./ k.k.	*Abkürzung* für kaiserlich / königlich, mit und dazwischen ist die Gesamtmonarchie Österreich - Ungarn gemeint, mit k.k. die österr. Reichshälfte
Klepper	*Wienerisch* für Pferde in kaiserlichem Besitz
Kontoristin	weibliche Angestellte eines kaufmännischen Unternehmens (Kontor), altmodische Bezeichnung für Sekretärin
Koprophorgefäß	Behältnis für Exkremente
Kracherl	*Wienerisch* Sodawasser mit Fruchtgeschmack, in Flaschen abgefüllt, die beim Öffnen leicht krachen
Kremser	Fahrverbindung mit Pferdewagen nach der Stadt Krems
Krähwinkel	nach dem gleichnamigen fiktiven Ort in dem Lustspiel »Die deutschen Kleinstädter« von August von Kotzebue, sinnbildhaft für spießbürgerliche Beschränktheit
Kren	*Wienerisch* Meerrettich
Krügel	*Wienerisch* auch Kriegl oder Krüagl für ein Halbliter-Bierglas
Kutscherbeisl	*Wienerisch* Stammlokal der Kutscher
Lampasse	breiter farbiger Streifen an den Seitennähten einer Uniform- oder Trachtenhose
Leichenschmaus	in Wien so bezeichnetes Essen nach dem Begräbnis, an dem Hinterbliebene und geladene Trauergäste teilnehmen
Lethe	in der griechischen Mythologie Trank, der die Toten in der Unterwelt die Freuden des Lebens vergessen lassen sollte
Liptauer	aus Topfen (Quark) und Paprika bestehender Streichkäse
Livree	*frz.* Uniform von Bediensteten bei Hof oder in vornehmen Häusern
Lohnmüllerei	Praxis, bei der der Kunde, zumeist ein Bauer, sein Getreide zu einer Mühle bringt, um es dort mahlen zu lassen, und dann wieder mitnimmt
lukrieren	einen Gewinn machen
Lupine	zu den Schmetterlingsblütlern gehörende Pflanze mit gefingerten Blättern und in dichten Trauben wachsenden Blüten, die besonders als Grünfutter und zur Gründüngung verwendet wird
Marille	*österr.* für Aprikose

393

Markör	*frz.* Markeur, altmodische Bezeichnung für den Zahlkellner
Melange	*vom französischen melanger* = mischen, Wienerisch auch Melausch genannt, Kaffee mit meist geschäumter Milch
Menage	*österr.* für militärische Verpflegung
Menetekel	Anzeichen drohenden Unheils, aramäisch eigentlich mĕnē mĕnē tĕqel ŭfarsin = gezählt, gewogen (aber zu leicht befunden) und zerteilt, Warnung an König Belsazar vor einer unheilvollen Zukunft des babylonischen Reiches im Alten Testament (Daniel 5,25)
Meterzentner	*österr.* veraltet für Doppelzentner
Miasma	*griechisch* Seuchenverursacher, Seuchenstoff in der Luft
mir nix dir nix	*Wienerisch* ganz plötzlich
Mistbauer	in Wien Privatunternehmer, der den Hausmüll einsammelt
Mohnbeugel	*Wienerisch* mit Mohn gefülltes Gebäck in Kipferlform
m.p.	Abkürzung für *manu propria (lat.)* = mit eigener Hand geschrieben
Muschir	türkischer Feldherr, Marschall
Nachtmahl	in Wien einstmals übliche Bezeichnung für das Abendessen
Officin/Offizin	*vom lat.* Officina, Labor zur Herstellung von Arzneien in einer Apotheke
Offizen	*vom französischen Office* Küchendienerschaft
Palatin	*aus dem Lateinischen* Palatinus, von palatium (Hoflager) herrührend, in Ungarn (ung. Nádor) der höchste Hofbeamte nach dem Muster des deutschen Pfalzgrafenamtes, Vermittler zwischen Krone und Adel, Amt nach 1848 nicht mehr besetzt
Paradeiser	*österr.* Tomate
Passepoil	*österr.* schmaler Nahtbesatz bei Kleidungsstücken
Patronessenestrade	erhöhtes Podium, auf dem Mitglieder eines Ballkomitees sitzen
Personalunion	zwei oder mehrere von einander unabhängige Staaten mit einem gemeinsamen Staatsoberhaupt
Pfaidler	*aus dem Hebräischen* Hemdenmacher
Pirutschade	Kutschenfahrt
Plafond	*österr.* Zimmerdecke
plissiert	*frz.* streifig, von Plisée: Kleiderstoff, der sich von selbst in Falten legt
pompes funèbres	*frz.* Leichenbestatter
postillion d'amours	*frz.* Überbringer von Liebesbriefen
Pracker	*Wienerisch* Teppichklopfer
Präraffaeliten	Gruppe engl. Maler, die im Gegensatz zur akademischen Richtung um 1850 die »Rückkehr zur Natur und die Einfalt des Herzens« anstrebten und sich dabei auf die Vorgänger des Renaissancemalers Raffael beriefen
Pudl	*Wienerisch* Verkaufspult
Raunzerei	*Wienerisch* sich dauernd über etwas beschweren
Rayonierung	Zuteilung von Waren nach bestimmten Bezirken, meist der Wohnbezirk

Realunion	Verbindung zweier staatsrechtlich selbständiger Staaten sowohl durch ein gemeinsames Staatsoberhaupt als auch durch verfassungsrechtlich verankerte gemeinsame staatliche Institutionen
Redoute	*frz.* Maskenball
Renunziation	*vom spätlat. renuntiare* Verzicht leisten, speziell auf dynastische Herrschaftsrechte oder die Anwartschaft darauf
Renunziationseid	feierliche Verzichtleistung eines Mitglieds der Kaiserfamilie im Fall der Heirat, künftighin Ansprüche auf den Thron zu stellen
Retraite	*frz.* Absonderung von der Welt, Zufluchtsort, militärisch: Rückzug aus Gefechten ins Soldatenlager, hier: feierlicher militärischer Umzug
Salamucci	*Wienerisch* auch Salamutschi, Wurstverkäufer beim Heurigen und im Prater
Salzstange(r)l	typisch wienerisches langgezogenes Gebäck, mit grobkörnigem Salz bestreut
Schamade	vom *frz.* Chamade klein beigeben, zu Kreuze kriechen
Scharpie	eigentlich Charpie, gezupftes Leinen, das als Verbandmaterial dient
Scheck vom Wald	auch Schreck vom Wald genannt, in der Legende blutrünstiger Burgherr von Burg Aggstein in der Wachau, der seine Gefangenen vor die Wahl zwischen einem Sprung vom Felsenvorsprung, zynisch Rosengärtlein genannt, oder dem Hungertod stellte
Schippel	*Wienerisch* große Menge, Haufen
Schmachtfetzen	*Wienerisch* Lied voll kitschiger Traurigkeit
Schrammelmusik	auf die Brüder Johann und Josef Schrammel zurückgehende typisch Wienerische Volksmusik, gespielt von einem Quartett
Seidel, auch Seidl	*Wienerisch* auch Seiterl genannt, Bierhohlmaß von 3/10 Liter
Séjour	*frz.* Aufenthalt, Ort des Verweilens
Serenissimus	*lat.* der durchlauchtigste Fürst
Sirk-Ecke	bei der Wiener Oper Ecke Kärntnerring/Kärntnerstraße, benannt nach dem seinerzeitigen Taschengeschäft des August Sirk, Treffpunkt der eleganten Welt
Soffitten	*ital.* Mehrzahl, Getäfel an der Decke, besonders die beweglichen Deckenstücke auf Schaubühnen
Soirée dasante	*frz.* elegante Abendgesellschaft mit Tanz, aber nicht so formenstreng wie ein Ball
sokratisch	in der Manier des griechischen Philosphen Sokrates
Sperrsechserl	*Wienerisch* einem Hausmeister in Wien zustehender Geldbetrag, wenn er einem Hausbewohner zwischen 22 Uhr und 6 Uhr Früh das Haustor aufschließen musste, ursprünglich ein Betrag von sechs Kreuzern, nach Einführung der Kronenwährung 20 Heller, trotzdem blieb die alte Bezeichnung aufrecht
Stockerl	*Wienerisch* Hocker, Sessel ohne Lehne
Suite	*frz.* das Gefolge großer Herren

Sutschuk	vom türkischen Sucuk, hier klebrige Süßigkeit, meist aus Walnüssen bestehend, sonst auch stark gewürzte Rohwurst aus Rind-, Kalb- und Lammfleisch, die auch in Europa Verbreitung fand
sybaritisch	*altgriechisch* schwelgerisch, wollüstig, abgeleitet von der Stadt Sybaris, deren Bewohner für diesen Lebensstil bekannt waren
Tedeum	*lat.* Lobgesang während der Hl. Messe der katholischen Kirche
Themis	in der griechischen Mythologie Göttin, die als Personifikation für Recht und Ordnung gilt
Totalisateur	staatliche Einrichtung zum Abschluss auf Wetten für Rennpferde
Tourniquet	*frz.* Drehkreuz
Train	früher gebräuchliche Bezeichnung für Troß, bei der Eisenbahn der vor oder hinter den Personenwaggons angekuppelte Gepäckwaggon
Tuilerien	unter Maria von Medici im 16. Jahrhundert errichteter Palast in Paris, Residenz französischer Könige und der beiden Bonaparte-Kaiser, 1871 beim Aufstand der Kommune durch Brandstiftung vernichtet, bis auf die Seitenflügel nicht wieder aufgebaut
Typographie	Kunst der Gestaltung von Druckerzeugnissen nach ästhetischen Gesichtspunkten
U.A.w.g.	auf schriftlichen Einladungen übliche Abkürzung für »Um Antwort wird gebeten«
Überzieher	altmodisch für Überrock, Mantel
Ukas	*aus dem Russischen* Anordnung, Befehl des Zaren, auch außerhalb Russlands gebraucht
versumpern	*Wienerisch* sich gehen lassen, verkommen
Via dolorosa	abgeleitet vom Leidensweg Christi zur Kreuzigung, allgemein verwendet für Schicksalsschläge geduldig ertragen
Wasserer	*Wienerisch* Knecht, der die Pferde der Fiaker mit Wasser zu versorgen und die Kutschen zu waschen hatte
Weinbeißer	*Wienerisch* genießerischer Weinkenner
weißigen	*Wienerisch* Zimmer- oder Hauswände mit weißer Farbe streichen
Wruken	*Wienerisch* Kohlrüben
Wurstelprater	Vergnügungsstätte als Teil des Praters, eines großen Naturparks in Wien
Wurstigkeit	*Wienerisch* Gleichgültigkeit
Zeiserlwagen	Vorläufer der Pferdestraßenbahn für Fahrten in die Umgebung Wiens
zernieren	hermetisch abriegeln
Zeugl	*Wienerisch* Wagen samt Pferdegespann
Zügenglöcklein	*Wienerisch* kleine Glocke im Stephansturm, die bei Tod eines Pfarrangehörigen geläutet wurde

Literaturnachweis

Lexika und Nachschlagewerke

Franz Gall, Österreichische Wappenkunde (Wien/Köln/Weimar 1996)
Historisches Lexikon Wien, hrsg. von Felix Czeike (5 Bde. Wien 1992–1997)
Walter Kleindel, Die Chronik Österreichs (Dortmund 1984)
Walter Kleindel, Österreich. Daten zur Geschichte und Kultur (Wien 1995)
Die Kunstenkmäler Wiens. Die Profanbauten des III., IV. und V. Bezirks, Bd XLIV,
    hg. vom Institut für österreichische Kunstforschung des Bundesdenkmalamtes (Wien
    1980)
Georg A. Narciß, Lexikon für Jedermann. Medizin (München 1985)
Österreich-Lexikon, hrsg. von Richard und Maria Bamberger, Ernst Bruckmüller, Karl
    Gutkas (2 Bde., Wien 1995)
Personenlexikon Österreich, hrsg. von Ernst Bruckmüller (Wien 2001)
Stadtchronik Wien. 2000 Jahre in Daten, Dokumenten und Bildern (Wien/München
    1980)
Peter Wehle, Sprechen Sie Wienerisch. Von Adaxl bis Zwutschkerl (Wien/Heidelberg
    1980)

Sekundärliteratur

Hellmut Andics, 50 Jahre unseres Lebens. Österreichs Schicksal seit 1918 (Wien/München/Zürich 1968)
Alfred von Baldass, Wien. Ein Führer durch die Stadt und ihre Umgebung, ihre Kunst
    und ihr Wirtschaftsleben (Wien/Leipzig 1928)
Heinrich Benedikt, Die Friedensaktion der Meinl-Gruppe 1917/18 (Graz/Köln 1962)
Wolfdieter Bihl, Der Erste Weltkrieg 1914–1918 (Wien 2010)
Oskar Bosshardt, Die Schweizer Hilfsaktion für die hungernde Stadt Wien (Bern 1921)
Christian Brandstätter, Werner J. Schweiger (Hg.), Das Wiener Kaffeehaus (Wien 1986)
Gordon Brook-Shepherd, Um Krone und Reich. Die Tragödie des letzten Habsburger-
    kaisers (Wien/München/Zürich 1968)
Alfons Clary-Aldringen, Geschichten eines alten Österreichers (Wien/München 1996)
Hans Dichand, Die Künstler der klassischen Moderne in Österreich (Wien/Graz 1986)
Dokumente und Materialien zur Geschichte der Deutschen Arbeiterbewegung, Berlin
    1957, Bd. 2
Erich Feigl (Hg.), Kaiser Karl. Persönliche Aufzeichnungen, Zeugnisse und Dokumente
    (Wien/München 1984)
Francois Fejtö, Requiem für eine Monarchie. Die Zerschlagung Österreich-Ungarns
    (Wien 1991)

Fritz Fellner/Doris A. Corradini (Hg.), Schicksalsjahre Österreichs. Die Erinnerungen und Tagebücher Josef Redlichs 1869–1936, Band II, Tagebücher 1915–1936 (Wien/Köln/Weimar 2011)

Viktor von Fritsche, Bilder aus dem österreichischen Hof- und Gesellschaftsleben (Wien 1914)

Friedrich Funder, Vom Gestern ins Heute. Aus dem Kaiserreich in die Republik (Wien 1971)

Dietmar Grieser, Eine Liebe in Wien (St. Pölten/Wien 1989)

Tamara Griesser-Pečar, Zita. Die Wahrheit über Europas letzte Kaiserin (Bergisch Gladbach 1985)

Michael Salvator Habsburg-Lothringen, Die bayerisch – österreichisch-ungarischen Beziehungen 1914–1918, Dissertation Wien 1977

Edgard Haider, Die österreichisch – sowjetischen Beziehungen 1918–1938, Dissertation Wien 1975

Christa Hämmerle (Hg), Kindheit im Ersten Weltkrieg (Wien/Köln/Weimar 1993)

Ernst Hanisch, Der lange Schatten des Staates. Österreichische Gesellschaftsgeschichte im 20. Jahrhundert. In: Österreichische Geschichte 1890–1990, hg. von Herwig Wolfram (Wien 2005)

Fred Hennings, Heimat Burgtheater. Wie ich ans Burgtheater kam 1906–1923, 1. Bd (Wien/München 1972)

Agnes Husslein-Arco/Alexander Klee (Hg.), Klimt und die Ringstraße (Wien 2015)

Jubel und Elend. Leben mit dem großen Krieg 1914–1918 – Ausstellungskatalog (Schallaburg 2014)

Paul Johannes Keiblinger, Kirche am Steinhof (Wien 1998)

Endre Kiss, Der Tod der k. u. k. Weltordnung in Wien. Ideengeschichte Österreichs um die Jahrhundertwende (Wien/Köln/Graz 1986)

Paul Kortz, Wien am Anfang des XX. Jahrhunderts, Bd. 1, hg. vom Österreichischen Ingenieur- und Architekten-Verein (Wien 1905)

Karl Kraus, Katastrophe der Phrasen, Glossen 1910–1918 (Berlin 1994)

Markus Kristan, Kunst-Schauen. Wien 1908 (Wien 2008)

Andreas Lehne, Jugendstil in Wien. In der Reihe Wiener Bezirkskulturführer (Wien 1987)

Thea Leitner, Fürstin, Dame, armes Weib (Wien 1991)

Alexander Lernet-Holenia, Die Standarte, Roman (Wien 1959)

Erwein Lobkowicz, Erinnerungen an die Monarchie (Wien/München 1989)

Gunther Martin, Hietzinger Geschichten (Wien 1989)

Erwin Matsch, November 1918 auf dem Ballhausplatz. Erinnerungen Ludwigs Freiherrn von Flotow 1895–1920 (Wien/Köln/Graz 1982)

Rosa Mayreder, Tagebücher, hg. von Harriet Anderson (Frankfurt/M 1988)

Christian M. Nebehay, Gustav Klimt. Von der Zeichnung zum Bild (Wien 1992)

Rudolf Neck (Hg.), Österreich im Jahre 1918. Berichte und Dokumente (Wien 1968)

Helene von Nostiz, Aus dem alten Europa. Menschen und Städte (Frankfurt am Main 1978)

Alfred Pfoser, Andreas Weigl (Hg.), Im Epizentrum des Zusammenbruchs. Wien im
Ersten Weltkrieg (Wien 2013)

Manfried Rauchensteiner, Der Erste Weltkrieg und das Ende der Habsburgermonarchie
1914–1918 (Wien/Köln/Weimar 2013)

Friedrich Reischl, Wiens Kinder und Amerika. Die amerikanische Kinderhilfsaktion
1919 (Wien 1919)

Peter Rosegger, Ausgewählte Werke. Als ich noch der Walsbauernbub war/Mein Him-
melreich (Wien o.D.)

Michaela Schlögl, Klimt. Mit allen fünf Sinnen (Wien/Graz/Klagenfurt 2012)

Andrea Schnöller/Hannes Stekl (Hg.), »Es war eine Welt der Geborgenheit ...«. Bürgerliche Kindheit in Monarchie und Republik (Wien/Köln/Weimar 1999)

Daniel Marc Segesser, Der Erste Weltkrieg in globaler Perspektive (Stuttgart 2013)

Mary PA. Sheaffer, Jugendstil. Auf den Spuren Otto Wagners in Wien (Wien 2010)

Leo Smolle, Kaiser Karl I. Ein Bild seines Lebens (Wien/Prag 1917)

Ernst Rüdiger Starhemberg, Die Erinnerungen (Wien/München 1991)

Jörg C. Steiner, Der k. u. k. Hofstaat 1858–1918 (Wien 1997)

Hannes Stekl/Marija Wakounig, Windisch-Graetz. Ein Fürstenhaus im 19. und 20. Jahrhundert (Wien/Köln/Weimar 1992)

S.L. van Looy (Hg.), Neuösterreich. Das Werk des Friedens von St. Germain (Amster-
dam / Wien 1923)

Traum und Wirklichkeit. Wien 1870–1930, Katalog zur Sonderausstellung des Historischen Museums der Stadt Wien, 1985

Edmund de Waal, Der Hase mit den Bernsteinaugen. Das verborgene Erbe der Familie
Ephrussi (Wien 2012)

Wilhelm J. Wagner, Bildatlas zur Zeitgeschichte Österreichs 1918–1938 (Wien 2007)

Karl Werkmann, Der Tote auf Madeira (München 1923)

Dieter Winkler, Die k.(u.)k. Hofzüge (Wien 1997)

Berta Zuckerkandl, Österreich intim. Erinnerungen 1892–1942 (Frankfurt M./Berlin
1970)

Stefan Zweig, Die Welt von Gestern. Erinnerungen eines Europäers (Köln 2013, Erstaus-
gabe Stockholm 1942)

Zeitungen und Zeitschriften

Allgemeine Österreichische Gerichtszeitung (Fachzeitschrift)

Die Arbeit (Zentralorgan der österr. Arbeitgeber)

Arbeiterinnen-Zeitung. Untertitel: Sozialdemokratisches Organ für Frauen und Mädchen

Arbeiterzeitung (sozialdemokratisches Parteiblatt)

Der Architekt (Fachzeitschrift)

Auszug aus der Tagespresse, herausgegeben vom Kriegspressequartier

Bade- und Reisejournal (Fachzeitschrift)

Die Bombe (Illustrierte Wochenschrift)

Christlich-soziale Arbeiter-Zeitung (Zentralorgan der christlich-sozialen Arbeiterpartei Österreichs)

Danzer's Armeezeitung (Fachzeitschrift)

Deutsches Volksblatt (deutschnational)

Deutsche Zeitung (Organ der österr. Partei »Deutsches Zentrum« und des »Oesterr. Wirtschaftsvereins«)

Drogistenzeitung XXIII. Jg. (Fachzeitschrift)

Der Floh (Karikaturenblatt)

Fremdenblatt (ursprünglich großösterr, Blattlinie 1918 deutschnational, Einfluss der Großindustrie)

Der Humorist (Zeitschrift für die Theater- und Kunstwelt) XXVIII. Jg.

Illustrierte Kronen-Zeitung (Boulevard)

Illustrierte Kurortezeitung (Fachzeitschrift)

Illustriertes Österreichisches Sportblatt (Fachzeitschrift)

Das interessante Blatt (Boulevard)

Kikeriki (Humoristisches Blatt)

Der Kinobesitzer. Offizielles unabhängiges Organ des Reichsverbandes der Kinematographenbesitzer in Oesterreich (Fachzeitschrift)

Montags-Zeitung (unparteiisch)

Der Morgen (Wiener Montagblatt)

Die Muskete (Karikaturenblatt)

Neue Freie Presse (liberal)

Neues 8 Uhr Blatt (Boulevard)

Neues Wiener Journal (Eigendefinition : unparteiisch)

Neues Wiener Tagblatt (Eigendefinition : demokratisches Organ, liberal)

Die Neue Zeitung (Illustriertes unabhängiges Blatt)

Neuigkeits-Welt-Blatt (Boulevard)

Österreichische Landzeitung (Fachzeitschrift)

Österreichischer Soldatenfreund (Fachzeitschrift)

Österreichische Volkszeitung (regierungsfreundlich)

Pilsner Tagblatt (liberal)

Prager Tagblatt (liberal)

Reichspost (christlichsozial)

Sport & Salon (Illustrierte für die vornehme Welt)

Steine sprechen, Zeitschrift der Österreichischen Gesellschaft für Denkmal- und Ortsbildpflege September 1997, Nr. 108, Jg. XXXVI/2

Vereinsblatt – Organ des Vereines der Heim- und Hausarbeiterinnen (Fachzeitschrift)

Volksblatt für Stadt und Land (katholisch konservativ)

Volksfreund (Organ der deutsch-konservativen Volkspartei)

Wiener Allgemeine Zeitung (linksliberal)

Wiener Bilder (Illustriertes Familienblatt)

Wiener Caricaturen

Wiener Montagblatt (Oesterreichische Finanzrevue und Großoesterreichisches Organ)

Wiener Montags-Journal (unparteiisch)

Wiener Neueste Nachrichten (unparteiisch)

Wiener Salonblatt (Österreichisch-ungarisches Adelsorgan)

Wiener Sonn- und Montagszeitung (liberal)

Wienerwald-Bote (Organ des Landwirtschaftlichen Bezirksvereins Neulengbach)

Wiener Zeitung (Amtsblatt der Stadt Wien)

Danksagung

Für die technische Unterstützung bei der Bearbeitung des Bildmaterials danke ich besonders Herrn Mag. Walter Hackl, für Spezialliteratur Herrn Dr. Rudolf Novak, für historische Informationen Herrn Dr. Michael Salvator Habsburg-Lothringen, für historische Fotos Herrn Prof. Martin Kupf, für zeitgenössische Fotos Herrn Erich J. Schimek.

Abbildungsnachweis

Text

Abb. 1 : Österreichs Illustrierte Zeitung 23.12.1917, S. 5.
Abb. 2 : Wiener Bilder 06.01.1918, S. 1.
Abb. 3 : Porträtsammlung ÖNB.
Abb. 4 : Das interessante Blatt 07.03.1918, S. 5.
Abb. 5 : Wiener Bilder 24.02.1918, S. 7.
Abb. 6 : Wiener Bilder 17.03.1918, S. 7.
Abb. 7 : Österreichische Illustrierte Zeitung 26.05.1918, S. 10.
Abb. 8 : Das interessante Blatt 21.03.1918, S. 1.
Abb. 9 : Das interessante Blatt 11.01.1917, S. 2.
Abb. 10 : aus: Gordon Brook- Shepherd, Um Krone und Reich (Wien/München/Zürich 1968) Dokumentarstafel XV, aus dem Besitz der Kaiserin Zita
Abb. 11 : Wiener Bilder 10.06.1917, S. 6.
Abb. 12 : Das interessante Blatt 07.06.1917, S. 8.
Abb. 13 : Wiener Bilder 10.03.1917, S. 10.
Abb. 14 : Bildarchiv ÖNB.
Abb. 15 : Bildarchiv ÖNB.
Abb. 16 : Bildarchiv ÖNB.
Abb. 17 : Bildarchiv ÖNB.
Abb. 18 : Das interessante Blatt 02.05.1918, S. 1.
Abb. 19 : Das interessante Blatt 09.05.1918 ; S. 4.
Abb. 20 : Sport &Salon 02.06.1918, S. 3.
Abb. 21 : aus Leo Smolle, Kaiser Karl I. Ein Bild seines Lebens (Wien/Prag 1917) S. 104. Aufnahme von Kilophot GmbH
Abb. 22 : Sport &Salon 10.02.1918, S. 8.
Abb. 23 : Wiener Bilder 17.02.1918, S. 4.
Abb. 24 : Archiv Jörg C. Steiner.
Abb. 25 : Sport & Salon 19.05.1918, S. 7 und 8.
Abb. 26 : Wiener Bilder 09.06.1918, S. 4.
Abb. 27 : Wiener Bilder 09.06.1918, S. 6.
Abb. 28 : Wiener Bilder 02.06.1918, S. 5.
Abb. 29 : Wiener Bilder 13.01.1918, S. 11.
Abb. 30 : Wiener Bilder 09.06.1918, S. 1.
Abb. 31 : Wiener Bilder 25.08.1918, S. 8.
Abb. 32 : Wiener Bilder 25. 08.1918, S. 5.
Abb. 33 : aus: Franz Gall, Österreichische Wappenkunde (Wien/Köln/Weimar 1996), S. 100.

Abb. 34: Das interessante Blatt 31.05.1917, S. 10.

Abb. 35: Bezirksmuseum Mariahilf

Abb. 36: Fotopostkarte, Aufnahme von Kilophot GmbH, Wien Museum Inv.Nr. 4090218.

Abb. 37: aus: Oscar Bosshardt, Die Schweizer Hilfsaktion für die hungernde Stadt Wien (Bern 1921) S. 49.

Abb. 38: Wiener Stadt- und Landesarchiv, Fotosammlung Schmutzer

Abb. 39: Die Muskete 01.02.1917, Beilage S. 1.

Abb. 40: aus: Bosshardt (s.o.) S. 93.

Abb. 41: Neue Freie Presse 10.02.1918, S. 29.

Abb. 42: Aufnahme von Martin Gerlach, o.J.

Abb. 43: Bildarchiv ÖNB.

Abb. 44: Wiener Bilder 13.04.1919, S. 5.

Abb. 45: Illustrierte Kronen-Zeitung 24.10.1918, S. 1.

Abb. 46: aus: Friedrich Reischl, Wiens Kinder und Amerika. Die amerikanische Kinderhilfsaktion 1919 (Wien 1919), S. 78.

Abb. 47: aus: Reischl (s.o.),S. 79.

Abb. 48: aus: Reischl (s.o.), S. 77.

Abb. 49: aus: Reischl (s.o.), S. 109.

Abb. 50: aus: Bosshardt (s.o.),S. 27.

Abb. 51: aus: Bosshardt (s.o.), S. 177.

Abb. 52: aus: Bosshardt (s.o.), S. 21.

Abb. 53: aus: Bosshardt (s.o.), S. 90.

Ahb. 54: Österreichs Illustrierte Zeitung 07.07.1918, S. 5.

Abb. 55: Wiener Bilder 20.05.1917, S. 1.

Abb. 56: Bezirksmuseum Mariahilf.

Abb. 57: Bildarchiv ÖNB.

Abb. 58: Wiener Bilder 12.05.1918, S. 1.

Abb. 59: Wiener Bilder 22.09.1918, S. 4.

Abb. 60: Wien Museum Inv. Nr. 46529.

Abb. 61: Österreichische Illustrierte Rundschau 10.09.1915, S.1402, Wien Bibliothek.

Abb. 62: Österreichische Illustrierte Zeitung 24.06.1917, S. 15.

Abb. 63: Wiener Bilder 12.05.1918, S. 6.

Abb. 64: Erich J. Schimek.

Abb. 65: Wien Museum.

Abb. 66: Bildarchiv ÖNB.

Abb. 67: Wiener Bilder 20.01.1918, S. 12.

Abb. 68: Illustr. österr. Sportblatt 01.02.1918, S. 1.

Abb. 69: Kikeriki 31.01.1918, S. 3.

Abb. 70: Album Verlag.

Abb. 71: Sport &Salon 10.03.1918, S. 12.

Abb. 72: Neue Freie Presse 06.01.1918, S. 19.

Abb. 73: Neuigkeits-Weltblatt 12.05.1918, S. 1.

Abb. 74: Sport&Salon 09.06.1918, S. 13.

Abb. 75: Foto anonym, Album Verlag.

Abb. 76: Neue Freie Presse 26.01.1918, S. 15.

Abb. 77: Der Morgen 14.05.1917, S. 9.

Abb. 78: Wiener Montags-Journal 18.11.1918, S. 5.

Abb. 79: Fotopostkarte o. J.

Abb. 80: Das interessante Blatt 22.08.1918, S. 7.

Abb. 81: Fotopostkarte o. J.

Abb. 82: Fotopostkarte 1913.

Abb. 83: Kikeriki 16.06.1918, S. 1.

Abb. 84: Bildarchiv ÖNB.

Abb. 85: Bildarchiv ÖNB.

Abb. 86: Bildarchiv ÖNB.

Abb. 87: Wien Museum.

Abb. 88: Graphische Sammlung Albertina.

Abb. 89: Wien Museum.

Abb. 90: Wien Museum.

Abb. 91: Museum für angewandte Kunst.

Abb. 92: Wien Museum.

Abb. 93: Imagno/Christian Brandstätter (rechts)/Kunstmuseum Bern (links)

Abb. 94: Wiener Bilder 17.02.1918, S. 11.

Abb. 95: Österreichs Illustrierte Zeitung 07.07.1918, S.12.

Abb. 96: Österreichs Illustrierte Zeitung 07.07.1918, S. 12.

Abb. 97: Wiener Bilder 15.09.1918, S. 7.

Abb. 98: Bildarchiv ÖNB.

Abb. 99: Neue Freie Presse 02.09.1918, S. 8.

Abb. 100: Die Muskete 26.09.1918, S. 5.

Abb. 101: Der Morgen 19.08.1918, S. 9, Wien Bibliothek.

Abb. 102: Bildarchiv ÖNB.

Abb. 103: Wiener Bilder 24.11.1918, S. 8.

Abb. 104: Die Muskete 07.11.1918, S. 6.

Abb. 105: Österreichs Illustrierte Zeitung 30.06.1918, S. 9.

Abb. 106: Bildarchiv ÖNB.

Abb. 107: Das interessante Blatt 26.09.1918, S. 7.

Abb. 108: Bildarchiv ÖNB.

Abb. 109: Das interessante Blatt 18.07.1918, S. 1.

Abb. 110: Wiener Salonblatt 28.09.1918, S. 1.

Abb. 111: Wiener Bilder 06.10.1918, S. 4.

Abb. 112: Das interessante Blatt 07.11.1918, S. 6.

Abb. 113: Bildarchiv ÖNB.

Abb. 114: Fotopostkarte um 1910..

Abb. 115: Bildarchiv ÖNB.

Abb. 116: Kriegsarchiv Wien.

Abb. 117: Österreichische Illustrierte Zeitung 24.11.1918, S. 8.
Abb. 118: Das interessante Blatt 14.11.1918, S. 1.
Abb. 119: Das interessante Blatt 14.11.1918, S. 9.
Abb. 120: Bildarchiv ÖNB.
Abb. 121: Das interessante Blatt 21.11.1918, S. 10.
Abb. 122: Wiener Bilder 17.11.1918, S. 4.
Abb. 123: Das interessante Blatt 21.11.1918, S. 2.
Abb. 124: Bildarchiv ÖNB.
Abb. 125: Die Muskete 26.12.1918, S. 1.

Tafelteil

Taf. 1: Wien Bibliothek Rathaus, PS. P-231171.
Taf. 2: Wien Bibliothek Rathaus, Konvolut Materialien zum Ersten Weltkrieg Nr. 963, 964, 981, 1109, 1113.
Taf. 3: Wien Museum Inv. Nr. 41443.
Taf. 4 Wien Museum Inv. Nr. 41740.
Taf. 5: Wien Museum Inv. Nr. 42739.
Taf. 6: Die Muskete 22.08.1918, S. 164, Wien Bibliothek Rathaus.
Taf. 7: Wien Bibliothek Rathaus, PS, P – 35370.
Taf. 8: Wien Museum Inv. Nr. 42364.
Taf. 9: Wien Bibliothek Rathaus o.J.
Taf. 10: Wien Bibliothek Rathaus, PS, P – 35470.
Taf. 11: Wien Museum Inv. Nr. 40674.
Taf. 12: Eigenaufnahme.
Taf. 13: Die Muskete 17.01.1918, S. 4.
Taf. 14: Wiener Mode 31 (1918) 14, S. 315.
Taf. 15: La Baionette 31.05.1917, S. 348, Wien Bibliothek Rathaus.
Taf. 16: Wien Bibliothek Rathaus, PS, P – 21 461.
Taf. 17: Wien Museum.
Taf. 18 Israel Museum Jerusalem.
Taf. 19: Österreichische Galerie.
Taf. 20: Österreichische Galerie.
Taf. 21: Leopold Museum Wien.
Taf. 22: Leopold Museum Wien.
Taf. 23: Neue Galerie Graz, Universalmuseum Joanneum, Inv. Nr. I/466; Foto: N. Lackner/UMJ
Taf. 24: Foto Erich J. Schimek.
Taf. 25: Foto Erich J. Schimek.
Taf. 26: Wien Museum Inv. Nr. 071693-001
Taf. 27: Bildrechte bei P. J. Keiblinger.
Taf. 28: Wien Museum Inv. Nr. 129073_00001

Taf. 29: Wien Bibliothek PS, P – 226529.
Taf. 30: Wien Bibliothek, PS, P – 231170 oder Grafik RK. Wien Bibliothek PS, P-34715.
Taf. 31 Wien Museum Inv.-Nr. 42343.
Taf. 32: Die Muskete 07.11.1918, S. 1.

Autor und Verlag haben sich bemüht, alle Rechteinhaber ausfindig zu machen. In Fällen, wo dies nicht gelungen ist, bitten wir um Mitteilung.

Personenregister

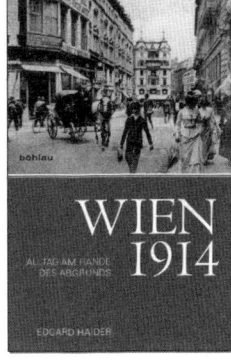

böhlau

EDGARD HAIDER

WIEN 1914

ALLTAG AM RANDE DES ABGRUNDS

Der Historiker und Publizist Edgard Haider nimmt den Leser mit in das Wien des Jahres 1914, auf Bälle und Feste, ins Theater, auf Straßen und Plätze, in Wohnhäuser und Paläste – in eine Stadt, deren Bewohner nicht wahrhaben wollen, dass auch Wien kurz vor dem Abgrund steht. Im Bewusstsein geblieben ist die verblüffende Euphorie über den Ausbruch des Krieges im Sommer, doch was sonst geschah in diesem Schicksalsjahr ist weitgehend vergessen. Haider hat zahlreiche Dokumente zusammengetragen, die einen Blick in die Welt vor hundert Jahren offenbaren. Prophetisch wirkende Analysen der politischen Lage, die eine neue Ordnung erahnen lassen, sind hier ebenso zu lesen wie grobe Fehleinschätzungen. Die Spurensuche führt zu heute skurril anmutenden Bräuchen und Moden, bringt aber auch überraschend Modernes zutage. Ein Tanz auf dem Vulkan, dessen Ausbruch wie eine lang ersehnte Erlösung bejubelt wird, in Wahrheit aber der Anfang vom Ende der alten Welt ist.

2013. 300 S. 140 S/W-ABB. GB. 135 X 210 MM | ISBN 978-3-205-79465-3

BÖHLAU VERLAG, WIESINGERSTRASSE I, A-IOIO WIEN, T:+43 I 330 24 27-0
INFO@BOEHLAU-VERLAG.COM, WWW.BOEHLAU-VERLAG.COM | WIEN KÖLN WEIMAR

MANFRIED RAUCHENSTEINER
UNTER BEOBACHTUNG
ÖSTERREICH SEIT 1918

Jedes Mal, wenn sich in Österreich nach 1918 etwas ereignete, stand das Land unter Beobachtung: als Deutschösterreich, als Erste Republik, als Ständestaat, als Alpen- und Donaugaue des Großdeutschen Reichs, als Zweite Republik – bis in die Gegenwart. Es wurde und wird geschaut, gehört und meist nicht geschwiegen. So als ob Österreich noch immer jene Versuchsstation für Weltuntergänge wäre, als die sie Karl Kraus beschrieben hat.

Ein spannender und abwechslungsreicher Überblick über die österreichische Geschichte der letzten 100 Jahre.

2017. 628 S. 25 S/W-ABB., 3 KARTEN GB. 170 X 240 MM.
ISBN 978-3-205-20500-5 [BUCH] | ISBN 978-978-3-205-20682-8 [E-BOOK]

BÖHLAU VERLAG, WIESINGERSTRASSE I, A-IOIO WIEN, T:+43 I 330 24 27-0
INFO@BOEHLAU-VERLAG.COM, WWW.BOEHLAU-VERLAG.COM | WIEN KÖLN WEIMAR

böhlau